ISSUE FATALE

AUX ÉDITIONS ALBIN MICHEL

Les Génies de l'arnaque
80 chefs-d'œuvre de l'escroquerie

Instinct mortel
70 histoires vraies

Instant crucial
Les stupéfiants rendez-vous du hasard

Tragédies à la une
La Belle Époque des assassins, par Alain Monestier

Possession
L'étrange destin des choses

Issue fatale
75 histoires inexorables

Le Carrefour des angoisses
60 récits où la vie ne tient qu'à un fil

Ils ont vu l'au-delà
60 histoires aux frontières du réel

Journées d'enfer
60 récits des tréfonds de l'horreur au sommet du sacrifice

L'Enfant criminel

(suite page 505)

PIERRE BELLEMARE

Marie-Thérèse Cuny
Jean-Marc Épinoux
Jean-François Nahmias

ISSUE FATALE

75 histoires inexorables

Documentation : Gaëtane Barben

Albin Michel

Avant-propos

Quand le soleil disparaît à l'horizon, c'est une issue fatale.

Notre univers est ainsi peuplé de fatalités rassurantes : l'herbe pousse, les feuilles tombent, la mer s'évapore et les nuages crèvent. Nous ne pouvons imaginer qu'il en soit autrement. De là, une tentation évidente : étendre à l'homme ce qui appartient à l'univers. Comment pourrions-nous être libres alors que nous ne sommes qu'une poussière fondue dans l'infini ? Dieu qui voit tout, avant, pendant et après, a forcément tracé chacun de nos chemins.

Il faut, à cet endroit du raisonnement, savoir où se placer : sur Sirius ou dans notre tête. Vue de l'infini, notre vie ne représente qu'une micro-seconde. Il est donc impossible d'y introduire la moindre pensée et la moindre liberté, d'où la fatalité. Mais du point de vue de notre raison, la passion est la seule à pouvoir annihiler notre libre arbitre.

Seule la passion peut être fatale et envahir un individu à tel point qu'il sera possible de connaître par avance l'issue de son parcours. Et dès l'instant où la fatalité guide la vie, elle devient funeste. La femme fatale perd les hommes, l'erreur fatale provoque la mort, l'heure fatale sonne la violence du dernier instant.

Les histoires que vous allez découvrir dans ce livre ont en grande majorité pour moteur essentiel une passion. Celle-ci peut être sordide, onirique, religieuse, amoureuse, secrète ou orgueilleuse. Elle est, par définition, toujours fatale. Il est très angoissant d'assister à l'inexorable mais, cher lecteur, vous y êtes condamné.

Pierre Bellemare

Les trois oreillers

21 septembre 1994, onze heures du soir... Giorgina et Massimo Bruni viennent de se coucher dans leur chambre du très modeste pavillon qu'ils habitent à Portici, un faubourg industriel de Naples. Ils font tous les deux largement leurs quarante-cinq ans. Giorgina Bruni est sans grâce aucune, dans sa chemise de nuit fatiguée; elle a le visage légèrement couperosé, le regard terne, les cheveux blonds tout raides. Massimo Bruni est de physionomie plus avenante, avec sa petite moustache soigneusement entretenue, mais son pyjama à rayures dissimule mal sa brioche... Giorgina s'impatiente.

— Eh bien, Carla, tu viens?

— Voilà... J'arrive...

Carla Fano, vingt-deux ans, fait son apparition dans la chambre. Elle contraste pour le moins avec le couple. Elle est jolie, ravissante même: une superbe chevelure brune, des yeux en amande et un corps de mannequin, nettement visible sous son déshabillé. Elle entre sans hésitation dans le lit et va s'installer entre M. et Mme Bruni, sur l'oreiller vide qui l'attend...

On croit deviner la situation : un couple à trois, une histoire salace, mais somme toute banale... Eh bien non, pas du tout! L'histoire des Bruni et de Carla Fano est si extraordinaire que personne n'aurait osé l'inventer... Ah! un dernier détail : Giorgina, Massimo et Carla, qui couchent ensemble depuis un an, passent, ce 21 septembre 1994, leur dernière nuit commune. Demain, c'est décidé, ils ne seront plus que deux.

Tout avait commencé, pourtant, de manière on ne peut plus ordinaire... Nous sommes en mai 1992 et le couple Bruni bat de l'aile. Mariés depuis vingt ans, Giorgina et Massimo ont deux filles : Graziella, quinze ans, et Claudia, onze. Ils sont de situation aussi modeste l'un que l'autre : il est pompiste, elle est caissière dans un supermarché.

S'ils ont fait un mariage d'amour, il y a longemps qu'il n'en est plus question entre eux : le temps et les difficultés de la vie ont eu raison des sentiments. De plus, depuis cinq ans, Massimo Bruni souffre d'un ulcère qui l'a rendu impuissant. Catastrophé au début, il a fini par se résigner et Giorgina aussi...

L'existence de Carla Fano, pour être plus brève, est tout aussi banale et médiocre. Originaire de Catane, en Sicile, elle s'est mariée à dix-neuf ans avec un garçon rencontré dans un bal. En fait, elle a épousé le premier venu pour échapper au foyer familial, que l'alcoolisme du père rendait invivable.

Cette union bâclée n'a pas tenu plus qu'on ne pouvait l'attendre. Après six mois de vie commune, Carla a demandé et obtenu le divorce. Le temps de régler les formalités, elle est venue s'installer sur le continent, à Naples, comme si la vie y était plus facile et allait lui sourire davantage...

Elle a vingt ans et elle est toujours en quête d'un emploi lorsqu'elle arrive au garage où travaille Massimo Bruni... Son scooter a un pneu crevé... Tout en faisant la réparation, Massimo engage la conversation. S'il n'a pas le physique d'un don Juan, il a toujours su parler aux femmes. Il est spirituel, il a quelque chose de rassurant aussi.

Tant et si bien que, le pneu réparé, il invite Carla Fano à déjeuner. La jeune femme lui raconte ses tristes débuts dans l'existence. Cela lui fait du bien : c'est la première fois qu'elle peut se confier à quelqu'un. Quant à lui, il est évidemment ébloui par cette merveilleuse créature que le sort lui envoie.

Après le déjeuner, ils vont faire un tour dans la campagne. Il fait des avances, elle ne résiste que pour la forme et – miracle ! – Massimo Bruni se rend compte que son ulcère n'était pour rien dans sa défaillance conjugale. C'était son peu d'attirance pour Giorgina qui était en cause ; avec la jeune et jolie Carla, il n'a aucun problème, bien au contraire !...

Les voici donc amants et ce n'est pas une aventure passagère.

Malgré leur différence d'âge et d'attrait physique, ils sont fous l'un de l'autre. C'est ainsi. Cela ne s'explique pas... Leurs rencontres amoureuses suivantes ont lieu, comme la première, dans la campagne. Ils n'osent pas prendre une chambre d'hôtel et pas question d'aller chez Carla, qui habite en sous-location chez une vieille dame...

Au début, c'est amusant, c'est même romanesque, mais vient un moment où ils en ont assez. Il faut une solution... C'est Massimo qui la trouve. Elle est pour le moins osée.

— Si tu venais habiter à la maison ? Je dirais à Giorgina que c'est pour t'occuper des enfants...

— Tu es fou ? Elle va me jeter dehors.

— Non, non. Elle croit tout ce que je lui dis. Tu verras...

Et Carla voit, effectivement... Le soir, Massimo Bruni rentre avec elle à la maison et, avec une parfaite assurance, débite son petit couplet :

— Ma chérie, je te présente Carla Fano. Nous avons fait connaissance au garage. Elle est en instance de divorce. Son mari, un violent, un alcoolique, l'a chassée de chez elle. Elle n'a plus de toit et je me suis dit qu'elle pourrait habiter chez nous. Elle ferait le ménage et s'occuperait des enfants en échange...

Sur le visage de Giorgina, il n'y a pas la moindre trace de soupçon. Elle considère, au contraire, la jeune femme d'un air apitoyé.

— Ma pauvre enfant ! Je ne demanderais pas mieux, et puis un peu d'aide à la maison me ferait du bien, mais nous n'avons pas de place pour vous loger...

Massimo intervient.

— Elle pourrait coucher dans le canapé du salon...

— Ce n'est pas très confortable.

— Oh ! Cela me conviendrait parfaitement, madame...

Giorgina Bruni a un grand sourire. Elle va vers Carla et l'embrasse comme du bon pain.

— Alors c'est d'accord ! Et ne m'appelez pas « madame », appelez-moi « Giorgina »...

Voici donc Carla Fano qui habite chez son amant. Elle fait un peu de ménage et s'occupe plus ou moins des deux filles, qui, d'ailleurs, l'ont acceptée aussi facilement que leur mère... Cela dure exactement un an et demi, jusqu'à un jour de septembre 1993, où Carla se plaint amèrement à Massimo.

— Je n'en peux plus de coucher dans le canapé du salon ! Te savoir dans la pièce à côté, dans ton lit, avec ta femme...

— Mais je ne fais rien avec elle...

— Je sais. N'empêche que c'est insupportable...

Massimo Bruni réfléchit quelques instants et finit par déclarer :

— Je vais arranger cela...

Et le soir, après le dîner, il débite un nouveau petit couplet à son épouse.

— Carla a peur la nuit. Elle fait des cauchemars. C'est à cause de son ancien mari et aussi de son enfance malheureuse. Elle ne supporte pas d'être toute seule... Alors, je me suis dit qu'elle pourrait coucher dans notre chambre...

Encore une fois, Giorgina ne manifeste pas la moindre méfiance... Elle se contente de répliquer :

— Mais la pièce est trop petite pour mettre le canapé...

— Elle n'a qu'à venir dans notre lit...

Aussitôt dit, aussitôt fait : on installe un troisième oreiller, au milieu, pour que la malheureuse enfant se sente mieux protégée, et Carla Fano prend place dans le lit conjugal des Bruni...

Si, encore une fois, les deux filles du couple ne manifestent pas dc réaction particulière, il n'en est pas de même des quelques personnes qui sont au courant... Gloria, la sœur de Giorgina, tente de lui ouvrir les yeux.

— Tu ne dois pas supporter un jour de plus cette situation scandaleuse !

— Où est le mal ?

— Cette fille couche entre ton mari et toi et tu demandes où est le mal !...

Mais rien ne peut venir à bout de la crédulité de Giorgina Bruni.

— Carla est comme notre troisième enfant. Bien sûr, c'est un peu embêtant qu'elle dorme à côté de Massimo. Un homme peut avoir des pensées coupables, mais comme il est impuissant à cause de son ulcère...

Une telle situation n'est pas seulement scandaleuse, elle est aussi intenable et, si elle ne pose aucun problème à Giorgina, Massimo et Carla n'en peuvent plus. Mais alors qu'il y a une solution à laquelle ils auraient dû penser depuis longtemps : le divorce, ils optent pour le crime... Oui, ils vont tuer Giorgina !

Et pas de n'importe quelle manière : d'un coup de fusil. Massimo fait l'emplette d'une carabine 22 long rifle...

Et c'est là que cette histoire devient proprement stupéfiante. Car si l'aveuglement de Giorgina Bruni dépasse l'entendement, que dire de l'inconscience des deux amants ? Voyons ! Trois personnes partagent le même lit au su de tout leur entourage, l'une d'elles va être retrouvée avec une balle dans le corps : comment pourrait-on avoir la moindre hésitation sur l'identité des assassins ?

Mais il faut croire que Carla et Massimo ne se posent pas cette question. Ils mettent, au contraire, leur plan au point. Massimo ne se sent pas le sang-froid de tirer. Il est décidé que ce sera Carla qui le fera. Elle va donc s'entraîner l'après-midi dans des carrières abandonnées et, à la mi-septembre 1994, elle déclare à son amant qu'elle est prête...

Le meurtre est fixé au 22 septembre. Ce jour-là, ils vont en pique-nique tous les trois sur les pentes du Vésuve. Comme à son habitude, Giorgina Bruni n'a pas la moindre méfiance... Une fois arrivé dans un endroit isolé, Massimo arrête la voiture. Carla va ouvrir le coffre, soi-disant pour prendre les provisions, s'empare du fusil qu'elle avait dissimulé et abat sa rivale d'une seule balle dans le cœur. Ensuite, les deux complices dissimulent le corps de leur mieux, vont jeter l'arme dans un canal et prennent le chemin de la maison.

En arrivant, ils disent simplement aux deux filles :

— Votre mère est allée faire des courses...

Et le soir après dîner, ils savourent enfin leur victoire. Ils entrent dans la chambre et envoient promener le troisième oreiller. Pour la première fois depuis un an, il n'y a que deux personnes dans le lit conjugal des Bruni...

Mais le lendemain, il faut revenir à la réalité. Massimo va au commissariat signaler la disparition de sa femme. Une enquête commence aussitôt et elle aboutit, deux jours plus tard, à la découverte du corps de Giorgina.

Angelo Cervi, commissaire de Portici, fait immédiatement placer Carla et Massimo en garde à vue. Devant lui, ils protestent avec véhémence.

— Nous ne savons rien. C'est sûrement un rôdeur ou un braconnier qui a fait ça...

« Un rôdeur », « un braconnier »... S'il n'y avait eu la mort d'une malheureuse, le commissaire aurait envie de rire. Car il sait tout... Il ne s'est pas contenté de rechercher la disparue, il a enquêté dans son entourage et il a appris tout de suite la cohabitation si spéciale qui existait entre Carla Fano et le couple Bruni... Il prend la parole d'une voix douce.

— Mademoiselle Fano, monsieur Bruni, je n'ai que deux questions à vous poser : lequel d'entre vous a eu l'idée du meurtre ? Lequel d'entre vous a appuyé sur la détente ?...

Carla et Massimo se sont encore entêtés vingt-quatre heures dans leur histoire de braconnier ou de rôdeur et ils ont fini par passer des aveux complets.

À l'heure actuelle, ils attendent d'être jugés dans deux prisons différentes, l'une pour hommes, l'autre pour femmes, séparés par toute la distance de Naples, eux qui, pendant un an, avaient été si près l'un de l'autre... et de leur victime.

Pour l'amour de Nancy Nelson

Dans la grande base militaire de Fort Worth au Texas, les pavillons des militaires sont alignés au cordeau le long des allées plantées d'arbres et de gazon. On y circule en voiture pour les adultes et en patin à roulettes pour les enfants.

Timothy, qui a dix ans, vient d'inventer un jeu nouveau. Son labrador le traîne avec bonne volonté tout au long d'une allée rectiligne.

Soudain le chien arrête sa course, et Timothy achève son parcours le nez dans le gazon devant un pavillon. Le chien échappe à son maître et se jette sur la porte en aboyant.

Ce pavillon n'est pas celui des parents de Timothy, qui court récupérer le chien. Le labrador n'aboie pas pour rien, il se passe quelque chose derrière cette porte. Timothy entend des cris bizarres, une sorte de plainte. Il reconnaît une voix de femme.

— Madame Nelson ? Madame ? Qu'est-ce qu'il y a ? C'est Timothy !

Il tambourine à la porte, tandis que le chien aboie sans répit. Timothy connaît mal les Nelson. Le mari est pilote dans l'armée de l'air comme son père, et Mme Nelson ne sort jamais. L'oreille à la porte, il est maintenant certain d'entendre pleurer, puis quelqu'un appeler, mais le chien l'empêche de comprendre, il gratte comme un fou à la porte de bois.

Courageusement, l'enfant pousse la poignée et la porte s'ouvre. Il retient son chien par le collier, le fait taire d'une tape énergique. Il y a une ombre allongée par terre dans le couloir.

— Madame ? Madame Nelson ? Vous êtes malade ?

— Qui est là ?

— Timothy Spencer, j'habite pas loin. C'est mon chien Billy, il a entendu quelque chose...

— S'il te plaît, écoute-moi, Timothy, va chercher quelqu'un, appelle un voisin, n'importe qui, dépêche-toi !

— Mais je suis là, madame, je peux rien faire pour vous ?

— Si, tu peux aller chercher quelqu'un, mais n'approche pas, je t'en prie. Va demander de l'aide, va, n'aie pas peur... fais vite !

Timothy court chercher le voisin, et très vite la police militaire de la base est sur place. On renvoie l'enfant chez lui.

— Merci, mon garçon, la dame est malade, elle est aveugle et paralysée, tu lui as rendu service...

— Mais qu'est-ce qu'elle a eu ?

— Son mari est malade aussi, alors elle a eu peur, tu comprends... rentre chez toi, Timothy.

Le spectacle n'est pas fait pour un gamin de dix ans. Nancy Nelson a trente ans et souffre d'une maladie incurable depuis de longues années. D'abord paralysée, elle est devenue aveugle récemment. Elle est donc en permanence dans un fauteuil roulant. Elle vient de vivre des moments d'angoisse épouvantables. Elle a voulu se lever en entendant un coup de feu dans la salle de bains, elle est tombée à cinquante centimètres d'une porte fermée. Impossible de porter secours à son mari. Impossible de savoir ce qui s'est passé dans cette salle de bains. Toute la nuit, Nancy Nelson a cherché à ouvrir cette porte, à se traîner pour atteindre le téléphone. Elle n'y est pas parvenue. La malheureuse est sous le choc.

— C'est mon mari, il s'est suicidé, j'en suis sûre... Laissez-moi entrer, laissez-moi le toucher...

Arthur Nelson s'est en effet suicidé, avec son propre revolver. À trente et un ans, il venait d'obtenir son grade de capitaine, et une solde qui lui avait permis d'offrir un peu plus de confort à sa femme. Tout l'argent du ménage passait dans les soins de Nancy. Son mari l'emmenait voir tous les médecins dont il entendait parler.

La maladie de Nancy a commencé comme une simple grippe, un jour, il y a près de cinq ans, et depuis Nelson n'a cessé de se battre. C'est un homme positif, un fonceur, qui n'a jamais perdu espoir de trouver un moyen de guérir Nancy. Pourquoi un suicide ? Pourquoi une balle en pleine tête, si brusquement ?

Nancy raconte. Un rêve, né il y a un mois environ dans

l'esprit de son mari. Il lisait un journal, et tout à coup a découvert un article sur une clinique de New York et une publicité sur un traitement nouveau dont pourrait bénéficier Nancy. Celle-ci n'y croyait pas. Mais Nelson insistait toujours, comme d'habitude.

— Je déteste que tu sois fataliste. Tu es vivante ! Vivante, ça veut dire que l'on peut toujours améliorer les choses. Je vais voir ce type à New York.

Et à son retour, il était encore plus enthousiaste. Ce patron de clinique lui avait fait miroiter des choses extraordinaires.

— Il a dit qu'il ne promettait pas de te guérir, mais que son traitement pouvait améliorer beaucoup de choses. Tes yeux en particulier. Ensuite il a dit qu'il pouvait obtenir une récupération de la paralysie. C'est un traitement long mais ça vaut le coup !

Alors Nancy a demandé :

— Combien ?

— Dix mille dollars pour commencer.

— Nous n'avons pas dix mille dollars !

Arthur Nelson ne s'est pas arrêté à cette difficulté, il a fait le tour des banques, des amis, des prêteurs, mais il n'avait aucune garantie à offrir. Le salaire d'un pilote de l'armée de l'air n'est pas si fabuleux que ça, finalement. Personne n'a voulu lui prêter d'argent. Les seules économies des Nelson consistaient en une assurance-vie de dix mille dollars justement, que Nelson avait prise il y a longtemps, par sécurité pour sa femme. « On ne sait jamais ! Un pilote, des fois ça disparaît dans les airs ! »

Et il se trouvait maintenant devant un dilemme. Se servir de son assurance-vie pour soigner sa femme, mais de quelle manière ? Vivant, il ne récupérerait que les primes versées. Insuffisant. Mort, sa femme aurait droit au capital de dix mille dollars.

Nancy a raconté tout cela à la police, avec son regard éteint, immobile dans un fauteuil, car seules ses mains peuvent encore bouger – relativement. Elle en est convaincue, elle, depuis longtemps : son cas est sans espoir. Il n'y avait que son mari pour y croire. Au point d'en mourir.

Nancy vit maintenant à l'hôpital militaire. Elle n'a pas de famille et Arthur Nelson était son seul soutien. Sa pension de veuve militaire est réellement maigre. Un jour l'enquêteur de la compagnie d'assurances vient la voir. Le genre d'enquêteur qui n'a guère le temps d'être délicat en matière de contrat d'assurance, surtout s'il a un moyen de ne pas payer.

— Madame Nelson, votre mari s'est bien suicidé, l'enquête l'a établi formellement. Mais comme vous le savez, la loi du Texas considère le suicide comme un crime de droit commun.

— Je ne le savais pas, monsieur. Nous ne parlions pas de suicide ; voyez-vous, Arthur était quelqu'un de terriblement optimiste, c'est pour cela que ce suicide est étrange.

— Donc, selon la loi texane, madame Nelson, tuer son propre corps revient exactement à tuer autrui. Le suicidé se retrouve coupable, devant Dieu et devant les hommes ! Et, à moins que vous ne puissiez prouver que son état mental au moment du passage à l'acte était détérioré, c'est-à-dire qu'il avait perdu le sens des responsabilités, et son jugement... je ne peux rien faire pour vous. Pour la loi il est coupable.

— Arthur n'était pas fou, au contraire. Deux jours avant de mourir, il venait de passer le contrôle médical des pilotes de l'armée américaine. Ce contrôle est extrêmement sévère, il ne suppose aucune défaillance, ni physique ni mentale. Il a donc pris sa décision l'esprit clair, en possession de tous ses moyens.

— C'est dommage pour vous, madame, car en cas d'irresponsabilité prouvée, le contrat était exécutoire. En l'état actuel, ma compagnie ne peut rien vous verser. Surtout après cette visite médicale. Je suis donc dans l'obligation de vous demander de signer cette décharge.

— Je ne signerai pas cette décharge. Je ne suis pas d'accord avec vos conclusions.

— Ah ! Vous désirez quand même faire un procès, madame Nelson ? Prouver l'irresponsabilité ?

— Oh non, je n'ai pas l'intention de prouver que mon mari était un irresponsable. Au contraire. Il n'a jamais été plus lucide que ce jour-là ! Il s'est suicidé en toute connaissance de cause, ce qu'il ignorait c'est que sa mort ne servirait à rien. Mais je vous interdis de le considérer comme un coupable. Ce n'est pas un suicide qu'a accompli Arthur, c'est un acte courageux, conscient, un acte de générosité totale. Il ne s'est pas donné la mort par détresse, il n'était ni malade ni dépressif. J'estime personnellement que la plupart des gens qui se suicident sont des égoïstes, des malades qui ne voient la vie qu'à travers eux, mais Arthur n'était absolument pas ainsi. Il ne pensait qu'à moi. Il s'est tué par amour. Fichez le camp avec vos papiers, je ne signerai rien du tout. Il ne s'agit pas d'argent, monsieur : l'argent, vous pouvez le garder ! C'est par respect pour lui que je refuse.

— Mais, madame, si l'argent ne vous intéresse pas... je ne comprends pas... le dossier va traîner...

— Qu'il traîne ! Vous ne ferez pas passer mon mari pour un criminel ! Votre loi est stupide. Et les charlatans de la mort nous ont fait assez de mal ! Savez-vous qui est responsable de la mort de mon mari ? Le vrai criminel ? C'est ce soi-disant médecin de New York, qui lui a vendu de l'espoir contre dix mille dollars et sa propre vie. Et je suis responsable, moi aussi. Nous nous aimions, nous ne voulions pas nous faire de mal, alors l'espoir qu'il avait de me guérir, même illusoire, je ne pouvais pas le lui enlever. Pourtant j'aurais dû. La maladie dont je souffre est irréversible, tous les médecins dignes de ce nom le savent. Rien ne peut la stopper, rien ne peut l'améliorer. Ce charlatan le savait aussi, et c'est lui le criminel avec ses faux espoirs calculés en dollars.

— Faites-lui un procès ! Si c'est un charlatan... vous pourriez obtenir un dédommagement...

— Vous ne savez parler que de procès et d'argent ! Allez-vous-en. Vos papiers, vos contrats ne veulent rien dire. Arthur s'est tué pour que je touche cette prime d'assurance et que je paie ce médecin. Il ignorait simplement votre stupide loi. Et votre assurance-vie était un contrat de mort !

— Je ne peux rien contre les lois, madame Nelson... D'ailleurs, dans ce cas précis, le montant de l'assurance revient au Trésor fédéral ! La loi est peut-être discutable, mais au Texas, un homme qui s'est rendu coupable de suicide est considéré comme un criminel, et nous sommes tenus de reverser la prime à l'État... Or, pour que l'État puisse en disposer, il faut que vous signiez cette décharge !

— Allez-vous-en, monsieur.

Quelque temps plus tard, un journaliste s'intéresse à l'extraordinaire courage de Nancy Nelson et à son époux. Il fait une enquête auprès de la compagnie d'assurances et apprend que seule une grâce présidentielle accordée au « coupable de suicide » Arthur Nelson pourrait faire attribuer légalement à sa veuve le montant de la prime d'assurance. Bien entendu, nul n'en avait parlé à Nancy Nelson.

Son article fait du bruit, et la compagnie déclare alors : « Nous sommes prêts, bien entendu, à mettre nos avocats au service de Mme Nelson, afin qu'elle puisse demander cette grâce présidentielle. »

Et l'enquêteur revient voir Nancy à l'hôpital militaire pour lui expliquer son affaire.

Mais Nancy l'arrête immédiatement.

— Vous vous cachez bien mal derrière vos bonnes œuvres, monsieur. Un beau geste de la part de votre compagnie, dites-vous ? Un geste publicitaire, plutôt ! Je ne veux pas de vos avocats, je ne veux pas de grâce de qui que ce soit. Arthur n'est pas un criminel ! La mort de mon mari m'appartient, et vous ne la récupérerez pas en articles publicitaires dans les magazines à sensation. Il me l'a léguée, cette mort, monsieur, c'est la seule chose qu'il pouvait encore faire par amour. Vous ne pourrez jamais comprendre cela. Au revoir, monsieur.

Il y a plus de vingt ans maintenant que le suicide d'Arthur Nelson, par amour pour sa femme, a raté son but. Nancy est morte. La seule déclaration qu'elle ait faite auparavant au journaliste est une déclaration d'amour pour son mari.

— La veille il était encore heureux. Quand il s'est enfermé dans la salle de bains, après m'avoir mise au lit, il m'a dit : « Je fais un brin de toilette, Nancy, dors... Tu repenseras à tout cela demain... demain est un autre jour, Nancy... » Et il a pris sa décision, radicalement, comme un pilote qui change de cap. À l'instant où j'ai entendu le coup de feu, j'ai su qu'il m'aimait plus que lui-même. C'était cela sa seule folie.

Contrat mortel

Laurette Vergnal est à bout de nerfs. Voilà quinze ans qu'elle a épousé Gustave. À l'époque il était travailleur, affectueux, attentionné et il rentrait toujours à l'heure de son travail. Que s'est-il passé pour qu'il change à ce point? Laurette ne se pose même plus la question. En tant que femme d'alcoolique elle a d'autres chats à fouetter que remuer des questions sans réponses. Voilà deux semaines que Gustave et Laurette, incapables de payer leur loyer, ont dû déménager. Heureusement, on leur a attribué une HLM. Le quartier n'est pas élégant ni tranquille, les cages d'escalier sont pleines de graffitis tagués à la bombe, mais c'est quand même un toit.

Aujourd'hui samedi, Laurette doit sortir pour aller faire son marché. Elle referme la porte à clé derrière elle, bien que Gustave soit encore dans le lit conjugal, occupé à ronfler d'un lourd sommeil de poivrot.

Quand elle se retourne, Laurette a la surprise de constater la présence sur le palier d'un inconnu. Pas étonnant, elle vient d'arriver et elle ne connaît strictement personne, sauf le gardien de l'immeuble et sa femme. Laurette se demande ce que cet homme encore jeune fait là. Un beau brun à petite moustache :

— Monsieur?

— Madame! Si je comprends bien, vous êtes ma nouvelle voisine?

— Euh, si vous habitez sur ce palier, c'est exact : je suis votre voisine.

— Je me présente : Norbert Parentis. Si jamais vous avez besoin de quelque chose, n'hésitez pas.

Laurette pense au fond d'elle-même : « Pas possible, il me drague, il ne perd pas de temps. » Mais elle se contente de répondre, sans avoir l'air trop souriante :

— Vous êtes bien aimable, je suis Laurette Vergnal. Mon mari est au chômage, il dort. Alors je vais faire les courses au supermarché. Bonne journée.

En arrivant en bas de l'immeuble Laurette se dit : « Quelle idiote je suis d'aller lui dire que je vais au supermarché ! Est-ce que ça le regarde ? En tout cas il sait que je suis mariée et que mon mari est à la maison, c'est toujours ça. »

En faisant ses emplettes, Laurette ne peut s'empêcher de penser à nouveau à son voisin : « Faut avouer qu'il n'est pas mal. Il a bonne allure. »

Quand elle rentre et arrive sur son palier, Laurette ne peut réprimer un mouvement de curiosité. Elle s'approche de la porte de l'autre appartement et lit la carte de visite qui y est fixée par une punaise : « M. et Mme Norbert Parentis, attaché commercial. »

Laurette colle son oreille à la porte. À l'intérieur elle entend une voix féminine qui houspille des enfants : « Lucien, Barbara, tenez-vous tranquilles, sinon vous allez réveiller Dorothée. Si elle se met à brailler je vous flanque une dérouillée dont vous allez vous souvenir. »

Et Laurette rentre chez elle. Le voisin est donc marié et père de famille avec au moins trois enfants. Sa femme semble posséder une belle énergie et n'être pas du genre distingué. Bon, à chacun ses problèmes...

— Tu es réveillé, Gustave ?

Gustave, mal rasé, en maillot de corps et pantalon de pyjama tire-bouchonné, apparaît sur le seuil de la chambre, le poil en bataille :

— Quelle heure qu'il est ?

— Bientôt midi, je suppose que tu as assez cuvé ton vin, ton pastis ou je ne sais quoi. J'espère que tu vas te laver. Je n'ai pas l'intention de t'avoir en face de moi pour le déjeuner si tu restes comme ça.

— Qu'est-ce qu'on a à bouffer ?

— Du jambon et des nouilles. Tu t'attendais à quoi ?

Le soir, en s'étendant dans le lit conjugal auprès de Gustave, Laurette ne peut ôter de ses pensées l'image du voisin de palier :

« Norbert Parentis. Au fond c'est un garçon comme lui que j'aurais dû épouser. Propre, bien bâti, aimable, sérieux. »

Désormais Laurette devient plus gracieuse quand elle rencontre Norbert, le beau brun à petite moustache, sur le palier :

— Alors, madame Vergnal, on s'habitue à l'immeuble ?

— Boh, l'immeuble, vous savez ! Y a pas de miracle. Il est bruyant, surtout les voisins du dessus. Tous les samedis il faut qu'ils mettent la sono à fond avec leur musique de sauvages. Je suis obligée de me boucher les oreilles avec des boules.

— Ils ne sont pas méchants, mais ils sont jeunes, ils aiment faire la fête.

— Vous êtes bien indulgent ! Au moins chez vous on n'entend rien. Pourtant avec tous vos enfants... Vous savez les tenir.

Au bout de quelques mois un grand bouleversement survient dans la vie de Laurette. Gustave doit être hospitalisé. Le pronostic des médecins est plus que réservé : « Cirrhose du foie. On va faire le maximum pour le tirer d'affaire, mais ses chances sont assez faibles. »

Laurette ne fait aucun commentaire. Elle rentre chez elle. Et elle s'arrange pour arriver à vingt heures quarante-cinq très exactement. Depuis longtemps elle a repéré que le beau Norbert, « attaché commercial » dans un hyper où il s'occupe du rayon « vidéo-musique », rentre toujours chez lui par le train de vingt heures trente. De plus en plus Laurette s'organise pour avoir une petite course à faire afin de se trouver sur le palier à vingt heures quarante-cinq. Elle multiplie les occasions de rencontres. Et le beau Norbert ne semble pas juger ça déplaisant :

— Bonsoir, madame Vergnal, j'ai appris que votre mari avait été hospitalisé. Rien de grave, j'espère ?

— Bah, il paie des années d'excès. Cirrhose du foie. On ne sait vraiment pas s'il va s'en sortir.

Laurette tripote son trousseau de clés machinalement :

— De toute manière, pour ce qu'il m'apporte de positif... C'est plutôt une charge qu'autre chose. Il a bien changé. Et votre femme, comment va-t-elle ?

— Oh, elle est chez sa mère avec les enfants. Je suis célibataire jusqu'à dimanche soir.

Laurette et Norbert restent là, plantés sur le palier. Ils entendent l'ascenseur qui monte et qui descend.

— Puisque vous êtes tout seul, voulez-vous entrer un moment pour boire l'apéritif avec moi ? J'ai besoin d'un peu de compagnie...

— Volontiers, dans une minute, juste le temps de mettre mes courses dans le frigo.

C'est ce soir-là très précisément que Laurette est devenue la maîtresse de Norbert. Quand il rentre chez lui pour se jeter au lit et récupérer, il en est encore tout étonné : « Nom de Dieu, jamais j'aurais cru ça. Quelle technique ! Quel tempérament ! Y a pas de doute, il n'y a rien de mieux que les ménagères pour vous faire le grand jeu. Ça devait faire un bon moment qu'elle en avait envie... Vingt dieux ! »

Inutile de dire que, désormais, les relations entre Laurette et Norbert changent du tout au tout. Un soir il annonce :

— J'ai réussi à obtenir un changement d'horaire. Dorénavant je peux rentrer par le train de dix-neuf heures trente. Ça nous donne une petite heure pour nous voir.

— Magnifique, mon chéri. Mais il ne faudrait pas que ta femme s'en aperçoive.

— Rien à craindre, à cette heure-là elle est toujours au fond de l'appartement. Je t'ai dit qu'elle fait du travail à domicile : des robes de poupées folkloriques. Et les mômes sont bien trop petits pour aller se balader dans l'immeuble.

La vie s'organise. Tous les soirs à dix-neuf heures quarante-cinq, Norbert entre chez Laurette. Il n'y a plus à se préoccuper de Gustave, il est parti pour de longs mois dans une maison de repos où on essaie de sauver ce qui reste de son foie.

Un soir, après l'amour, Laurette met les choses au point en deux mots :

— Mon chéri, je viens de demander le divorce. Je ne peux plus me passer de toi. Divorce, toi aussi, et refaisons notre vie ensemble. Tu dois bien admettre que nous sommes faits l'un pour l'autre. Nos corps se complètent si bien...

Norbert Parentis finit par lui répondre :

— Tu sais, si je divorce, il ne me restera pas grand-chose. Je devrai payer une pension alimentaire.

— Depuis que j'ai trouvé un job de vendeuse, ça n'est pas un problème.

— Mais si je divorce, excuse-moi, chérie, ce n'est pas pour me remettre la corde au cou illico presto. Vivre ensemble, pourquoi pas, je crois que ça marcherait, mais donnons-nous le temps de respirer.

— J'y ai pensé, chéri et je vais t'expliquer mon idée.

Laurette explique et Norbert accepte toutes les conditions de leur nouveau « contrat moral ». Il faut dire qu'elle le rend absolument fou. Jamais de sa vie il n'a rencontré une femme aussi sensuelle et qui lui prodigue des caresses aussi expertes :

— Mais enfin, Laurette, il y a des fois où je me demande où tu as appris à faire des trucs pareils...

— Disons que je suis plutôt douée. Et puis, que ne ferais-je pas pour te garder ? J'ai dix ans de plus que toi, il faut bien que je compense ça. Comme on dit : « C'est dans les vieux pots qu'on fait les meilleures soupes. »

Norbert habite donc désormais avec Laurette, juste en face de l'appartement où demeurent son ex-épouse et leurs trois enfants. L'ex-Mme Parentis ne prend pas les choses au tragique. Elle est du genre « patient ».

— Norbert, qu'est-ce qui se passe ? Tu rentres bien tard.

— Excuse-moi, Laurette, mais nous avons eu une réunion exceptionnelle. Il faut préparer l'opération « Fêtes de Noël ». On a un boulot dingue.

Laurette ne répond pas. Du moment qu'elle retrouve son Norbert dans leur grand lit... Mais ce soir son jeune amant répond moins bien à ses avances.

— Excuse-moi... pas en forme... crevé. Ça ira mieux demain. Tu sais que tu es insatiable. Tu te rends compte que tu m'as sauté dessus dix fois pendant le week-end dernier. Je les ai comptées. Tu veux ma mort ! À ce régime-là je ne tiendrai pas jusqu'à l'âge de la retraite.

Laurette se contente de rire :

— En tout cas, attention, j'espère qu'il n'y a pas d'autre femme là-dessous, sinon tu sais que j'ai toujours notre contrat que tu as signé et daté : « Lu et approuvé. » Tu te souviens de ce qu'il dit ?

— Oui, oui. Comment voudrais-tu que j'honore quelqu'un dans l'état où tu me laisses ! Ne t'étonne pas si je deviens cardiaque.

Et pourtant, si paradoxal que cela puisse paraître, Norbert, le fringant Norbert, malgré le régime épuisant auquel Laurette le soumet, trouve encore le temps, comme on dit, d'aller « livrer en ville ».

Laurette en a la preuve en allant à la gare pour attendre le train de dix-neuf heures trente qui ramène son amant de Paris. Et là, son sang ne fait qu'un tour : descendant du wagon, Norbert Parentis, son Norbert, tient une petite blonde de très près. Bras dessus, bras dessous ils gagnent la sortie des voyageurs. Et, un peu plus loin, Laurette les voit échanger un long baiser, à peine éclairés par le halo d'un réverbère. Pas une petite bise comme on peut en faire à une gentille collègue de bureau : non, un vrai baiser de cinéma.

Laurette est hors d'elle : « Eh vas-y donc! Monsieur roule des pelles. Eh ben! Ils ne prennent même plus le temps de respirer. Ah, le salaud, il va me le payer! »

Dès le lendemain Laurette se rend chez l'armurier du coin :

— Bonjour! Je voudrais un fusil de chasse. C'est pour l'anniversaire de mon mari. Je n'y connais rien, mais c'est bientôt l'ouverture et il adore chasser le sanglier chez ses parents dans les Ardennes.

Elle ressort quelques minutes plus tard avec son beau fusil bien enveloppé dans un joli paquet-cadeau orné d'un ruban de très bon goût. « Cinq mille francs! Oh, après tout qu'importe, au point où j'en suis... »

Norbert, malheureusement pour lui, rentre exceptionnellement tard ce soir-là. Laurette voit tout de suite qu'il a le regard fatigué.

— Excuse-moi, il y a eu une réunion...

— Et bien sûr, tu ne pouvais pas téléphoner. Tu me prends pour une imbécile ou quoi?

— Mais non, je t'assure...

— Et la blonde à qui tu roules des patins devant la gare, tu l'assures de quoi? De ta considération distinguée ou de tes sentiments les meilleurs?... Dis donc, Norbert, tu as la mémoire courte. Tu oublies qu'on a signé un contrat...

— Un contrat, un contrat, un bout de papier qui n'a aucune valeur. Un truc entre nous. J'ai signé ça pour te faire plaisir, mais ça n'a aucune valeur légale...

— C'est possible, mais pour moi, c'est un contrat moral et de la valeur, il en a. C'est un engagement solennel de fidélité.

— Bon, d'accord, j'ai signé mais qu'est-ce que tu comptes

faire ? Entre nous c'est le passé. De toute manière je n'aurais pas pu continuer à ce rythme-là, trois fois par jour. C'est un coup à y laisser ma peau. Tu ne te rends pas compte que tu es malade, ma pauvre Laurette, tu es nymphomane, hystérique...

— Nymphomane, moi ? Tu ne sais pas ce que tu racontes. J'ai respecté le contrat. Depuis le départ de Gustave, depuis que nous vivons ensemble, je n'ai jamais approché aucun autre homme... C'est pour ça que je t'ai fait signer « notre » contrat.

— Oui, et alors, qu'est-ce qu'il dit ce contrat : si on se quitte je te dédommagerai financièrement. Ça veut dire quoi ? Tu crois que tu pourras obtenir une pension alimentaire ?

— Mais tu oublies le chapitre deux : en cas d'infidélité...

— Eh bien ?

— J'ai un cadeau pour toi, tu vas comprendre.

Norbert n'a pratiquement pas le temps de comprendre. Laurette va dans leur chambre, elle cherche sous le lit et en ressort le fusil de chasse. Tout est prêt, les deux balles sont engagées dans le canon.

Elle revient vers le salon. Norbert regarde la télévision sans voir le programme. Laurette hurle :

— ... en cas d'infidélité : la mort !

Elle tire les deux balles dans la tête du beau Norbert qui glisse et s'affale sur le canapé en skaï rouge...

Trois jours plus tard, le lundi matin, le directeur de Norbert, inquiet de ne pas le voir apparaître, téléphone à Mme Parentis. Celle-ci, à tout hasard, vient sonner chez Laurette qui, au bout d'un long moment, lui ouvre. Elle a les yeux cernés comme si elle n'avait pas dormi depuis trois jours :

— Mon mari est chez vous ? On le réclame à son bureau.

— Oui, il est dans le salon. Il dort sur le canapé... Ça fait trois jours qu'il n'a rien dit.

Norbert est parti à la morgue, Laurette à l'asile psychiatrique.

Le 31 décembre à minuit

Francis Kramer fume sa pipe nerveusement dans le salon de son pavillon de Redford, petite ville du Dakota du Sud dont il est le shérif. Cinquante ans, divorcé, sans enfants, avec sa stature carrée, trapue, son épaisse moustache et ses mains larges, il donne toutes les apparences de la solidité, de la stabilité. Pourtant, le shérif Kramer est inquiet. Le mot est faible : il est rongé par une angoisse qui ne le quitte pas.

Bien sûr, ses collègues, ses amis ont essayé de trouver les mots pour le réconforter. Ils lui ont répété mille fois :

— Tu étais en légitime défense et dans l'exercice de tes fonctions. Enfin, un policier a bien le droit de tirer quand il est menacé...

Francis Kramer chasse d'un geste agacé un gros nuage de fumée. Ce n'est pas de leur faute, évidemment, ils ne sont au courant de rien... Ses doigts serrent nerveusement des papiers dans sa poche. Cela fait quinze jours qu'il a reçu la première lettre anonyme... Et depuis, chaque matin, il y en a eu une nouvelle...

Francis Kramer déplie un feuillet tapé sur ordinateur... D'où viennent-elles, ces lettres ? Une réaction du public à la suite des articles qu'il y a eu dans la presse ? À moins qu'elles ne lui soient envoyées par les autres...

De toute façon, une chose est claire : c'est leur contenu. Seul dans son salon, Francis Kramer lit à haute voix : « Salaud, on aura ta peau. Tu ne passeras pas l'année. Tu ne verras pas 1987. »

Une menace d'autant plus angoissante qu'on est le 30 décembre 1986.

Dans le salon de sa villa de Redford, Francis Kramer est en train de revivre le jour fatidique du 10 novembre précédent. Ce soir-là, il a été trouver le propriétaire d'une pizzeria, David Wilson, peu avant l'ouverture de son établissement. Il savait que ce ne serait pas facile, aussi il avait bien préparé ce qu'il avait à dire.

— Salut, David. J'ai de la marchandise : cent doses. Ça fera vingt mille dollars...

Comme prévu, Wilson a bondi.

— Vingt mille ! Tu es fou ? C'était dix-huit mille la dernière fois.

Kramer a haussé les épaules :

— Qu'est-ce que tu veux, tout augmente. Tu n'as qu'à augmenter tes prix, toi aussi.

Mais la discussion a été plus dure que prévu. Wilson s'est entêté. Il voulait payer dix-huit mille dollars, pas un cent de plus. Alors Kramer s'est fâché.

— Tu n'es rien sans moi, David. C'est moi qui dirige.

Le propriétaire de la pizzeria s'est mis à ricaner.

— Et si je parlais ? Si je disais que le shérif Kramer est un des gros bonnets de la coke ? Ça ferait du bruit, hein ? Sans compter que...

Francis Kramer a pâli. Presque sans s'en rendre compte, il a dégainé. En voyant le revolver, David Wilson a brusquement changé d'attitude. Pas très courageux, David. Un lâche. Ce sont les lâches qui sont les plus dangereux : il suffit de leur faire peur pour qu'ils se mettent à parler. Il entend encore sa voix précipitée, implorante :

— Fais pas l'idiot, Francis ! J'ai dit ça pour plaisanter... Tu vas pas tirer ? C'est d'accord à vingt mille dollars ! Francis...

La suite a été couverte par la détonation du revolver...

Francis Kramer a une grimace de contrariété. Le pire, c'est que cet imbécile de David n'aurait sans doute jamais rien dit. S'il avait eu un peu de sang-froid, s'il avait su apprécier correctement les risques sur le moment, il n'en serait pas là...

Au lieu de cela, il a fallu imaginer toute une mise en scène. À ses collègues, arrivés quelques minutes plus tard, il a dit qu'il avait surpris le propriétaire de la pizzeria en conversation avec un homme louche. Tous deux se sont jetés sur lui. L'homme a pris la fuite et il a malheureusement tué Wilson. Il n'a pas eu le temps de voir qu'ils n'étaient pas armés ; il s'est cru en état de légitime défense...

Francis se félicite d'avoir pu inventer cette histoire en si peu de temps. Après tout, c'était plausible, d'autant qu'on savait bien que Wilson avait des activités plus ou moins douteuses. Seulement, il y a eu la réaction d'une partie de l'opinion. Celui qui avait été son adversaire malheureux à l'élection au poste de shérif a déclenché une campagne de presse contre lui.

C'est sans doute, c'est certainement l'un de ses adversaires politiques qui est l'auteur des menaces, mais c'est peut-être aussi... l'organisation.

L'organisation, la Mafia. C'est d'elle qu'il dépend. Et la Mafia n'aime pas les maladroits, ceux qui perdent la tête et qui risquent de la compromettre par leur manque de sang-froid... Quoique, pourquoi aurait-elle recours à cette série de lettres anonymes, à cette torture morale ? Quand l'organisation veut se débarrasser de quelqu'un, elle engage un tueur, tout simplement...

Bien sûr, quelqu'un pourrait lui dire la vérité : son contact à la Mafia justement, son supérieur direct, un jeune homme. Il s'appelle Fred ; il n'en sait pas plus à son sujet. Ils se rencontrent une fois par semaine, le samedi, au parking du supermarché où il va faire ses courses. C'est lui qui lui remet les doses. Or, le samedi suivant la mort de Wilson, Fred n'était pas au rendez-vous et les autres fois non plus. Et, à la réflexion, il n'y a rien de plus inquiétant que cette absence...

Le shérif regarde sa montre et ne peut réprimer un frisson : il est minuit passé. On est le 31 décembre 1986. L'année se termine dans vingt-quatre heures...

Le lendemain matin, le shérif Francis Kramer se réveille dans un état second. Inutile de dire qu'il n'a presque pas dormi... Au moment où il sort de sa douche, le téléphone sonne. Il est très rare qu'on l'appelle à cette heure-là. En décrochant le combiné, il est couvert de sueur. C'est la dernière menace, de vive voix celle-là, la dernière avant l'exécution...

Mais il pousse intérieurement un immense soupir de soulagement lorsqu'il reconnaît la voix de Jeremiah Falls, un de ses vieux amis.

— Alors, Francis, c'est toujours « non » ?
— « Non » pour quoi ?
— Mais le réveillon dans mon chalet. Ne me dis pas que tu avais oublié !
Si, bien sûr, il avait oublié... Jeremiah l'avait invité, avec trois autres amis, célibataires ou divorcés, à un réveillon entre hommes dans son chalet des montagnes Rocheuses et il avait refusé. Mais son invitation datait d'avant les lettres et il avait oublié cela comme le reste.
— Alors, Francis ?
— C'est oui ! J'arrive !
Francis Kramer vient de se décider comme on se jette à l'eau. Dans ce chalet isolé de montagne, entouré de ses amis, là, au moins, il se sentira en sécurité. C'est là qu'il attendra la fin de l'année, bien loin de sa ville où un coup de feu peut partir de n'importe où...

Une grosse voiture sort des faubourgs de Redford. Les quatre compagnons de Francis Kramer sont très gais. Ils rient, ils plaisantent, lui reste muet. Il sait bien que, dans le fond, rien n'est réglé... Là-bas, il sera en sécurité jusqu'à la fin de l'année, mais après les menaces recommenceront. Pourtant, il ne regrette pas sa décision. Il n'a qu'une idée, une idée fixe : rester en vie jusqu'à minuit !
On est arrivé à la petite station de sports d'hiver qui domine la vallée. De là, il va falloir continuer en téléphérique, puis à skis...
Dans le téléphérique qui l'emmène au sommet, Francis Kramer considère avec amertume le paysage qui l'entoure. Si l'on peut parler de paysage : les nuages sont tellement bas qu'on ne voit rien. Tout est environné par un brouillard laiteux...
Le téléphérique, perdu dans un coton blanc sale, se rapproche du sommet. Il y a beaucoup de monde dans la cabine. Francis se détourne de la vitre et se met à les étudier. Il ne peut pas s'en empêcher. Sa peur irraisonnée l'a repris. Et si l'un d'eux était celui qu'ils ont lancé à ses trousses, celui chargé de le liquider ?
Il est quatre heures de l'après-midi. Le délai expire dans dix heures...
Un à un, il passe les occupants en revue. Non, ça ne peut pas être ce couple avec ses enfants, ni ce petit vieux, ni ce groupe de

jeunes filles... Mais là-bas, à l'autre bout, ces deux jeunes gens aux cheveux courts... Pourquoi gardent-ils leurs mains dans leur blouson ? À présent, il lui semble qu'ils l'ont regardé fixement quand il est entré dans la cabine, comme s'ils cherchaient à s'assurer que c'était bien lui...

Francis Kramer se met à maudire l'inspiration stupide qui lui a fait tout quitter pour partir dans cet endroit perdu. Maintenant, il est à leur merci, bien plus vulnérable que dans les rues de Redford. Il voudrait retarder l'arrivée du téléphérique. Là, avec tous ces gens, il se sent en sécurité. Mais après, il faudra sortir, partir à skis sur des pentes désertes dans cette purée blanche où on ne voit pas à deux mètres. Il s'est lui-même offert en victime. On ne pouvait pas choisir un terrain plus propice à un meurtre sans trace...

Francis Kramer est blême : le téléphérique s'est immobilisé. Il vient d'arriver au terminus...

Tout le monde est sorti. Ses amis sont déjà en train de chausser leurs skis. En le voyant immobile, figé dans la neige, ils lui lancent :

— Allez, Francis, dépêche-toi. Il faut faire vite si on veut arriver au chalet avant la nuit...

Mais, à leur stupéfaction, ils le voient faire demi-tour. Ils crient de toutes leurs forces :

— Francis, Francis, reviens... Ce n'est pas par là... Tu te trompes...

Ils tentent de le rattraper, mais on n'y voit rien.

En moins d'une minute, Francis Kramer a disparu. Eux sont bien obligés de rejoindre la piste pour ne pas être perdus à leur tour.

Dès qu'ils sont arrivés au chalet, ils préviennent les autorités. Mais le mauvais temps s'est transformé en tempête. Les secours ne peuvent partir. Il faut attendre le lendemain.

Le lendemain, la tempête a redoublé d'intensité. Pas question de s'aventurer dehors sans risquer sa vie. Ce n'est que quarante-huit heures plus tard que les sauveteurs se mettent en route et ce n'est que le 3 janvier 1987 qu'ils retrouvent le corps de Francis Kramer pris sous une avalanche.

D'après les conclusions de l'autopsie, la mort remontait à plus de trois jours, vraisemblablement au 31 décembre. Le shérif Kramer n'a jamais vu l'année 1987 !

Sa mort a provoqué l'émotion qu'on imagine à Redford. D'autant qu'on a retrouvé sur lui les fameuses lettres anonymes, qui se sont révélées si tragiquement exactes. Compte tenu de la personnalité du disparu, les moyens les plus considérables ont été employés pour l'enquête et elle a rapidement abouti à la découverte de la vérité. Elle tenait en deux révélations.

Premièrement, l'auteur des lettres était un adversaire politique du shérif, un ami proche de celui qu'il avait battu aux élections. Il voulait l'effrayer, exercer ainsi une vengeance, mais il a été établi qu'il n'avait jamais eu l'intention de passer à l'acte.

Deuxièmement, s'il a si bien réussi à paniquer le shérif Kramer, au point de lui faire perdre la tête en se lançant dans une fuite insensée, c'était que ce dernier avait des raisons d'avoir peur. Ses activités illégales et ses liens avec la Mafia ont été découverts, même s'il n'a pas été possible de remonter la filière et de découvrir l'identité de ses chefs.

Dans l'affaire, le shérif Francis Kramer avait tout perdu : la vie, peu avant la fin du 31 décembre 1986, et l'honneur, au début de cette année 1987 qu'il n'avait pas vue.

Né de race inconnue

Il se passe quelque chose de grave dans les pays industrialisés. Entre mère et progéniture. Voici des mamans de plus de quarante ans, voire de cinquante, voici des mères porteuses, locataires, des mères entre parenthèses, des embryons se baladant d'une éprouvette à l'autre...

Nous sommes dans les années soixante-dix. Au début de l'ère de l'enfant « scientifiquement » conçu.

Marjorie vient de passer le dixième examen, qui doit être le centième dans sa tête, et pour la millième fois se dit : « Je ne suis bonne à rien, je suis stérile, jamais je n'aurai d'enfant. »

Voilà dix ans que Marjorie pleure l'enfant qui ne veut pas venir au monde. Elle a trente-trois ans et travaille comme secrétaire dans une société de textiles à Chicago. Mariée depuis dix ans, elle ne supporte pas cet échec, et son mari encore moins. Car si Marjorie est stérile, lui ne l'est pas. Et leurs rapports de couple se sont peu à peu dégradés : la coupable c'est elle ; celui qui attend, c'est lui. Le mot « insémination artificielle » a fini par être prononcé. Une mère porteuse permettra à Marjorie d'avoir un enfant qui sera génétiquement celui de son mari et d'une autre femme. La méthode est aujourd'hui passée dans les mœurs, mais en 1970, on en parlait encore peu.

Steve a trente-sept ans, un commerce qui marche bien, il veut un fils, et il est d'emblée enthousiaste à cette idée. Lui ne craint pas grand-chose : ce sera SON fils de toute façon. Et Marjorie le croit tellement capable de divorcer, de prendre une autre femme, qu'elle se jette dans l'aventure.

Voici donc venir Lillia. Célibataire, elle a passé tous les tests, moralité, santé, psychologie. Et elle a fixé le prix : cinquante mille francs, plus tous les frais de la grossesse payés. Elle a signé un renoncement devant une armée d'avocats, en déclarant : « Je fais ça pour rendre service, et aussi pour l'argent. Je n'ai que vingt-quatre ans, plus tard j'aurai des enfants à moi. Le jour de l'accouchement, je disparaîtrai aussitôt. »

À la deuxième tentative d'insémination, Lillia est enceinte. Marjorie n'est plus dépressive. Elle attend.

Au début elle voyait Lillia souvent, le médecin le lui a déconseillé. Et, en attendant l'accouchement, elle se terre dans sa maison, abandonne son travail, ne sort que pour faire des courses, comme si elle-même était enceinte.

Curieusement elle ne veut plus voir Lillia à présent. Elle appelle pour avoir des nouvelles, et raccroche l'appareil aussitôt, comme si ce téléphone la brûlait.

Vient le jour où Lillia entre en clinique. Marjorie dit à son mari :

— Vas-y toi, va chercher le bébé. Moi je préfère rester là, à attendre dans la chambre.

— Tu ne veux pas le voir tout de suite ?

— Je préfère que tu l'amènes ici, seul.

La chambre de cet enfant est prête depuis des mois – un vrai palace de nouveau-né. Un cocon couleur pastel, bourré de peluches et doté du matériel le plus moderne. S'il existait une langeuse automatique, Marjorie l'aurait sûrement achetée !

Son médecin n'aime pas beaucoup ce comportement, à la fois obsessionnel et méfiant, mais que faire ? Le processus est entamé, l'enfant en train de naître.

C'est un garçon, tout va bien, la mère et l'enfant se portent à merveille. Le processus est le suivant : Steve, le père, doit faire immédiatement une déclaration de reconnaissance de paternité, rendre visite à la mère et, après quarante-huit heures d'observation, le bébé sera transféré immédiatement dans son foyer officiel. Dix minutes après la naissance, Steve téléphone à Marjorie :

— Je l'ai vu, il est magnifique, splendide ! Maman dit qu'il me ressemble, il faut que tu viennes le voir !

— Non, je t'ai dit que j'attendrais ici !

— Marjorie, on ne va pas nous le donner tout de suite, c'est normal, je t'en prie, viens ! C'est notre enfant, Marjorie ! Il s'appelle John Lee comme tu voulais.

— Occupe-toi des formalités, je t'attends à la maison.
— Qu'est-ce que tu veux comme cadeau ? Maman avait pensé à un collier de perles...
— Un cadeau ? Tu te fiches de moi ! Ne te donne pas tant de mal ! N'essaie pas de me faire croire que c'est moi qui ai pondu ce gosse ! D'accord ?
Marjorie a raccroché, et Steve se dit : « Elle est nerveuse, ça va lui passer. »
Quarante-huit heures plus tard, Steve est convoqué dans le bureau du chef de clinique. L'heureux papa entre le sourire aux lèvres, mais son sourire s'efface en quelques secondes.
— Monsieur, étant donné les circonstances particulières de la naissance de votre fils, ce que j'ai à vous dire est très difficile...
Steve attend, les dents serrées d'angoisse.
— Nous avons hélas quelques craintes au sujet de son développement futur. Pour tout vous dire, nous craignons une malformation. Bien entendu, les tests ne sont pas terminés, et il est trop tôt pour se prononcer définitivement... Mais au cas où nous serions obligés d'intervenir chirurgicalement, j'ai besoin de votre accord.
Steve pose une avalanche de questions, auxquelles le médecin répond avec toujours autant de prudence. On ne sait pas... Qui peut dire si... Nous verrons dans quelques jours... Quoi qu'il en soit, l'opération si elle est nécessaire ne pourra se faire qu'avec votre accord... Etc.
Et soudain, il a devant lui un homme en colère, négatif, hargneux.
— L'opération ça vous regarde, faites-la si vous la jugez nécessaire, mais moi j'ai fait signer un contrat à cette femme pour avoir un enfant normal, vous avez fait soi-disant tous les tests ! Elle est responsable !
— Monsieur, je vous en prie, ce genre de problème n'est malheureusement pas repérable avant la naissance ! Personne n'est responsable !
— Moi je dis que si ! Dans ma famille on n'a jamais vu ça ! Je refuse cet enfant, elle n'a pas respecté le contrat.
— Vous ne pouvez pas, je suis désolé. Ce serait trop facile, il est de vous et à vous, cet enfant.
— Ah oui ? C'est vous qui le dites ! Qui me prouve que vous avez bien fécondé cette femme avec mon sperme ? Qui ?

Steve est un odieux personnage. Le médecin invoque alors Marjorie.

— Votre femme a son mot à dire, vous ne croyez pas ?

— Ma femme ? Elle n'est pour rien dans cette affaire. Et d'ailleurs elle sera de mon avis ! Vous étiez chargé de l'examen, vous avez suivi la grossesse, je vous fais un procès !

— J'ai tout de même besoin de votre accord, pour l'opération.

— Jamais de la vie ! Je prends conseil auprès de mon avocat, débrouillez-vous avec votre conscience médicale.

Voilà. Voilà un homme qui voulait un bébé et qui n'en veut plus comme s'il avait décidé de renvoyer une marchandise non conforme au descriptif. Il réclame à la mère porteuse le remboursement des sommes versées, exige des expertises génétiques délirantes – bref, ou il est complètement fou de déception, ou c'est un sale type.

Mais ce qu'il a dit à propos de sa femme, Marjorie : « Elle n'est pour rien dans cette affaire... », ça il a eu tort de le dire.

Devant le juge, Marjorie déclare :

— Mon mari peut faire ce qu'il veut, cette femme peut faire ce qu'elle veut, mais moi je veux cet enfant. Il est à moi ! Steve l'a reconnu, il a signé l'adoption, moi aussi, je suis sa femme, donc ce bébé m'appartient.

Le juge trouve l'attitude de Marjorie parfaitement honorable, mais l'enfant étant sous la protection de la justice en attendant le verdict, personne ne peut avoir John Lee. Et si quelqu'un peut le réclamer un jour, c'est le père ou la mère naturelle. Marjorie n'est rien. Circulez, Marjorie, avec vos bonnes intentions, il n'y a rien à voir dans ce berceau.

— Je l'aime, ce bébé. J'étais jalouse au début, j'ai souffert à la pensée qu'une autre femme allait le porter pour moi, maintenant j'ai compris. J'ai oublié, je veux l'enfant, je vous en prie, c'est moi qui l'ai attendu ! Tellement attendu ! Cette femme ne le faisait que pour l'argent, mon mari rien que pour avoir un fils, moi je veux un enfant tout simplement...

Émouvant plaidoyer que la justice n'entend pas. Il faut attendre les résultats des expertises réclamées par Steve, entamer ensuite une bataille juridique épouvantable contre son propre mari, puis divorcer très certainement et faire une demande d'adoption pour elle-même. Les chances de Marjorie de récupérer ce petit bonhomme sont quasiment nulles.

Or l'affaire devient carrément effrayante lorsque la mère naturelle, Lillia, déclare à son tour, acculée par les résultats de l'analyse génétique :

— Je voulais être sûre que ça marche, alors j'ai doublé mes chances avec mon fiancé...

Horreur ! il y a double fécondation. Le père biologique n'est peut-être pas le père payeur.

Hélas, en 1970, les analyses ne parviennent pas à trancher définitivement la question. Les deux pères ayant le même groupe sanguin, et la science ne disposant pas encore de l'arme décisive : la carte génétique.

Pendant ce temps, un petit bout d'homme de quelques semaines, puis de quelques mois, subit des opérations compliquées.

Et les experts se battent. L'insémination artificielle, disent-ils, peut échouer deux ou trois fois avant de donner un résultat. Elle a échoué une première fois, réussi la seconde, mais rien ne dit que cette réussite soit celle de Steve. Donc, John Lee peut être le fils de l'amant de Lillia.

Steve gagne la première manche de ce procès et obtient le remboursement de la somme payée à la mère porteuse, sur le simple fait qu'elle s'était engagée par contrat à ne pas avoir de relations sexuelles avant et après l'insémination.

Mais l'amant de son côté refusant cette paternité, Lillia doit lui intenter un procès à son tour en reconnaissance de paternité. Elle le perd, pour les mêmes raisons que précédemment. L'amant prétend, et qui peut dire le contraire, qu'il n'était pas au courant de cette histoire d'insémination.

Il ne reste donc au petit John Lee que sa mère biologique. La seule dont on soit sûr. La seule qui n'en voulait pas au départ. Et qui n'en veut toujours pas à l'arrivée.

John Lee a été opéré avec le maximum de succès. Il vivra, disent les médecins, le mieux possible compte tenu de son handicap moteur.

Et Marjorie a abandonné la bataille, après son premier mouvement, qui d'ailleurs n'avait aucune chance d'aboutir. Divorce, dépression nerveuse, elle n'est plus en mesure d'assumer ni le combat ni la charge d'un enfant, eût-il été parfaitement normal. La bataille juridique a duré huit ans. En 1977, une procédure d'abandon légal a été entamée par la mère biologique.

John Lee a grandi d'hôpital en centre spécialisé, puis en orphelinat. Il a peut-être vécu l'apprentissage réservé aux handicapés mentaux légers, il a peut-être atteint une qualité de vie convenable. Personne n'en sait rien. Il ressemble peut-être à un père. Ou à l'autre. Quelle importance ? On l'a rendu au chenil, comme il arrive que des maîtres rendent un chien de luxe non conforme à la race.

Mais de quelle race s'agit-il au fond ? La nôtre ? L'espèce humaine ? Elle n'est pas bien brillante l'espèce humaine quand elle se mêle ainsi de vouloir à tout prix la perpétuer.

John Lee, pardonne-leur, ils ne savent pas ce qu'ils font.

Durs à cuire

Quand on est écossais et quand on a, comme on dit, la « dalle en pente », la vie devient rapidement un combat quotidien pour trouver la ration d'alcool nécessaire et indispensable à la survie.

Nous sommes à New York, en 1931, en pleine prohibition. Toute consommation d'alcool est interdite. Les clients boivent dans des bars discrets où l'on sert le whisky dans des tasses à thé.

Ce soir-là, comme tous les soirs, Folco Benvenuti, dans l'arrière-salle de son bar, le Folco's Corner, surveille discrètement son établissement. Un rideau douteux le sépare du barman, Gibson Madigan, qui essuie les verres, un mégot au coin des lèvres. Au bout du bar, près de l'entrée, à moitié affalé sur son verre, le poivrot habituel, un Écossais d'une cinquantaine d'années, Sean McLooney.

Celui-ci, entre deux verres, se met à raconter des blagues de commis voyageur avec un accent écossais à couper au couteau. Les rares clients s'esclaffent. McLooney, sans le savoir, est l'attraction du Folco's Corner. Et c'est pour ça qu'on lui sert à boire gratuitement. Le soir il balaie la salle et dort sur une banquette. Un employé payé en liquide si l'on peut dire. Presque un membre de la famille.

Il est content. Comme il ne roule pas sur l'or, il ne risque rien. Car Folco Benvenuti, aidé de son barman, a une spécialité, si l'on peut dire. Quand un nouveau client arrive, sans méfiance, le barman, Gibson Madigan, jette un coup d'œil vers l'arrière-salle. Folco examine de loin le nouvel arrivant. Si celui-ci semble avoir les poches un peu pleines, son compte est bon. Gibson va servir au nouveau client une mixture très spéciale destinée à le faire sombrer très rapidement dans l'inconscience. Personne dans le bar ne songerait un seul instant à lui porter secours. Pas même à s'inquiéter.

— Bonsoir, Gibson! Bonsoir, Folco!

Le dernier client quitte le Folco's Corner. Du moins le dernier client capable de sortir par ses propres moyens. Dans un coin, il reste un inconnu réduit à l'inconscience et... Sean McLooney qui ronfle. Folco et Gibson se précipitent sur l'inconnu, fouillent ses poches, s'emparent de tout l'argent liquide et des objets de valeur : montre, stylo. Puis, très vite, ils attrapent le bonhomme, l'un par les bras, l'autre par les pieds, et ils le transportent dans l'impasse derrière le bar.

Le lendemain, quand il se réveillera, l'autre sera incapable de se souvenir de quoi que ce soit.

— Ce n'est pas bien gras : douze dollars et une montre en acier qui en vaut à peine cinq.

Folco, machinalement, regarde Sean McLooney.

— Je pense à quelque chose. Essaie de me retrouver le numéro de téléphone de ce gars, Giulio Pappazi, l'agent d'assurances.

Le lendemain, Pappazi apparaît dans le bar. Sean McLooney est déjà dans son coin habituel, et déjà très imbibé. Folco s'assied avec Pappazi et lui dit :

— Il s'agit de prendre une assurance-vie. Disons cinq mille dollars. L'assuré est un grand ami : Sean McLooney. C'est moi qui règle les primes. Et... c'est moi qui serai le bénéficiaire... en cas de malheur bien sûr.

— Et quand le dénommé McLooney va-t-il signer la police?

— Laissez-moi le document. Je le ferai signer. Repassez demain.

Comme on s'en doute, dès cette minute les jours de Sean McLooney, alcoolique, sans amis, sans famille, sont comptés. Par Folco :

— Bon, comment va-t-on se débarrasser de lui? Il passe son temps à boire. Donnons-lui quelque chose de vraiment fort.

Gibson, le barman, réfléchit :

— À mon avis, si on mettait de l'antigel dans son verre, ça ne devrait pas tarder à faire de l'effet.

— OK! Si ça marche, tu auras cent dollars pour toi.

Et, dès le verre suivant, Sean McLooney, qui a sans doute des boyaux très abîmés, avale sans le savoir un mélange d'antigel et d'alcool très suspect. Gibson et Folco le regardent attentivement. Rien ne se passe.

— Remets-lui ça.

Gibson est déjà en train de resservir McLooney.

À Noël Sean McLooney est toujours en vie. En mauvais état mais vivant. On ne compte plus les verres assaisonnés d'antigel qu'il a déjà avalés. Pourtant ce soir-là il semble bien avoir son compte. Il a glissé à terre et son pouls disparaît petit à petit. Il est trois heures du matin et le bar vient de fermer. Folco et Gibson, du coup, se servent un verre, et du bon. En compagnie d'un autre copain, un croque-mort : Denis Phollip.

Vers quatre heures les trois hommes ont la désagréable surprise de voir Sean McLooney soulever le rideau de l'arrière-salle. Debout sur ses deux jambes.

— Qu'est-ce que je tiens ! Je crois que je vais m'étendre un peu. Je balaierai après.

Pas de doute, McLooney a des boyaux en zinc.

Dans la semaine qui suit, sans le savoir McLooney avale pratiquement un bidon entier d'antigel, mais il ne s'en porte pas plus mal. Gibson a une idée :

— Je vais lui faire un sandwich à ma manière.

Infernal ce sandwich. Gibson ouvre une boîte de jambon et laisse celui-ci sur le bord de la fenêtre qui donne sur l'arrière-cour. Pendant ce temps-là Folco, pour faire bonne mesure, porte la boîte vide chez un voisin garagiste et lui demande de réduire le fer-blanc en minuscules copeaux. Quand le jambon est devenu inconsommable et le fer-blanc réduit en limaille fine, Gibson s'en sert pour en garnir un sandwich, arrosé de moutarde et décoré de salade. Puis il le tend à McLooney :

— Mince, c'est gentil ça, justement j'avais un petit creux.

— Un brave type comme toi ! C'est de la part de Folco.

L'Écossais avale le sandwich sans même sourciller. Gibson lui sert un verre pour faire glisser ça. Un verre à l'antigel ! McLooney rote un grand coup, c'est tout.

Deux jours plus tard Denis Phollip suggère qu'on offre des huîtres à McLooney. Il paraît que le mélange huîtres-whisky est mortel. Gibson arrose les huîtres d'antigel, McLooney avale le tout et se dit heureux d'avoir de si bons copains.

C'est à ce moment qu'apparaît un nouveau venu, Burt Mallory, chauffeur de taxi et ami de Folco. Il prend les choses en main :

— Quand McLooney sera dans les vapes, on le met dans mon taxi et on l'emmène dans la nature. Une nuit à poil en plein air et il va y rester.

Sitôt dit, sitôt fait : McLooney, dans le cirage, se retrouvera à moitié nu dans des buissons de West Park. Pour être certain du résultat, Folco, Burt et Denis l'arrosent d'eau et le laissent en bras de chemise sous la neige qui tombe dru. Il fait moins huit.

Dans la journée Burt va faire des petites virées du côté du Park : aucune trace de Sean McLooney. Rien dans les journaux. Folco, lui, par contre, a récolté une bonne bronchite sous la neige.

Le soir même, la porte du bar s'ouvre et Sean McLooney apparaît, perplexe :

— Je me suis réveillé presque à poil dans un buisson de West Park ! Vous ne sauriez pas comment je me suis retrouvé là-bas, par hasard ?

Folco, Gibson et les autres ne savent rien. On sert un nouveau verre à Sean. Au moment où arrive un nouveau copain, d'un aspect si antipathique qu'on le surnomme « Horrid ». Horrid, mis au courant du problème, décide :

— Vous n'arriverez à rien de cette façon. Essayer de faire congeler un mec que vous bourrez d'antigel. Il faut le faire ! Le seul moyen c'est de simuler un accident.

Burt Mallory, consulté, accepte de prêter son taxi pour l'accident. Moyennant une participation aux bénéfices. Horrid se charge de pousser Sean sous le taxi.

Trois heures du matin. Toute l'équipe est dehors pour soutenir Sean qui navigue dans le monde des rêves, complètement ivre. Burt arrive au volant de son taxi et prend la position de départ.

— Je klaxonnerai deux fois en démarrant.

Au fond d'un terrain vague une maison dont toutes les fenêtres sont éteintes. Deux coups de klaxon et le bruit du taxi qui arrive à pleins gaz. Folco et Denis s'apprêtent à pousser McLooney sous les roues. Dans la maison proche, une lumière s'allume. Sean va valdinguer sur le bitume, mais Burt au dernier moment fait une embardée pour l'éviter.

— Pas question de faire ça s'il risque d'y avoir des témoins.

Ce n'est que partie remise. Une demi-heure plus tard Sean McLooney est enfin fauché par le taxi qui lui fonce dessus à quatre-vingts à l'heure.

Dès le lendemain Folco et consorts se ruent sur les journaux du matin, rubrique des « accidents de la circulation ». Rien. Pas la moindre trace de Sean McLooney. Le lendemain non plus. Gibson, le barman, passe ses heures de liberté à courir hôpitaux et morgues à la recherche de son « beau-frère » Sean McLooney. Aucune trace.

Horrid décide qu'il faut prendre les choses en main. Folco a des traites à payer ; Denis, le croque-mort, des problèmes d'argent. Après tout, l'important c'est que quelqu'un nommé Sean McLooney passe de vie à trépas. Peu importe l'identité du cadavre.

Toute l'équipe s'efforce alors de trouver un quidam qui, tout en ressemblant plus ou moins à Sean McLooney, ne possède ni amis ni parents. Et qui soit porté sur la boisson. Beaucoup d'éléments indispensables, mais à New York, c'est bien connu, on trouve de tout, même en période de crise.

Gibson revient un soir, triomphant :

— J'ai déniché l'oiseau rare, dans un bar de Brooklyn. Je l'ai un peu cuisiné. Tout colle au poil : pas de boulot, pas de famille et une véritable éponge à tord-boyaux.

Le soir même, la future victime, un Gallois nommé Martin Lewerd, fait son entrée au Folco's Corner. Pas de doute, c'est le même style que Sean McLooney.

— Mon gars, si tu veux bien balayer la boîte et faire quelques petits travaux, tu pourras boire tout ton soûl. Et même dormir ici, sur une banquette. Plus l'argent de poche.

— Banco ! répond Martin Lewerd.

Gibson lui tend déjà son fameux cocktail whisky-antigel. Sans faux col.

Dès le lendemain Horrid passe chez un imprimeur et fait tirer des cartes de visite au nom de « Sean McLooney », sans autre mention. Ce sera un moyen d'identifier le futur cadavre après son accident. Et le même scénario recommence : la rue déserte à trois heures du matin, le taxi de Burt qui fonce, le choc avec l'ivrogne inconscient. La calandre du taxi est même un peu emboutie.

Pour être bien sûr d'avoir un cadavre au bout du compte, Burt repasse deux fois avec son taxi sur le Gallois désarticulé, dont les poches élimées sont pleines de cartes de visite. Puis tout le monde rentre se coucher.

Le lendemain, déception : aucune mention dans les journaux de l'accident mortel. Pas de cadavre. Horrid part aux nouvelles. Il revient presque aussitôt :

— Ce n'est pas croyable ! Le Gallois est à l'hôpital. Salement amoché mais vivant : il a une fracture du crâne, des côtes enfoncées, les bras et les jambes cassées, des contusions internes mais il vit.

Folco et ses collaborateurs sont effondrés mais ne perdent pas espoir : le faux Sean McLooney est tellement mal en point, ce ne sera qu'une question de jours. À tout hasard, ils envoient des oranges à l'ancien balayeur. On attend...

On attend jusqu'au jour où la porte s'ouvre et laisse entrer... Sean McLooney, le vrai, l'authentique, toujours aussi vaseux :

— Sean, mais où étais-tu passé ? Tu veux boire un verre ?

— J'ai eu un accident de voiture inexplicable et j'ai été hospitalisé dans le New Jersey. C'est bizarre, mais...

Folco ne le laisse pas finir. Il glisse à Gibson :

— Vire-moi ce mec en vitesse. Je ne veux plus le voir ici. Un Sean McLooney ça suffit.

L'Écossais, tout étonné de l'attitude de ses vieux copains, se retrouve au chômage et dans la rue, la gorge soudain sèche.

De l'hôpital les nouvelles arrivent, de plus en plus inquiétantes : le faux McLooney se rétablit lentement mais sûrement. Il va certainement sortir bientôt. Pas de doute, il faut remettre la main sur le vrai Sean. Tout le monde le cherche et on finit par le dénicher dans un bar où il balaie et fait la plonge. Mais, depuis qu'il ne boit plus d'antigel, l'Écossais a retrouvé sa dignité. Pas question de retourner travailler au Folco's Corner, il a été trop déçu.

C'est à peu près à cette époque que la fine équipe s'agrandit d'un nouvel élément : Gus Koruski, un marchand de lunettes. Lui aussi a de graves problèmes d'argent. Lui aussi est prêt à tout pour en obtenir.

Folco, Denis, Burt et compagnie lui expliquent sa mission. Fréquenter le bar où Sean travaille, faire sa connaissance et l'inviter chez lui pour boire un verre. Une fois là, lui resservir quelques verres d'antigel jusqu'à ce qu'il sombre dans l'inconscience.

Ça ne traîne pas :

— À la tienne, mon vieux Sean !

Sean ne répond pas, il tombe à terre et sa tête heurte lourdement le sol carrelé. Koruski passe un coup de fil. Folco et Gibson rappliquent. Ils ligotent Sean, lui enfilent dans la gorge un tuyau de caoutchouc et branchent celui-ci sur le gaz de ville.

Quand le médecin arrive, on lui explique que ce « pauvre Sean » souffrait d'une sorte de pneumonie. Le médecin, fatigué, n'insiste pas et signe le permis d'inhumer. L'Écossais, dans les jours qui suivent, est enterré au cimetière du Bronx, dans une petite caisse de bois blanc. C'est la fête chez Folco et on attend avec impatience le chèque de l'assurance.

Au moment du partage il y a beaucoup de monde à récompenser. Une fois les frais déduits, la part de chacun s'avère assez maigre.

— Quoi ? C'est tout ce qui me revient ? Après tout le mal que je me suis donné ? Tu te fous de ma gueule ou quoi ?

— C'est ça ou rien.

— Oh ! mais si tu ne me donnes pas plus, je pourrais bien aller raconter quelques détails là où tu sais.

Ce sont des propos qui peuvent vous valoir des ennuis. Genre coup de tabouret sur le crâne. C'est ainsi que Horrid décède brusquement. C'est toujours une part de moins.

Burt le taxi demande à ce qu'on lui paie la réparation de son taxi en plus de ses « honoraires ». Koruski s'inquiète de savoir si sa responsabilité est très engagée.

L'ambiance n'est pas très bonne au sein de la fine équipe et, comme toute le monde a tendance à boire un peu trop, et à parler encore plus, la police finit par entendre des propos qui l'intriguent.

C'est ainsi qu'on découvre que Burt, le barman, vient de se commander un complet sur mesure du dernier cri. Denis, le croque-mort, a réglé ses problèmes d'argent.

— Il paraît qu'un certain Sean McLooney, qui travaillait plus ou moins au Folco's Corner, est mort juste le jour du Thanksgiving Day.

— Exhumez-moi ce mec.

L'exhumation révèle que Sean a une drôle de couleur : celle des gens morts empoisonnés par le gaz. C'est la débandade, chacun essaie de charger les autres de cette mort suspecte qui leur a coûté tant d'efforts.

Folco, Stan le barman, Denis le croque-mort et Gus finiront sur la chaise électrique. Burt le taxi passera quelques années à l'ombre.

Le secret de Marianne

Marianne, onze ans, deux nattes, des taches de rousseur, une robe à carreaux un peu trop grande pour elle, s'en va à l'école primaire de Lewistown, Montana.

Il y a sept mille habitants dans cette bourgade. Dont la plupart vivent de l'agriculture. Les touristes y passent pour aller visiter le magnifique parc national de Yellowstone. On y fait des rodéos, on s'y souvient de la ruée vers l'or et des Indiens, on y chasse, on y pêche, et on y va à l'école. Marianne, sa mère et ses deux frères sont venus grossir, il y a déjà presque un an de cela, la population de Lewistown. Le frère aîné a treize ans, et le petit frère cadet en a six.

Une famille comme il y en a beaucoup. La mère, divorcée, sans qualification professionnelle, mariée trop tôt, mère de famille trop tôt, a voulu refaire sa vie. Nola a tout juste trente ans, et son amant Ronald, vingt-cinq ans. Ils vivaient dans un autre État, avant que le chômage les amène dans le Montana. Ronald cherche un emploi d'ouvrier agricole qu'il ne trouve pas. Nola vit des allocations familiales. Ils ont loué un appartement que Nola tient proprement ; les enfants vont à l'école régulièrement, ils sont correctement habillés, polis, les voisins les connaissent, et Nola va même à l'église de temps en temps.

Marianne s'en va donc à l'école un jour du mois de mai 1991, avec sa petite robe à carreaux trop grande pour elle. Nola, sa mère, est à la maison en train de faire le ménage. Ronald, son beau-père, est allé pointer à l'agence pour l'emploi, comme tous les lundis.

Marianne entre dans sa classe, va s'installer au fond avec son cartable et sa mallette en plastique du déjeuner. L'institutrice l'interpelle :

— Marianne Jenson ? Pourquoi changes-tu de place aujourd'hui ?

Marianne ne répond pas. Les bras croisés, elle baisse la tête et se met à pleurer. L'institutrice répète sa question, et obtient enfin une réponse.

— Je sais pas.

— Tu es malade ?

— Non, madame.

— Viens ici, Marianne.

— J'ai rien fait !

— Marianne, on ne pleure pas pour rien. Si tu as quelque chose, dis-le.

— Je peux pas.

C'est ainsi que commence l'histoire connue de Marianne Jenson. Par une crise de larmes, un lundi à l'école. L'institutrice vient la prendre par la main, l'emmène dans le couloir et l'observe attentivement. La robe est vraiment trop grande pour cette petite fille qui doit peser trente-cinq kilos et mesurer un mètre quarante. Le visage est bien pâle aussi, les yeux cernés. Lorsque l'institutrice l'emmène à l'infirmerie, Marianne refuse qu'on la touche. Elle recule effrayée en se tenant le ventre.

— On t'a fait du mal, Marianne ?

— Je sais pas.

— Tu as mal au ventre ?

— Je sais pas. Maman veut pas que j'en parle.

— D'accord, Marianne. D'accord, n'aie pas peur… repose-toi, tu n'es pas obligée de venir en classe ce matin. Je reviendrai te voir tout à l'heure.

Et l'institutrice laisse l'enfant en compagnie de l'infirmière.

Les enfants du cours moyen n'auront pas classe ce matin, car l'institutrice fonce aussitôt au bureau de police.

Moins d'une demi-heure plus tard, le sergent McCann vient retrouver l'enfant à l'infirmerie. Ce que lui a raconté l'institutrice dépasse son entendement.

— Nous allons discuter toi et moi… n'aie pas peur, tu n'as rien fait de mal, je sais, mais l'institutrice m'a dit que tu avais mal au ventre. C'est ça ?

— Ça fait pas mal, monsieur. J'ai grossi, c'est tout.

— Il y a longtemps que tu as grossi, Marianne ?

— Maman dit que je vais encore grossir. Elle m'a donné une robe à elle, je l'aime pas. Je peux plus mettre mon pantalon maintenant. Elle a dit que je devrais mettre la robe jusqu'aux vacances.

— Est-ce que tu sais pourquoi tu as grossi, Marianne ?

— Je dois pas le dire aux gens.

— C'est maman qui ne veut pas que tu le dises ?

— Ça regarde pas les autres.

— Est-ce que maman t'a emmenée voir le médecin ?

— Non. Elle sait ce qu'il faut faire. Elle a l'habitude.

— D'accord. Mais ta maman m'a tout raconté, tu peux me faire confiance, je n'en parlerai pas aux autres.

— C'est pas vrai.

— Si, c'est vrai. Je sais que tu vas avoir un bébé, Marianne, c'est ça ?

— Oui, monsieur.

Onze ans, à peine toutes ses dents, et enceinte. Le sergent McCann a du mal à avaler la réponse. Lorsque l'institutrice lui a fait part de ses soupçons, il espérait que l'enfant aurait une autre explication à donner. Prudemment, il poursuit l'interrogatoire, faisant tomber avec difficulté les réticences de Marianne, qui semble avoir peur essentiellement d'une chose : qu'on la punisse. Quant à lui faire dire le nom du responsable, impossible — le sergent n'obtient qu'une réponse :

— Maman veut pas. Elle veut pas.

— Mais tu le connais ?

— Oui, monsieur.

— Et ta maman le connaît ?

— Oui, monsieur.

— Personne ne te punira, Marianne, ce n'est pas de ta faute.

— Si. Je sais bien que c'est de ma faute. Je voulais pas, mais j'ai dit oui.

— À qui, Marianne ?

— Je veux pas le dire, monsieur... S'il vous plaît, monsieur, laissez-moi partir. Je veux maman.

Midi, ce même lundi de mai 1991. Marianne est toujours à l'infirmerie de l'école, le sergent a demandé l'aide d'un médecin pour approfondir l'interrogatoire de l'enfant, et il va sonner à l'appartement de Nola Jenson.

Une petite femme mince, presque maigre, aux longs cheveux châtains et au visage terne lui ouvre la porte. Le sergent a une hypothèse sur l'histoire de Marianne. Classique. L'enfant a été violée. La mère s'est aperçue qu'elle était enceinte et a choisi de dissimuler l'état de sa fille. Une attitude maternelle criminelle et impardonnable. Le policier ne prend pas de gants :

— Le médecin dit que Marianne est enceinte de cinq mois au moins ! Vous n'avez pas porté plainte contre le responsable ? Vous n'avez pas fait examiner votre fille ?

— Ça ne regarde personne.

— Vous vous foutez de moi ? Cette enfant a été violée, elle va être mère à onze ans et ça ne regarde personne ?

— Ma fille n'a pas été violée.

— Vous voulez dire qu'elle était d'accord ?

— Parfaitement.

— Donc vous connaissez celui qui lui a fait ça ?

— C'est une affaire de famille. Je n'ai pas à vous raconter la vie de ma famille.

— Où est votre mari ?

— Je n'ai pas de mari. Je vis avec quelqu'un. Il est pas là pour le moment. Fichez-lui la paix. Vous allez pas faire autant d'histoires parce que ma fille attend un bébé ! Ça arrive à des tas de filles !

— Marianne n'a même pas douze ans ! Madame Jenson, est-ce que vous trouvez normal qu'elle attende un enfant à son âge ?

— Ça ne me dérange pas.

— Qui est le père ? C'est votre amant ?

Au cinquantième « Ça ne vous regarde pas », le sergent McCann embarque la mère. Le procureur l'inculpe aussitôt, et Nola Jenson est présentée devant un jury chargé d'examiner le bien-fondé de la plainte. Un avocat nommé d'office se charge de sa défense. Il s'attache évidemment à obtenir la vérité dans l'intérêt de sa cliente :

— N'essayez pas de mentir, madame Jenson. Le jury pourrait comprendre que vous taisiez le nom du coupable, que vous connaissez parfaitement puisqu'il s'agit apparemment de votre amant.

— Qui vous a dit ça ?

— Votre fille. Elle a fini par expliquer à la police que c'était lui. Et que vous étiez au courant. Vous n'avez aucun intérêt à le couvrir. Vous seriez accusée de complicité de viol.

— Il ne l'a pas violée, je vous dis qu'elle était d'accord !

— Madame Jenson, ne me faites pas croire qu'une gamine de son âge pouvait être d'accord avec ce genre de chose ! Votre fille est mineure, son interrogatoire a révélé qu'elle ignorait à peu près tout des questions sexuelles. Elle ne pouvait pas être d'accord !

— Si ! C'est moi qui le lui ai demandé.

L'horreur. La vérité est une horreur. Ce que raconte Nola Jenson, malheureusement confirmé par sa petite fille, est tellement révoltant que l'avocat refuse de la défendre. Le procureur devra trouver un autre professionnel du barreau pour assumer les aveux que voici :

— J'aime Ronald. Je voulais un enfant de lui. Mais depuis mon dernier enfant je suis stérile. Alors j'ai demandé à ma fille de nous donner cet enfant. Elle a atteint sa puberté un peu avant Noël. Je lui ai expliqué à ce moment-là qu'elle pouvait faire des bébés à présent, et que moi je ne pouvais plus. C'était à son tour de m'aider. J'en ai parlé avec Ronald et il a été d'accord aussi. Marianne avait juste un peu peur, c'est normal, mais tout s'est bien passé !

— Avez-vous assisté au viol ?

— C'était pas un viol, puisque je vous dis que tout le monde était d'accord !

— Avez-vous oui ou non usé de violence pour convaincre votre fille ?

— Je ne bats jamais mes enfants. Je lui ai expliqué que c'était normal de faire un bébé pour moi. Elle a très bien compris.

Marianne Jenson aurait été d'accord, elle aurait très bien compris... Encore que le discours qu'elle a tenu au médecin ne permet pas d'être aussi catégorique :

— Je savais bien que c'était pas normal. J'avais très honte. Maman me laissait pas parler, elle arrêtait pas de dire qu'elle voulait qu'on ait un petit frère ou une petite sœur. Que j'étais méchante de pas lui faire plaisir. J'ai pas fait exprès, c'est elle qui m'a dit d'aller avec Ronald. Et j'avais peur, parce que même Ronald il disait que c'était pas sûr que j'aie un bébé... et maman disait que si, et qu'on devrait recommencer si ça marchait pas. Alors j'ai dit oui. Si j'avais pas dit oui, maman aurait pas arrêté de pleurer et de m'embêter. Je voulais pas qu'elle pleure.

Ronald Lee Smith avait disparu le jour de l'arrestation de la mère. La police a mis quinze jours à lui mettre la main dessus. Ils risquent tous les deux cinquante ans de prison pour « conspiration et accomplissement de viol de mineure ».

Les deux frères de Marianne ont été placés dans des familles d'accueil et, quelque part dans le Montana, à l'époque où les grands arbres du parc de Yellowstone prennent toutes les couleurs de l'automne, une petite fille de onze ans et demi a accouché anonymement d'un enfant... Pour ne pas faire pleurer maman.

Opération au revolver

Ernest Jones a cinquante-trois ans, Nancy Jones en a quarante-cinq. Il est grand, brun, distingué, elle est blonde, potelée ; il est un peu séducteur, elle est un peu femme-enfant. Bref, ils forment ce qu'il est convenu d'appeler un beau couple. Socialement, c'est tout aussi brillant. Ernest dirige une importante concession automobile à Columbus, dans l'Ohio, Nancy est esthéticienne et ils habitent une luxueuse villa d'un quartier résidentiel de la ville.

Leur union est, certes, un peu agitée. Ils ont l'un et l'autre leur caractère : lui est autoritaire, elle a parfois des crises de nerfs ; elle est soupe au lait, comme on dit. Cela donne de temps en temps des scènes de ménage particulièrement animées dont les voisins ont l'écho. Mais tout rentre dans l'ordre sans laisser de trace et leur mariage, qui dure depuis maintenant huit ans, a la solidité des constructions qui ont résisté aux orages...

Jusqu'à cette terrible soirée du 22 juin 1985 où tout va basculer en un instant. Et le mot « instant » est sans conteste celui qui convient. Car qu'y a-t-il de plus bref, de plus instantané qu'un coup de revolver ?

— Je ferai repeindre la chambre d'amis en vert !

— Pas question ! J'ai horreur du vert et en plus cela porte malheur...

— « Cela porte malheur... » Il n'y a que toi pour dire des bêtises pareilles, ma pauvre Nancy ! Tu as une mentalité de collégienne attardée. Je me demande pourquoi je t'ai épousée !

— Il fallait y penser avant. Et de toute manière, si tu n'es pas content, tu n'as qu'à divorcer. Tu pourras toujours te remarier avec ta chère, ta parfaite secrétaire !

— Qu'est-ce que Gladys vient faire là-dedans ?

— Je sais ce que je dis !

— Tu dis n'importe quoi !

Ernest Jones s'approche de sa femme, l'air menaçant, mais Nancy hausse encore le ton.

— La chambre d'amis ne sera pas verte ! Et d'abord, ça n'aurait jamais dû être une chambre d'amis...

— Tu ne vas pas recommencer avec ça ?

— Si, je vais recommencer et je recommencerai tous les jours de notre vie. Je ne te le pardonnerai jamais !

Nancy éclate en sanglots, quitte le salon, s'engouffre dans la cuisine, dont elle claque la porte avec violence. Elle se laisse tomber sur une chaise et pleure amèrement...

Elle n'en peut plus ! Non, vraiment, elle n'en peut plus... Cette histoire de chambre d'amis est la goutte d'eau qui fait déborder le vase ! Ernest a toujours voulu décider de tout dans le ménage. C'est lui qui choisit les meubles, la couleur des murs, la destination de leurs vacances, leurs sorties, les programmes de télé, tout !

Mais le pire, ce sont les enfants ou plutôt les enfants qu'ils n'ont pas. Ernest n'en voulait pas. Il s'estimait trop vieux pour les élever. Et elle a accepté. Pour lui, elle a accepté de gâcher sa vie de femme, sa vie de mère et elle se retrouve, à quarante ans passés, avec un homme dont elle ne veut plus !

Nancy Jones s'était enfermée dans la cuisine pour se calmer, mais elle s'aperçoit, au contraire, qu'elle se monte la tête de plus en plus, que sa rage ne fait qu'augmenter...

« Non, pas d'enfant, ma chérie. Comme ça, nous vivrons toute la vie en amoureux... » Il avait une telle manière de dire cela qu'elle l'a cru. Mais les hommes changent, voilà le malheur. Le séducteur si prévenant, si galant, s'est métamorphosé en tyran. Son caractère est devenu impossible. Non seulement il décide de tout, mais il fait des critiques pour un oui ou pour un non, pour un plat trop salé, pour un objet mal rangé...

Un objet mal rangé... Nancy se rend compte soudain que jamais elle n'aurait dû venir se réfugier dans la cuisine. Une pensée effroyable vient de s'emparer d'elle : n'est-ce pas ici, dans le deuxième tiroir, qu'Ernest range son revolver ? Son revolver qui est toujours chargé et dont il suffit de retirer le cran de sûreté ?

Elle ne sait plus ce qu'elle fait. Elle en a assez ! Tout cela doit finir. Il le faut ! Par n'importe quel moyen ! Elle ouvre le tiroir, se saisit du revolver et bondit hors de la pièce...

En voyant son épouse déchaînée surgir dans le salon l'arme à la main, Ernest a un cri :

— Non ! Ne fais pas ça ! Ne...

Il ne peut en dire davantage. La déflagration couvre sa voix. Il porte les mains à son ventre, tourne lentement sur lui-même et glisse à genoux. Sur sa chemise claire, à hauteur du ventre, une tache rouge s'élargit rapidement. Horrifiée, Nancy laisse tomber son arme à terre et court vers son mari.

— Je ne voulais pas cela ! Oh, mon Dieu, pardonne-moi !

Ernest ne perd pas la tête. Il grimace de douleur.

— Appelle un médecin, vite.

Quelque temps plus tard, une ambulance fonce, sirène hurlante, vers l'hôpital central de Columbus. Le blessé, conduit aux urgences, est dirigé aussitôt vers le bloc opératoire où l'équipe chirurgicale est prête à l'intervention... Nancy reste seule à faire les cent pas dans le couloir. Un grand homme en jean et blouson de toile l'aborde.

— Vous êtes Mme Jones ?

— Oui. Vous avez des nouvelles de mon mari ? Ne me dites pas qu'il est...

— Non, je ne fais pas partie de l'hôpital : inspecteur McLean. Le médecin-chef m'a prévenu. C'est la loi chaque fois qu'il y a blessure par balle. Que s'est-il passé, madame Jones ?

Nancy reste un instant la bouche ouverte, hésite, cherche ses mots et puis s'effondre.

— Je suis une criminelle ! Nous nous sommes disputés et... et j'ai tiré...

— Je vais vous demander de me suivre, madame.

— Mais mon mari ? Ils sont en train de l'opérer... Je ne peux pas le laisser là. Je veux savoir !

— Vous aurez de ses nouvelles, ne vous inquiétez pas. En attendant, vous êtes en état d'arrestation. Je vais enregistrer votre déposition...

Le lendemain matin, Ernest Jones émerge de son anesthésie. Tout lui revient... C'est un réveil particulièrement affreux, car à son état de santé s'ajoute le souvenir de sa dispute avec Nancy. Un homme en blouse blanche ne tarde pas à entrer dans la chambre. Il a l'air cordial, presque jovial.

— Comment vous sentez-vous, monsieur Jones ?

— À peu près bien. Est-ce que je suis hors de danger ?

— Plutôt deux fois qu'une !

— Je ne comprends pas...

— Vous ne pouvez pas comprendre et je vais vous expliquer... Il s'agit du cas le plus extraordinaire de ma carrière et je suis peut-être le seul chirurgien à qui la chose soit arrivée...

Le praticien s'assied sans plus de façons au bord du lit.

— Parlons d'abord de votre blessure. Vous avez eu beaucoup de chance : la balle est passée entre l'estomac et l'intestin, mais sans toucher aucun organe. Je n'ai eu aucun mal à la retirer et il n'y aura pas de séquelle. Même votre cicatrice sera insignifiante... Mais tout cela n'est rien...

Après un silence, le médecin reprend :

— Pendant que j'y étais, en même temps que la balle, j'ai retiré la tumeur cancéreuse à l'estomac qui se trouvait à côté ! Je dois même préciser que le projectile en avait enlevé une partie. Une opération au revolver, monsieur Jones, sans doute la première de l'histoire !

Il y a un nouveau silence... Ernest Jones a évidemment besoin d'un certain temps pour enregistrer l'information.

— J'avais un cancer ? Mais je ne savais pas...

— Certainement que vous ne saviez pas, sinon vous auriez été vous faire soigner... Voyez-vous, il était juste temps pour l'intervention. Avec un traitement approprié, je peux vous garantir que dans six mois, vous serez entièrement guéri. Mais si nous avions agi dans une semaine ou deux, il aurait sûrement été trop tard. Vous étiez perdu...

Le chirurgien regagne la porte.

— Je vous laisse, monsieur Jones. Je ne veux pas savoir qui vous a blessé ni dans quelles circonstances. Cela ne me regarde pas, c'est le travail de la police. Mais en tant que médecin, je peux vous assurer une chose : c'est ce coup de feu qui vous a sauvé la vie...

Deux jours plus tard, une autre personne se trouve auprès d'Ernest Jones dans sa chambre d'hôpital. L'inspecteur McLean a obtenu l'autorisation d'interroger le blessé, qui, visiblement, va beaucoup mieux.

— Je vais vous lire la déposition de votre femme, monsieur Jones : « Une scène de ménage m'a opposée à mon mari pour une raison futile. J'ai eu l'imprudence de me réfugier à la cuisine pour y retrouver mon calme. Mais je me suis souvenue que le revolver se trouvait dans un des tiroirs et, toujours sous l'effet de la colère, je m'en suis emparée. Je suis revenue dans le salon où Ernest se trouvait toujours et j'ai tiré sur lui. Je ne voulais pas le tuer ni même le blesser. Je ne voulais même pas tirer. Je ne sais pas ce qui s'est passé. Je regrette mon geste. » Confirmez-vous ces aveux, monsieur Jones ?

Le blessé a un sourire apitoyé.

— Pauvre Nancy !

— Que voulez-vous dire ?

— Je veux dire qu'elle a raconté n'importe quoi. Où est-elle ?

— En prison. Où voulez-vous qu'elle soit après ses aveux ?

— Mais vous êtes fou ! Ce n'est pas en prison, c'est à l'hôpital qu'elle devrait être ! Vous ne vous êtes pas rendu compte de l'état dans lequel elle était quand elle vous a dit cela ?

— Elle m'a fait l'impression d'une personne bouleversée, mais on l'est généralement après avoir tiré sur son mari.

— Elle était en pleine dépression ou en plein délire, oui ! Il faut avoir perdu la raison pour s'accuser à tort...

— Donc, vous récusez ses aveux ?

— Bien sûr !

— Alors, si votre femme n'a pas tiré sur vous, qui était-ce, monsieur Jones ? Car on n'a retrouvé que ses empreintes sur le revolver.

— Bien sûr que c'est elle qui a tiré, mais c'est un accident.

— Et que faisait-elle, le revolver à la main ?

— Je lui donnais une leçon de tir...

— Dans le salon, à dix heures du soir ?

— Dans le salon, à dix heures du soir...

— Sur quoi l'entraîniez-vous à tirer ?

— Sur le mur. Citez-moi une loi qui interdise de s'entraîner au tir sur le mur de son salon !

— À part tapage nocturne, le cas échéant, effectivement, je ne vois rien.

— Eh bien, voilà... Vous n'avez plus qu'à libérer Nancy. Merci, inspecteur !

Le policier s'approche du blessé.

— Écoutez, monsieur Jones, avant de vous interroger, j'ai été voir le médecin et je suis au courant de tout. Sans le vouloir, votre femme vous a sauvé la vie, alors vous voulez la sauver à votre tour. C'est normal... Mais elle a bien voulu vous tuer. Je ne crois pas un mot de vos salades !

— Vous perdez votre temps, inspecteur. Je suis le seul témoin. Et si le seul témoin vous dit que cela s'est passé ainsi, vous êtes dans l'obligation de le croire. À moins d'en trouver un autre qui dise le contraire...

L'inspecteur McLean se lève avec un soupir.

— Vous avez hélas raison. Et vous avez beaucoup de chance, votre femme et vous !

La presse américaine a été au courant de l'incroyable histoire du coup de revolver miraculeux. Tout comme l'inspecteur McLean, elle n'a pas cru un mot de la version officielle. Et le couple réuni dans son pavillon après le retour, pour l'un de l'hôpital, pour l'autre de la prison, a reçu les journalistes. C'est Ernest Jones qui a eu le mot de la fin :

— Nancy a sauvé ma vie et notre couple. Mais je déconseille aux autres femmes de tirer sur leur mari. Elles risquent de ne pas avoir son adresse et un accident est si vite arrivé !

Mal au crâne

Gricha Michkine est fonctionnaire. À Leningrad. Dans une Union soviétique qui n'a pas d'inquiétude métaphysique. Pour lui, c'est le bon temps. Il connaît son métier d'inspecteur technique des chemins de fer.

Il est marié avec Nathalie et père de famille. À quarante ans il vit heureux à un niveau moyen de l'échelle sociale soviétique.

Ce soir, il rentre chez lui à pied. Le petit appartement qu'il partage avec ses beaux-parents n'est qu'à dix minutes de son lieu de travail. Il avance dans une ruelle. Au dernier moment il décide de changer d'itinéraire et de passer par la rue Gorki.

Gricha sifflote. Demain, dimanche, il ira en famille se baigner et canoter, pique-niquer au bord de la Neva et, pour finir cette belle journée, tout le monde se rendra au spectacle de la troupe de ballets qui arrive tout droit de Kirghizie.

Il n'est pas loin de deux heures du matin. Mais il est pratiquement devant la porte de son immeuble. Il a dans sa poche une bouteille de vodka qu'un collègue de travail lui a offerte en remerciement d'un petit service.

Gricha n'entend pas vraiment la voiture qui tourne sur les chapeaux de roue. C'est le choc, violent, imparable. Gricha, frappé de plein fouet, saute en l'air comme un pantin désarticulé et retombe sur le capot de l'automobile, la tête en bas, au niveau du pare-chocs.

Le véhicule a donné un coup de frein qui a retenti comme un cri dans la nuit. Mais le conducteur ne s'arrête pas, il poursuit sa route, emmenant Gricha avec lui. Pas très loin : au premier tournant le corps du pauvre piéton fauché glisse sur le trottoir et reste là, inerte, tandis que le chauffard continue.

Les fenêtres des immeubles s'ouvrent, malgré l'heure tardive :

— Regardez ! Il y a un corps là-bas, au bout de la rue.

— J'ai eu le temps de voir : c'était une Moskvitch noire. Avec une plaque d'ici.

Nathalie se penche à la fenêtre. Elle reconnaît le corps de Gricha gisant au coin de l'immeuble. En quelques instants elle dévale l'escalier.

En arrivant en bas, Nathalie se heurte à un voisin et ami : Serguei Katchinkov, policier de son état, qui rentre justement chez lui :

— Serguei ! Gricha vient d'être renversé par une voiture. Un chauffard qui ne s'est même pas arrêté. Viens, il est encore là, sur la chaussée.

Serguei n'a pas besoin d'en savoir davantage : Gricha, son vieux copain de classe, son pauvre Gricha... Ils sont inséparables. Ils étaient inséparables. En approchant à toute vitesse du corps démantibulé, bien qu'il ait l'habitude de la violence et du sang, il sent que son estomac se révolte.

— Gricha, mon pauvre vieux. Comme ils t'ont arrangé ! Réponds-moi, parle-moi.

Nathalie, derrière lui, pleure silencieusement.

Gricha serait bien en peine de répondre. Il baigne dans son sang, son blouson de drap bleu a perdu une manche. Il a une énorme plaie béante au crâne. Avec la cervelle toute prête à dégouliner dans le caniveau.

Serguei, malgré ses haut-le-cœur, tâte la veine jugulaire de Gricha :

— Il vit encore. Le pouls est faible mais perceptible. Il faut le transporter à l'hôpital.

Serguei arracha littéralement un foulard blanc que Nathalie porte autour du cou :

— Excuse-moi, Nathalie, il faut boucher la plaie... Tant pis pour l'asepsie, on verra plus tard.

Serguei fonce vers la cabine téléphonique la plus proche. Il connaît par cœur les numéros et sait forcer les barrages :

— Ici le commissaire Serguei Katchinkov. Appel d'urgence, envoyez une ambulance au coin de Kirovskii Prospekt. Et envoyez aussi une voiture chez moi...

Quelques minutes plus tard, une ambulance emporte Gricha, inconscient, vers une salle d'opérations. Le foulard blanc de Nathalie, devenu rouge de sang, colmate comme il peut la plaie béante du crâne.

Serguei, quand il voit partir l'ambulance, pousse un soupir. Mais ce n'est pas un homme à attendre sans rien faire la suite des événements :

— Nathalie, je t'emmène jusqu'à l'hôpital Gorki. Autant attendre là-bas, nous prenons la voiture du commissariat. Elle vient d'arriver : Volodia, tu nous emmènes à l'hôpital Gorki avant de rentrer au commissariat. D'accord ?

Nathalie accepte sans mot dire. Elle a l'intuition qu'elle sera veuve quand elle reviendra chez elle. Serguei réfléchit à haute voix :

— Qu'est-ce qu'on a dit au sujet du chauffard ? C'était une Moskvitch noire, immatriculée à Leningrad ?

Volodia confirme :

— C'est ce qu'a dit la voisine de palier. Mais ce genre de voiture est courant ici. Comment la retrouver sans le moindre indice ?

Serguei continue à faire fonctionner son esprit de déduction :

— À mon avis, si ce chauffard a emprunté notre petite rue, c'est qu'il n'allait pas très loin. Il devrait habiter le quartier. Il est un peu tard pour aller en visite chez quelqu'un. À deux heures du matin...

Volodia fait une suggestion :

— Et si on faisait une petite ronde dans le quartier ? Dans l'état où se trouve votre copain, vous n'êtes pas à cinq minutes près. Plutôt que de poireauter pendant des heures dans les couloirs.

— Tu as raison, camarade, faisons le tour du quartier, histoire de voir si tout semble normal.

La voiture de la police ralentit donc et se met à parcourir systématiquement toutes les rues plus ou moins sombres qui avoisinent l'immeuble de Gricha et de Serguei.

Parfois, sous des abris destinés à les protéger de la neige d'hiver, stationnent des véhicules. Il y a quelques Moskvitch noires, toutes immatriculées à Leningrad, comme de bien entendu...

— Pendant qu'on y est, on pourrait aller inspecter les capots.

Si un de ces véhicules a roulé dans la demi-heure précédente, son moteur sera encore chaud...

— De toute façon, vu la manière dont ce chauffard a esquinté mon pauvre Gricha, ça m'étonnerait fortement que la voiture s'en soit sortie indemne.

Sur la banquette arrière, Nathalie, à l'évocation de Gricha gisant à demi mort sur la chaussée, ne peut retenir ses larmes.

À présent Serguei et Volodia s'arrêtent devant toutes les Moskvitch noires qu'ils rencontrent. Ils descendent de voiture, tâtent les capots, examinent les carrosseries.

Nathalie, folle d'inquiétude, ne supporte plus d'assister à ce début d'enquête. Tout ça part d'un bon sentiment, mais à quoi bon ?

— Serguei, je n'en peux plus, emmène-moi vite à l'hôpital. Je veux savoir ce que pense le chirurgien. J'ai l'impression que Gricha va mourir là-bas, pendant que vous tripotez ces bagnoles... Et s'il venait à mourir sans que je sois là, je ne pourrais jamais me le pardonner.

— Calme-toi, ma colombe. Tant qu'il y a de la vie, il y a de l'espoir. En tout cas, je veux retrouver celui qui m'a arrangé mon vieux Gricha. Il ne faut pas qu'il s'en tire...

— Serguei, viens voir ici !

Volodia a parlé un peu fort, mais sans crier. Il ne s'agit pas de se faire remarquer... Discrétion avant tout.

Serguei approche de l'abri bétonné qui sert de parking. Pas de doute, c'est un immeuble de gens importants. Sinon, il n'y aurait pas tant de voitures. Plusieurs d'entre elles sont des véhicules de fonction.

— Regarde, camarade, voilà une Moskvitch qui vient d'avoir des ennuis.

Pas de doute là-dessus : la voiture a un phare complètement pulvérisé et son pare-brise n'est plus qu'un souvenir. Sur les fragments qui tiennent encore au châssis, on voit de larges traînées de sang...

— Le moteur est encore chaud. Cette bagnole roulait il y a moins de dix minutes.

Nathalie est sortie de la voiture de police. Elle s'approche des deux policiers :

— Regardez, là !

D'un doigt tremblant elle montre un grand morceau de drap

bleu resté accroché au rétroviseur extérieur de la voiture accidentée.

— Je reconnais ça : c'est un morceau de la manche de Gricha. Je lui ai offert ce blouson pour son dernier anniversaire. Même qu'il n'aimait pas trop la couleur.

Serguei n'hésite plus :

— Le propriétaire doit habiter dans l'immeuble. Il faut le cueillir tout de suite.

C'est à cet instant précis qu'un homme arrive à l'entrée de l'immeuble et pousse la porte :

— Hé, camarade, un instant !

L'homme hésite, mais il a reconnu tout de suite l'uniforme de Volodia :

— Oui, camarade, qu'est-ce que je peux faire pour toi ?

— Sais-tu à qui appartient cette Moskvitch ?

— C'est celle de Nicolas Oblimov, il habite au deuxième au fond du couloir.

— Qu'est-ce qu'il fait dans le civil, ce zèbre ?

— Je ne sais pas trop. Il ne manque pas d'argent. Je crois qu'il s'occupe de fabrication de vodka.

— Intéressant...

Serguei et Volodia montent les escaliers quatre à quatre. Nathalie, désespérée de devoir encore attendre, préfère rester seule dans la limousine de la police.

— Serguei, donne-moi une cigarette pour me calmer, sinon je vais devenir folle.

Serguei lui lance un paquet qu'elle attrape au vol. L'heure n'est pas à la galanterie.

Les coups de sonnette ne semblent éveiller aucun écho quand Serguei et Volodia se présentent devant la porte E, deuxième étage, au fond du couloir. Couloir sinistre éclairé par des petites veilleuses d'un autre âge.

Alors les deux policiers se mettent à tambouriner sur le battant de chêne.

Enfin une voix se fait entendre :

— Qui est là ?

— Police, ouvre !

On entend des bruits de clés et de serrures multiples. La porte s'ouvre en grinçant. Serguei glisse immédiatement le pied entre la porte et le chambranle.

L'homme qui apparaît dans l'entrebâillement porte encore un manteau et un chapeau mou.

— Tu viens de rentrer ?

— Oui, pourquoi ?

Serguei, qui en a vu et senti d'autres, est presque incommodé par le relent d'alcool qui sort d'entre les lèvres de l'homme : un mélange de vodka, de bière et d'aigreurs d'estomac.

— C'est à toi, la Moskvitch qui est dans le garage en bas ?

— Pourquoi tu me demandes ça, camarade ?

— Tu le sais parfaitement. Tu vas nous suivre. Tu viens de renverser quelqu'un et tu as pris la fuite. Inutile de nier, il y a encore un morceau de ses vêtements sur ton véhicule.

L'autre n'a pas l'air de bien réaliser ce qu'on lui raconte :

— Je crois plutôt que c'est lui qui a sauté sur mon capot. J'ai eu l'impression qu'il voulait se suicider ou quelque chose comme ça. Je conduis toujours très bien... même quand je bois une bouteille entière de vodka...

Serguei sent la colère lui monter au nez :

— Une bouteille, disons deux pour ce soir. Allez, suis-nous.

Le chauffard, sans trop comprendre ce qui lui arrive, est poussé, traîné jusqu'en bas de l'immeuble.

— C'est bien ta voiture. Tu la reconnais ?

— Oui, ça se peut. Mais je ne me souviens plus de rien. Est-ce que je ne l'aurais pas prêtée ce soir à quelqu'un ? Ou bien quelqu'un me l'aurait empruntée sans me le dire. D'ailleurs, la preuve c'est que je ne retrouve pas les clés, camarade...

Volodia arrête Serguei juste à temps. Sinon le chauffard se retrouverait avec un œil au beurre noir et la mâchoire en piteux état.

Nathalie, pendant ce temps, est sortie de la limousine. Instinctivement, elle veut voir de près celui qui vient sans doute de tuer son Gricha.

Volodia examine le véhicule du chauffard :

— Serguei, regarde, qu'est-ce que c'est que ça ?

Serguei se penche. Ses yeux s'agrandissent pour mieux voir dans l'obscurité l'objet que lui désigne Volodia.

— Vite, va me chercher une lampe électrique.

Dès que Serguei identifie cet objet bizarre, coincé dans le pare-chocs de la Moskvitch noire, il demande à Nathalie :

— As-tu un mouchoir propre ? Vite !

En un tournemain il a fourré l'objet dans le mouchoir de Nathalie :

— Vite, on fonce à l'hôpital !

En même temps il enferme d'un geste rapide les poignets du chauffard dans des menottes. Bizarrement il a du sang au coin des lèvres — une descente trop rapide dans l'escalier, sans doute.

— Toi aussi, camarade, on s'expliquera ensuite au commissariat. Volodia, mets la sirène.

Volodia ne demande pas d'explications superflues. Nathalie non plus. Elle croit comprendre mais son cœur se soulève. Elle n'a pas la force d'en savoir davantage.

— Vite, où est le bloc opératoire ?

Serguei exhibe sa carte et se fait connaître auprès de l'infirmière d'accueil.

— Une ambulance vient d'amener un accidenté. Renversé par un chauffard. Gricha Michkine. Il en manque un morceau. Je viens de le retrouver.

Le chirurgien, qui a déjà son masque sur le nez, accepte de sortir du bloc opératoire :

— Qu'est-ce que tu nous apportes ? Fais voir.

Serguei déplie le mouchoir de Nathalie. Le chirurgien examine ce qui est dedans :

— Effectivement, je crois que c'est à lui ! Olga, passe-moi ça à l'alcool. Il était temps, j'allais l'opérer, mais je n'avais pas beaucoup d'espoir de l'en sortir sans ça.

Serguei le laisse partir avec ce qu'il a trouvé coincé dans le pare-chocs : un morceau de boîte crânienne. Justement celui qui manquait à Gricha et qui faisait que sa cervelle partait dans tous les sens.

Six mois plus tard, Gricha reprend sa place à la table familiale. Un an après, il reprend son travail aux chemins de fer soviétiques. Parfois il a de grosses migraines. Mais, en URSS, il n'est certainement pas le seul.

Un grain de beauté

Sally, vingt-deux ans, bonne présentation, un mètre soixante-douze pour une soixantaine de kilos, a réussi un examen très difficile. Elle vient de se faire embaucher comme « hôtesse-serveuse » dans une succursale d'un célèbre pourvoyeur de hamburgers. La scène se passe à Detroit, Michigan, États-Unis.

— Hé ! J'ai demandé deux portions de frites, et un double au fromage et aux oignons !

— Une minute, monsieur !

— Comment ça une minute ? Vous avez servi deux clients avant moi !

Sally regarde l'homme de travers. Un impatient, affublé de lunettes, et d'un... Sally reste un instant le regard fixe, fascinée par cette chose.

— Et alors ? Ça vient ?

Vite le double hamburger, vite les deux portions de frites.

— Et ma bière ? Vous dormez ou quoi ?

Vite la bière. Sally pousse le plateau vers le râleur, sans pouvoir s'empêcher de le regarder comme une bête curieuse. L'homme va s'installer sur un tabouret à quelques mètres du comptoir, et elle le suit toujours du regard. Elle a peur.

Combien y a-t-il de probabilités pour qu'un inconnu porte le même grain de beauté sur la tempe droite ? Tout en haut de la tempe, presque à la pointe des cheveux ? C'est déjà rare un grain de beauté à cet endroit-là. Rare et gênant. Sally le dissimule sous une frange épaisse de cheveux bouclés. Elle s'est toujours promis de le faire enlever un jour. Un jour où ses finances le lui permettront.

Armée d'un chiffon, Sally va nettoyer les tables autour du râleur. Au bout d'un moment elle n'y tient plus. Il faut qu'elle engage la conversation avec cet homme. Il risque de ne plus jamais revenir, c'est peut-être un client de passage qu'elle ne reverra plus, et la question qui la taraude demeurera sans réponse.

— Excusez-moi pour tout à l'heure, j'ai commencé ce matin, je n'ai pas encore l'habitude... je me suis trompée de file de caisse...

L'homme la regarde, surpris. Une serveuse qui prend le temps de s'excuser dans ce genre d'établissement où tout le monde commande vite, paie vite et mange vite, c'est bizarre.

— Ah ouais ?

Plutôt vulgaire le monsieur. Mais Sally ne peut pas lâcher l'hameçon. Elle se met à débiter des phrases, dans le désordre.

— Vous travaillez dans le coin ? Moi je suis nouvelle, je viens d'un patelin du côté de Flint, on est presque toujours dans la neige là-bas en hiver. Vous mangez ici souvent ? C'est pas mal payé, remarquez... Votre famille est d'ici ?

— Vous me draguez ou quoi ?

— Non !

Un cri parti du cœur. Sally reste paralysée devant l'homme, son chiffon à la main. Il est assez déplaisant ce type, et elle ne sait plus quoi faire. Il a au moins le double de son âge, les traits bouffis, des vêtements ordinaires, un jean comme tout le monde, un blouson comme tout le monde. Un peu l'air voyou, et sans alliance, mais ça ne veut rien dire de nos jours.

Évidemment, le plus simple serait de lui dire : « J'ai le même grain de beauté que vous, nous sommes peut-être de la même famille ? » Ou peut-être plus directement : « Pardon, monsieur, mais je voudrais savoir si, par hasard, vous ne seriez pas mon père... »

Impossible. On ne dit pas « bonjour papa » à un inconnu. Alors Sally marmonne :

— Excusez-moi.

Et elle retourne à son bar, derrière les affiches lumineuses du fleuron de la gastronomie américaine. En se traitant d'idiote. D'abord elle n'en veut pas pour père de cet homme-là. Il est agressif, pas beau du tout, et il mange comme un gamin mal élevé. Sally est bien élevée, elle. Elle a pris ce travail pour pouvoir continuer à payer ses études. Dans un an, elle aura son diplôme de journaliste. Sally a des parents qui lui ont appris à se débrouiller dans la vie. Son père, Andrew McPherson, et sa mère, Lily, l'ont élevée dans la religion et le respect des autres. À sa majorité, ils lui ont expliqué qu'elle n'était pas leur vraie fille. Que sa mère biologique, Marilyn X, âgée de seize ans, incapable de l'élever, avait choisi l'adoption afin qu'elle ait une vie meilleure. Le choc a été rude. Un véritable bouleversement. Sally a voulu retrouver sa mère, elle a fait une demande à l'administration, qui lui a répondu au bout de plusieurs mois que cette mère ne souhaitait pas avoir de contact avec elle. Nouveau choc. La piste s'arrêtait là. Aucun moyen de savoir qui vous a fabriqué. Quant au père, il était déclaré inconnu à l'époque de sa naissance en 1972.

Combien y a-t-il de probabilités pour que Sally rencontre son père biologique dans un fast-food de Detroit où elle est employée depuis la veille?

L'homme vient réclamer du café et dit négligemment :

— Si ça vous intéresse, je m'occupe des vidanges à la station-service là-bas. Lavage, graissage, vidange. Si vous avez une bagnole, je vous ferai un prix, mon chou!

Depuis qu'elle sait, Sally a imaginé des tas de choses à propos de son père et de sa mère. De préférence des choses romantiques. Une histoire de famille, une jeune fille contrainte d'abandonner son enfant, un jeune homme qui ignore qu'il est père. La vie qui les sépare. Il est plus réconfortant d'imaginer des parents victimes de circonstances terribles que d'affronter la dure réalité : abandonnée, refusée, rejetée, recueillie par pitié.

Toute la journée Sally repense à cet inconnu. Impossible. Il est trop vieux, trop vilain, trop vulgaire. Sur le moment l'émotion a été si forte, la peur si intense qu'elle s'est sentie hypnotisée par lui. Maintenant elle le rejette. Pas lui. N'importe qui mais pas ce visage prétentieux, cette voix railleuse et ce langage douteux.

Pendant plusieurs jours, Sally lutte contre l'envie d'aller voir. Juste pour en finir définitivement avec cette hypothèse. Elle pourrait par exemple se débrouiller pour connaître le nom de cet homme, ensuite vérifier son identité. Ce ne sont pas les copains qui manquent à la faculté, l'un d'eux est de la famille du maire, elle pourrait obtenir l'état civil de l'inconnu. Et puis après?

Le premier copain mis dans la confidence a posé la bonne question.

— En admettant que tu saches sa date de naissance, s'il a été marié, ou s'il l'est encore, s'il a des enfants, où il habite, ça te donnera quoi ? Tant que tu ne lui auras pas posé la question, et en admettant qu'il y réponde, ça ne te mène nulle part...

— Fais-le pour moi, s'il te plaît. Discrètement, hein ?

— D'accord.

L'homme se nomme Henry Minola, l'adresse figurant sur son permis de conduire indique qu'il habite dans le quartier de Forest Avenue. Il est employé dans un gros garage de voitures d'occasion, comme il y en a des dizaines à Detroit. Date de naissance : 1954. Lieu de naissance : Flint, Michigan.

Sally a un nouveau choc. Flint, la même petite ville...

— Je suis née à Flint...

— Des tas de gens sont nés à Flint...

Le même grain de beauté, et la même ville d'origine. Combien y a-t-il de probabilités ?

Sally et son copain se prennent au jeu. Après tout, ils sont étudiants en journalisme : l'idée d'une enquête les démange. Le domicile de ce Henry Minola se trouve en dehors de la ville, dans l'immense faubourg de Deaborn, à l'ouest. Une concentration de petits immeubles ouvriers. Sally prend son courage à deux mains et décide de faire du porte-à-porte. Le plus efficace, se dit-elle, c'est le rencensement de la population. « Je pourrais poser des questions. Du genre : combien d'enfants avez-vous, bénéficiez-vous de l'assistance sociale ? »

— Madame Minola ?

— Qu'est-ce que vous voulez ? J'achète rien ! Henry ! Viens répondre, c'est pour le rencensement !

Sally détaille la femme sans âge et peu accueillante. Cheveux décolorés, maquillage agressif. Et si c'était sa mère ? Elle en tremble.

Henry Minola inspecte la visiteuse.

— Dites donc vous, on se connaît, non ?

— Je ne sais pas, c'est possible...

— Mais si ! C'est vous la fille du fast-food ? Qu'est-ce que vous me voulez ? Vous me suivez ?

— Non, non, pas du tout ! Je suis étudiante, je travaille... C'est pour le recensement...

— Écoutez, j'ai rien à vous dire, vu ? On n'est pas obligés de vous répondre ? Alors dehors !

Sally ne s'attendait pas à tomber sur lui, et la voilà grillée. Autant insister.

— Je voudrais savoir si vous habitiez Flint en 1972, et si vous connaissiez une femme prénommée Marilyn...

— Vous êtes flic ?

— Non.

L'homme devient mauvais. Il avance sur Sally qui recule, effrayée.

— Pourquoi vous me parlez de Flint ? Qui c'est cette Marilyn ? Je connais pas de Marilyn ! Tirez-vous !

Sally obtempère. Elle ne tirera rien de cet individu mal embouché. Et d'ailleurs elle n'en a plus envie. Le peu qu'elle a aperçu de l'appartement en désordre, les bouteilles de bière qui traînent, l'haleine de ce Minola...

Le lendemain, c'est lui qui se présente au restaurant.

— Écoutez-moi, sale petite garce, si vous cherchez encore à me faire des ennuis, j'ai des copains pour vous corriger. Une bonne petite trempe dans un coin noir, hein ? Ça leur plairait de s'amuser un peu avec vous... Compris ? Essayez encore de me poser des questions sur cette Marilyn, et vous serez pas déçue ! Cherchez ailleurs, sinon...

Puis il s'en va en lui décochant un dernier regard, des plus menaçants. Cette fois, Sally se décide. Elle court après lui. Il a réagi au nom de sa mère, il a dit de chercher ailleurs...

— Monsieur, s'il vous plaît, laissez-moi vous expliquer...

Sur le trottoir, au milieu des passants, l'homme se retourne et, au moment où Sally, essoufflée, arrive à sa hauteur, il crache :

— Tu vas la fermer ?

L'agression est soudaine. Le couteau a jailli dans sa main, le coup a porté au ventre. Il est fou ? Pourquoi ?

Sally a eu la réponse beaucoup plus tard, à l'hôpital, lorsqu'elle a dû faire sa déposition.

En 1972, à Flint, Michigan, ce Henry Minola avait écrasé une enfant d'une dizaine d'années et pris la fuite. Des témoins avaient relevé une partie de l'immatriculation et la couleur de sa voiture. Il avait été inquiété, entendu comme témoin, mais il avait toujours nié, et la voiture était restée introuvable. Plus d'arme du crime. Cependant ce Minola craignait une vengeance de la famille de l'enfant, dont la mère se nommait en plus... Marilyn.

Plus de vingt ans après le drame, il la craignait toujours. Et il avait failli tuer Sally à cause de cela.

Sally, une inconnue? Ou sa fille?

Un avocat est venu lui poser la question en prison, avant le procès, où il risquait une peine de cinq à dix ans de pénitencier. Il a obtenu cette réponse :

— Et si je suis le père, vous négociez une remise de peine pour moi, hein?

— Si vous acceptez une expertise génétique, peut-être... on verra.

— Alors laissez tomber. J'en ai rien à foutre de cette fille, je la connais pas.

Sally n'a plus insisté. L'homme a écopé de cinq ans pour agression; le délit de fuite datant de vingt ans, la partie civile représentée par les parents de la victime n'a guère de chances d'aboutir enfin à une condamnation du tueur de leur petite fille.

Combien y a-t-il de probabilités pour qu'un grain de beauté sur la tempe droite?...

Sally s'est sûrement débarrassée de celui-là.

L'alibi

25 février 1985. Daniel Vivier rentre chez lui, dans un immeuble bourgeois du XVIe arrondissement de Paris. Daniel Vivier monte sans se presser l'escalier qui le conduit au premier étage où se trouve son appartement.

Il monte toujours lentement cet escalier. Il n'a aucune hâte de retrouver sa femme, Simone. Depuis quinze ans de mariage, la situation entre eux n'a fait qu'empirer. Chaque fois, ce sont des reproches, des scènes pour les prétextes les plus futiles. Alors, depuis quelques années, il a pris l'habitude de rentrer de plus en plus tard. Il passe le plus clair de ses soirées à son club privé, où il joue. Il ne joue pas par passion du jeu et les sommes qu'il peut perdre ne mettent pas en difficulté le budget du ménage.

Non, il joue pour passer le temps, pour ne pas rentrer chez lui...

Daniel Vivier est arrivé devant la porte de son appartement. Il introduit sa clé. Malgré lui, il n'est pas à l'aise. C'est l'appréhension bien compréhensible qui précède les moments difficiles.

Daniel Vivier s'est bien préparé à ce qu'il va faire. Il y a des mois qu'il y pense et des semaines qu'il a mis tous les détails au point.

Pourtant, quand il pénètre dans son appartement, il ne peut s'empêcher de trembler. Il faut se mettre à sa place : même quand on la déteste, ce n'est pas facile de tuer sa femme !

Simone Vivier vient à sa rencontre, dans sa robe à fleurs jaunes. Il n'aime pas cette robe et il le lui a dit. Depuis, elle n'arrête pas de la porter...

— Tiens, tu arrives à onze heures... Félicitations ! D'habitude c'est à deux ou trois heures du matin... Qu'est-ce qui t'est arrivé ? Tu as perdu au jeu plus vite qu'à l'accoutumée ?

Et Simone continue à criailler derrière lui, tandis qu'il gagne le salon et se sert un whisky pour se donner du courage. Mais c'est inutile. S'il avait eu encore quelques hésitations l'accueil qu'il vient de recevoir les lui aurait enlevées. Décidément, il n'y a pas à hésiter. Il faut en finir au plus vite...

Simone continue à débiter son flot de récriminations.

— Un whisky, maintenant ! Comme si tu n'avais pas assez bu tout à l'heure... Décidément, tu as tous les vices...

Et elle s'éloigne en haussant les épaules. Daniel a bondi. C'est maintenant ou jamais... Il agrippe un tisonnier dans la cheminée, le lève et frappe de toutes ses forces...

Simone Vivier a un petit cri étonné et tombe en avant. Un large filet de sang coule de son crâne et imbibe peu à peu le tapis. Il se penche sur elle, la retourne sur le dos... Elle a les yeux et la bouche ouverts. Voilà, c'est fait. Daniel Vivier est tout surpris de ne rien ressentir de spécial, ni crainte ni soulagement... Sans doute parce qu'il avait préparé son acte depuis longtemps. Tout s'est passé exactement comme il l'avait prévu...

Il reste maintenant la seconde partie de son plan à accomplir. Méthodiquement il entreprend d'ouvrir tous les tiroirs et d'en déverser le contenu sur le sol. Pour faire bonne mesure, il renverse quelques bibelots. Maintenant, il s'attaque aux armoires. Le contenu du linge de maison vient rejoindre à terre celui des tiroirs. À présent, la chambre. La coiffeuse de Simone est rapidement vidée. D'un geste vif, il jette les produits de beauté sur le lit et s'empare d'un élégant coffret. Il l'ouvre et en met le contenu dans sa poche : les bijoux de Simone ; il y en a pour des centaines de milliers de francs... Tout est parfait : le crime crapuleux ne pourra plus faire de doute. Sa femme aura surpris ses voleurs en rentrant à l'improviste et elle l'aura payé de sa vie.

Il reste encore un détail. Daniel Vivier va vers la porte d'entrée. Il sort de sa poche un outil allongé : une pince-monseigneur... En quelques gestes sûrs, qu'il a déjà répétés des dizaines de fois, il entreprend de crocheter la serrure. Voilà... Maintenant l'illusion est parfaite. Il est temps de passer à son alibi, le dernier élément de son plan criminel...

Rapidement, Daniel Vivier est dans la rue. Il s'éloigne à pas pressés. En relevant le col de son pardessus pour être sûr de ne pas être reconnu, il a laissé sa voiture quelques centaines de mètres plus loin. Tout se passe bien. Dans ce quartier résidentiel, il y a peu de monde dans les rues après dix heures du soir et il ne croise personne...

Au passage, il jette les bijoux dans une bouche d'égout. Une fortune à la Seine. Mais un crime parfait vaut bien quelques sacrifices et il lui reste assez d'argent pour refaire sa vie une fois l'enquête terminée...

Au volant de sa voiture, Daniel Vivier roule rapidement. Il s'arrête dans une rue donnant sur les Champs-Élysées. L'instant d'après il est dans un bar aux fauteuils profonds, à l'ambiance feutrée. Un homme d'une cinquantaine d'années abandonne le comptoir pour le rejoindre à sa table. Daniel lui donne une poignée de main rapide.

— C'est fait!

L'homme a une grimace soucieuse. Daniel Vivier reprend d'un ton décidé :

— Tu ne vas pas me laisser tomber maintenant, Raymond?

Le nommé Raymond secoue la tête.

— Non, je suis toujours d'accord...

Daniel Vivier sort son chéquier de sa poche.

— Tu te souviens bien. J'étais au club de dix heures du soir à deux heures du matin. Il faut que tu en sois totalement persuadé comme si cela s'était réellement passé. Tu auras peut-être à le jurer devant un tribunal...

Raymond regarde son ami écrire avec application.

— Ce n'est pas cela qui m'inquiète. Mais ce chèque de cinq cent mille francs au porteur, la police ne va pas se poser de questions?

Daniel Vivier a le sourire supérieur de celui qui a pensé à tout.

— Tout le monde sait que je joue gros. Je dirai que c'est une dette de jeu et que j'ignore le nom du porteur. Tu vois, c'est utile d'avoir des vices connus. C'est invérifiable...

Le patron du club arbore un sourire satisfait et empoche le chèque de cinq cent mille francs, le prix du faux témoignage, le prix du crime parfait...

Daniel Vivier passe dans la salle de jeu, qui est attenante. Il y règne une atmosphère enfumée. À part les tables, qui sont vivement éclairées, la pièce est dans l'ombre. Les joueurs absorbés par leur partie ne font pas attention à lui. Aucun d'eux ne l'a vu entrer. Si on les interroge sur l'heure de son arrivée, ils seront évasifs et comme le patron jurera que c'était à dix heures, c'est lui qu'on croira.

Décidément, son plan ne présente aucune faille. À onze heures du soir, heure à laquelle les médecins légistes fixeront la mort de Simone, il était à son club, comme tous les soirs ou presque... Alors pour quelle raison douterait-on que le meurtrier soit un banal cambrioleur, celui-là même qui a emporté les bijoux de la victime ?

Parmi les joueurs, il y a une jolie femme très élégante qu'il n'avait jamais vue. Leurs regards se croisent et elle lui sourit. Il lui rend son sourire, mais se garde bien d'engager la conversation. Cela aussi fait partie du crime parfait : pas de femme dans sa vie... Un policier normalement constitué soupçonnant le mari cherchera une maîtresse. Or il n'en a pas. Il a tué Simone simplement parce qu'il ne pouvait plus la supporter. Après, une fois l'enquête terminée, il aura tout le temps de se rattraper !

Deux heures du matin... Après une dernière poignée de main à Raymond, Daniel Vivier quitte son club. À petite vitesse il revient chez lui. Si ses voisins ont découvert la porte forcée et entrebâillée, il doit s'attendre à trouver la police chez lui. Il devra alors jouer la stupeur et la douleur. Sinon, ce sera à lui d'appeler la police...

Dans l'escalier de l'immeuble, tout est silencieux... Non, visiblement, personne ne s'est aperçu de rien... Daniel Vivier pousse la porte. L'entrée est déserte. Le téléphone est là. Autant ne pas attendre et appeler la police tout de suite...

Il compose les deux chiffres et attend... Il a préparé ce qu'il va dire depuis longtemps.

— Allô... Venez vite ! C'est affreux... Ma femme... Des cambrioleurs... Je crois qu'elle est morte...

Il donne son nom et son adresse et raccroche...

Daniel Vivier se dirige vers le salon. Un petit coup de whisky ne lui fera pas de mal... Son premier verre seul dans son appartement, son premier verre d'homme libre. Il entre dans la pièce et reste figé sur le seuil...

Simone est là, appuyée sur les coudes, le visage inondé de sang... En le voyant, elle a un sursaut. Elle s'agrippe au canapé et se redresse. Elle parle d'une voix sifflante.

— Salaud ! Tu vas me le payer. Je dirai tout...

Elle s'approche de lui en titubant.

— Tu iras en prison pendant des années... des années... Quand tu en sortiras tu seras un homme fini. Tu n'auras plus de métier, plus de famille, plus rien...

Daniel Vivier reste la bouche ouverte. Il ne peut que balbutier :

— Simone... Ce n'est pas vrai...

Sa femme commence d'une voix faible :

— Au secours !

Puis elle se met à crier de plus en plus fort :

— Au secours ! Au secours !

Daniel Vivier voit tout se brouiller devant lui. Une seule pensée occupe son esprit : elle ne doit pas crier, il ne faut pas qu'elle crie ! Il agrippe le premier objet qui lui tombe sous la main, un presse-papiers, et de toutes ses forces, il frappe.

Pour la seconde fois, Simone tombe sur le sol, la bouche et les yeux ouverts...

Quelques minutes plus tard, un inspecteur et un agent en tenue pénètrent dans la pièce... Daniel Vivier est assis sur un fauteuil, il a encore son presse-papiers à la main... Il est hébété. Des souvenirs dérisoires viennent le narguer : son plan, les bijoux jetés dans les égouts, son alibi de dix heures du soir à deux heures du matin, qui lui avait coûté cinq cent mille francs... Simone est morte une minute après qu'il a appelé la police. Simone a attendu qu'il soit là pour mourir. Elle ne lui a laissé aucune chance, aucune !

L'inspecteur va examiner la victime, hoche la tête, puis retourne vers lui et désigne le presse-papiers :

— C'est l'arme du crime ?

— Oui, c'est l'arme du crime. Et puis le tisonnier. Elle a été frappée aussi avec le tisonnier.

— Je comprends votre émotion, monsieur, mais vous n'auriez pas dû y toucher. À cause des empreintes, vous comprenez...

— C'est inutile, vous n'y trouverez que les miennes.

— Comment cela ?

— C'est moi qui ai tué ma femme.

Le policier le regarde d'un air dubitatif et compatissant. Visiblement, il pense qu'il est sous le choc et il ne le croit pas.

— J'ai constaté que la porte avait été crochetée...

— C'est vrai... À la pince-monseigneur...
— Donc quelqu'un est entré ici ?
— Personne d'autre que moi, puisque je l'ai tuée.
— Alors, ce désordre, ce n'est pas un cambriolage, c'est une scène de ménage ?
— Non plus.
— Je ne comprends pas...
Daniel Vivier hoche la tête avec un vague sourire.
— Bien sûr que vous ne comprenez pas ! Personne ne peut comprendre une chose pareille... Personne...

Squelette dans les collines

Quand on est une jeune femme pas très jolie et qu'on est jalouse, mieux vaut ne pas se rendre dans les collines. Même pour y rencontrer son amant et avoir une explication définitive avec lui. « Définitive », c'est le mot. Pourtant c'est ce que fait Suzy Fowling...

En cet été de 1922, la chaleur écrase tout l'est des États-Unis. Frederick Masson se dit qu'il ferait aussi bon là-haut, dans les collines boisées qui surplombent de quelque trois cents mètres la petite ville de Ringfield. Depuis Ringfield on distingue l'entrée d'une sorte de grotte, tout en haut. La grotte de Sunhill. À l'entrée, on dirait qu'une écharpe blanche est accrochée à une branche.

« Qu'est-ce que c'est que ça ? » Frederick Masson, au terme d'une course un peu fatigante, vient d'atteindre la grotte. Une écharpe blanche, en effet, tachée par les intempéries, flotte dans le vent. Il y a certainement plusieurs semaines qu'elle est là.

Mais autre chose attire l'œil de Frederick. Là, juste à l'entrée, un corps. Ou du moins ce qu'il en reste. Un squelette plutôt. Frederick se dit qu'il s'agit peut-être d'une ancienne tombe indienne. Mais non, impossible : la grotte est difficile d'accès mais depuis des années des couples, sportifs, viennent ici pour flirter en regardant Ringfield, tout en bas. Il s'agit d'autre chose...

La police, prévenue par Masson, se déplace jusqu'à la grotte pour récupérer le squelette. Aucun indice apparent qui permette de l'identifier. Le médecin légiste déclare :

— Il peut être ici depuis sept ou huit mois. Disons depuis l'automne dernier. En hiver personne ne grimpe jusque-là. Maintenant, quant à savoir qui c'est...

À tout hasard on récupère l'écharpe blanche.

L'inspecteur O'Maley, de la police de New York, passe justement ses vacances à Ringfield.

— Dites donc, coroner, ça ne vous gêne pas que je vous donne un coup de main ? Je connais quelqu'un à New York, le professeur Windberg. C'est un paléontologue à la retraite. Il est capable de vous reconstituer un mammouth à partir d'une seule dent. Si vous lui confiez votre squelette il va le faire parler, j'en mettrais ma tête à couper.

— Comme vous voulez. De toute manière, nous on tourne en rond.

Quelques semaines plus tard le professeur Windberg, après avoir passé de longues heures en tête à tête avec les pauvres restes découverts dans la grotte, dépose ses conclusions :

— Il s'agit d'une femme, elle mesurait un mètre soixante environ et elle devait avoir vingt-neuf ou trente ans. Elle a dû rester six mois dans la grotte. C'est quand même dommage que le crâne ait perdu tous ses cheveux.

— L'endroit est plein de courants d'air : les cheveux ont dû partir dans le vent.

— Ah, autre chose : la pauvre fille souffrait d'une déviation de la colonne vertébrale.

— Et la cause de la mort ?

— Elle n'avait aucune chance de s'en sortir : trois fractures du crâne, sans doute provoquées par une sorte de marteau. Je crois même que le meurtrier se tenait derrière la victime et qu'il est gaucher.

— Bon, ce n'est déjà pas si mal. Voilà de quoi démarrer des recherches.

Depuis la grotte du crime, quand on regarde Ringfield en bas, on distingue dans la plaine un groupe de bâtiments : l'asile d'aliénés local.

— On va commencer par là. Demandez donc au directeur s'il n'a perdu aucune pensionnaire récemment.

Le directeur est formel :

— Non, personne ne manque à l'appel, Dieu merci.

En examinant de plus près les abords du lieu du crime, on découvre, sur le sentier escarpé qui remonte, une flèche gravée sur un tronc. Elle indique la direction de la grotte. Des traces à travers les fourrés prouvent que quelqu'un est redescendu vers Ringfield en se frayant un passage direct à travers les broussailles. Quelqu'un qui savait comment tailler les arbres et les plantes épineuses. La police interroge les habitants de Ringfield.

— Oh, la grotte de Sunhill, c'était le rendez-vous des amoureux. En tout cas d'un amoureux. Il faut croire qu'il avait de quoi séduire, parce que plus d'une fille a retroussé ses jupes pour aller là-haut rejoindre ce coquin... Il y avait ce bout de tissu blanc, ça fait au moins sept à huit mois qu'il était là-haut, comme un signal. On se demandait ce que cela voulait dire...

Windberg, pendant ce temps, continue ses conversations muettes avec le squelette. Il examine de plus près le crâne. De très près :

— Vous savez, mon cher O'Maley, que notre pauvre fille est restée six mois sur le ventre. C'est une chance car j'ai retrouvé un tout petit morceau de peau sur son menton. C'est fou ce que ça peut raconter un petit bout de peau. Elle avait des problèmes d'acné, notre amoureuse. D'autre part, j'ai recouvert le visage de pâte à modeler et j'ai réussi à reconstituer la forme de son nez : tenez, regardez, elle avait le nez retroussé et plutôt épais. Je crois que la morte était d'origine irlandaise. Je vais continuer ma reconstitution.

Windberg, selon la technique qu'il applique d'habitude aux mammouths, parvient à recréer les lèvres et le menton de la morte. Puis il passe aux joues :

— À mon avis elles étaient assez charnues. Quant aux yeux, ils devaient être légèrement exorbités. Tenez, regardez le travail.

Le portrait reconstitué de la victime est saisissant de vérité. Windberg, partant de l'hypothèse « irlandaise », a donné à son œuvre des yeux de verre entre bleu et vert, et dessiné des sourcils épais.

— Vraiment dommage qu'on n'ait pas retrouvé les cheveux.

Justement, sous l'impulsion d'O'Maley, la police de Ringfield se prend au jeu et réexamine les lieux à la loupe. Et là, à demi cachée dans les feuilles mortes, on découvre ce qui ressemble à une perruque en mauvais état : le cuir chevelu de Mlle X, l'inconnue assassinée. Il y a même quelques épingles à cheveux encore fixées sur les mèches. Windberg est ravi :

— Elle devait se coiffer avec des bandeaux. Je vais utiliser quelques cheveux pour lui refaire des cils et des sourcils.

Le résultat est stupéfiant. Pas de doute : la morte était certainement d'origine irlandaise. Et elle devait même avoir de bonnes joues rouges comme des pommes.

— Au point où nous en sommes, on va faire des photos de votre bonne femme et on va les diffuser dans la presse.

Le résultat ne se fait pas attendre :

— Allô, la police ? Ici le directeur de l'asile de Ringfield. Aucun doute, votre morte est passée chez nous. C'est une ancienne fille de salle. Une dénommée Suzy Fowling. Elle a travaillé six mois chez nous et un jour elle ne s'est plus montrée au travail. C'était en octobre de l'année dernière.

— Autre chose à nous dire ?

— Effectivement, elle avait une déformation de la colonne vertébrale et un problème de mâchoire dû à une chute.

— Aucune amie intime, aucune famille ?

— Elle partageait une chambre avec une autre employée, Clementine Fizzle.

Clementine Fizzle déclare tout net :

— Suzy a fréquenté un certain John. Mais je n'ai jamais su de qui il s'agissait. En tout cas les choses sont allées loin car elle attendait un enfant de lui. Ça m'a étonnée qu'elle disparaisse ainsi. D'ailleurs elle a laissé des papiers personnels que j'ai conservés au cas où elle les réclamerait. Tenez, les voilà.

Dans une boîte à chaussures des lettres adressées à Suzy racontent sa pauvre histoire : « Ma chérie, quel bonheur de savoir que tu vas avoir un enfant. J'espère que ce sera un garçon. Nous l'appellerons Sean, comme ton père. Viens vite me rejoindre là-haut, j'ai hâte de discuter de notre avenir... » Les fautes d'orthographe sont aussi nombreuses que les bons sentiments. Celui qui a écrit ça n'est pas allé loin dans ses études.

Les lettres sont signées d'une initiale : « J ». Les experts de la police déposent leurs conclusions : ces lettres ont été écrites par un droitier. Pourtant Windberg, de son côté, maintient que l'assassin a frappé de la main gauche.

Avec les lettres du mystérieux « J » la boîte à chaussures contient un missel catholique. Les pages de garde sont couvertes de citations poétiques. Un policier plus cultivé que les autres reconnaît quelques vers fameux d'Elizabeth Browning :

« Si tu me dois aimer, que ce ne soit pour rien, que pour le seul amour d'amour... »

— Suzy aimait la poésie ?

Clementine fait la moue :

— Pas vraiment. Et je ne pense pas que ce livre de prières lui ait appartenu. Bien qu'irlandaise, elle n'était pas spécialement pratiquante. Tout ce qui l'intéresssait c'était de dégoter un beau mec et de l'épouser. Grâce à Dieu ou grâce au diable, peu lui importait.

De fil en aiguille, quelqu'un se souvient que la pauvre Suzy avait dans le Kentucky une sœur aînée, May. May fait le voyage jusqu'à New York pour rencontrer le professeur Windberg.

— Eh là, ma petite dame ! Qu'est-ce qui vous arrive ?

May Fowling, blanche comme un linge, vient de tomber évanouie sur le sol du laboratoire de Windberg. Elle n'a pas supporté la vision hallucinante qu'elle vient de découvrir : la tête de sa sœur, Suzy, reconstituée, les yeux fixes, dramatique sous l'éclairage cru d'une lampe. Une fois revenue à elle, May donne quelques détails, tout en reniflant :

— Ma pauvre Suzy. Tout ce que je sais c'est qu'elle avait une liaison avec un certain John. J'ignore son nom de famille.

Le directeur de l'asile révèle que, parmi le personnel de son établissement, passé ou présent, une bonne cinquantaine d'individus répondent au prénom de John. On commence la sélection et la police de Ringfield fixe son attention sur un certain John Baddlock :

— Justement il a quitté l'établissement le jour même de la disparition de Suzy. D'autre part, il est originaire de l'Oregon. Ça ne manque pas de forêts par là. Il pourrait être du genre à savoir se tailler un chemin dans les broussailles.

— Petit problème : John Baddlock n'était absolument pas gaucher.

— Bon, il faudrait savoir si, parmi le personnel de l'asile, vous n'avez pas une jeune femme passionnée de poésie, spécialement celle d'Elizabeth Browning.

La réponse arrive au bout de deux jours.

— Pour la poésie nous avions, il y a quelques mois, une certaine Penelope McKay. Elle cassait les pieds de toutes ses collègues avec son Elizabeth Browning par-ci, Elizabeth Browning par-là. Une jolie rouquine. Cent pieds au-dessus de la pauvre Suzy en ce qui concerne le charme physique.

— On sait où elle est aujourd'hui ?

— Aucune idée. Elle nous a quittés en disant qu'elle allait se marier. Sans laisser d'adresse.

Du coup un appel général est lancé à toutes les polices de la côte Est. Initiative heureuse.

— Ça y est, on vient de découvrir la trace de Penelope McKay. Tenez-vous bien : elle a épousé en janvier un certain John Baddlock.

En comparant les citations écrites sur le missel laissé par la pauvre Suzy et la signature de Penelope Baddlock, ex-McKay, sur le registre de l'état civil, on s'aperçoit qu'il s'agit de la même écriture. O'Maley et la police de Ringfield frétillent d'impatience. Ils savent qu'ils sont tout près du but. Pourtant nul ne sait où Penelope et John peuvent bien se cacher depuis leur mariage.

— Essayez d'interroger le pasteur qui les a mariés.

Le pasteur n'a pas grand-chose à dire. Pourtant un détail semble intéressant :

— Je me souviens que le mari, John Baddlock, a signé le registre de la main gauche. Il s'était blessé à la main droite et il portait un pansement.

— Il vous a présenté une pièce d'identité ?

— Oui, c'était un vieux permis de conduire de l'État d'Oregon.

Du coup l'enquête se transporte à l'autre bout des États-Unis. Pour revenir sur la côte Est.

Quelques semaines plus tard, deux policiers frappent à la porte d'un petit cottage de bois tout au fond d'une vallée du Maine.

Une ravissante rousse ouvre la porte. Elle tient sur son bras un bébé roux comme sa mère :

— Messieurs ?

— Nous voudrions parler à John Baddlock. C'est votre mari, si nos renseignements sont bons.

— Je vais l'appeler. C'est à quel sujet ?

Un bruit de moteur se fait entendre à l'arrière du pavillon. Mme Baddlock a simplement le temps de dire :

— Mon mari. Tenez, justement, c'est lui qui s'en va dans la voiture. Je me demande où il part comme ça, tout d'un coup.

Penelope Baddlock devra attendre quelques années avant d'obtenir la réponse à cette intéressante question. Trois ans exactement.

En attendant, les deux policiers ont le temps de lui révéler le but exact de leur visite et pourquoi son séduisant mari a pris la poudre d'escampette.

— Tout porte à croire que John Baddlock était l'amant d'une certaine Suzy Fowling qui travaillait à l'asile de Ringfield. Elle attendait un enfant de lui.

Penelope Baddlock reste abasourdie :

— Suzy ? Elle aussi ? Jamais je n'aurais cru ça. Mais comment êtes-vous arrivés jusqu'ici ?

— À cause du missel. Celui sur lequel vous aviez recopié des citations d'Elizabeth Browning.

— Ah oui, ce missel. Je l'avais offert à John le jour où nous avions décidé de nous marier.

— Malheureusement, Suzy l'a découvert et elle a compris d'un seul coup que John lui était infidèle. Les citations d'Elizabeth Browning lui ont donné en même temps le nom de sa rivale : vous.

— Je me suis toujours demandé ce qui était arrivé à cette pauvre Suzy pour qu'elle disparaisse ainsi du jour au lendemain sans laisser d'adresse.

— Elle est montée un soir jusqu'à la grotte de Sunhill pour essayer de reconquérir John. Mais il avait déjà décidé de se débarrasser de la pauvre bossue pour vous épouser.

— Il l'a tuée ?

— À coups de marteau sur le crâne. Bizarrement il a frappé de la main gauche.

— Seigneur, c'est vrai ! Quelques jours auparavant il s'était blessé à la main droite avec un ciseau à froid qui a glissé. Même que le jour de notre mariage...

— ... il a signé le registre de la main gauche. Nous savons tout ça. Ça aurait pu égarer nos recherches...

En définitive Penelope Baddlock, trois ans plus tard, obtient des nouvelles de son cher bûcheron de l'Oregon. Sous le nom de Willy Ford, il vient d'assassiner une autre jeune femme, elle aussi enceinte de ses œuvres. Identifié grâce à ses empreintes digitales, il se suicide dans sa cellule en laissant un mot : « C'est plus fort que moi ! Pourquoi faut-il que je les tue toutes ? »

L'enveloppe

De l'argent. Rien ne fonctionne en ce monde sans argent. Sandrine Besnin n'en a pas beaucoup, elle gagne par mois juste de quoi payer le loyer de l'appartement où elle vit avec sa mère, leur nourriture à toutes les deux, et ce qui reste n'est pas du superflu. Sandrine est employée avec son seau, sa serpillière et son balai dans un grand hôpital de province. On dit maintenant technicienne de surface. L'appellation nouvelle n'a rien changé à sa feuille de paie. Elle est brave, Sandrine, trop brave, d'une naïveté dont on sait bien autour d'elle qu'il s'agit de simplicité d'esprit. Comment dit-on cela en langage moderne ? Dans le Midi, on a résolu ce problème de vocabulaire : pour son village, Sandrine était « la ravie ». Pas futée mais pas méchante pour un sou, une scolarité très limitée, un peu tête en l'air, capable tout de même d'assumer son existence. Et même celle de sa vieille mère.

Sandrine a vingt-cinq ans. Aucun homme dans sa vie. Et voilà qu'en passant dans le couloir de l'hôpital, elle croise un malade qui lui sourit. Un malade de passage dans le service pour une intervention bénigne. Cet homme-là ne sait pas que son sourire va déclencher une série d'événements complètement fous.

Aucun homme ne sourit à Sandrine. Aucun homme jeune et beau en tout cas. Aucun homme susceptible de faire naître en elle l'espoir d'être une femme comme les autres, de se marier, de s'appeler Mme Unetelle, d'avoir des enfants. Lorsqu'on a été comme elle cataloguée simple d'esprit dès l'école, les hommes vous regardent différemment.

Celui-là a souri par gentillesse, peut-être parce qu'en passant il dérangeait la serpillière de Sandrine. Il a souri en pensant à autre chose, et il a regagné sa chambre d'hôpital. Sandrine l'a suivi des yeux, puis de la serpillière, jusqu'à la porte. Et le lendemain elle est revenue dans le même couloir passer la même serpillière devant la même porte. Ce petit jeu a duré quelques jours, le temps pour le patient de se trouver guéri et de disparaître. Un matin il n'y avait plus personne dans la chambre, rien qu'un autre malade anonyme, sans intérêt, qui ne souriait pas à Sandrine.

Ceci est le début de l'histoire. Des années vont passer. Sept ans. Jusqu'au 14 novembre 1961. Ce jour-là, Sandrine sort de chez elle pour aller travailler, en laissant sa mère à la maison comme d'habitude. Elle ne travaille plus dans un hôpital mais dans un immeuble d'assurances où elle occupe toujours le même emploi de femme de ménage. Il est six heures du matin, le gardien lui ouvre, elle va prendre son matériel dans un cagibi, accroche son manteau, range son parapluie et se met au travail. À huit heures, les locaux doivent être propres.

Puis, Sandrine enchaîne en assurant le même travail dans la villa d'un particulier. Ensuite elle retourne dans son quartier préparer le déjeuner de sa mère. Sa vaisselle faite, elle repart pour cette fois nettoyer la salle d'attente d'un vétérinaire avant la reprise de ses consultations à quinze heures. Et ensuite elle est libre. Il est donc environ quinze heures lorsqu'elle traverse la rue au coin de chez elle.

Il pleut finement, un brouillard léger a plombé la ville. Elle marche tête baissée sous son parapluie. C'est au moment où les passants entendent le coup de frein que Sandrine relève la tête.

Trop tard. La voiture a dérapé dans le virage et la heurte de plein fouet.

Un attroupement se forme aussitôt; le conducteur, choqué, est pris à partie immédiatement. C'est vrai qu'il roulait trop vite sous le crachin, vrai aussi que cette femme a traversé hors des clous et sans regarder autour d'elle. Sandrine est morte sur le coup. Par terre, son sac, le parapluie, et dans sa main serrée une enveloppe brune.

La police établit le constat, l'ambulance emmène le corps, et les papiers de la victime sont examinés au commissariat. Un inspecteur va prévenir la mère de Sandrine à l'adresse indiquée sur la carte d'identité. Il tombe sur une femme âgée, légèrement impotente, vivant dans un appartement minuscule et pauvrement meublé. Il remet à Mme Besnin les affaires personnelles de sa fille.

Elle regarde l'enveloppe, l'ouvre et en sort d'abord de l'argent. Les larmes aux yeux, elle fait une réflexion bizarre :

— Ça ne servira plus à rien maintenant, elle n'a pas eu le temps de la lui apporter cette semaine.

Machinalement, elle secoue l'enveloppe sur la table, libérant des choses hétéroclites, que l'inspecteur contemple étonné. Des grains de café, du gros sel, des allumettes. Mme Besnin les étale, les compte du doigt tristement, les remet dans l'enveloppe et demande en regardant l'inspecteur :

— Je devrais peut-être aller les porter à sa place, on ne sait jamais.

— De quoi s'agit-il, madame ? Les porter à qui ?

— C'est pour le mauvais sort. Et pour son fiancé. Mme Sophie s'en occupe.

— Mme Sophie qui ?

— Je ne sais pas. Elle habite au coin de la rue, de l'autre côté, juste en face du café. Sandrine allait chez elle aujourd'hui, elle avait préparé l'enveloppe ce matin.

— Et que fait cette Mme Sophie ?

— Elle s'occupe du mauvais sort.

L'inspecteur flaire quelque chose d'anormal. Les conjureuses de mauvais sort à qui on apporte de l'argent dans une enveloppe, il n'aime pas.

— Vous permettez que je garde l'enveloppe ?

— Il faudrait la lui apporter, monsieur. Sandrine est morte, vous voyez, le mauvais sort continue, pourtant on a fait tout ce qu'elle disait...

— Je m'en charge. Gardez cet argent...

— Il ne faut pas. Il faut qu'il y ait l'argent, vous comprenez. Moi je ne peux pas vous expliquer, je ne suis pas maligne avec ces choses-là, mais Sandrine savait, elle.

— Elle a apporté beaucoup d'enveloppes chez cette dame Sophie ?

— Il y a longtemps qu'elle le fait. C'est depuis qu'elle a trouvé un fiancé, elle avait vingt-cinq ans.

L'inspecteur fait rapidement le compte, Sandrine aurait eu trente-deux ans si elle n'était pas passée sous les roues de cette voiture.

— Dites-moi, madame Besnin, c'était toujours la même somme dans l'enveloppe ?

— Oh ! non, des fois plus, des fois moins, on a du mal à faire des économies, vous savez... Sandrine aurait bien voulu faire mieux, mais vous savez ce que c'est, il faut manger... Mais il fallait toujours treize billets. Vous voyez ? Il y a treize billets de cinquante francs.

L'inspecteur regarde maintenant le contenu bizarre de l'enveloppe, il compte les grains de café, treize grains de café... Il compte les grains de gros sel, treize... et treize allumettes aussi...

— Racontez-moi, madame Besnin.

— Sandrine a rencontré un garçon, elle aurait bien voulu se marier avec lui, il était à l'hôpital quand elle y travaillait, alors elle a raconté ça à une voisine, Mme Sophie. Mme Sophie a dit qu'elle allait l'aider. Parce qu'il y a un mauvais sort chez nous, ici dans l'appartement, et un mauvais sort pour le garçon aussi. C'est pour cela qu'il ne peut pas venir chez nous. Mme Sophie a dit qu'il vivait en Italie et que Sandrine devait lui envoyer des lettres. Pour les cadeaux il fallait mettre l'argent dans l'enveloppe, avec le café, le sel et les allumettes, et donner l'enveloppe à Mme Sophie. Elle l'enferme dans un coffre pendant treize jours ensuite elle rend l'enveloppe à Sandrine, et nous devons la brûler. Il faut la brûler en la tenant en l'air dans la main, ramasser les cendres et les mettre sous l'oreiller. On peut aussi les mettre dans le soutien-gorge. Pour que le mauvais sort s'en aille et que Sandrine puisse voir son fiancé.

— Elle l'a déjà vu ce fiancé ?

— Elle l'a manqué de peu. Oh ! oui, plusieurs fois elle est arrivée trop tard, c'est dommage. Mme Sophie lui a dit qu'il venait juste de partir.

— Et l'argent, madame Besnin ? Je suppose qu'il n'est plus dans l'enveloppe lorsque vous la faites brûler ?

— Bien sûr que non ! Il est parti en Italie.

— Et comment cela ?

— Je ne sais pas. C'est Mme Sophie qui s'en occupe, c'est de la magie très spéciale, vous comprenez ? Pendant que l'enveloppe est dans le coffre de Mme Sophie, il est à l'abri du mauvais sort, et il s'envole, il va retrouver le fiancé de Sandrine, il se transforme en cadeaux. Il a reçu beaucoup de cadeaux, il a dit à Mme Sophie qu'il était très heureux et qu'il attendait avec impatience de se marier avec elle.

— Vous le connaissez ce fiancé ? Vous l'avez vu ?

— Pas encore. Sandrine l'a vu à l'hôpital, et puis il a dû retourner chez lui, on ne savait pas où il habitait bien sûr, mais Mme Sophie le sait, il est en Italie... Il vient voir Mme Sophie, puisqu'il ne peut pas venir chez nous. Il va être très malheureux...

L'inspecteur a compris. Qui n'aurait pas compris ? Alors il rend l'argent à Mme Besnin et lui explique patiemment qu'elle ne doit pas brûler cette enveloppe, qu'il va la garder et aller voir lui-même cette Mme Sophie.

— Et le mauvais sort ?

— Je m'en occupe aussi, madame, n'ayez pas peur.

Comment expliquer à cette femme, si naïve et si simple d'esprit — comme sa fille —, qu'elle s'est fait escroquer ?

L'inspecteur prend l'enveloppe, il fait signer à Mme Besnin une décharge de remise de pièce à conviction, à laquelle elle ne comprend rien. Mais elle a confiance en tout le monde et, pour une fois, cette confiance est bien placée.

L'inspecteur se rend à l'adresse indiquée, au coin de la rue, en face du café. C'est là que Sandrine a traversé pour la dernière fois, avec sa dernière enveloppe contre le mauvais sort. Étrange tout de même, car il y a fort à parier que, sans cela, la police n'aurait jamais eu en main la preuve de l'escroquerie. L'immeuble est vétuste, aucune plaque sur la porte signalant qu'ici sévit une « déjoueuse de mauvais sort ». L'inspecteur demande à la gardienne de lui indiquer l'appartement de Mme Sophie, en faisant mine d'avoir oublié le nom de famille.

— Mme Fidelli ? La couturière ? Cinquième droite.

— Elle est couturière ? Vous êtes sûre ?

— Si vous êtes client, vous le savez mieux que moi...

— Pas client... inspecteur de police.

Devant la carte officielle que lui présente le visiteur, la gardienne change de ton.

— Je ne me mêle pas de la vie des gens de l'immeuble, mais une couturière en chambre avec son allure, si vous voyez ce que je veux dire... mais je ne vous ai rien dit moi, d'abord on n'a aucune preuve.

— Vous avez vu cette femme venir chez elle ?

Devant la photographie de Sandrine, la concierge n'hésite pas.

— C'est la femme de l'accident ? Évidemment, elle lui faisait du ménage, je l'ai vue monter souvent. Elle disait toujours bonjour poliment, pas du tout le genre de l'autre... l'air un peu... enfin pas très futée...

Au cinquième étage droite, une porte ornée d'une carte de visite indiquant « Sophie Couture ». L'inspecteur sonne. Une femme d'une trentaine d'années lui ouvre avec méfiance. Arrogante dès qu'on lui demande si elle connaît Sandrine Besnin. Devant l'enveloppe « magique », elle nie l'évidence avec culot :

— J'y suis pour rien moi, elle voulait que je lui fasse rencontrer ce type !

Finalement elle reconnaîtra les faits. À la première confidence de Sandrine sur ce garçon qu'elle avait à peine vu à l'hôpital, Mme Sophie a sauté sur l'occasion. L'homme était reparti, replongeant dans l'anonymat, mais elle lui trouva une nationalité à l'étranger, c'était plus pratique ; puis elle inventa le mauvais sort qui empêchait que les deux amoureux se rencontrent. Plus de vingt fois en sept ans, Sandrine a raté ainsi son rendez-vous avec l'amour et le mariage. Il venait de sortir, il était par ici, puis par là. Un jour prochain... à condition que l'enveloppe arrive régulièrement, tout s'arrangerait, et l'on célébrerait le mariage. À partir du témoignage de la mère de Sandrine, l'enquête a reconstitué la somme ainsi escroquée. Environ un million d'anciens francs, une fortune pour Sandrine, qui se privait très souvent du nécessaire, afin de réunir les treize billets. Et comble de l'exploitation, Sandrine faisait le ménage chez la fausse sorcière, gratuitement et de fond en comble, une fois par semaine.

Mme Sophie exerçait par ailleurs ses talents dans un autre domaine. Sophie Couture... recevait des amants payants, qui n'avaient d'autre besoin que d'enlever leur costume. Pas de machine à coudre chez elle. Juste un carnet rempli de numéros de téléphone. Et accessoirement une boule de cristal, un jeu de tarot, un accoutrement style Gitane de pacotille, histoire d'écumer le portefeuille d'autres gogos.

Entre la prostitution, la cartomancie et la sorcellerie de bazar, le revenu de Mme Sophie était beaucoup moins médiocre que celui de sa victime préférée, venue mourir au coin de sa rue avec sa dernière obole à la main.

Et vous savez quoi ? Coupable d'escroquerie, cette femme sans scrupule a droit à l'anonymat que nous avons respecté. À part les treize grains de café, de sel, les treize allumettes et les treize billets dans une enveloppe. Si donc on vous demande un jour d'accomplir un rite de ce genre, et Dieu sait qu'il en fleurit tous les jours, versez directement l'argent aux œuvres de la police, et le reste à la poubelle.

Le réparateur de téléphone

— Que voulez-vous, monsieur ?

Judith Gaskell vient d'ouvrir la porte et reste un instant hésitante... Elle est habillée avec élégance d'une robe droite mi-longue ornée d'un collier de perles : la dernière mode en cette année 1934. Elle porte les cheveux bruns coiffés court, « à la garçonne », ce qui ne l'empêche pas d'être très féminine et même ravissante.

En face d'elle, dans l'encadrement de la porte, un jeune homme blond, vêtu d'un costume bleu marine qui a de vagues allures d'uniforme. Il semble aussi emprunté qu'elle est à l'aise.

— Vous désirez, jeune homme ?

Le jeune homme dévisage l'apparition qui est devant lui. Il ravale sa salive et prononce d'une voix chevrotante :

— Je suis... le réparateur du téléphone.

Judith Gaskell éclate de rire.

— Ah ! Le téléphone ! Bien sûr, le téléphone... Entrez, jeune homme. J'avais complètement oublié.

Et tout aussitôt, elle se met à éclater en sanglots.

— Il y a quelque chose qui ne va pas ?

— Non, tout va bien, jeune homme ! Mon mari vient de me quitter pour une autre, mais cela ne fait rien... Entrez, je vous en prie...

Spencer Higgins s'avance dans le décor luxueux d'un appartement bourgeois. Judith Gaskell se laisse tomber sur le canapé. Elle pleure toujours. Totalement décontenancé, il explore les lieux du regard.

— Est-ce que... vous pouvez me dire... pour le téléphone ?

— Asseyez-vous.
— Pardon, madame ?
— Asseyez-vous ici, près de moi... Quel est votre prénom ?
— Richard... Mais mes amis m'appellent Dicky.
— Embrassez-moi, Dicky !
Pris d'une impulsion irrésistible, le jeune homme se jette sur elle et il s'ensuit une étreinte passionnée qui dure un long moment.
C'est alors que toutes les lumières s'éteignent, tandis que retentit un grondement assourdissant... Des bravos éclatent de toute part dans le théâtre de l'Empire à Boston, où l'on donne, ce 16 mai 1934, une représentation de la pièce alors en vogue *La Vie mondaine*, avec, en grande vedette, la célèbre actrice Judith Gaskell.
Tout cela n'était donc que du théâtre, mais la suite ne l'est pas.

Le rideau vient de tomber... Le deuxième acte est terminé. Judith Gaskell adresse un sourire à son jeune partenaire, Spencer Higgins, qui a été engagé il y a un mois à peine pour tenir le petit rôle du réparateur de téléphone.
— C'est très bien, Spencer. Vous sentez parfaitement votre personnage. Vous avez beaucoup de conviction, beaucoup de fougue.
Spencer Higgins a un sourire timide.
— C'est grâce à vous... Est-ce que vous me permettez de vous voir dans votre loge après le spectacle ?
— Vous avez quelque chose à me dire ? Dites-le !
— Non. Je préférerais dans votre loge.
— Eh bien, d'accord. À tout à l'heure...
Dans le lointain, on entend les applaudissements du théâtre de l'Empire qui saluent la fin du spectacle... Après s'être inclinée une dernière fois, Judith Gaskell quitte la troupe et gagne sa loge. À peine arrivée, elle se défait de sa perruque et enlève ses faux cils. C'est alors qu'un toussotement dans son dos la fait se retourner. C'est Spencer Higgins : elle l'avait complètement oublié !
— Dites-moi ce que vous avez à me dire. Je suis malheureusement pressée.

Il y a un court silence et puis la voix étranglée de Spencer résonne dans la loge.

— Je vous aime !

De nouveau un silence, suivi d'un petit rire crispé de Judith.

— Je vous en prie. Spencer, ici, nous ne sommes plus sur scène. Soyez sérieux.

Du coup, le jeune homme se jette à ses genoux.

— Mais je suis sérieux ! De ma vie je n'ai été plus sérieux...

Et, devant Judith abasourdie, Spencer Higgins se lance dans une tirade enflammée. Judith Gaskell l'interrompt gentiment :

— Cela suffit, Spencer...

Mais Spencer n'écoute pas. Il poursuit ses déclarations enflammées. Malgré les injonctions de plus en plus pressantes de sa partenaire, il redouble de fougue. Cette fois, c'en est trop ! Judith Gaskell se fâche.

— Tant pis pour vous ! Il y a des limites à ne pas dépasser ! Je n'ai pas l'habitude de me laisser ennuyer.

— Mais Judith...

— Ne m'appelez pas Judith. Cherchez-vous un autre rôle car, pour ce qui est de celui-là, vous pouvez y renoncer...

— Vous n'allez pas faire cela ?

— Si !

— Mais Judith...

— Sortez, ou j'appelle !

26 mai 1934. Dix jours ont passé depuis la soirée où Spencer Higgins a déclaré sa flamme à Judith Gaskell. Ce n'était pas de sa part un jeu ou une démarche inspirée par un quelconque intérêt. Depuis toujours, il voue une admiration sans borne à la brillante actrice. Lorsqu'il est devenu acteur luimême, il n'aurait jamais pensé être amené à jouer avec elle. Et voilà que, par le hasard des circonstances — un acteur tombant malade au cours de la série de représentations à Boston —, le miracle s'est accompli : il a été choisi pour jouer avec Judith Gaskell. Et dans quel rôle ! Une scène d'amour ! C'en était trop, Spencer Higgins a succombé. Il a été instantanément sous le charme...

Dix jours après, il l'est encore. C'est en spectateur qu'il assiste, dans le théâtre de l'Empire, tout au fond de l'orchestre, à une représentation de *La Vie mondaine*... Le second acte est sur le point de se terminer. La vedette, au cours d'une scène dramatique, vient de se disputer avec son mari qui lui a avoué qu'il avait une maîtresse... Elle s'effondre en larmes sur le canapé lorsqu'on sonne à la porte. Elle va ouvrir... Un jeune comédien, vêtu d'un vague uniforme bleu, paraît dans l'encadrement. Spencer Higgins ne peut s'empêcher de remarquer à quel point il a l'air emprunté dans son costume. Et son physique! Comment est-ce que la salle ne se met-elle pas à siffler d'un seul élan? Il est ridicule, tout bonnement ridicule! Et sa réplique? Il l'a oubliée, sa réplique?

— Je suis... le... réparateur du téléphone...

Jamais on n'a joué plus faux! Pourtant, Judith n'a pas l'air de s'en apercevoir. Elle enchaîne :

— Ah! Le téléphone! Bien sûr, le téléphone! Entrez, jeune homme... J'avais complètement oublié.

Et toute la suite de la scène se déroule jusqu'à l'étreinte finale... Spencer Higgins n'attend pas que le rideau tombe. Il se met à siffler d'une manière stridente comme le font les marins, les deux doigts dans la bouche... Autour de lui, il y a des cris de réprobation, vite couverts par des bravos unanimes.

Bousculant ses voisins, Spencer Higgins quitte son siège, tout en grinçant entre les dents :

— Ah! C'est comme ça! C'est comme ça!

En cet instant précis, il vient de découvrir un sentiment qu'il ignorait jusqu'à présent : la haine, une haine absolue, si forte qu'elle le fait trembler; une haine qui ne pourra être apaisée que par un acte extraordinaire...

27 mai 1934. Spencer Higgins n'a pas attendu plus d'une journée pour mettre son projet à exécution... Encore une fois, il a assisté à la représentation. Et, à la fin de la pièce, il se précipite dans les coulisses. Il entre sans frapper dans la loge de Judith Gaskell. Celle-ci se retourne, a un sursaut.

— Qu'est-ce que vous faites là?

Le jeune homme ne répond pas. Il parcourt la pièce du regard, cherchant quelque chose de précis. Voilà. Il a trouvé! Il bondit!

L'instant d'après, il tient le sac à main de Judith. Celle-ci se lève et va dans sa direction.

— Vous êtes devenu fou?

Non, Spencer Higgins n'est pas devenu fou, du moins pas au sens où l'entend Judith. Ce qu'il fait est parfaitement cohérent, s'inscrit dans un plan dont il a mille fois ressassé les détails. Dans le sac à main de Judith, il trouve son mouchoir parfumé. Il le prend entre le pouce et l'index et extrait de cette manière un petit revolver à crosse de nacre... Il le pointe vers l'actrice qui recule.

— C'est vous-même qui m'avez montré votre revolver, Judith. Vous ne vous souvenez pas? Vous m'avez dit : « J'ai peur d'être attaquée. Il ne me quitte jamais »... C'était il y a un mois quand nous jouions ensemble. C'est loin déjà!

— Qu'est-ce que vous voulez?

— Rien... Approchez-vous... Voilà... plus près encore...

— Vous êtes ignoble!

Judith Gaskell sent son ancien partenaire se plaquer contre elle. Mais la suite n'est pas du tout celle qu'elle imaginait. Avec des gestes d'une rapidité incroyable, il lui a pris la main droite tandis qu'il lui mettait le revolver dans la paume et, appuyant à travers le mouchoir, il presse la détente... Le coup part... L'instant d'après, il est à terre, râlant, dans une mare de sang. La porte s'ouvre avec fracas. Plusieurs personnes font irruption : des acteurs, le régisseur, le pompier de service... Judith Gaskell, hébétée, tient le revolver encore fumant à la main.

— Qu'est-ce qui s'est passé?

— Je ne sais pas... C'est lui...

Spencer Higgins se dresse avec effort sur un coude.

— Judith... Pourquoi avez-vous fait cela?

Et il retombe, la tête en arrière, tandis qu'un flot de sang lui monte à la bouche... La panique est complète. Ce sont des cris, une bousculade générale. Un médecin vient peu après constater le décès de Spencer et, un peu plus tard encore, deux policiers arrêtent Judith...

L'inspecteur Murphy est très impressionné d'avoir à mener l'enquête concernant la ravissante et célèbre Judith Gaskell, mais il est également passablement irrité de son attitude.

— Voyons, mademoiselle Gaskell, ce n'est pas sérieux! Vous dites que Spencer Higgins se serait suicidé. Pourquoi maintenir une telle version?

— Il m'a mis le revolver dans la main et il a appuyé. Je n'ai rien pu faire pour l'en empêcher.

— Dans ce cas, pourquoi n'a-t-on retrouvé sur le revolver que vos empreintes et pas les siennes ?

— Parce qu'il le tenait avec mon mouchoir et qu'il a pressé la détente à travers le mouchoir.

— Et pourquoi ce malheureux garçon aurait-il imaginé tout cela ?

— Par haine de moi. Il m'avait fait des avances et je l'avais repoussé. Il devait être un peu exalté, pas très équilibré.

— Mademoiselle Gaskell... Encore une fois, soyez raisonnable ! Qu'il ait été amoureux de vous, cela semble évident, mais avouez donc la vérité : il est entré à l'improviste dans votre loge. Il s'est jeté sur vous. Vous avez pu vous saisir de votre sac et, dans un réflexe, vous avez tiré...

— Ce n'est pas vrai !

— Il l'a dit lui-même avant de mourir... Je vous assure que votre intérêt est de confirmer cette version. Vous avez tiré en état de légitime défense...

Effectivement, l'intérêt de Judith Gaskell est de plaider la légitime défense. Son avocat, un des plus célèbres et des plus chers de Boston, le lui confirme avec la plus grande énergie.

— Dites que vous vous êtes défendue d'une agression sexuelle ! Cet individu était un obsédé dangereux.

— Ce n'est pas vrai. C'était un pauvre garçon un peu fou.

— Je ne veux pas le savoir. Dites ce que je vous dis et n'importe quel jury vous acquittera !

Et c'est en définitive cette version que Judith Gaskell présente devant ses juges, lorsqu'elle passe devant le tribunal de Boston, le 12 janvier 1935... L'avocat avait raison : la thèse de la légitime défense était susceptible de l'emporter devant n'importe quel jury. Et c'est à l'unanimité que Judith Gaskell est acquittée.

Elle sort du tribunal, portée en triomphe, au milieu des vivats et des éclairs de magnésium. Elle disparaît peu après dans une énorme limousine aux vitres teintées dont l'occupant est invisible de l'extérieur...

À partir de ce moment, contrairement à ce qu'avait cherché, en se suicidant, le malheureux Spencer Higgins, la carrière déjà brillante de Judith Gaskell a connu un nouvel élan... Judith Gaskell, qui figurerait sans doute parmi les gloires du cinéma américain si un stupide accident d'auto ne lui avait coûté la vie un an plus tard. Le destin, encore une fois...

Paradis perdant

— Sonia, vous êtes la femme qu'il me faudrait. Ah, si vous étiez libre, ce que nous pourrions construire ensemble... Partir loin, pour toujours, seuls tous les deux. Créer un nouveau paradis, loin de tout, vivre à l'état de nature comme Adam et Ève. Ne rendre de compte à personne...

En écoutant le docteur Wilhelm Bossen, Sonia Krantz se sent tout émue. Pourtant elle n'a plus depuis longtemps l'âge des aventures. Si Wilhelm Bossen envisage de faire de Sonia la nouvelle Ève d'un paradis lointain, elle ne peut absolument pas espérer devenir la mère d'une humanité nouvelle. À son âge les carottes sont cuites.

— Wilhelm, cher Wilhelm, tout ce que vous voudrez. Mais que ferons-nous d'Hildegarde et de Kaspar ?

Intéressante question : Hildegarde est l'épouse du docteur Wilhelm Bossen, une petite bonne femme qui adore préparer de la bonne cuisine berlinoise. Absolument pas le genre avec qui l'on rêve de partir sur une île déserte. Et Kaspar, lui, est l'époux de Sonia, un ingénieur bedonnant qui ne se passionne que pour deux choses : les concours d'échecs et la pêche à la ligne.

— Hildegarde et Kaspar ? Je vais trouver une solution.

— Oui, mon amour, je vous fais confiance. Nous ne pourrons jamais les décider à nous accompagner.

— Nous accompagner ? Et pour quoi faire ? Si je veux vous emmener au bout du monde, chère Sonia, c'est justement pour les oublier. Définitivement.

— Ah, être seule avec vous, Wilhelm. Où ça déjà ? Comment se nomme votre île paradisiaque ?

— Navidad, dans l'archipel des îles Mederos. Les tortues géantes, la mer bleue et pure. Le soleil sur nos corps nus et bronzés. Des nuits d'amour dans une hutte de palme...

— Effectivement, Hildegarde et Kaspar ne sont pas faits pour ce genre de vie.

— Et si nous leur proposions de vivre ensemble?

— Hildegarde et Kaspar? Ensemble. Mais comment?

— Voilà, nous nous réunissons et nous discutons librement de la situation. Vous et moi, Sonia, sommes des êtres faits pour l'aventure. Eux non. Vous m'accompagnez à Navidad et nous consacrons tout notre temps à une vie faite de soleil et de philosophie. Kaspar reste seul, sans personne pour tenir sa maison. Je propose à Hildegarde, mon épouse, de devenir, pendant notre absence, la gouvernante de Kaspar Krantz, votre mari. Avec un contrat en bonne et due forme, un salaire, logée et nourrie. Tout ce dont rêve Hildegarde, c'est de tenir un ménage et d'avoir des armoires pleines de linge.

Bizarrement les choses se passent exactement comme prévu. Hildegarde ne soulève aucune objection et Kaspar non plus.

Quelques semaines plus tard, un caboteur équatorien débarque Wilhelm et Sonia, avec armes et bagages, sur l'île déserte de Navidad, au large des côtes pacifiques de l'Équateur.

— Pour les premiers jours nous allons bivouaquer dans une grotte, décide Wilhelm. Le temps de construire une cabane.

— Tout ce que vous voudrez, mon amour!

— Tenez, ma chérie, ouvrez les caisses et essayez de nous établir un petit campement agréable dans cet abri sous la roche.

Sonia découvre que la grotte est peuplée de chauves-souris qui ont une fâcheuse tendance à venir frôler ses cheveux. Wilhelm, de son côté, s'est mis à l'ombre pour se plonger dans la lecture de son auteur favori : Friedrich Nietzsche.

Le lendemain, après le soleil brûlant, c'est un crachin glacé et un brouillard à couper au couteau qui s'abattent sur l'île. Sonia et Wilhelm en profitent pour remplir quelques bidons d'eau douce. Cette pluie qui s'accumule dans des creux de rocher explique que des animaux réussissent à y prospérer malgré le manque total de sources. Sonia ne voyait pas les choses comme ça :

— Wilhelm, si je peux me permettre, je dois avouer que j'imaginais Navidad autrement. Je me figurais une flore abondante, des palmiers, des fruits tropicaux, des plages de rêve. Ces rochers pointus grouillants d'iguanes, cette mer toujours furieuse et infestée de requins, ce soleil de plomb qui dessèche tout ! Et ces moustiques qui prolifèrent quand il pleut !

— Ma chère, vous verrez que vous vous y ferez. Regardez là-haut, ce troupeau de vaches sauvages. Ce sont des pirates qui les ont abandonnées au XVIIIe siècle et vous voyez qu'elles s'y sont très bien faites.

— Je sais, les vaches, les sangliers et même des ânes. Mais je ne suis pas une vache sauvage.

— Qu'est-ce qu'il y a pour dîner, ce soir ?

— Du sanglier. Ça en fait toujours un de moins à dévaster tout ce que j'essaie de planter, aussi bien mon potager que mes fleurs.

— Mais personne n'a besoin de fleurs, ma chère.

Wilhelm est une fois de plus interrompu par un déluge qui tombe du ciel. Encore cette pluie drue et froide qui oblige la nouvelle Ève et son nouvel Adam à se réfugier dans leur grotte. Wilhelm, plongé dans Nietzsche, n'a pas encore trouvé, depuis six mois, le temps de construire la cabane qu'il avait promis d'édifier pour y loger ses amours.

D'ailleurs, à propos d'amour, Sonia déchante : depuis qu'elle est arrivée à Navidad, Wilhelm, qui était si séduisant et charmeur à Berlin, a changé du tout au tout.

— Chéri, vous pourriez peut-être vous raser un peu... Vous laver. Voilà plus de quinze jours...

Pour toute réponse le charmant Wilhelm Bossen décoche à Sonia Krantz un coup de pied bien placé qui la laisse ébahie :

— Wilhelm ! Ce n'est pas possible ! Que vous arrive-t-il ?

Bossen répond par une citation de Nietzsche :

— Le châtiment est fait pour améliorer celui qui châtie !

Sonia se dit que si elle avait su... Mais à présent qu'elle est là, il lui faut prendre son mal en patience. Peut-être qu'elle aussi finira par trouver le bonheur dans les préceptes du génial Nietzsche. Wilhelm, lui, évolue :

— Sonia, dorénavant vous ne me servirez plus que des repas végétariens. C'est la seule philosophie qui permette d'accéder au bonheur.

— Comme vous voudrez.

— Et, ma chère Sonia, vous me prêterez votre dentier, j'ai perdu le mien ce matin et je ne le retrouve plus nulle part.

C'est à des petits détails semblables que le nouvel Adam et son Ève réalisent qu'ils ne sont plus de la première fraîcheur.

— Wilhelm, le bateau !

— Faites-vous belle, il faut que les visiteurs comprennent que nous sommes parfaitement heureux.

Quand l'équipage descend à terre, Sonia et Wilhelm les accueillent aimablement.

— Tout va bien ?

— Nous nageons dans le bonheur.

Sonia évite de trop sourire : c'est Wilhelm qui a le dentier. Cette image de félicité se retrouve au bout de quelques mois dans toute la presse européenne. Et c'est ainsi qu'une famille, une vraie, les Mullberg, débarque à son tour à Navidad. Le père, Fritz, aux allures de bûcheron, la mère, Agatha, qui attend un heureux événement, et le fils, Gaspard, qui vient d'avoir quatorze ans. Eux aussi veulent s'installer au paradis, loin du nazisme naissant.

— Bonjour, je suis Sonia Krantz, je suis vraiment heureuse d'avoir un peu de compagnie. Les visites sont si rares ici.

— C'est tout à fait ce qu'il nous faut. À votre avis, où pourrions-nous nous installer ?

— Il y a toute la place que vous voulez. Wilhelm ! Où les Mullberg pourraient-ils constuire leur maison ?

— Où ça leur chante ! Le plus loin sera le mieux !

Les Mullberg, pas du tout découragés par le philosophe, se mettent à l'ouvrage et leur installation fait bientôt rêver Sonia... Les mois passent jusqu'au jour où :

— Venez vite, voilà le bateau du courrier !

Sonia, Wilhelm et les Mullberg voient débarquer du caboteur équatorien, en plus du courrier d'Europe, quelques personnes et des caisses de matériel. Puis le bateau lève l'ancre, laissant sur le rivage une femme et deux hommes :

— Bonjour, je suis la comtesse Mazovia. Je suis de Prague. Et voici Vania et Sigurt, mes... secrétaires. J'ai lu le récit de votre installation et je viens moi aussi partager votre paradis... et l'organiser un peu.

Très vite la comtesse Mazovia fait part de ses projets :

— J'ai l'intention de bâtir à Navidad un hôtel très confortable : dès qu'il sera prêt, je ferai de la publicité en Europe et en Amérique. J'aurai toute la clientèle des milliardaires... Ils sont tellement friands de paradis sauvages et authentiques. Et ici, il faut l'avouer, c'est l'idéal, le bout du monde.

Wilhelm et les Mullberg ne sont que moyennement ravis de ces nouvelles. Si la comtesse construit un hôtel, c'en est fini de leur isolement... Déjà Vania et Sigurt, deux grands gaillards, ouvrent de nombreuses et énormes caisses de bois. Ils en sortent des éléments préfabriqués et construisent une sorte de cabane à structure métallique.

La comtesse déclare :

— Voilà, c'est le début de la « Casa Mazovia ». Vous savez, j'ai certains moyens. Si je viens vivre ici, c'est que je suis blasée. Telle que vous me voyez, j'ai connu la gloire comme danseuse étoile au théâtre du Bolchoï. Puis j'ai épousé un comte hongrois et nous nous sommes installés à Paris. Proust, Anna de Noailles étaient mes amis intimes, et le grand-duc Vladimir s'est ruiné pour avoir le privilège d'admirer mes seins.

D'un geste large la comtesse dévoile ladite poitrine qui, à voir ce qu'il en reste, a dû faire frémir Pierre le Grand ou même Ivan le Terrible. La comtesse change soudain de sujet et, frappant sa cravache sur ses bottes, s'écrie :

— Vania, ne vous fatiguez pas trop, j'ai besoin de vous cette nuit.

Sonia et les Mullberg ne savent pas ce qu'ils doivent comprendre.

Mais la comtesse se fait obéir. Non seulement elle règne sur les jours et les nuits de ses deux secrétaires, mais elle dévoile très vite ses intentions réelles :

— Je vais apporter la prospérité à Navidad mais j'entends que désormais tout le monde m'obéisse au doigt et à l'œil. Je serai la reine de l'île.

Les Mullberg haussent les épaules. Sigurt marmonne entre ses dents :

— Tant qu'elle ne me réquisitionne pas pour la nuit.

Sonia continue à servir d'esclave à Wilhelm. Mullberg essaie de faire pousser des haricots et son épouse étudie la recette d'une saucisse à l'allemande à base de vache sauvage, de sanglier et d'âne. La Casa Mazovia n'avance guère. Pourtant, avertis par on ne sait quelle mystérieuse publicité, des clients commencent à arriver. Des gens qui ont les moyens de parvenir jusqu'à l'île dans leurs yachts privés. Faute de pouvoir dormir dans le moindre hôtel ils vivent à bord. La comtesse, les seins à l'air, annonce :

— Ce soir je vais organiser une fête et je danserai pour nos hôtes.

Agatha Mullberg, de mauvaise humeur, fait une remarque :

— En tout cas, évitez de venir ensuite vous laver les pieds dans notre réserve d'eau potable, c'est avec ça que je prépare les biberons de ma fille.

Le soir même, tandis que le propriétaire du yacht, Werner Barton, millionnaire en dollars, joue du violoncelle depuis son navire, la comtesse Mazovia, éclairée par un feu de bois, danse sur la plage sous le regard des iguanes indifférents.

— Mon cher Wilhelm, comment avez-vous trouvé ma danse ? Si vous vouliez passer la soirée à la Casa Mazovia, j'aimerais danser rien que pour vous...

C'est à peu près vers cette époque que Sonia Krantz, sans doute fatiguée de préparer des repas végétariens à son philosophe nietzschéen, lui sert, pour dîner, une poule en ragoût. Le lendemain Wilhelm Bossen se sent mal. Mullberg et son épouse essaient en vain de le soigner mais très vite il s'avère qu'il ne reverra jamais Berlin ni Hildegarde. Il meurt avec une dernière parole, étonnante, pour Sonia qui l'a suivi au bout du monde :

— Je te maudis ! lui lance-t-il, avant de s'éteindre.

La comtesse, Vania, Sigurt, les Mullberg lui donnent une sépulture décente et la vie reprend son cours en attendant le prochain caboteur ou le prochain yacht. Le soleil brûlant alterne avec les pluies glacées. La colonie s'est agrandie d'un marin suédois, Arnim Kölin, qui a abandonné son dernier patron pour vivre sur l'île. Il est inséparable de Sigurt et tous les deux déambulent toute la journée. Ils ont de longues conversations mystérieuse. Un matin Sonia, désormais seule, s'inquiète du silence qui règne sur la Casa Mazovia :

— Agatha, Fritz, savez-vous où est la comtesse ? Je ne vois personne.

Les Mullberg au grand complet font le tour de l'île avec Sonia mais nulle part on ne trouve trace de la comtesse, pas plus que de ses deux secrétaires. Même le marin suédois n'est plus là.

— Regardez, la barque de pêche a disparu elle aussi...

Mullberg est vraiment contrarié. La barque était bien utile pour rapporter du poisson frais.

Quelques mois plus tard, un chalutier équatorien qui s'était arrêté à quelques milles de là, sur un îlot désert, fait une macabre découverte : deux squelettes humains, des hommes. On les rapporte à Navidad.

— Vous les reconnaissez ?

— Il me semble bien que ce sont Sigurt et Armin, le Suédois. Je reconnais Sigurt à sa dent en or et Armin à sa taille.

La police équatorienne a mieux à faire qu'essayer d'en savoir davantage. Ce sont les journalistes européens qui vont émettre des hypothèses sur ce qui s'est réellement passé. Sigurt et son ami suédois ont dû en avoir vraiment assez de la comtesse Mazovia, de sa cravache et de ses exigences diurnes et nocturnes. Ils ont sans doute réglé le problème à leur manière et jeté son corps à la mer, ainsi que celui de Vania, le secrétaire-amant. Puis ils ont décidé de quitter le paradis de Navidad. « Prenons la barque et essayons de gagner la côte de l'Équateur. » Mais les courants violents ont jeté la barque et les deux fugitifs sur un îlot désert et sans aucune source. Après avoir survécu tant bien que mal en buvant le sang de quelques iguanes, ils ont fini par mourir de soif.

Dégoûtée à jamais de la vie paradisiaque promise par Wilhelm Bossen, Sonia repart, grâce à l'obligeance du millionnaire au violoncelle, et se retrouve à Berlin.

Si elle n'avait pas accepté de suivre son philosophe épris de Nietzsche, celui-ci ne serait pas mort, empoisonné plus ou moins volontairement par un poulet avarié, la comtesse, ses deux secrétaires et le marin suédois sentimental seraient encore de ce monde — enfin, disons qu'ils auraient survécu quelques années de plus.

Les seuls qui ont prospéré dans cette affaire sont les Mullberg. Aujourd'hui ils en sont à la quatrième génération sur l'île et leur *Gasthaus* germanique régale les rares marins qui font escale avec des platées gargantuesques de haricots et de saucisses de vaches sauvages, de sangliers et d'ânes rouges.

Le bébé est une personne

L'homme marche dans le froid et le brouillard, torse nu, en jean et en baskets, le crâne rasé, la nuque basse, le bras gauche replié sur le paquet qu'il porte, un couteau dans la main droite. Des files de voitures le suivent. Dans la lumière des phares, on voit nettement se découper sur la bande d'arrêt d'urgence de l'autoroute la silhouette massive, les épaules musculeuses soulignées par le T-shirt fin qui colle aux pectoraux. Le soleil se lève avec réticence. Il est dix heures en ce matin de septembre, et les voitures roulent lentement, au rythme des pas de l'homme. Comme pour une cérémonie d'enterrement.

Dans ce cortège, des voitures de police. Toute la partie de l'autoroute sur laquelle l'homme avance seul et à pied vient d'être bouclée. Pour la plupart d'entre eux, les automobilistes pris par hasard dans cette étrange procession ignorent ce qui se passe.

C'est un kidnappeur. L'enfant qu'il porte est enveloppé dans une blouse blanche stérile. Le paquet est minuscule, à peine discernable, au creux de son bras. C'est un prématuré, né à sept mois et demi, brutalement arraché à sa couveuse, quatre heures plus tôt, par un fou. Ce fou est son propre père.

L'enfant est une petite fille. Elle respire depuis dix jours seulement hors du ventre de sa mère. Déjà à l'instant de sa naissance, elle était en danger. Tant de choses ne sont pas achevées, lorsqu'on vient au monde avant l'heure. Tout est si fragile. On nourrit par perfusion, on maintient en permanence la chaleur nécessaire, on injecte des médicaments, on manipule avec des gants, par crainte des virus et des microbes, bien plus puissants que ce petit être minuscule.

L'homme ne peut pas l'ignorer, puisqu'il l'a prise lui-même dans le service des prématurés d'une maternité du sud de la France. Il a lui-même ouvert la bulle de plastique, arraché lui-même les perfusions.

Il était six heures du matin, et les infirmières de garde l'ont découvert trop tard. Il était là, surgi de nulle part, planté devant le bébé. La scène s'est déroulée si vite qu'elles n'ont rien pu faire. Elles l'ont vu ôter sa blouse, plonger la main dans la couveuse, prendre l'enfant, l'envelopper dans le vêtement stérile, et se retourner vers elles :

— Laissez-moi partir avec ma fille...

Il a sorti un couteau de sa poche, et a ajouté :

— ... ou je la tue...

Une infirmière a tenté de discuter, d'expliquer le danger, elle a tendu les bras et supplié. Alors l'homme a posé le couteau sur le cou du tout petit bébé, il s'est avancé vers les femmes en blanc qui faisaient une barrière entre lui et la sortie.

— Elle est à moi ! Je l'emmène chez moi !

Il était venu avec des valises comme un voyageur en partance. Il les a laissées sur place, personne n'osait bouger de peur qu'il n'accentue la pression de la grande lame sur la gorge si petite. Un faux mouvement, une seconde de panique, et...

— Je l'emmène chez moi dans mon pays ! Elle est à moi !

Il a pu descendre l'escalier, protégé par la peur de ces femmes. L'une d'elles a encore dit :

— Elle va mourir dehors... Elle ne peut pas respirer dehors...

Il n'entendait pas. Au bas des escaliers de l'hôpital, le hasard a failli provoquer le désastre. Des policiers étaient venus là pour accompagner un détenu malade. Surpris, l'homme a paniqué, pointé le couteau dans leur direction en hurlant :

— N'approchez pas !

Les policiers se sont d'abord immobilisés. Derrière le kidnappeur, les infirmières, des visages angoissés, cinq secondes d'hésitation durant lesquelles l'homme se sent coincé. Il ne peut ni avancer ni reculer. Alors, pris d'une rage folle, il s'élance vers une baie vitrée qu'il fait exploser à coups de pied pour sortir.

Avant le fracas du verre brisé, tout le monde a entendu les faibles gémissements du bébé, réveillé, et pleurant à petits coups.

L'homme est dehors, il court vers un taxi qui, voyant arriver cet énergumène, et la police derrière lui, démarre en trombe. Nouvel instant de panique. L'homme est déconcerté d'avoir raté son but. S'il avait pu prendre le chauffeur en otage, s'installer à l'arrière avec l'enfant, où serait-il allé ? Vers l'aéroport ? Menacer d'autres gens, exiger un avion ? Il a dit qu'il voulait rentrer dans son pays. Son pays ne se gagne que par avion ou par bateau... Au moins l'enfant n'aurait pas eu froid... Mais c'est raté.

L'homme court dans la rue, s'enfonce dans la ville, tandis que les radios des voitures de police grésillent, que les appels téléphoniques se bousculent. Deux heures plus tard, on connaît son identité, son signalement, et les circonstances approximatives de ce kidnapping. Un père de nationalité étrangère, un fou. Mais un fou de quoi ?

La mère de l'enfant n'a qu'une explication. Ils ne s'entendaient plus tous les deux, elle a décidé de le quitter avant même d'accoucher, et voilà qu'il surgit comme un animal furieux et s'empare de leur prématuré de sept mois et demi, plus dix jours d'existence en couveuse. Un être dont la survie dépend de toute une technologie postnatale.

Quel homme, quel père peut prétendre être un homme et un père en faisant cela ? Il veut l'enfant et il le menace de mort ? Un témoin de l'enlèvement a dit à la police :

— Il est dingue ! Il a le regard d'un dingue ! Le couteau est plus gros que le cou de l'enfant !

La brigade d'intervention locale a réussi à le retrouver à la sortie de la ville. Il marche toujours sur l'autoroute, se retourne de temps en temps, en balançant le couteau, sans ralentir sa marche.

La mère est dans une voiture de police, le regard braqué sur lui, car il vient de s'arrêter brusquement. Il lève le bras droit, brandit la lame, en hurlant qu'il va mourir plutôt que de rendre le bébé. Et la lame plonge d'un coup. La mère hurle.

Il a planté l'arme dans son épaule, et la retire aussitôt ; il saigne, la blouse qui enveloppe le bébé devient rouge. La mère se recroqueville de terreur, le visage entre les mains. Fou, fou... Que veut-il ? Partir réellement avec sa fille ? Se tuer et la tuer ?

Le péage de l'autoroute n'est pas loin. Le bébé nu, seulement vêtu d'une couche, et protégé de l'air extérieur par le tissu de la blouse, risque de ne pas supporter plus longtemps le froid. Température sur l'autoroute : environ dix-huit degrés. Température nécessaire à un prématuré : impérativement trente-sept degrés en permanence, et en vase clos. Ajouter à cela la déshydratation extrêmement rapide.

L'homme a ralenti sa course, il fatigue. Il n'a pas cessé de marcher depuis six heures du matin et a dû parcourir maintenant plus de vingt kilomètres.

Il s'arrête un moment au bord de l'autoroute, peu avant le péage. La police est partout. Qu'espère-t-il ? Personne ne l'a encore approché et n'a pu discuter avec lui. Un policier va le tenter. Proposer une voiture banalisée, et l'aéroport comme appât. Manifestement c'est ce que veut le fou. Un avion. Si l'on parvient à le faire monter dans une voiture, les hommes saisiront l'instant propice pour intervenir. Dans ce cas, l'instant sera court. Une seconde d'inattention qu'ils devront saisir, avec une parfaite coordination dans les gestes.

— En quelques minutes tu seras à l'aéroport... La voiture est là, on te conduit... Allez, monte... On ne tentera rien... N'aie pas peur, reste calme...

Il hésite, il tremble, la main crispée sur le manche du couteau ; l'enfant, au creux de son bras gauche, est silencieux, inerte. Du sang suinte de sa blessure à la clavicule. Le T-shirt en est recouvert.

Le policier n'aperçoit qu'un tout petit bout de visage crispé, si blanc... tacheté du sang du père.

L'homme se décide, avance, le regard traqué. On lui ouvre la portière à l'avant à côté du chauffeur ; il monte rapidement, s'installe sur le siège et le couteau reprend aussitôt sa place sur la gorge du bébé silencieux.

La voiture et son petit passager démarre, suivie par le cortège des voitures de police. Une bretelle de l'autoroute mène en direction de la grande ville qu'il faudra atteindre, à une centaine de kilomètres de là, avant de filer ensuite sur l'aéroport international.

Ce jour est un dimanche. Cette route est celle du soleil, le pays que veut rejoindre cet homme est en guerre. Déjà les radios ont jeté l'information en pâture aux citoyens mal réveillés. On ne sait ni qui il est vraiment, ni quelle est sa folie, on ne sait qu'une chose : il emporte un prématuré de sept mois et demi, en lui tenant un couteau sur la gorge.

La police ne peut toujours pas intervenir, et la ville approche :

les premiers immeubles, la foule, les rues encombrées, toute la vie d'un dimanche matin qui se déroule innocemment.

L'homme est tellement tendu et crispé qu'il a la bouche sèche et respire mal. Épuisé par des kilomètres de marche, il a soif.

L'un des policers propose d'une voix neutre :

— Tu veux boire ? Il y a une épicerie devant nous. Je descends, j'achète une bouteille d'eau et on repart. Tu ne tiendras pas longtemps sans boire. D'accord ?

Le regard fou du preneur d'otage tente de deviner le piège ; le couteau ne quitte pas d'un millimètre le cou de l'enfant. Boire, c'est tentant... Il est à bout de souffle, il souffre, pendant quelques secondes il hésite à dire oui.

Comment faire pour boire sans lâcher l'enfant ? Il a trouvé : ne pas lâcher le couteau, et boire de la main gauche en gardant son précieux paquet. Il peut aussi ne pas boire du tout, il peut aussi descendre de voiture, se tenir suffisamment à l'écart pour avoir le temps de réagir.

Son regard fait le va-et-vient entre l'enfant et la boutique toute proche. La promesse d'une gorgée d'eau fraîche l'emporte.

Le policier a compris qu'il tenait une minuscule bribe de confiance provisoire.

— J'y vais. On arrête là, que personne ne bouge avant mon retour.

La voiture stoppe devant l'épicerie. La mère voit le policier descendre et se diriger d'un pas tranquille vers la boutique, y entrer et ressortir trente secondes plus tard avec une bouteille d'eau.

Rien ne bouge à l'intérieur du véhicule. Les autres voitures ont stoppé, les hommes de la brigade d'intervention ont avancé lentement, ils entourent le kidnappeur, en surveillant la rue. Quelques passants jettent un œil curieux sur ce rassemblement, s'arrêtent et un policier les écarte rapidement.

Le policier remonte dans la voiture et tend la bouteille à l'homme :

— Tiens !

Le geste est machinal, instinctif. L'homme modifie légèrement sa prise, le couteau s'écarte de l'enfant, d'abord de quelques centimètres, puis un peu plus. Tout va très vite, alors que les personnages semblent immobiles. L'homme retire le couteau, il va tendre la main soit pour saisir la bouteille, soit pour menacer le policier d'arrêter son geste, de poser la bouteille ailleurs, de ne pas la lui tendre avec autant d'ostentation...

Ils bondissent tous en même temps. Cette demi-seconde d'inattention, de relâchement, ils la guettaient, autour de la voiture. Un homme attrape le poignet, immobilise le couteau, un autre saisit l'homme à la tête, le tire à l'extérieur de la voiture, un troisième immobilise les jambes, un autre le bras qui tient l'enfant, un autre le désarme, et un dernier dégage le minuscule paquet, d'un geste si rapide et si précis que le kidnappeur n'a même pas le temps de hurler. Cette demi-seconde de relâchement était le seul espoir des forces d'intervention pour éviter la dangereuse traversée de la ville, l'aéroport, et la suite prévisible.

Le fou, privé de l'objet de sa folie, s'effondre en larmes. L'enfant est vivant. Maintenant l'ambulance file avec son précieux fardeau vers une autre maternité, une autre couveuse. La mère peut enfin éclater en sanglots libérateurs, elle peut poser toutes les questions du monde, elle a toutes les réponses. Il est midi et c'est fini, le bébé n'a rien, il ne souffrira pas de l'équipée sauvage, il était temps. On réchauffe ce petit bout de fille, on l'hydrate, on la nourrit, elle va dormir du sommeil des justes et des innocents, à l'abri de la furie du monde extérieur, des microbes, du froid, et de son père.

— Je l'aime! Sa mère n'aurait pas voulu me la donner, elle m'aurait empêché de la voir, de l'élever, j'ai le droit d'avoir ma fille à moi... Je l'aime!

Non, monsieur le fou d'amour. Pas comme ça. Et probablement plus jamais. Même si un prématuré de sept mois et demi et dix jours n'a guère de chances de se rappeler sa première sortie dans le monde extérieur, les adultes, eux, s'en souviendront longtemps. Et vous l'avez perdue.

D'ailleurs, qui sait si le tout-petit ne comprend pas et ne se souvient pas de la souffrance? Savez-vous qu'il suffit de faire une grimace pour qu'il grimace? De geindre pour qu'il ait peur? De pleurer pour qu'il pleure? De hurler pour qu'il hurle? Et de sourire pour qu'il vous rende votre sourire.

Le bébé est une personne. Qu'on se le dise.

Le choix impossible

Il fait froid dehors... Il fait toujours froid l'hiver, en Poméranie, au nord de l'Allemagne de l'Est, et nous sommes en décembre, le 21 décembre 1951 précisément... La ferme Braun, située à Rockenberg, un village de Poméranie centrale, se consacre à la culture de la pomme de terre, ce qui n'a rien d'original étant donné que c'est la monoculture locale ; par contre, c'est une des dernières exploitations individuelles, les autres ayant été regroupées en une exploitation collective...

Volker Braun, cinquante et un ans, ne paraît pas son âge ou, plutôt, il le porte bien. Cheveux bruns, avec quelques filets blancs, taille élancée, corpulence sèche, il a incontestablement de la classe. Et ses yeux bleus un peu rêveurs lui donnent un charme inattendu chez quelqu'un de la campagne...

Dans la même pièce, la salle commune de la ferme, une femme est occupée à des travaux de couture. Josefa Braun est beaucoup plus jeune que son mari. Elle n'a que vingt-huit ans. Elle est blonde et particulièrement jolie. Tout en elle est rayonnant : le sourire, le regard, l'allure en général.

Aux côtés de Josefa, deux bambins se disputent en babillant : ce sont August et Werner, les jumeaux ; dans un berceau, un bébé de huit mois est endormi : c'est Martin, le petit dernier... Alors qu'il fait si froid dehors, cette paix et cette chaleur évoquent on ne peut mieux la douceur d'un foyer, et pourtant, Volker Braun ne peut s'empêcher de repenser aux douloureux événements de son existence...

Josefa n'est pas sa première femme. Celle-ci s'appelait Frieda. Elle était brune autant que Josefa est blonde. Elle était de

Rockenberg comme lui. C'était la fille de la ferme voisine. Gamins, ils ont été à l'école ensemble, ils ont joué dans les champs. Lorsqu'ils se sont mariés, ils n'avaient que dix-huit ans.

Ils ont eu cinq enfants, trois filles et deux garçons, et puis en 1945, un officier allemand est venu à la ferme... Volker, qui avait quarante ans au début du conflit, avait eu la chance d'être juste trop vieux pour être mobilisé. Mais avec l'avance des troupes russes, les nazis enrôlaient pêle-mêle les tout jeunes et les hommes mûrs. C'est ainsi qu'un jour de mars 1945, il s'est retrouvé à creuser des tranchées antichars quelque part dans la plaine...

Les Russes sont arrivés presque tout de suite. Il a été interné en Sibérie. Il faisait encore plus froid qu'en Poméranie. Il y est resté deux ans. Quand il a été libéré, en 1947, Rockenberg était passé en Allemagne de l'Est...

Les gens de Rockenberg étaient prévenus de son arrivée et l'attendaient à la descente du train.

— Tu dois être courageux, Volker. La semaine après ton départ, Frieda et tes enfants sont partis devant les Russes... Frieda a pris la direction de la mer. Elle est montée sur un bateau en partance pour Hambourg. Mais il a coulé..

— Et ils sont...

— Morts... Tous les six. Ta femme et tes cinq enfants...

Volker n'a pas voulu y croire. Il a fait toutes les démarches possibles auprès des autorités. Mais la réponse définitive lui est parvenue six mois après, sous forme d'un certificat officiel de décès. Alors, il a décidé de vivre, même si désormais rien ne pouvait être comme avant. Un an plus tard, il épousait Josefa, et un an plus tard encore, naissaient les jumeaux...

Volker Braun sursaute : on vient de frapper à la porte. Josefa va ouvrir. C'est le facteur. À cette heure-là, c'est la première fois...

— Un télégramme pour vous, monsieur Braun...

Volker Braun quitte son fauteuil et va prendre le télégramme... Il provient d'Allemagne de l'Ouest. Il l'ouvre et lit : « Volker, je suis en vie, ainsi que nos cinq enfants. Je t'appellerai demain à la poste de Rockenberg. Ta femme qui t'aime. Frieda. »

Janvier 1951, cinq heures de l'après-midi. Volker Braun est avec sa femme, enfin..., avec sa femme Josefa, dans le bureau de poste de Rockenberg. Ils attendent l'appel de Frieda Braun... Il y a une sonnerie... Derrière son guichet, la postière décroche, prononce quelques mots brefs en hochant la tête.

— Monsieur Braun... Cabine 1.

Volker entre dans la cabine. Josefa reste à l'extérieur. Mais elle le regarde et il la voit à travers la vitre. C'est son visage qu'il a sous les yeux tandis qu'il entend la voix de celle qu'il croyait morte depuis six ans...

— Volker, c'est toi ?

— Oui, Frieda.

Après les effusions et les larmes, Frieda Braun explique ce qui s'est passé. Elle devait embarquer sur le bateau qui a coulé, mais au dernier moment, elle a préféré continuer vers l'ouest à pied avec les enfants... Quant à Volker, les autorités d'Allemagne de l'Ouest lui ont dit qu'il était mort, parce qu'elles ont fait confusion avec un autre Braun. Elles viennent de se rendre compte de leur erreur et de la prévenir.

Volker n'ose pas encore parler... Il l'écoute. Il écoute cette voix éclatante de bonheur, aussi gaie, aussi fraîche que lorsqu'ils étaient jeunes mariés... Avec l'accent du bonheur, Frieda Braun raconte encore... Elle habite Hambourg. Elle est employée chez un fleuriste et elle gagne bien sa vie. Leurs trois aînés se sont mariés. Deux enfants sont déjà nés. Il est deux fois grand-père... Elle s'arrête brusquement.

— Volker, tu ne dis rien... Il y a quelque chose qui ne va pas ? Tu es malade ?

— Non, je vais très bien...

— Tu es... marié ?...

Volker Braun regarde, à travers la vitre de la cabine, le visage, d'habitude rayonnant, de Josefa, déformé par l'angoisse... Il n'a pas le droit d'attendre.

— Oui, Frieda.

— Tu as des enfants ?

— Trois...

— Je te félicite... Elle est jolie ?

— Je te croyais morte, Frieda... C'est pour cela...

— Moi aussi, je te croyais mort, mais je ne me suis pas remariée. Tu l'aimes ?...

— Frieda...

Il y a une sonnerie discontinue. Frieda Braun a raccroché...

21 janvier 1951. Quinze jours ont passé. Quinze jours de supplice pour Volker Braun, placé dans une situation comme peu d'êtres en ont connu. Josefa lui a dit, après sa sortie de la cabine :

— Tu es libre.

Et elle n'a rien ajouté d'autre... Mais ce silence digne et douloureux est plus difficile à supporter que tout... Frieda, de son côté, ne s'est plus manifestée par téléphone. Mais elle a envoyé une lettre. Ou plutôt une enveloppe contenant une photo : elle est entourée de ses trois filles, de ses deux fils et de ses deux petits-enfants... Volker a été bouleversé : ils ont tellement changé tous. Tous sauf Frieda, qui est toujours la même...

Alors que faire? Et d'abord, qu'est-il possible de faire précisément sur le plan légal?... Cela, du moins, Volker Braun va l'apprendre ce 21 janvier 1952. C'est pour cette raison qu'il a été convoqué à Rostock dans le bureau du commissaire régional de Poméranie. Ce haut fonctionnaire est un personnage froid et imposant... Il fait pourtant un visible effort d'amabilité.

— Je suis désolé pour vous, monsieur Braun. Votre cas est très... désagréable et exceptionnel...

Le commissaire régional prend un air contraint.

— Il est même tellement exceptionnel que nous en avons discuté avec les autorités de l'autre Allemagne par l'intermédiaire du consul de Suisse...

Volker Braun écoute... Il sait que son sort, de même que celui de ses deux femmes et de ses huit enfants, se joue en ce moment.

— Tout d'abord, je vous rassure, monsieur Braun. Il n'est pas question de vous accuser de bigamie. Vous ne portez aucune responsabilité dans cette situation dont vous êtes la principale victime. Maintenant, voici comment cela se présente sur le plan juridique. C'est assez compliqué...

Volker se crispe.

— D'après l'article 39 du Code civil de la République fédérale d'Allemagne, pour briser le nouveau mariage, il suffit de la demande de l'un des deux anciens conjoints déclarés morts par erreur. D'après l'article 5 de notre Code, il faut l'accord des deux. Autrement dit, pour l'Allemagne de l'Ouest, il suffit de la demande de Frieda Braun pour annuler votre nouveau mariage. Pour nous, il faut sa demande plus la vôtre...

Le commissaire régional regarde Volker dans les yeux.

— C'est notre législation qui a été retenue et Frieda Braun a fait la demande d'annulation. Elle est prête à venir vivre avec vous à Rockenberg. Si vous faites également la demande d'annulation, votre second mariage sera annulé ; si vous ne la faites pas, c'est le premier mariage qui sera annulé. Vous avez bien compris ?

— Cela veut dire que tout dépend de moi ?

— Oui, monsieur Braun... J'ajoute que le délai a été fixé à trois mois...

Dans un éclair, Volker Braun a une vision... Ses deux femmes, l'ancienne et la nouvelle, lui souriant et l'appelant depuis les deux plateaux d'une balance, avec autour de chacune d'elles ses cinq enfants d'un côté et ses trois enfants de l'autre. Et c'est à lui de décider !...

En cet instant, il préférerait presque avoir trouvé la mort en Russie ! Car qui a déjà eu un choix aussi terrible à faire ?...

24 janvier 1952. Il y a du monde ce jour-là dans la petite poste de Rockenberg, village de Poméranie, la province située au nord de l'Allemagne de l'Est... Beaucoup d'habitants de Rockenberg se sont déplacés. Ce sont des amis de Volker Braun. Ils sont graves, silencieux. Ils sont là pour le soutenir moralement par leur présence, car ils savent que ce qu'il va avoir à faire est terrible...

Volker Braun se tient près du guichet, en compagnie de sa femme Josefa. Tous deux ont le visage fermé et ne laissent transparaître aucun sentiment. Pourtant cet instant est le plus important de leur vie. Volker Braun a demandé au téléphone Frieda Braun, son autre femme, à Hambourg. Dans quelques minutes, il va lui communiquer la décision qu'il a prise, une décision qui met en cause onze êtres : lui-même, ses deux femmes et ses huit enfants...

La postière a légèrement pâli.

— Je vous passe Hambourg, monsieur Braun.

Volker, sans un mot, entre dans la cabine et ferme la porte derrière lui. Il voit le visage de Josefa qui est en train de le fixer intensément. Il tourne la tête vers le mur et prend le combiné.

— C'est toi, Frieda ?

— Oui.
— J'ai pris ma décision... j'ai réfléchi tant que je pouvais...
Il y a un silence. La voix de Frieda est étrangement calme.
— J'ai compris. C'est elle...
— Non, Frieda, ce n'est pas elle ! Ce sont les enfants ! Je ne peux pas les abandonner...
— Ici aussi, tu as des enfants ! Tu en as même plus ! Et tu as deux petits-enfants !
— Justement. Ils sont grands. Ils ont fondé un foyer. Ils pourront plus facilement se passer de moi. Tandis qu'ici, ils sont trop petits pour que je les laisse...
— Et moi ? Je pourrai facilement me passer de toi ?
— Écoute, Frieda...
— Je ne sais pas quand j'aurai les autorisations nécessaires pour venir te voir. Je ne sais même pas si je les aurai. Peut-être que nous ne nous reverrons jamais... Tu m'entends, Volker ?...
Oui, Volker Braun l'entend. Mais il est incapable de prononcer un mot. Il sort de la cabine en laissant le combiné pendre au bout du fil. Josefa se précipite vers lui tout en faisant un geste à la postière. Celle-ci a compris. Elle reprend la communication.
— L'appel est terminé... Non, je regrette, madame... Terminé...

La fortune du Basque

Dans les années trente, juste avant la guerre, Rudi Ipoustéguy, un solide berger landais, décide de tenter la grande aventure et de partir pour le Nouveau Monde. Là-bas, en Argentine, on recrute des garçons de son espèce qui n'ont pas leur pareil pour soigner, garder et faire prospérer d'immenses troupeaux de moutons.

Une fois sur place, Rudi commence par travailler comme berger chez l'éleveur qui l'a fait venir de France : Ramón Lesporren. C'est un excellent élément et il monte en grade dans la même entreprise.

— Rudi, tu ne penserais pas à fonder une famille, un de ces jours ?

— Ma foi, si, mais j'attends de rencontrer la perle rare.

— Tu sais que j'en connais une, de perle, qui te regarde avec beaucoup d'amitié. Si tu savais lire dans son regard et si tu étais d'accord...

— Vous voulez parler de qui, patron ?

— De Maïtena, pardi, grand couillon !

— Votre Maïtena, patron ? Vous voulez de moi pour gendre ?

Et c'est ainsi que Rudi Ipoustéguy épouse la fille unique d'un des plus gros propriétaires terriens de la province de Mendoza. Très vite la jolie Maïtena donne le jour à Carlos, un gros bébé qui deviendra sans doute une armoire à glace dans le genre de son père.

Deux ans plus tard elle est à nouveau enceinte, mais cette fois les choses se gâtent. L'enfant, curieusement, est d'un roux flamboyant. Pas du tout basque. Le médecin pédiatre, quatre ans après la naissance de Paco, leur annonce la mauvaise nouvelle :

— Votre fils est sérieusement handicapé. Pour l'instant vous ne voyez pas la différence mais il y a fort à craindre qu'il soit, toute sa vie, mentalement attardé. Quand il aura dix-huit ans, il se comportera encore comme un enfant de cinq ou six ans.

Rentrés chez eux, les Ipoustéguy ont une discussion orageuse. Rudi ne veut pas admettre certaines choses :

— D'où tient-il ça, cet enfant? Jamais personne n'a eu ce genre de tare chez les Ipoustéguy. Et de qui tient-il sa tignasse poil de carotte? Avoue qu'il ressemble à ce Parkington, l'ingénieur anglais qui était là l'an dernier pour installer les pompes électriques.

Maïtena ne répond pas. Le petit Paco tient beaucoup, hélas, de son oncle maternel pour les tares et de l'ingénieur Parkington pour la chevelure.

Vingt-cinq ans plus tard, dans les rues de Philadelphie, aux États-Unis, la police ramasse, sous la pluie, une sorte de clochard comateux de type étranger. On l'emmène aussitôt à l'hôpital, au service des indigents car, bien évidemment, le clochard ne possède pas d'assurance personnelle. Là, on lui prodigue des soins d'urgence.

Quand on lui demande d'où il vient, il répond :

— Je ne me souviens de rien.

Deux jours plus tard, sans avoir repris ses esprits, le malheureux rend son âme à Dieu.

— Regardez dans ses vêtements. On ne sait jamais, il y a peut-être quelque chose d'intéressant, un indice concernant sa famille.

On tâte les vêtements et, effectivement il semble que là, dans la doublure, au niveau du bras gauche, il y ait une épaisseur incongrue. On découd la doublure : une sorte d'enveloppe en toile épaisse est cousue dans le vêtement.

— Eh ben dis donc, pour un clochard, ça n'est pas si mal : cinq cents... mille... mille cinq cents... deux mille. Il avait deux mille cinq cents dollars!

— Il faudra prélever ce qu'il doit à l'hôpital. Et le reste ira à la famille, s'il en a une.

— Tenez, il y a une carte postale. Éditions Martinot. C'est du français, ça. Regardez, ça doit représenter un village de là-bas.

Sur la carte postale « un village typique du Pays basque », une belle maison est entourée d'un grand trait de crayon rouge.

— Ça pourrait bien être chez lui...

Le docteur Bennett remarque :

— Je connais un généalogiste, Walter Koenig. Un gars marrant : il adore ce genre de mystère et en fait il gagne gentiment sa vie en recherchant des héritiers. La plupart du temps ils ne savent même pas qu'ils héritent. Et ils sont trop contents de céder 10 % de ce qui leur tombe du ciel à Koenig pour récupérer les 90 % qui restent.

Walter Koenig, quand on lui confie les éléments découverts sur la dépouille de l'inconnu, réfléchit un moment :

— Éditions Martinot : d'après la carte postale on peut estimer qu'il s'agit d'un tirage d'avant-guerre. En France. Avec un peu de chance elles existent encore.

Au consulat français de Philadelphie, Walter Koenig consulte les annuaires téléphoniques de France et de Navarre. Heureusement les éditeurs de cartes postales ne sont pas légion et la maison Martinot existe toujours. Il envoie un courrier et ne tarde pas à recevoir les renseignements demandés : « La vue représentée sur notre carte postale illustrée, n° 457 PB, édition de 1937, représente la rue principale du village d'Heraksou, département des Basses-Pyrénées. »

Koenig adresse alors un courrier à « Monsieur le maire d'Héraksou, Basses-Pyrénées, France » : « Monsieur le maire, veuillez trouver ci-joint la photographie d'une carte postale indiquant une maison de votre commune. Auriez-vous l'amabilité de m'indiquer à quelle famille appartenait, avant la dernière guerre, cette maison ? Cette demande est faite afin de retrouver les héritiers d'un inconnu décédé à Philadelphie le 14 novembre dernier et qui était peut-être originaire de votre commune. Cette maison appartient peut-être à sa famille. Veuillez croire, monsieur le maire, à l'expression », etc.

Quelques semaines plus tard, la réponse du maire d'Heraksou arrive :

« Suite à votre courrier du..., etc., j'ai le plaisir de vous faire savoir que la maison représentée sur la carte postale de notre commune est la " Maison du piment ", propriété de la famille Ipoustéguy et vendue par Rudi Ipoustéguy au moment de son départ comme berger pour l'Argentine. Sa dernière adresse connue était : 239 Calle Solal, Buena Cruz, province de Mendoza. »

À cette adresse la propriétaire, contactée elle aussi par courrier, répond, quelques semaines plus tard que, à sa connaissance, Rudi Ipoustéguy, arrivé en Argentine avant la guerre, a fait fortune et est devenu un très gros propriétaire terrien, marié et père de famille. Sa dernière adresse était : Bergerie Ipoustéguy, Rio Tercero.

Du coup Walter Koenig se décide à aller passer ses vacances du côté du Rio Tercero. On ne sait jamais.

Là-bas la bergerie Ipoustéguy semble florissante. Une petite enquête à l'Ayuntamiento lui révèle un fait nouveau : le clochard de Philadelphie, Rudi Ipoustéguy, était, au moment de son décès, un propriétaire terrien considérable. Sa fortune se chiffre par millions de pesos.

— Si vous voulez en savoir plus, vous pouvez rencontrer son fils, Carlos, le directeur des bergeries del Tercero.

Aux bergeries, c'est le patron, Carlos Ipoustéguy, un athlète complet, qui reçoit Walter Koenig. Il examine la carte postale :

— Je la reconnais. Mon père la portait toujours sur lui. Elle représente la maison où il est né. Vous l'avez rencontré ?

— Hélas, j'ai de bien mauvaises nouvelles. Votre père est mort, à Philadelphie.

— Triste fin... Oui, je suis le fils de Rudi Ipoustéguy. Mon père, quelques années après son arrivée ici, a épousé ma mère, comme lui d'origine basque. Ils ont eu un enfant : moi. Puis ma mère a eu un autre fils : Paco.

— Et votre mère, votre frère : ils sont toujours vivants ?

— Mon demi-frère ! Oui, ils sont vivants tous les deux !

La réponse de Carlos Ipoustéguy est un peu sèche.

— Pourriez-vous, pour mieux me faire comprendre le parcours de votre père, me dire ce qui a pu se passer pour qu'il termine sa vie en si triste état et si loin de chez lui ?

— Mon grand-père maternel, en cachant les tares familiales, a commis une escroquerie. Ma mère a commis l'adultère. Mon père ne l'a pas accepté. Ils se sont séparés. Ma mère est partie avec son fils. Je suis resté avec mon père. Mais au bout de quelques années il a eu un accident.

— Quel genre d'accident ?

— Une chute de cheval. À partir de cette époque il n'a plus été le même. Il avait des crises d'amnésie. Malgré tout il ne se consolait pas du départ de ma mère. Il m'a confié la direction de ses propriétés et est parti à sa recherche.

— Depuis le décès de votre père, c'est votre mère qui hérite de ses biens. Savez-vous où elle vit à présent?

— Oui, je le sais, elle m'écrit parfois. Je n'ai jamais répondu. Je n'ai jamais dit à mon père où il pourrait la retrouver. Quand il est parti à sa recherche, j'ai pensé qu'il finirait par se lasser et rentrer ici.

— Pourriez-vous m'indiquer son adresse?

— Je le pourrais mais il n'en est pas question. Pour moi elle et son fils sont morts tous les deux. Je sais où les joindre mais il est exclu qu'ils héritent de mon père, ni elle ni lui.

Walter Koenig en reste éberlué :

— Mais vous aussi auriez droit à une part. En attendant un jour la part qui vous reviendrait de votre mère. Il s'agit d'une somme considérable.

— Je suis déjà suffisamment riche comme ça et je n'ai aucunement besoin de l'héritage de mon père.

— Mais votre mère et votre frère Carlos, dans quelle situation vivent-ils?

— D'après ce que je sais, ils sont dans la misère la plus noire. Tans pis pour eux.

Carlos Ipoustéguy tend une belle main bronzée à Walter Koenig, tout en ajoutant :

— Je pense que nous n'avons plus rien à nous dire. Si vous recherchez ma mère et mon frère, je vous souhaite bien du courage, mais je doute que vous puissiez y arriver.

Un peu vexé, Walter Koenig ne peut s'empêcher de répliquer :

— Je pense que j'y arriverai, avec ou sans vous.

Walter Koenig, en regagnant son hôtel, fait le bilan de ce qu'il sait.

L'héritage vaut la peine de se démener. Le seul élément intéressant dont il dispose est que ce pauvre Rudi est venu mourir à Philadelphie. Pour lui la chose est évidente : il était à Philadelphie parce qu'il savait que son ex-épouse vivait dans la région!

Walter Koenig rentre donc chez lui et se met à la recherche de l'ex-Mme Ipoustéguy dont il a pu retrouver le nom de jeune fille : Maïtena Lesporren.

À Philadelphie, Koenig découvre qu'il existe une Amicale américano-argentine. Il commence par là.

— Non, désolé, lui répond-on, nous ne connaissons pas plus d'Ipoustéguy que de Lesporren, ni mâle ni femelle. Mais il existe un Cercle basque. Vous pourriez peut-être aller voir de ce côté-là...

Excellente idée : au Cercle basque on connaît Maïtena :

— Une brave femme qui a vécu en Argentine. Elle a dû connaître des jours meilleurs. Pour l'instant elle travaille dans une petite entreprise maritime, sur le port. Nous la voyons de temps en temps mais elle a du mal à joindre les deux bouts.

Quand Koenig rend visite à l'employeur de Maïtena Ipoustéguy-Lesporren, le patron prend un air mi-figue, mi-raisin :

— Qu'est-ce que vous lui voulez ?

— C'est à propos d'un héritage. Son mari est mort. À Philadelphie. C'est elle qui hérite.

Le patron sourit :

— Vous auriez dû arriver il y a une semaine. Ça aurait pu changer bien des choses. Figurez-vous que Maïtena a disparu. Et avec elle : mille huit cent quatre-vingt-seize dollars qu'il y avait dans la caisse.

— Elle vous a volé ?

— Je ne vois pas comment on pourrait appeler ça autrement. Remarquez, j'aurais dû me méfier. Cette pauvre Maïtena avait trop de problèmes avec son fils. Il est un peu débile, entièrement à sa charge, et il a besoin de médicaments qui coûtent très cher.

— Je suppose qu'elle a quitté son domicile.

— Oui, j'ai dû porter plainte, ne serait-ce que pour les assurances.

— Aucune famille connue, bien sûr ? Pas d'amis ?

— Non, son seul point fixe, c'était l'Institut Pembleton où son fils recevait les soins indispensables. Là non plus on ne l'a pas vue cette semaine.

Bien décidé à retrouver l'héritière de Rudy Ipoustéguy, Walter Koenig se met « en planque » devant l'Institut Pembleton.

Il repère bientôt Maïtena et son fils Paco et les suit à la sortie de l'Institut. Il les voit monter dans un autobus. Dans la banlieue de Philadelphie, ils descendent et entrent dans une pension très modeste.

Koenig réfléchit un moment puis se décide à franchir le seuil de la pension. La propriétaire l'examine avec un peu de méfiance :

— Je suis désolée, mais la pension est complète.

— Je ne viens pas pour louer une chambre mais j'aimerais

parler à l'une de vos pensionnaires. Une certaine Mme Ipoustéguy, ou peut-être Lesporren.

— Je n'ai personne de ce nom-là.

— Elle vient de rentrer chez vous il y a cinq minutes à peine. Avec son fils Paco, un garçon qui a des problèmes. Ne vous inquiétez pas, je viens lui apporter des nouvelles positives. Son époux est récemment décédé et elle hérite de tout son avoir. Elle devrait se trouver dorénavant à l'abri du besoin.

— Vous voulez parler de Maïtena Espirito ?

— Oui, voici ma carte. Lisez : « Walter Koenig, recherches généalogiques, successions. »

La propriétaire examine la carte, hésite et dit enfin :

— C'est la chambre D dans la cour.

Mais quand Koenig frappe à la porte de la chambre D, personne ne répond. Il ouvre la porte : la chambre est vide et la fenêtre qui donne sur la rue est ouverte.

Koenig comprend alors que Maïtena l'a entendu parler avec la propriétaire : elle s'est méprise et a cru qu'il était de la police.

Deux jours plus tard, on retrouve les corps de Maïtena et de Paco flottant dans le port. C'est Carlos qui hérite de tout... Il n'a jamais voulu payer la commission de Walter Koenig.

La photo d'Eva

Nuremberg, été 1970, chaleur et énervement. Dans le petit appartement des Klauss, c'est la bagarre conjugale.

Elle : Comment veux-tu que je joigne les deux bouts avec deux cents marks de moins par mois ?

Pour ceux que le cours des monnaies laisse indifférents, dans les années soixante-dix, les deux cents marks en question représentent sept cents francs.

Lui : J'en ai marre de rouler en mobylette, j'ai décidé d'acheter cette voiture et j'achèterai cette voiture !

Clac ! la porte s'est refermée sur la colère du chef de famille, qui repart courageusement à l'usine, gagner son salaire d'ouvrier spécialisé.

Eva tourne en rond, faisant et refaisant ses comptes. Cette maudite voiture va les priver du peu de superflu auquel elle s'était habituée. Le gamin veut des baskets toutes neuves ? Pas question. Il veut s'inscrire au club de sport ? Pas question. Il veut inviter ses copains pour son anniversaire ? Pas question. Coiffeur pas question, robe d'été pas question. Il va falloir serrer la vis, quitte à manger des patates tous les jours !

Eva aborde la trentaine, elle a élevé son enfant et abandonné son poste de secrétaire. Retrouver un travail devient difficile, elle a perdu le rythme et, partout où elle se présente, on lui demande soit de parler anglais, soit de travailler sur un ordinateur, soit des diplômes qu'elle n'a jamais eus. Que faire ? Des ménages ? Dans cette grande cité, les femmes font leur ménage elles-mêmes.

Une semaine plus tard Eva revient à la charge :

— Karl, ce n'est pas possible, on n'y arrivera pas. Cette

semaine, ton fils a mangé de la viande une fois ! Une seule fois ! Tu ne pourrais pas attendre ? Demander une augmentation ? Changer de mobylette ?

— J'ai dit non ! D'ailleurs j'ai donné un acompte ! J'ai signé le crédit ! Fiche-moi la paix ! C'est à toi de gérer au mieux l'argent que je te donne ! On ne crève pas de faim, que je sache ?

Non, bien sûr, mais cette maudite voiture qu'il ramène un samedi matin devant la porte de l'immeuble, Eva la prend en grippe. Pour de multiples raisons. D'abord parce qu'elle est synonyme de restrictions, ensuite parce que son mari en fait tout un plat. Il la bichonne, la nettoie, la lustre, tourne autour de la carrosserie verte avec amour. Et les copains l'admirent, et ils s'en vont l'essayer. Il fête la nouvelle venue au bistrot, avec plus d'enthousiasme que le jour de la naissance de son fils !

Une belle Coccinelle verte, décapotable, quasiment neuve, avec garantie, et un mois d'assurance gratuite, ça ne se refuse pas !

— Papa, je pourrais avoir la mobylette pour aller à l'école, maintenant ?

— Je l'ai revendue ! Et tu es trop petit !

— Mais j'ai douze ans !

— Justement, c'est l'âge des patins à roulettes !

— Mais maman ne veut pas m'en acheter, elle dit qu'elle n'a plus d'argent !

— Tu as des pieds ? Alors marche !

Eva se plaint dans le voisinage.

— Il gagne mille huit cents marks par mois, et on y arrivait déjà tout juste ! Avant il me donnait quatre cents marks pour le ménage, maintenant je n'en ai plus que deux cents !

À force de résonner dans les couloirs de la cité, le malheur d'Eva parvient jusqu'au septième étage de l'immeuble, où vit une certaine Sophie. Une belle plante, Sophie. Vingt-cinq ans, l'air déluré, pas d'enfant, et un mari routier toujours absent. Le genre à porter la dernière minijupe à la mode, et à changer de coiffure tous les quinze jours.

L'affaire commence par une conversation banale, à propos justement d'une nouvelle robe que Sophie étrenne un matin du mois d'août.

Eva contemple tristement l'allure resplendissante de sa voisine du septième.

— Je n'y arriverai jamais... jamais... deux cents marks... Tu sais où j'en suis? À récupérer les sacs plastique au supermarché pour la poubelle!

— Fais comme moi! Je gagne cent marks de l'heure! Et je te jure que ce n'est pas fatigant!

— Cent marks? Qu'est-ce que tu fais pour cent marks?

— Des photos. Un peu spéciales.

— Comment ça, spéciales?

— Des photos de nu! Mais attention, dans le genre artistique, hein! Pas de porno, jamais. J'ai un copain à Francfort qui a un studio, il cherche des modèles, tu veux essayer?

— Moi? Toute nue?

— Et alors? Y a pas de mal à ça... Tu es bien fichue, tu es blonde, une vraie blonde en plus, c'est très recherché, je t'assure! Il y a des tas de filles qui se battraient pour avoir ce boulot!

— Mais je ne saurai jamais!

— Y a rien à savoir, Eva, tu arrives, tu te déshabilles, Franck te dit quelle pose tu dois prendre, ça dure environ deux heures, tu empoches l'argent, et tu te paies ce que tu veux!

— Mais mon mari?

— Comment veux-tu qu'il sache quelque chose? Si tu ne lui dis rien, il n'en saura rien! Tu crois que le mien est au courant?

— J'ai honte!

— Alors mange des patates!

Les jours passent, et la Coccinelle verte nargue toujours Eva en bas de l'immeuble, tandis qu'elle épluche ses patates. Et Sophie change de robe quand elle veut, passe son temps chez le coiffeur, et le dimanche, au bras de son époux, fait l'admiration des copains. Eva ronge son frein. Elle commence à s'exercer devant la glace dès que son fils est parti pour l'école et Karl pour l'usine. Sophie a raison — au fond, c'est vrai qu'elle est bien faite! Même dans un vieux maillot de bain démodé...

— Sophie? Tu me jures que c'est discret?

— Viens voir, tu te rendras compte par toi-même.

Fin août 1979, Eva et Sophie se rendent en secret à Francfort dans le studio photo de Franck. C'est discret, effectivement. Franck travaille en appartement, pas de plaque sur la porte, aucune inscription indiquant son métier. Et en plus il est sympathique!

— Bon alors voilà, pour une photo de buste, c'est vingt marks, pour un nu entier c'est cent marks, et pour un nu en action c'est six cents marks, mais il faut compter trois heures de présence...

Eva écarquille les yeux.

— C'est quoi un nu en action ?

Sophie connaît. Elle explique. Évidemment, il s'agit là d'un art un peu particulier, qui nécessite des aptitudes de comédienne, mais attention... jamais de porno ! Jamais de partenaire, ce n'est que du mime, de l'art suggestif ! Et Sophie ajoute :

— Je te conseille le nu en action. Ça ne vaut pas le coup de se déplacer jusqu'ici pour vingt marks. Une fois par semaine, trois heures de présence, là ça vaut le coup... crois-moi.

Eva n'hésite plus. Au diable la pudeur et le reste ! Être nue dans son bain toute seule, ou nue devant un appareil-photo, quelle différence après tout ? Trois cents marks... Elle pourra en faire des choses avec trois cents marks par semaine... Il suffira de trouver un petit mensonge pour Karl. Sophie a des pleins tiroirs de mensonges :

— Première règle, tu ne parles pas d'un travail régulier, et tu n'annonces pas combien tu gagnes. Moi, je dis à mon mari, par exemple, que je travaille au noir. Je fais des gardes d'enfants, gouvernante pour une journée, je choisis le jour de congé scolaire. Ou alors je m'occupe d'une grand-mère, même topo, payé au noir... Un autre jour je fais un remplacement dans une boutique, il gobe tout ce que je lui raconte !

— Oui, mais ton mari ne rentre pas tous les soirs. Le mien, si !

— Et alors ? Il ne va pas aller vérifier l'adresse de la grand-mère ou le nom des gosses ! Surtout si tu prétends ne gagner que vingt marks et t'échiner dans un boulot fatigant.

— Il verra bien que j'achète des choses, des vêtements, ou des gâteaux, ou je ne sais quoi...

— Eva, je t'aime bien mais tu es stupide ! Aucun homme ne connaît le prix d'une robe, ou d'une tarte aux fraises ! S'il le savait, il serait plus généreux avec l'argent du ménage ! Et puis il s'est offert une voiture, oui ou non ?

Jusqu'à ce jour, Eva était une bonne ménagère, une bonne mère de famille, et une femme pudique et réservée. Or, qui l'eût cru, après quelques séances de trac, Eva découvre en elle une nouvelle personnalité ! Ce photographe a du talent, et en plus, il sait parler aux femmes, leur dire qu'elles sont belles, les mettre en valeur, les encourager...

Eva se trouve belle. C'est nouveau. Il y a bien longtemps que Karl ne lui a pas fait de compliments. Bien longtemps qu'elle ne se regardait plus vraiment dans une glace. Quand on passe son temps à éplucher des patates, il est vrai qu'il n'y a pas de quoi pavoiser. Mais lorsqu'on pose devant un homme, qui admire la courbe de la hanche, le galbe d'une jambe, et une poitrine qui ne doit rien à la chirurgie esthétique...

Du coup, Eva fignole. Elle s'inscrit à un cours d'aérobic, nage deux fois par semaine pour récupérer un ventre plat et photogénique, change de coiffure, s'habille de frais, et tout le monde est content. Le fiston qui a ses patins à roulettes, le mari qui ne l'entend plus gémir, et croit dur comme fer qu'elle a gardé une grand-mère ou torché des nourrissons...

C'est un petit bonheur tranquille qui s'installe au troisième étage de l'immeuble, comme au septième. Sophie et Eva sont devenues inséparables. De vraies amies, complices, qui parlent d'autre chose que de cuisine ou de lessive.

Bien entendu Eva s'est inquiétée de savoir ce que devenaient les photos dont elle est la star. Il n'y a pas de secret. Elles ne sont pas publiées dans les magazines, mais réservées aux grandes professionnelles, c'est un circuit tout à fait marginal. Franck, le maître d'œuvre, lui a expliqué que ces collections partaient dans certains pays où la religion d'État interdit totalement ce genre de publication, mais pas le pétrole...

Arrive le début de l'hiver, et le printemps revient, puis l'été 1971. Il y a maintenant presque une année que la ménagère Eva pose pour un studio privé de Francfort, et met du beurre dans les épinards de la famille.

Franck ne se doute absolument de rien. Eva est raisonnable et ne dépense pas futilement son argent. Il ignore que les draps neufs dans lesquels il dort n'ont pas été payés avec son salaire, que la douche a été réparée sans son intervention, que les chaussures du gamin, qui réclame un vélo à cor et à cri, suivent sans problème l'évolution de sa pointure. Il ignore même que sa femme a ouvert un petit compte épargne pour de futures vacances au soleil avec lui. Il pense qu'elle se serre la ceinture, et a enfin compris la nécessité pour lui d'avoir une voiture et de frimer avec les copains d'usine.

1er août. Des cosmonautes ont roulé sur la Lune avec une Jeep, Franck roule dans sa Coccinelle verte, en direction de l'usine. Il fait beau, il a enlevé la capote et, les cheveux au vent, l'époux égoïste vient se garer sur le parking voisin, comme tous les matins depuis un an.

Après sa journée de travail, avec deux ou trois copains, il regagne le parking, comme tous les soirs à cinq heures.

Les copains ne le lâchent pas, ils discutent devant la voiture, comme s'ils attendaient quelque chose. Finalement l'un dit :

— Tiens, t'as une publicité sur ton pare-brise !

Négligemment Franck soulève l'essuie-glace et ôte le papier. Il y jette un œil, comme tout le monde, avant de le froisser pour le mettre à la poubelle...

Et il devient vert. Puis rouge, puis blême. Il suffoque. Alors, toujours mine de rien, un des copains demande :

— C'est quoi ce truc ? De la pub porno ? Fais voir.

Mais les autres partent d'un fou rire cruel.

— Ben quoi, t'étais pas au courant ? C'est pas ta femme ? Elle est drôlement bien roulée, dis donc, tu nous avais caché ça.

Horreur ! Ils ont découvert la photo d'Eva dans un magazine, et n'ont rien trouvé de mieux que de glisser la page arrachée sur le pare-brise de la Coccinelle.

Le photographe, bien entendu, n'avait pas tenu sa promesse de discrétion. Il avait vendu le corps d'Eva à qui voulait l'acheter. Et il ne s'agit pas d'une simple photo de nu artistique, mais d'un montage des plus scabreux. La belle ménagère s'y trouve en compagnie d'un partenaire masculin dans une attitude fort éloquente.

Ce genre de détournement de l'image n'était pas prévu au contrat d'Eva, mais il existe, il s'étale là, en couleurs, sous le nez des collègues de Franck, lequel, mort de honte, grimpe dans sa voiture et fait dix fois le tour de la ville avant d'avoir le courage de rentrer chez lui sans étrangler sa femme. Pourquoi ? Et pourquoi sur le pare-brise de sa voiture ?

Parce que les bons copains savaient tout des dissensions du couple à propos de la voiture, et qu'ils ont jugé très malin de coller la belle image sur l'objet du délit.

— C'est avec ça que tu l'as payée, ta belle bagnole ? Compliments !

La morale de l'histoire est d'abord bien triste. Franck a démissionné, tellement il avait honte, il a déposé plainte contre le photographe et a demandé le divorce. Le réseau clandestin du photographe a été démantelé, mais il n'a été puni que pour fraude fiscale et non-déclaration d'employées...

Eva a fait une tentative de suicide, en avalant des somnifères. Le ménage sombrait, l'avenir était noir... Alors Zorro est arrivé au procès. La belle-mère d'Eva, Gertrude, soixante ans, le verbe haut ; elle a pris son fils par la cravate, devant tout le monde, pour le sermonner :

— Voilà ce qui arrive quand une femme n'a pas de quoi tenir correctement son ménage ! Tout ça c'est de ta faute, imbécile !

Et l'imbécile a pardonné.

Le passé de Mildred

Le passé resurgit quelquefois là où on l'attend le moins. Prenez l'exemple de Mildred Lowell : pour elle, c'était au rayon des produits d'entretien...

En ce vendredi de mai 1990, Mildred Lowell fait ses courses dans un supermarché de Birmingham. Quarante-cinq ans, brune, un peu potelée, Mildred Lowell est franchement agréable à regarder. Elle est habillée avec goût, mais discrétion. Elle a quelque chose de coquet, de pimpant. Tout en elle indique une femme aisée, mais sans affectation. Il est visible que Mildred est heureuse dans la vie, tout simplement.

Elle est en train de choisir un paquet de lessive lorsqu'elle a la sensation désagréable qu'on la regarde... Elle se retourne... Un homme est effectivement en train de la détailler. Il a la cinquantaine un peu dépassée, le crâne dégarni, la figure rose, une bedaine proéminente, et non seulement il la fixe sans aucunement se gêner, mais il lui sourit.

Mildred se hâte d'aller à la caisse, tout en entendant dans son dos les pas de l'homme. Elle aimerait se dire que c'est un banal dragueur, mais elle sent bien que non. Cet homme la connaît et elle aussi le connaît. Seulement, cela doit remonter à longtemps et comme il a vieilli, elle n'arrive pas à mettre un nom sur son visage.

C'est quand la caissière lui rend la monnaie qu'elle trouve... Elle se met à courir avec son caddy et, arrivée à sa voiture, elle a un geste extraordinaire : elle abandonne toutes ses provisions, met le contact et démarre sur les chapeaux de roues... Un coup d'œil dans le rétroviseur lui arrache un cri d'angoisse : l'homme n'a pas été surpris par sa manœuvre. Lui aussi a sauté dans sa voiture et la suit... En fait Mildred sait bien que c'est plus qu'un homme qui est à sa poursuite, c'est son passé, et elle sait aussi qu'elle ne lui échappera pas.

Tout allait pourtant si bien jusque-là ! Secrétaire de direction, Mildred Lowell gagne bien sa vie. Et son mari, Mark Lowell, la gagne mieux encore. Il est un peu plus âgé qu'elle, cinquante ans. C'est un ancien militaire qui s'est reconverti avec brio dans le civil. Il a un poste d'attaché commercial dans l'usine d'armement de Birmingham. Il est spécialisé dans les chars et les vend dans le monde entier. Ils ont une fille, Pamela, seize ans, et un garçon, William, douze ans. Ils sont dans les deux meilleures écoles privées de la ville. Elles coûtent une fortune, mais Mark Lowell y tient énormément, car la discipline y est sévère et on y inculque les principes les plus rigides.

La discipline, la morale, c'est cela qui compte avant tout pour Mark Lowell. Mildred adore son mari et c'est peut-être le seul défaut qu'elle lui trouve : il est trop strict. Mais elle doit être compréhensive : c'est un reste de son éducation militaire et cela l'a aidée elle-même à revenir sur la bonne voie. Car elle a eu une jeunesse un peu dissolue. Elle voulait la fortune et la gloire, être chanteuse ou vedette de cinéma, et elle était prête à tout pour réussir. Elle était aussi écervelée qu'effrontée...

Sa jeunesse ! Mildred Lowell se mord les lèvres, tandis qu'elle ralentit... Inutile de tenter de semer l'homme... Il la suit sans prendre aucune précaution, presque pare-chocs contre pare-chocs. Il s'appelle Harry Higgins et il est ou il était photographe. Elle l'a rencontré à l'âge de vingt-trois ans dans une discothèque à la mode. Il était très séduisant et il l'a vite séduite, surtout quand il lui a dit qu'il pouvait lui faire connaître le succès. Il était, prétendait-il, le photographe des stars.

À la première séance de pose, il lui a dit crûment :

— Si tu veux réussir, il faut que tu te déshabilles.

Et elle a accepté. Au début c'était des clichés plus ou moins artistiques, puis, très vite, carrément pornographiques, avec tout un attirail spécialisé. Elle avait peur que cela passe dans des revues, mais il lui jurait que non, c'était juste pour montrer aux producteurs... Harry Higgins mentait... Elle l'a découvert par hasard, en se voyant sur la couverture d'un magazine pour hommes, avec le titre « Les fantasmes de Mildred ». À l'intérieur, il y avait les photos les plus osées qu'elle avait faites avec Harry.

Elle a tout de suite rompu avec lui et ne l'a jamais revu. C'est peu après qu'elle a fait la connaissance de Mark. Elle lui a soigneusement caché cet épisode de son passé et, peu après, elle l'épousait...

Mildred est arrivée à destination : un pavillon cossu de la banlieue résidentielle. Elle tente de s'y précipiter, mais en vain : Harry Higgins a sauté de son véhicule en même temps qu'elle et lui barre le passage.

— Salut, Mildred !

— Que me veux-tu ?

— Causer un peu. Tu vas bien me laisser entrer ?

Complètement terrorisée, Mildred Lowell doit s'exécuter. L'homme émet un sifflement en pénétrant dans le living meublé avec recherche.

— C'est un rien chouette, chez toi !

— Va-t'en, mes enfants vont rentrer de l'école.

— Pamela et William ?

— Tu les connais ?

— Oui. Et je connais Mark, aussi... Un type très bien, ton mari. Un peu porté sur les principes, mais très bien.

Mildred Lowell sent la panique l'envahir tout à fait.

— Mais comment sais-tu tout cela ? Tu es le diable !

Sans répondre, Harry Higgins se dirige vers le bar et se sert un whisky.

— Tu en veux un ? Non ? Curieux, autrefois tu ne crachais pas sur l'alcool, tu buvais sec, même !...

Mildred Lowell se laisse tomber sur le canapé. Elle essaie de se dire que c'est un mauvais rêve, qu'elle va se réveiller...

— Mais non, Mildred, je ne suis pas le diable. Il n'y a pas besoin d'être le diable pour savoir ce genre de choses. Il suffit d'aller chez un détective privé. J'ai été en voir un avec ta photo, une photo tout ce qu'il y a de convenable, rassure-toi, et je lui ai raconté ma petite salade. Je rentrais de l'étranger où j'avais travaillé pendant vingt ans, nous avions eu autrefois une liaison et je voulais savoir ce que tu étais devenue. Cela a été long et cher surtout, très cher, mais cela a marché, comme tu vois...

— Mais pourquoi ?

— Bonne question. En fait j'ai perdu mon boulot et je suis au chômage depuis un an. Et il y a trois mois, par hasard, je suis tombé sur tes photos que j'avais oubliées dans un coin. Je me suis dit que cela pouvait peut-être avoir une valeur.

— Je t'en supplie, Harry!...

— Note bien que, là, j'ai pris un risque. Tu aurais pu avoir complètement raté ta vie, t'être retrouvée — pourquoi pas? — sur le trottoir. Ça n'aurait pas été tellement étonnant. Tu avais des dispositions, tu sais...

— Tu es ignoble!

— Dans ce cas, j'en étais pour mes frais. Tu m'aurais ri au nez et tu m'aurais envoyé promener quand je serais venu te voir avec mes photos... Tandis que là, j'ai vraiment eu de la chance!

Il jette un regard au décor qui l'environne.

— J'ai été fou de joie quand le détective m'a tout appris : la meilleure bourgeoisie de Birmingham, un mari marchand de canons, deux enfants dans les écoles les plus chics de la ville...

Calmement, Harry Higgins tire une photo de la poche de sa veste. Elle représente Mildred Lowell vingt ans plus tôt : elle est à demi nue dans une posture indécente, elle porte des bottes de cuir, un ceinturon, des chaînes, un fouet... Il a un ricanement.

— Elle va en faire une tête, Pamela, quand elle verra cette photo! Mais je me trompe. Peut-être bien que cela lui donnera envie de faire pareil. C'est ta fille après tout. Elle doit tenir de toi...

Mildred se jette sur lui pour lui arracher le cliché. Il la repousse en accentuant son ricanement.

— Et William. Il va être surpris, William! Il n'a jamais vu sa maman comme cela! Mais c'est Mark qui va être le plus surpris. J'ai bien envie d'envoyer la photo à son patron, avec un petit commentaire. Cela va lui valoir de l'avancement, tu ne crois pas?

— Qu'est-ce que tu veux?

— Du fric, cette idée! Tu sais combien il m'a coûté, le détective? Deux mille livres. Il faut que je rentre dans mes frais et puis aussi, il faut que tu fasses quelque chose pour un pauvre chômeur. Alors, disons, multiplions mon investissement par dix : vingt mille livres, en liquide, bien entendu!

— Tu es fou? Je n'ai pas une somme pareille.

— Je m'en doute. Je te laisse quarante-huit heures pour racler les poches et les fonds de tiroir.

Il sort un bout de papier qui donne l'adresse d'un hôtel de Birmingham.

— Rendez-vous dans deux jours...

Mildred Lowell réfléchit à toute allure... Que faire ?... Toutes les économies du ménage sont sur le compte de son mari. Sur le sien, il y a juste ce qu'il lui accorde parcimonieusement chaque semaine pour les dépenses courantes. Si elle veut payer, elle doit tout avouer à Mark. Alors, autant ne pas payer du tout, car il n'est pas question de lui dire quoi que ce soit... Non, elle ne doit pas payer, d'autant qu'avec un personnage comme Harry, elle ne peut avoir aucune confiance. Le chantage continuera indéfiniment... Elle déclare soudain, avec un calme qui la surprend :

— Je vais te donner un acompte.

— Cela ne presse pas. Dans deux jours, je t'ai dit...

— Il y a mille livres dans le bureau de mon mari, je vais les chercher...

Un peu incrédule, Harry Higgins la laisse quitter le living... Dans le bureau de Mark Lowell, il n'y a pas mille livres, mais son revolver, un souvenir de sa vie militaire, qu'il a tenu à conserver. L'instant d'après, Mildred est de retour, l'arme au poing...

Harry Higgins ne manifeste aucun affolement en la voyant. Au contraire, il éclate de rire.

— Mais non, tu ne me fais pas peur ! Cela ne marche pas l'intimidation. Je connais les bonnes femmes : tu n'oseras jamais tirer !

Il y a une détonation... Higgins a l'air infiniment surpris. Il pousse un juron et il se dirige vers la porte en titubant. Mildred Lowell vide alors tout le chargeur et il s'effondre. Il laisse tomber la photo qu'il tenait encore dans sa main et Mildred voit son image, vingt ans plus tôt, en cuir noir, avec chaînes et fouet, tomber dans une mare de sang...

Arrêtée, incarcérée à la maison d'arrêt de Birmingham, Mildred Lowell a été inculpée d'homicide volontaire. Au début, en proie à l'accablement le plus total, elle a fini par être réconfortée par la presse britannique qui a relaté abondamment l'événement et a pris fait et cause pour elle. Son avocat l'a, lui aussi, rassurée. Compte tenu des circonstances : l'odieux chantage, la panique, l'absence de préméditation, elle pouvait espérer l'acquittement ; en tout cas, elle pouvait être sûre du sursis.

Mais le sort de Mildred Lowell s'est joué autrement. Un jour, elle a vu arriver au parloir un autre avocat.

— Madame Lowell, j'ai été engagé par votre mari. Il a entamé une procédure de divorce.

— Il ne m'a pas pardonnée ?

— Il a essayé, mais il n'a pas pu. À cause des enfants, vous comprenez ? Il pense que, quand on a été une pareille femme, on ne peut pas être une bonne mère... Madame Lowell, il est de mon devoir d'ajouter que, compte tenu des circonstances, c'est lui qui aura la garde de Pamela et William... J'ajoute qu'il leur a interdit, désormais, de vous rendre visite...

Le lendemain, on a retrouvé Mildred Lowell pendue dans sa cellule. L'opinion lui était totalement favorable, les jurés l'auraient peut-être acquittée, mais son mari l'avait condamnée et elle ne l'a pas supporté. Mark était trop strict. Elle le savait. C'était son seul défaut...

Maman vous aime

Melanie est amoureuse. En tout cas elle le croit. Amoureuse ? Sans doute. De son mari ? Peut-être... À moins qu'elle ne soit amoureuse de son amant. Ou bien du père de son mari. Ou d'un autre encore. Mais ce dont elle est certaine, c'est qu'elle a un problème...

Melanie Gaskell vit à Idlewood, en Géorgie, aux États-Unis. C'est une jeune femme de vingt-trois ans, brune, avec des lunettes. Elle est donc mariée et mère de deux enfants.

Ce soir la ville entière est rivée devant les postes de télévision. Un fait divers tragique remue toute la communauté.

— Tu te rends compte, Melanie Gaskell a été agressée par un Noir au feu rouge de Quarry Avenue. Elle attendait que le feu passe au vert pour démarrer. Un grand Black est arrivé, revolver à la main, et l'a menacée. Elle avait ses deux bouts de chou à l'arrière. Le Noir, une armoire à glace, l'a obligée à se pousser sur le siège du passager, il a pris le volant et il a démarré en trombe.

— Et alors ?

— Au bout d'un quart d'heure de route à plus de cent cinquante à l'heure, le Noir l'a fait descendre et a filé avec sa voiture.

— Et les enfants ?

— Ils sont partis avec, tu te rends compte : Jamy n'a que trois ans et Donald est un bambin de quatorze mois. On n'a retrouvé ni les enfants ni la voiture. Les Gaskell sont fous d'inquiétude. Elle doit lancer un appel ce soir au bulletin d'informations régionales.

— La voilà, tais-toi, pour voir ce qu'elle va dire.

Melanie apparaît sur les écrans. De toute évidence elle est bouleversée, ses yeux sont rougis. Son mari, assis sur l'accoudoir du fauteuil, la tient par l'épaule. Elle s'essuie le nez avec son mouchoir : « Il était environ neuf heures du soir. J'avais décidé d'aller rendre visite à une amie et j'ai pris la voiture. J'ai mis les enfants dedans. Soudain un grand Noir d'environ vingt-cinq ans... »

Melanie raconte toute l'histoire telle qu'on l'a déjà lue dans les journaux. Elle continue, sa voix monte, elle hurle pratiquement, comme hystérique : « Rendez-moi mes enfants. Je ne porterai pas plainte mais rendez-moi mes petits. Jamy, Donald, maman vous aime. Papa et moi nous vous attendons. Je vous en supplie, qui que vous soyez, rendez-les-moi. Ce sont mes enfants et je peux dire qu'ils sont plus aimés qu'aucun autre enfant au monde... »

Elle ne peut en dire plus et s'effondre devant les caméras. Le présentateur enchaîne : « Voilà neuf jours que les enfants Gaskell ont disparu à bord de la voiture. Nous avons ouvert une ligne spéciale. Si vous remarquez quoi que ce soit concernant une Ford 1987, rouge cerise, immatriculée... »

Le sens communautaire des Américains est bien connu. Dès l'annonce de la disparition, des centaines de volontaires se présentent pour participer à des battues armées. Beaucoup pensent simplement à retrouver deux enfants innocents et à les rendre à leur mère. Un certain nombre annoncent haut et fort qu'ils seraient plutôt heureux de « faire la peau de ce sale nègre, un junkie, un drogué qui n'a rien à faire en ce bas monde ». « Une ou deux balles en pleine gueule, voilà ce qui l'attend si je tombe dessus. Il n'aura pas le temps de faire ouf. »

Melanie Gaskell et son mari sont honorablement connus à Idlewood – la preuve : Cecil Burnett, le chef de la police en personne, est le parrain des neveux de Melanie. Mme Burnett garde parfois les deux petits disparus. Ce rapt le touche donc personnellement et il est prêt à tout faire pour retrouver les deux pauvres gamins... Cecil, quand il rentre chez lui, discute de l'affaire avec Evelyn, son épouse :

— Cette pauvre Melanie, on ne peut pas dire qu'elle ait eu beaucoup de chance dans l'existence.

— Oh oui, je me rappelle : son père s'est suicidé. Elle était toute gamine à l'époque.

— Elle avait à peine six ans. On n'a jamais su pourquoi. Il avait fait de mauvaises affaires et je crois que la mère de Melanie, Daisy, n'était pas un ange de vertu.

— Aucun homme ne se suicide plus parce qu'il est cocu. Tu ferais ça, toi ?

— Eh là, qu'est-ce que tu veux dire ?

— C'est pour te faire grimper au cocotier. La mère de Melanie s'est remariée peu après, non ?

— Oui, et même pas mal mariée. Oscar Wilburg, le fils de l'ancien gouverneur de l'État. Un gars bien. Il chantait dans la chorale paroissiale.

— Oui, n'empêche qu'on a raconté qu'il trouvait Melanie très mignonne. Un peu trop mignonne. Tu ne te souviens pas ? On a dit qu'il la tripotait dans les coins. Elle avait à peine quinze ans. Elle a porté plainte... Rappelle-toi, il y a eu une enquête...

— Oui, mais on a tout laissé tomber. Daisy, la mère, a travaillé sa fille au corps et au bout du compte Melanie a retiré sa plainte. Oscar a eu chaud quelque part.

— Quand même, la petite a dû être traumatisée. À dix-sept ans on la transportait à l'hôpital : elle s'était sectionné les veines dans son bain. On l'a sauvée de justesse uniquement parce que sa mère était rentrée chez elle plus tôt que prévu.

— Oui, en effet. Mais six mois plus tard, elle manque tout faire sauter en ouvrant le gaz. Elle avait avalé des cachets pour être certaine de ne pas se rater. Elle en avait pris un peu trop et on l'a retrouvée sur le seuil de la maison en train de vomir...

— Daisy a dû être soulagée quand Melanie s'est enfin mariée avec Thomas Gaskell.

— Certes, mais quand on se marie trop jeune, ce n'est jamais très bon signe. Tu te rends compte : Melanie n'avait que dix-neuf ans et Thomas à peine plus.

— C'est un garçon brillant, travailleur. Il était quand même directeur adjoint de la plus grosse quincaillerie du comté. Il a de l'avenir.

C'est ainsi que, le soir, à l'heure du repas, le couple Burnett, comme d'ailleurs tous les habitants d'Idlewood, commente ce qu'ils savent ou ce qu'ils croient savoir, ou ce qu'ils déduisent de la vie privée passée et présente de Melanie.

Ce que l'on sait de manière certaine, c'est que les disputes déchiraient le ménage. On en entendait les échos qui traversaient les murs du pavillon. Parfois aussi, c'était à la quincaillerie même que Melanie venait reprocher à Thomas ses infidélités réelles ou supposées.

Et personne n'est donc surpris en apprenant, peu de temps après la naissance de Donald, leur deuxième enfant, que les Gaskell divorcent. Thomas fait ses valises et retourne vivre chez ses parents. Melanie reste seule avec ses deux garçons sur les bras. Heureusement, elle a son travail de secrétaire à la minoterie. Daisy, la grand-mère, s'occupe de ses deux petits-enfants quand Melanie est au bureau.

Elle s'en occupe aussi quand Melanie rentre tard. Après tout il faut bien qu'elle s'amuse un peu. Qu'elle essaie de refaire sa vie :

— Ne m'attends pas pour dîner, maman. Je sors avec Mathews.

— Mathews Seawind, le fils de ton patron ?

— Oui, maman, Mathews Seawind en personne. Le beau Mathews Seawind. Mathews Seawind, diplômé d'Harvard.

— Tu sais, ma chérie, si tu veux épouser Mathews, il faudra que tu sois maligne. Ce n'est pas quelqu'un de notre monde. Il essaiera sans doute de coucher avec toi et, quand il aura obtenu ce qu'il cherche, il te laissera tomber.

— Mais je l'aime, maman.

Alors Melanie sort avec Mathews Seawind. Et elle rentre tard. Elle ne rentre même bien souvent qu'au petit matin... Mathews trouve la situation confortable. Une belle fille pulpeuse dans son lit. Et pas fainéante. Mais il ne parle pas de projet de mariage...

Melanie est une vraie fille du Sud. De celles qui ont le sang chaud. Mathews, malgré sa classe et son bagage intellectuel, ne lui suffit plus. Un autre homme la remarque au travail et lui aussi obtient très vite les faveurs de Melanie. Il s'agit de Roger Seawind, le propre père de Mathews...

L'enquête va révéler qu'au cours des jours qui ont précédé l'enlèvement de Jamy et de Donald, Melanie a eu une vie sexuelle bien remplie. Il y a eu Mathews Seawind et Roger, son père. Et aussi Oscar Wilburg, le beau-père, mari de Daisy, qui se sent les coudées plus franches depuis que cette vieille histoire d'attouchements a été remisée au placard... Huit ans déjà...

Et puis, de temps en temps, quand il vient voir ses fils, Thomas Gaskell lui aussi se retrouve dans l'ancien lit conjugal pour des petits coups de « revenez-y »... Melanie Gaskell a vraiment du tempérament et pas beaucoup de scrupules.

Elle finit par se tailler une sérieuse réputation de ravageuse. Un jour, chez les Seawind, une party réunit quelques amis.

Mathews Seawind propose, pour se détendre, une séance de jacuzzi. Melanie approuve.

— Oh, excellente idée, rien de tel qu'un bon bain bouillonnant pour remettre en forme. Mais... je n'ai pas apporté mon maillot de bain. Ah, bah, tant pis. On s'en passera.

Et Melanie, en un clin d'œil, se dénude entièrement et rentre dans le bain tiède. La présence de Mathews Seawind semble l'exciter. Elle se suspend littéralement au cou de Robert Crowley, le chef comptable, qui est déjà en train de faire trempette. L'autre se laisse faire, bien qu'il soit marié et père de famille. Mathews ne dit rien... Il songe.

Mais Idlewood, en Géorgie, est une petite ville. Tout se sait, tout se colporte.

Melanie prend un jour l'initiative de poser à Seawind la question de confiance :

— Chéri, et si on se mariait ?

L'œil de Mathews prend un reflet glacial mais il ne répond pas. Ou plutôt si, il répond, par écrit. Le lendemain Melanie trouve une lettre de Mathews dans sa boîte : « Les filles bien ne couchent pas avec des hommes mariés. »

Melanie, folle de rage, se rend à l'appartement de son amant et lui fait la plus belle scène de sa vie :

— Ah, tu ne veux pas m'épouser. Parce que j'ai un peu rigolé avec Robert Crowley. Ah, tu trouves que je ne suis pas une fille bien. Ce n'est pas l'avis de ton père. Oui, parce que ton cher papa me trouve à son goût, tu sais. Et si je ne deviens pas Mme Mathews Seawind, je pourrais bien devenir Mme Roger Seawind. Ça me plairait assez d'être ta belle-maman...

En apprenant cette nouvelle, Mathews Seawind fait preuve d'un vocabulaire particulièrement varié. Dans le style vulgaire. Des mots que Melanie n'avait jamais entendus et d'autres plus classiques.

— Espèce de sale petite pute !

Melanie change alors de tactique :

— Mais non, Mathews, il n'y a que toi. Je disais ça pour te rendre jaloux. Je te jure que jamais ton père...

Mais Mathews trouve que la belle enfant n'est pas de tout repos.

— Bon, couché, pas couché, peu importe, on en reste là, ma belle. Je ne veux pas passer ma vie à me demander dans quel lit tu viens de passer un quart d'heure. C'est terminé.

Melanie est abasourdie par cette rupture. Elle tourne et retourne le problème dans sa tête : « Non, ce n'est pas possible. Personne ne m'a jamais plaquée. Je suis certaine que Mathews m'aurait épousée. Si seulement il n'y avait pas les enfants... Oui, c'est ça. »

Mathews Seawind, relancé une dernière fois, avoue :

— Oui, c'est vrai, il y a tes mômes. Ils sont bien gentils. Mais je suis trop jeune pour démarrer dans la vie avec la responsabilité de deux gamins. Et en plus des gamins qui sont les enfants d'un autre. C'est trop compliqué. Nous deux, je veux dire, nous quatre, ça ne pourrait pas aller très loin. Excuse-moi, c'est la vie. Bon courage.

Melanie sait ce qu'il lui reste à faire :

— Allez, les enfants, on part en promenade.

Elle habille chaudement Jamy et Donald, les installe sur la banquette arrière de sa Ford. Elle boucle les ceintures de sécurité et fixe solidement le siège du plus petit. Puis elle démarre. Direction le lac Oonaga à quelques kilomètres de la ville. Elle sait exactement à quel endroit du lac elle va. Là où une petite falaise domine ce qu'on appelle le « trou du diable ».

Melanie gare sa voiture au bord de la falaise. Met le levier de vitesse au point mort et sort du véhicule. Elle ôte le frein à main et s'arc-boute sur le châssis. Le véhicule se met à rouler dans la pente. À l'intérieur Jamy et Donald regardent maman et semblent se demander quel est ce nouveau jeu... Quand la voiture prend de la vitesse, Melanie les entend rire. Il lui semble qu'ils rient encore quand le véhicule plonge dans les eaux noires.

C'est Cecil Burnett, le chef de la police, qui se pose le premier des questions : « Comment la petite Gaskell pouvait-elle être bloquée à ce feu de croisement ? Il ne se met au rouge qu'à l'arrivée d'un autre véhicule en sens inverse. Pas du tout le genre d'endroit pour une agression à la voiture arrêtée... »

Thomas Gaskell, le père, révèle d'autre part que son épouse n'était peut-être pas une maman modèle :

— Jamy, quand je lui donne son bain, est terrorisé par l'eau. Il hurle : « Non, maman, pas baignoire ! » Je me demande pourquoi.

Melanie Gaskell, après son appel bouleversant à la télévision, après son « Maman vous aime », est soumise par deux fois au détecteur de mensonge. Deux fois l'appareil révèle qu'elle ne dit pas la vérité... Mauvais pour elle.

On finit par expédier des hommes-grenouilles pour explorer le lac d'Oonaga. Et ils trouvent la Ford rouge cerise. Avec les deux petits cadavres à l'intérieur, toujours attachés aux ceintures de sécurité.

Alors Melanie avoue :

— Oui, je voulais faire disparaître mes enfants pour être libre d'épouser Mathews Seawind.

Après les délibérations d'usage, la cour condamna Melanie Gaskell, double meurtrière, à trente ans de pénitencier.

Sur la rive du lac Oonaga, les habitants d'Idlewood viennent déposer des jouets, des ours en peluche, des fleurs qui doucement pourrissent sous la pluie.

Thomas Gaskell, le père des petits martyrs, vient d'empocher cent mille dollars pour son bouquin *Ma vie avec Melanie Gaskell.* Un best-seller.

Dieu sait où

Drôle d'endroit pour une rencontre. L'aumônerie d'une prison d'État quelque part en Europe.

Drôles de partenaires. Elle vient d'accomplir dix-huit années de prison. Lui est prêtre.

Drôle de dialogue :

— Mon père, baptisez-moi.

— Je n'en ai pas le droit, Katherine, tu le sais bien.

— Vous recevez mes confessions, vous me bénissez, et vous refusez de me baptiser ?

— Pas moi, l'Église. D'ailleurs tu es déjà baptisée.

Katherine a reçu le sacrement à sa naissance. Le problème est que le bébé de cette époque s'appelait Johann. Un petit garçon que ses parents habillaient en bleu : leur fils unique.

Mais plus tard, à l'école des garçons, Johann se sentait étranger. Incapable de participer aux jeux des autres gamins de son âge. Johann aimait les poupées, pas les camions ni les panoplies de Zorro. En grandissant, la différence s'est accentuée, particulièrement lors des visites médicales scolaires. À dix ans, un médecin s'en est inquiété auprès de ses parents. Il a même établi un certificat recommandant de faire examiner Johann par un spécialiste. Motif : « Le sexe de l'enfant est indéterminé. »

La mère a pleuré, le père s'est fâché. Catholiques pratiquants tous les deux, ils refusaient obstinément d'admettre une erreur de la nature aussi flagrante.

À l'âge de l'adolescence, dans les années soixante-dix, Johann souffrait déjà depuis longtemps de son incapacité à être un petit mâle comme les autres. La guerre des boutons était déclarée. Les gamins ne l'épargnaient plus du tout. « Tu peux même pas pisser contre un mur ! » La persécution au quotidien.

Les insultes, les coups, la détresse ont mené très vite vers le réconfort à portée de main. Le dealer à la sortie du collège. Puis la drogue à tout va. Les amis qui n'en sont pas et qui l'entraînent à la dérive. Plus d'amarres, plus rien.

À dix-huit ans, Johann est un prostitué, en rupture totale avec sa famille. Et la sombre histoire d'une vie mal commencée semble devoir se terminer là.

Johann se réveille un matin en prison. Avec deux autres drogués, il est reconnu coupable d'un crime sordide. Ils ont torturé et assassiné un client qui refusait de leur donner de l'argent. Johann n'a gardé de ce moment de sa vie qu'un souvenir confus. Trop de drogue. Et on l'a condamné à vie.

En prison avec des hommes, c'était encore pire. On peut imaginer ce qu'un prisonnier de son genre « indéterminé » a pu subir. Dans ce milieu d'adultes, on ne se contente pas de quolibets. On humilie à coups de poing, on viole à la première occasion. L'enfer.

Pourtant c'est en prison que Johann a enfin trouvé l'espoir. Après une cure de désintoxication forcée, il y a eu la rencontre avec le psychiatre et, au bout de sept ans, Johann a demandé officiellement à l'administration pénitentiaire l'autorisation de changer de sexe. La procédure longue et compliquée a pris trois ans supplémentaires durant lesquels le détenu masculin a d'abord bénéficié d'une mesure qui s'imposait dans son cas : un transfert dans une prison de femmes.

Et c'est en 1989, à l'âge de vingt-huit ans, enfin, que Johann a été opéré. L'absence de sexe masculin officialisée. Johann est devenu Katherine. Son cas était suffisamment exceptionnel pour que l'administration lui accorde cette chose exceptionnelle, une nouvelle identité en prison, ainsi qu'une commutation de sa peine à vingt ans de réclusion.

Katherine est alors un être totalement différent de celui que l'on a condamné à vie pour un meurtre abominable. Une grande fille, solide, prisonnière sans problèmes, qui ne se sert jamais de ses muscles pour régler ses comptes. Femme parmi d'autres femmes, elle se sent reconnue, acceptée, et sa différence n'est plus qu'un souvenir.

Bientôt elle bénéficie également de permissions de sortie. Une première tentative pour renouer avec ses parents est un échec. Avec le père surtout. Il est devenu témoin de Jéhovah, interdit à sa femme d'avoir des contacts avec Katherine. Pour lui l'affaire est entendue, il avait un fils, ce fils est mort, rayé de ses souvenirs. Un père comme lui a du mal à changer de paternité.

La mère, heureusement, se rebiffe, divorce et accueille désormais sa fille unique à chacune de ses permissions.

Et l'histoire extraordinaire de Katherine continue. À trente ans elle tombe amoureuse. L'homme de sa vie, plus âgé qu'elle, la demande en mariage. Il comprend tout, il sait que cette femme, malgré la chirurgie et la médecine, ne sera jamais totalement comme les autres. Elle n'aura pas d'enfants, mais ce n'est pas un problème. Elle est en prison pour deux années encore : qu'importe, il attendra.

Le mariage est célébré en automne 1991. Katherine prend le nom de son époux, Mme G. Elle a droit à trois jours de permission pour la cérémonie nuptiale. Sa mère pleure de joie.

L'attente commence. C'est dur de retourner en cellule, d'abandonner les rêves d'une vie nouvelle. Pour tromper le temps qui passe trop lentement, Katherine fait du sport. Elle est la meilleure joueuse de volley-ball de l'équipe de la prison. Sa haute taille, sa musculature, plus proche de celle d'un homme, auraient pu faire d'elle une athlète de haut niveau. En d'autres circonstances, Katherine serait peut-être devenue championne de tennis par exemple... — ou skieuse —, il y a quelques exemples dans les pays de l'Est, et aussi ailleurs...

Elle apprend également un métier. Là, c'est le côté féminin qui ressort. Katherine n'était pas tentée par la menuiserie, la reliure ou la plomberie. Elle a demandé et obtenu de suivre par correspondance des cours d'esthétique et de coiffure. Ses codétenues lui ont servi de modèles. Il faut que la directrice ait confiance en elle pour lui confier des ciseaux. Certaines filles condamnées à de lourdes peines ne songent qu'à s'évader.

Enfin Katherine est pratiquante. Un reste de l'enfance. Et elle a une obsession, obtenir de l'Église catholique, à travers le baptême, la reconnaissance ultime.

Mais le prêtre ne peut pas. L'évêque a refusé de considérer le cas de Katherine. Tout ce qu'il a pu obtenir, c'est ce qu'il appelle une confirmation. L'homme d'Église et la détenue ont des entretiens interminables à ce sujet. L'un console :

— Dieu reconnaîtra les siens, ma fille...

L'autre revendique :

— Je veux un certificat de baptême au nom de Katherine. J'ai une carte d'identité, une fiche d'état civil, et vous me refusez la reconnaissance de Dieu ?

— Que cherches-tu à prouver ? Que Dieu s'est trompé en te faisant homme ?

Tout le monde dans cette prison connaît l'obsession de Katherine. Pour la plupart des détenues elle est ridicule, et les sarcasmes fleurissent dans les couloirs. Sa compagne de cellule, une ancienne prostituée, a même demandé à être transférée, pour que Katherine cesse de la « bassiner » avec son idée fixe, ce qu'elle n'a pas obtenu.

— Qu'est-ce que tu veux de plus ? Tu voulais être une fille, t'as gagné, t'as trouvé un micheton pour t'épouser, t'es la chouchoute de la directrice. Quoi encore ? Fous-nous la paix avec ton bon Dieu !

Cette obsession traduit en fait une nouvelle souffrance, greffée sur les cicatrices de l'ancienne. La preuve que Katherine n'est toujours pas bien dans sa peau. Elle est encore en quête de son identité réelle.

Katherine est libérable en 1995. Elle pourra bénéficier de remises de peine pour bonne conduite, mais la prison lui est de plus en plus insupportable. Dehors il y a un mari qui l'attend, un appartement, tellement de choses à faire, tellement de rêves à accomplir. Peter, son compagnon, lui fait des visites régulières. Deux fois par mois il est là, de l'autre côté de la table, avec des petits cadeaux pour sa femme. Il prêche la patience.

— C'est facile pour toi, tu es dehors ! Qui me dit d'ailleurs que tu n'as pas trouvé quelqu'un d'autre ?

L'autre obsession de Katherine : la jalousie. Au début de son mariage, l'amour tout beau tout neuf lui cachait la réalité d'une longue séparation. Mais les années passent... Elle dans sa cellule, lui en liberté... c'est un homme après tout !

— Je suis sûre que tu vis avec quelqu'un !

Les dénégations de Peter n'y font rien. Katherine change. Le prêtre qui continue à la voir s'en aperçoit à son discours de plus en plus angoissé.

— Il va m'abandonner. Comme Dieu m'abandonne. Encore deux ans, c'est trop long. Quand je sortirai, je serai déjà vieille...

Faites-moi sortir, mon père. Aidez-moi à demander ma grâce. Je n'en dors plus. Chaque fois que je reviens ici, c'est un cauchemar. Jamais je ne tiendrai.

Et pourtant elle tient. Grâce à son dossier exemplaire, à sa compagne de cellule, à la coiffure, et au volley-ball.

Décembre 1992. Katherine se présente au contrôle de sortie. Comme deux autres filles, elle a la permission de Noël. Elles se séparent à la grille. L'une des permissionnaires complimente Katherine :

— T'es belle, dis donc ! Il y en a qui ont de la veine d'avoir un petit mari qui les gâte !

Katherine porte un tailleur de laine grenat. Cadeau de Peter.

C'est le signalement que donne l'administration, trois jours plus tard, à la police. Elle n'est pas rentrée. Le juge d'application des peines ne l'a pas vue.

Son mari est interrogé le lendemain :

— Je l'ai déposée à l'arrêt de bus. Elle devait rentrer avant dix-neuf heures, nous nous sommes séparés là. Elle ne m'a rien dit. J'ignorais complètement qu'elle n'avait pas l'intention de retourner là-bas.

Sa mère est interrogée :

— J'ai dîné avec eux le soir du réveillon. Elle n'avait pas l'air heureuse, mais nous savions pourquoi. Katherine a de plus en plus de mal à vivre en prison. Elle en a parlé constamment. Elle a pleuré pendant la messe de minuit. Lorsque nous nous sommes quittés, j'avais un mauvais pressentiment. J'ai pensé que ça n'allait pas très fort avec Peter, et qu'elle était déçue. Ma fille ne sera jamais contente... jamais.

Une semaine passe, et Katherine ne réapparaît pas. Ni chez sa mère ni au domicile de son mari.

Ce dernier étant soupçonné de complicité, il finit par admettre que le couple ne marchait plus aussi bien qu'avant. Qu'ils s'étaient un peu disputés.

— Nous avons peu vécu ensemble, mais j'ai pu me rendre compte qu'elle n'était même pas contente d'être là. C'est difficile pour elle. Elle se fait une certaine idée de la liberté. Toute sa vie s'est passée en prison jusqu'ici, et elle a aussi peur d'en sortir que d'y retourner.

Un mois passe. Katherine est toujours en cavale, et c'est bête. Très bête. Le jour de son évasion, la directrice de la prison avait une formidable nouvelle pour la détenue exemplaire, à l'histoire si exemplaire. Si elle s'était présentée à dix-neuf heures ce jour-là, on lui aurait annoncé que sa grâce venait d'être acceptée. Il s'en fallait de quarante-huit heures pour que Katherine l'apprenne à temps. Le document signé est resté sur le bureau de la directrice. Avec tous les tampons officiels. Libre.

Mais Katherine s'est évadée avant sa grâce. Juste avant. Une date est une date. Tel jour à telle heure, la prisonnière était libre. Quarante-huit heures avant, ce n'est qu'une prisonnière évadée. La loi est ainsi faite. Et le législateur est bien embêté. Une grâce est une grâce. On ne revient pas dessus. Par contre, si la bénéficiaire de cette grâce s'est évadée AVANT le jour de la signature, il faut entreprendre sa révocation. Ce que l'administration va faire, bien entendu. Il s'ensuivra les poursuites pénales que décidera le procureur. Et c'est ainsi que l'histoire de Katherine est sortie de l'anonymat.

Tant d'années de souffrances et de drames, de réussite et d'espoir pour finalement rater cet instant crucial de sa vie.

On ne recense guère de cas semblable dans l'histoire judiciaire. Il est probablement unique. Et pour en connaître l'issue définitive, encore faudrait-il retrouver Katherine... Clémence ou rigueur de la part de l'administration pénitentiaire ? Bonheur ou échec avec l'homme de sa vie ?

Impossible de savoir, désolé, elle a disparu. Dieu sait où.

La Carte Blanche

En ce début de l'année 1960, José Miraglia vient d'atteindre ses dix-huit ans. José Miraglia est américain et, dans le grand univers que constituent les États-Unis, il n'occupe pas précisément le haut du panier.

José Miraglia est commis à l'épicerie Smithson, dans un quartier populaire de New York. Pour quarante dollars par semaine — ce qui, même en 1960, ne représente pas une fortune —, José Miraglia met ses jeunes muscles au service de son employeur. Toute la journée, il décharge et empile des cageots de fruits ou de légumes, des casiers de bouteilles.

En dehors de son travail, José Miraglia a pour habitude de faire les corbeilles à papiers. On ne sait jamais, on peut toujours y trouver des choses intéressantes et, ce 24 février 1960, il y découvre un luxueux dépliant sur papier glacé.

Il s'agit d'une publicité pour une nouvelle carte de crédit, la « Carte Blanche », qui offre à son possesseur des avantages inconnus jusqu'à présent. Bien sûr, elle ne sera pas donnée à tout le monde, mais n'importe qui peut postuler. Il suffit de remplir et de signer le coupon détachable joint.

Et José Miraglia s'exécute sur-le-champ. Il inscrit soigneusement son nom, son adresse — 1810, 134e Rue, c'est-à-dire une des artères les plus misérables des bas-fonds de New York — et poste le tout. Cela ne lui a pas coûté un centime car le port est payé par le destinataire. C'est d'ailleurs cela qui l'a décidé. Sans quoi, il ne l'aurait jamais fait... Maintenant, il n'y a plus qu'à attendre la suite. Et la suite, la voici.

La demande de José Miraglia suit son chemin et arrive dans

les bureaux de la Carte Blanche. Bien sûr, toute une série de sélections a été prévue. D'abord, les demandes visiblement fantaisistes sont éliminées d'office. Pour les autres, des renseignements financiers seront pris, complétés par une enquête de moralité.

Bref, c'est un contrôle on ne peut plus sévère. Seulement, la Carte Blanche a fait une gigantesque campagne de publicité dans tous les États-Unis et ce sont des millions de demandes qui lui parviennent, des demandes qu'il faut examiner rapidement avec un personnel surchargé. Dans cette énorme masse, il était presque inévitable que se glisse une erreur, un grain de sable. Et il y a un grain de sable : José Miraglia...

Deux mois plus tard, en rentrant dans son misérable studio, José trouve un pli volumineux au courrier. Il l'ouvre et manque de tomber à la renverse.

« Cher Monsieur.

« Votre candidature a été acceptée et nous vous adressons votre Carte Blanche. N'ayez aucune inquiétude, nous avons confiance en vous. Achetez ce que vous voulez maintenant et vous paierez plus tard. Nous savons à qui nous avons affaire. »

Et c'est signé du président-directeur général.

De saisissement, José crache son chewing-gum... Il regarde son blue-jean effiloché, son T-shirt plein de cambouis. Il bégaie :

— Ben ça alors !

De plus en plus abasourdi, José Miraglia se met à consulter le dépliant qui accompagne la lettre. C'est, sur près d'une vingtaine de pages, la liste des marchandises et des services auxquels donne droit la Carte Blanche. C'est prodigieux, ahurissant ! On peut presque tout faire à crédit : loger dans les palaces, retenir un billet d'avion pour n'importe quelle destination. On peut même acheter un avion trimoteur pour les déplacements d'affaires. Il figure sur la dernière page du dépliant, photo à l'appui.

Et, derrière le dépliant, la carte est là. Imprimé sur plastique blanc en lettres d'or élégantes, c'est bien son nom qui figure, avec son adresse, celle d'un taudis de New York...

Tout autre que José Miraglia aurait retourné ou jeté la carte. Au lieu de cela, le jeune homme se tient le raisonnement suivant : « Écoute, José, ces gens-là te disent qu'ils te font confiance, il ne faut pas les décevoir. En plus ils ajoutent qu'ils savent à qui ils ont affaire. Donc ils savent que tu es commis dans l'épicerie de M. Smithson et que tu gagnes quarante dollars par semaine. Alors, ce n'est tout de même pas à toi, qui as dix-huit ans, de leur apprendre leur métier. »

Et, comme il a toujours joint l'action à la réflexion, il prend la totalité de ses économies, cent dollars, et il s'en va. Il se rend à pied dans le plus luxueux et le plus célèbre hôtel de New York, le Waldorf Astoria...

En foulant le tapis rouge du hall de marbre, il a soudain envie de s'enfuir à toutes jambes. Tout cela n'a aucun sens. Il va être expulsé, jeté dehors comme un malpropre qu'il est. Mais l'employé, très stylé, fait semblant de ne pas remarquer son accoutrement :

— Vous désirez, monsieur ?

José lui répond, du ton le plus assuré qu'il peut :

— Une chambre.

Et il tend sa Carte Blanche.

À cette vue, l'employé s'incline.

— Parfaitement, monsieur...

L'instant d'après, José se retrouve dans sa chambre. Voilà, c'est tout simple ! Un petit rectangle blanc et on change d'univers. Pas besoin de fées ou de magie, quelques grammes de plastique suffisent ! José Miraglia respire plusieurs fois avec délices. Il est relativement près de chez lui, à quelques kilomètres seulement, et pourtant, il ne s'est jamais senti si loin...

Et c'est là qu'il décide de vivre la grande aventure. Il ne rentrera pas chez M. Smithson ! Tant pis pour les conséquences ! Il ne faut surtout pas penser aux conséquences. Il faut vivre ce rêve au jour le jour jusqu'au bout... Tiens, demain, il va aller au Canada. Il a toujours eu envie d'aller au Canada. Et puis après, il verra bien...

Le lendemain, en partant, il a un moment d'angoisse lorsque le réceptionniste lui remet la note : cent soixante dollars, son salaire mensuel ! D'un geste aussi assuré qu'il peut, il tend sa Carte Blanche.

Il s'attend au pire, mais l'employé lui déclare seulement :

— Une petite signature, monsieur.

José signe comme un automate.

— Merci, monsieur. Nous espérons vous revoir bientôt...

Août 1960. Trois mois ont passé et, dans sa suite d'un palace de Los Angeles, José Miraglia fait le point. Il a fait couler en même temps les deux baignoires des deux salles de bains et il écoute le bruit délicieux produit par le tout. C'est un peu enfantin mais il adore cela et puis, c'est de son âge, il n'a que dix-huit ans...

Son séjour au Canada a été parfait. Il en garde un souvenir ému. Au bout d'un mois, quand il en a eu assez du Canada, il est venu ici, à Los Angeles. Et il faut bien dire qu'il ne s'est pas privé. La Carte Blanche a fonctionné comme jamais. Une garde-robe complète achetée chez le tailleur des vedettes d'Hollywood et toute une série d'objets qui encombrent le salon de sa suite : deux téléviseurs, une machine à laver le linge, une machine à laver la vaisselle, des achats de toutes sortes entassés dans des cartons.

José réfléchit... C'est un garçon sérieux. Il a tenu un compte scrupuleux des dépenses qu'il a faites jusqu'ici avec sa carte : dix mille dollars, une fortune en 1960, des années de travail d'un commis d'épicerie.

Le plus curieux est que, jusqu'à présent, il n'a pas reçu le moindre signe de vie de la Carte Blanche. Elle a sans doute décidé qu'il paierait plus tard... Mais tout a une fin. José Miraglia a décidé de ne pas aller plus loin. Dix mille dollars c'est suffisant. Il s'est bien amusé et il va mettre un terme de lui-même à l'expérience. D'autant qu'il est pratiquement sûr de se sortir d'affaire. Depuis trois mois, il a eu tout le temps de mettre son plan au point.

Mais d'abord, il faut provoquer une réaction de la Carte Blanche, puisqu'elle ne se décide pas à réagir d'elle-même. Pour cela ce n'est pas difficile. Il va changer d'hôtel. Chaque fois qu'il arrive dans un nouvel établissement, on lui demande de remplir une fiche d'identité. Et c'est à ce moment-là qu'on va rire...

Suivi d'un camion qui transporte ses achats, José Miraglia se fait déposer dans un palace concurrent de la ville. À la réception, il remplit consciencieusement sa fiche. L'employé le considère d'un air déférent et soudain redresse la tête, étonné.

— Pardon, monsieur, vous avez dû vous tromper. À « profession », vous avez mis : « commis d'épicerie ».

— Mais c'est pas une erreur. Je suis vraiment commis d'épicerie.

Le réceptionniste a un sourire forcé.

— Je vois... monsieur plaisante.

Mais José Miraglia enchaîne, imperturbable :

— Très précisément, je suis commis chez M. Smithson. C'est moi qui décharge les cageots et les bouteilles. C'est 134e Rue, à New York. Vous savez ? Le coin des clochards... Pour l'épicerie, vous ne pouvez pas vous tromper, c'est au troisième tas d'ordures après la soupe populaire.

Et il monte dans sa chambre...

Le résultat ne se fait pas attendre. Deux jours plus tard, José reçoit la visite qu'il attendait. Un homme frappe à sa porte. Il le reçoit, au milieu de son capharnaüm de luxe acheté à crédit, avec un sourire aimable.

— Entrez, je vous attendais...

L'homme lui répond d'un ton rogue.

— Fini de rire, Miraglia, je suis le détective de la Carte Blanche.

— Est-ce que, par hasard, j'aurais commis un délit quelconque ?

— Je sais, c'est notre société qui a commis une erreur. N'empêche que vous en avez profité...

Très sûr de lui, José sort la lettre qui accompagnait la carte.

— Si vous voulez bien lire : « Nous avons confiance en vous... Nous savons à qui nous avons affaire. » C'est signé de votre président-directeur général.

— Oui, oui. Il n'y a pas de délit. Juridiquement vous êtes inattaquable. Seulement, maintenant, il va falloir payer.

— Mais bien entendu, je vais payer... Dès réception de votre facture.

— Je le souhaite pour vous, en tout cas...

Comment José va payer, c'est là tout son trait de génie. Une fois le détective parti, il appelle un grand hebdomadaire américain. Il demande le directeur et lui raconte toute son aventure.

— Qu'est-ce que vous en dites ? Cela pourrait s'appeler : « Comment un commis d'épicerie a dépensé dix mille dollars avec sa Carte Blanche. » On l'illustrerait avec ma photo devant mes deux téléviseurs, ma machine à laver le linge, mon lave-vaisselle, mes douze costumes et mes trente paires de chaussures.

Le directeur a suffisamment le sens journalistique pour accepter avec enthousiasme. Mais José ajoute :

— Pour l'article, je demande dix mille dollars.

Au bout du fil, son correspondant s'étrangle :

— Dix mille dollars, vous êtes complètement fou ? C'est une somme inimaginable !

— Non, monsieur le directeur. Les dix mille dollars, c'est ce qui va faire toute la valeur de l'article. C'est la chute, le point final. C'est votre revue qui va rembourser la Carte Blanche, qui va sauver le petit commis d'épicerie de la prison. Toute la presse en parlera, la radio, la télévision. Vous vous rendez compte d'une publicité pour vous ?

Oui, le directeur s'en rend compte. Et il accepte ! Quand l'article paraît, on peut voir José Miraglia qui pose fièrement devant son bric-à-brac ruineux acheté à crédit, un bric-à-brac qui lui appartient en toute propriété, car la revue a intégralement réglé pour lui...

Mais le plus beau, c'est que l'histoire ne s'arrête pas là. Aux États-Unis, les patrons ont le sens de la rentabilité. Ils ont tout de suite jugé qu'un garçon aussi débrouillard et imaginatif était une recrue de choix. José Miraglia a reçu des dizaines de propositions d'embauche et il a fini par accepter un poste de directeur des relations publiques à quatre mille dollars par mois. Au lieu des cent soixante de l'épicerie Smithson, c'était une assez jolie promotion, non ? Certes, ce n'était pas encore assez pour faire partie des nababs possesseurs de la Carte Blanche, mais on peut faire confiance à José pour avoir gravi encore les échelons.

Alors, aujourd'hui, trente-cinq ans plus tard, pourquoi ne l'aurait-il pas pour de bon, la fameuse Carte ?

Dieu l'a voulu

Si vous êtes un bon chrétien, vous devez accepter tout ce que Dieu vous envoie, le meilleur comme le pire. C'est ce que pensent Sébastien et son épouse Lucienne. Le meilleur pour eux ce sont leurs trois enfants, Fabrice, Guillaume et Pascaline. Deux beaux garçons et une gentille fillette, gais, espiègles et qui adorent leurs parents. Le pire c'est, entre autres, l'année 1962 quand, avec des milliers d'autres, ils doivent quitter l'Algérie, leur Algérie, et se retrouver en France, dans le Nord où les gens ont le soleil dans le cœur mais où le climat est loin d'être aussi agréable que là-bas.

Sébastien Esquinas n'est pas trop inquiet pour l'avenir. Il est fonctionnaire et, normalement, il doit trouver un reclassement honorable en métropole. Les enfants iront à l'école et, après tout, si leur accent prête un peu à rire, ils ne sont pas les seuls dans ce cas...

Lucienne, pourtant, soupire plus souvent qu'à son tour :

— Ah, jamais nous ne serons aussi heureux que « là-bas »...

Là-bas, c'était la petite ferme dont elle avait hérité à la mort de ses parents, c'étaient les amis, les fêtes et c'étaient aussi les Arabes.

— Mon Dieu, je me demande ce qu'ils sont devenus... Ahmed qui aimait tant sortir toutes ses médailles et Aïcha et le petit Amar...

— On leur écrira, dans quelque temps, et il faut espérer qu'ils trouveront le moyen de nous répondre...

Sébastien n'a pas de haine dans le cœur. Ce ne serait pas digne d'un bon catholique. Alors, chaque soir avant de se mettre au lit,

Sébastien et Lucienne s'agenouillent devant les images pieuses de leur chambre et ils prononcent une fervente prière pour tous ceux qu'ils ont connus et laissés là-bas : « Notre Père qui êtes aux cieux... »

Les garçons et Pascaline sont là, eux aussi, mais, tout en récitant le Notre-Père, ils ont un peu tendance à se bousculer, à chahuter, à glousser.

Les années passent, tranquilles. Les enfants travaillent plutôt bien à l'école, surtout Pascaline, la plus calme. Les garçons, qui n'ont que deux ans de différence, sont souvent pris pour des jumeaux tant ils se ressemblent, tant ils sont complices en toutes choses. Mais ce sont de bons petits qui adorent leurs parents.

Un jour Sébastien annonce une grande nouvelle :

— Nous allons déménager. Je suis arrivé à l'âge où je peux prendre ma retraite et nous allons partir dans le Midi, là où le soleil est presque aussi chaud que chez nous. J'ai trouvé une jolie maison du côté de Nîmes. Je crois que nous serons bien là-bas, pas loin de la mer.

— Ouais ! La mer !

Les deux garçons ont poussé ensemble le même cri. Pascaline, plus réaliste, demande :

— Et là-bas, à Nîmes, tu crois que je pourrai continuer mes cours de danse ?

— Mais oui, ma chérie. Nous allons tous faire une petite prière pour que le bon Dieu nous accorde la réussite de ce projet.

À Nîmes le climat est plus chaud mais cependant la famille Esquinas connaît le même problème que dans le Nord. Ils ne parviennent pas à se faire des amis. Pourtant ce ne sont pas les associations de rapatriés qui manquent. Ni les voisines serviables :

— Alors, vous vous plaisez ici ? Vous habitiez où exactement ? À Oued Foda on m'a dit ? Vous connaissiez peut-être les Médini ? Mme Médini était la fille de Gaston Ballinos, vous en avez certainement entendu parler...

Oui, Lucienne et Sébastien Esquinas connaissent les Ballinos et les Médini et les Hernandez et tout le monde. Mais à quoi bon remuer les cendres du passé, ceux qu'on a assassinés, ceux qui ont disparu, qui sont morts, qui sont Dieu sait où...

— Vous savez, plus jamais nous ne retournerons là-bas. Alors parler du passé me fait mal. Pour nous, rien d'autre que Fabrice,

Guillaume et Pascaline, et vieillir tranquilles ici, en écoutant les cigales...

Malheureusement, dans le Midi, on n'entend pas que le chant des cigales. Surtout dans les établissements scolaires.

Fabrice Esquinas, un jour, à la sortie des cours, marche côte à côte avec un copain métropolitain, Félicien Bardo, qui lui demande :

— Tu as déjà pris du LSD ?

— Cette saloperie américaine ? Non, pourquoi ? Tu en as déjà pris, toi ?

— Oui, j'ai une copine qui en a par un de ses potes qui vit à Paris...

— Et alors ? Ça fait quoi ?

— C'est super ! Tu planes vachement, tu es dans un autre monde. Tu sors de ton corps, tu vois des paysages qui n'existent pas...

— Tu déconnes !

— Pas du tout. Si tu veux je te ferai essayer. Bon, la première fois ce n'est pas génial, il faut s'accrocher un peu, mais au bout d'une ou deux fois tu deviens Superman. Tu as des idées de poèmes, de musiques, de tableaux... Tu sais que beaucoup de mecs très valables fonctionnaient avec ça. Cocteau, Artaud.

— Qui ?

— Plein de mecs, Kerouac, le génie américain.

Fabrice Esquinas ne connaît pas grand monde dans les génies qui fonctionnent au LSD mais les soirées lui semblent tellement mornes qu'il a envie de découvrir ces fameux paysages aux couleurs qui n'existent pas, ces musiques qu'on n'entend nulle part ailleurs...

— Et avec les filles, ça donne quoi ?

— Mais tu n'as même plus besoin des filles quand tu planes !

Alors Fabrice goûte au LSD, sur des morceaux de sucre. Il n'est qu'à moitié satisfait du résultat. Mais Félicien, en lui faisant essayer ces sensations nouvelles, prend soin de lui présenter un autre « copain » plus âgé, qui ne fréquente plus le lycée. Ce nouvel ami, par contre, a toujours les poches pleines de toutes ces substances « qu'on ne trouve qu'en Amérique ».

— Tu sais, si tu en veux, pas de problème. Mais bien sûr je n'ai pas ça gratuitement. Si tes parents te filent assez d'argent de poche, je t'approvisionnerai...

Les Esquinas ne « filent » pas tellement d'argent de poche à leurs deux garçons, mais ceux-ci se débrouillent. Car Guillaume aussi s'est pris de passion pour les visions colorées et les musiques psychédéliques. Les deux frères se montrent pleins de ressources pour arrondir leurs petites mensualités.

— Dans le garage il y a la perceuse de papa, on n'a qu'à la fourguer. Quand il s'en apercevra, on lui fera remarquer que le garage ne ferme pas et que n'importe qui peut venir farfouiller là-dedans.

Le jour où Sébastien, le père, s'aperçoit de la disparition de la perceuse et de pas mal d'autres choses, il est déjà trop tard :

— Les garçons, qu'est-ce qui vous arrive ? Je ne vous reconnais plus. Qu'est-ce que vous avez dans la tête ?

— Mais papa, tu vis dans un rêve ! Tu ne te rends pas compte de ce qui se passe autour de toi. On n'est plus « là-bas ». Le monde change. Ta petite vie de fonctionnaire t'a protégé. Toi et maman, vous n'êtes plus dans le coup...

— Vos grands-parents nous ont tous les deux élevés dans les principes de respect et de foi chrétienne...

— Ah, ne nous fais pas rigoler. La foi chrétienne, parlons-en ! Elle ne vous étouffait pas trop la foi chrétienne quand vous faisiez trimer les Arabes comme des bêtes en les nourrissant de pois chiches...

Sébastien aimerait bien gifler Fabrice et Guillaume mais ça n'est pas dans ses principes...

— Et qu'est-ce que c'est que ces revues pornographiques que j'ai trouvées sous vos matelas ?

— Mais ce ne sont pas des revues pornographiques. Vous en êtes restés à la sexualité selon Pie XII. Le monde évolue. Le corps a ses droits, tous les droits ! Il faut tout essayer avant d'en parler et de juger les autres...

Sébastien et Lucienne restent sans voix... Mais en leur for intérieur ils pensent : « Prions Notre-Seigneur pour qu'il apporte la lumière à nos enfants et les remette dans le droit chemin... »

Vient un jour où Fabrice et Guillaume annoncent qu'ils ne peuvent plus rester à Nîmes. Nîmes c'est bien, mais pour poursuivre les études qui les intéressent il faut absolument qu'ils partent à Paris... Ce ne sont pas les mêmes études d'ailleurs. Fabrice veut se lancer dans la création de mode et Guillaume envisage d'entrer dans une étude de commissaire-priseur.

Mais les études parisiennes ne sont pas ce que les Esquinas envisageaient. Et d'ailleurs, voilà que Fabrice est hospitalisé après un coma. Les médecins ne mâchent pas leurs mots :

— Votre fils se drogue, Tenez! Regardez un peu ses bras.

Les Esquinas, effondrés, n'ont pas besoin qu'on leur explique ce que sont toutes ces vilaines traces d'aiguilles... Dès le lendemain ils vont tirer toutes les sonnettes possibles : celles de la police, des associations de parents de drogués, des psychiatres. La réponse est partout la même :

— Vos enfants sont adultes. On ne peut rien faire tant qu'ils ne commettent pas de délit. À moins qu'ils n'expriment eux-mêmes le désir qu'on les aide. Vous êtes encore leur meilleur appui.

Sébastien et Lucienne répondent :

— Hélas, ils ne le savent que trop. Ils usent et abusent de la situation. Ils savent bien que jamais notre porte ne leur sera fermée, que nous sacrifierons tout pour les aider à s'en sortir... Et si on les hospitalisait ?

Mais l'hôpital n'est pas une prison. On en sort facilement pour aller à des rendez-vous et refaire ses provisions de poison.

— Sébastien, Guillaume vient de nous écrire. Fabrice a quitté son appartement. Il paraît que le loyer était trop cher. Il a trouvé un immeuble vide dans lequel il s'est installé avec des copains. Il dit que c'est sympa et que le soir il se sent moins seul...

— Lucienne, je crois qu'il faut prier avec encore plus de ferveur que d'habitude. Après tout, si Dieu nous envoie ces épreuves c'est pour nous prouver qu'il nous aime.

Au fond de son cœur Sébastien est presque heureux de ces malheurs. Pour lui c'est la preuve de l'amour que Dieu lui porte. L'arche d'alliance et de souffrance...

Au bout de quelques mois, Guillaume rend un soir visite à ses parents qui ne vivent plus que dans l'angoisse. Très décontracté, il annonce :

— Tous ces conflits entre religions sont bien dépassés. J'ai compris que la voie de la Lumière est dans le bouddhisme et désormais je fréquente un temple bouddhiste. Je commence à percevoir quelle est la vraie nature de notre passage sur terre. Nous sommes destinés à nous réincarner et chacune de nos épreuves est choisie dans notre vie antérieure comme expiation de nos fautes précédentes.

Sébastien est éberlué, mais sa nature profondément mystique le pousse à l'indulgence. Et même davantage.

— Si tu veux, Guillaume, pour que tu ne te sentes pas trop dépaysé quand tu viens nous voir, nous allons installer dans le salon un autel pour que tu puisses y effectuer tes dévotions à Bouddha, nous prierons même en ta compagnie...

Désormais, chez les Esquinas, les images de la Vierge voisinent avec Bouddha et son panthéon. Lucienne, férue de cartomancie et d'astrologie, se lance dans l'examen approfondi du thème astral de ses fils. Que leur réserve l'avenir? Leur ciel est menaçant.

— J'ai refait tous les calculs. Je crois que nous ne sommes pas au bout de nos peines. Nos fils courent le plus grand risque de s'entre-tuer...

Sébastien reste deux jours au lit après cette annonce, agité de fièvre. Quand il se relève, il annonce à son épouse :

— Je sens que Jésus est en moi. Je suis prêt à marcher au supplice que Dieu le Père veut bien m'infliger pour la rédemption de toutes nos fautes...

Une surprise hideuse attend encore les Esquinas. À sa visite suivante Guillaume dissimule sa main gauche. Lucienne s'inquiète :

— Qu'est-ce que tu as à ta main, mon grand?

— Tiens, regarde. J'ai sacrifié mon petit doigt pour en faire don à la communauté bouddhiste. C'est la preuve de ma sincérité.

— Mais, qu'est-ce que c'est que ces sauvages?

Quand, durant le week-end, Fabrice est mis au courant de la mutilation de son frère, il n'hésite pas et file dans le garage. Il revient au bout d'un quart d'heure et déclare :

— Moi aussi je peux me sacrifier.

Sa main gauche est enveloppée dans une feuille de papier journal qui dégouline de sang. Dans sa main droite il brandit son auriculaire qu'il vient de trancher d'un coup de hache...

Lucienne s'effondre. Sébastien a du mal à comprendre :

— Mais qu'est-ce qui vous arrive? Vous êtes fous ou quoi? Vous voulez nous tuer? C'est pour nous torturer que vous faites ça?

Sébastien, une fois de plus, prend tous les péchés du monde sur ses épaules :

— Calme-toi, Lucienne, c'est moi le responsable. J'ai cru que j'étais le Christ réincarné. Dieu me punit en nous frappant dans nos enfants…

Ils ne sont pas au bout de leurs peines.

Ce matin Guillaume s'est spontanément présenté au commissariat de police du XXe arrondissement de Paris :

— Je viens de tuer mon frère. Il fallait que je le fasse. Il fallait que je le délivre de toutes ses galères.

C'est ainsi que Sébastien et Lucienne Esquinas, dans les heures qui suivent, écoutent les aveux de leur fils :

— Je me suis rendu dans le squat de Fabrice. Il m'avait invité à venir dîner et à passer la nuit chez lui. Mais ma résolution était prise. Quand je me suis réveillé, j'ai préparé le petit déjeuner. Du chocolat, comme tu en fais à la maison. J'étais allé acheter des brioches. Dans le chocolat j'ai versé des cachets de tranquillisants. Je les avais eus avec une fausse ordonnance. Puis j'ai réveillé Fabrice et je lui ai dit de tout avaler d'un seul coup. Il dormait à moitié et il a bu très vite le chocolat chaud. Alors j'ai sorti le revolver que j'avais acheté la veille et je lui ai tiré une balle dans la tempe.

Lucienne soupire :

— Dieu merci, il est mort sur le coup.

— Non, maman, pas sur le coup. Il gémissait et il avait du sang qui lui sortait par la bouche et le nez. Alors j'ai pris un sac en plastique et je lui ai mis la tête dedans. J'en ai mis un deuxième et je lui ai noué autour du cou. Et j'ai serré…

Lucienne Esquinas n'a pas eu la force d'en entendre davantage. Son cœur a lâché. Le ciel avait raison : leurs enfants étaient destinés à s'entre-tuer.

Tentation

Jolie fille. Superbe. Avec sa chevelure brune et ses yeux noirs, immenses, Paty est une fille que tous les hommes regardent, à Dallas, Texas.

Ils regardent surtout la silhouette avantageuse, la taille, le buste, les jambes. Elle devrait faire du cinéma, Paty. À vingt-cinq ans, elle serait capable de détrôner plus d'une star d'Hollywood.

Que fait-elle de ce corps somptueux? Rien, justement. Ce qui énerve énormément son amoureux transi, Richard Callaghan :

— Je veux t'épouser! Combien de fois faut-il le dire?

— Nous avons le temps, Richard.

— J'en ai marre d'attendre, moi, reste avec moi ce soir!

Il la supplie depuis trois mois. Depuis le premier soir de leur rencontre, en fait. Richard est tombé amoureux fou de cette fille. Il en parle avec une gourmandise et une admiration délirantes :

— Elle est douce, intelligente, calme, belle, jamais une parole de travers, jamais un mot plus haut que l'autre, et avec ça, des yeux, une peau, des jambes.... Une merveille! J'en suis dingue!

Les copains de Richard sont persuadés qu'il couche avec cette merveille, bien entendu. On les voit toujours ensemble. Paty vient chercher Richard à la sortie de son travail, elle se jette à son cou, le prend par la taille, et les autres, envieux, regardent partir le couple enlacé, en imaginant des tas de choses.

Richard a vingt-huit ans; c'est un grand type costaud, carré d'épaules, joueur de basket, dessinateur industriel, et normalement constitué. Or il attend depuis trois mois que Paty veuille bien l'accueillir dans son lit. Chaque fois qu'il fait une tentative d'approche plus précise, elle a toujours la même réponse :

— Pas maintenant. C'est trop tôt.

Il ne comprend pas, Richard. Lorsqu'il l'a rencontrée dans une boîte de nuit avec d'autres copains, elle avait pourtant l'air d'une fille libre et sans complexe. En jean et en T-shirt, elle dansait avec tous les garçons de l'endroit. Elle l'a choisi, il est amoureux, il veut l'épouser, et pas moyen de... ?

— Pas maintenant, c'est trop tôt, Richard, je ne te connais pas assez, et toi non plus.

— Je te rappelle qu'on est en 1990, pas au Moyen Âge ! Qu'est-ce que tu veux de moi ? Que je grimpe à une échelle de Roméo ? Que je t'emmène sur un cheval fougueux ?

— Que nous fassions connaissance.

— On fait connaissance depuis trois mois... Si tu avais quinze ans, je comprendrais, mais ce flirt prolongé c'est ridicule.

— Si c'est ridicule, n'en parlons plus ! Adieu, Richard !

— Non ! Reste ! Attends...

Ce n'est pas la première discussion de ce genre entre eux, et Richard cède toujours. Elle le mène par le bout du nez. Lorsqu'il a fait amende honorable, il a droit aux baisers langoureux, aux étreintes disons... subtiles... et Paty se sauve en courant en lui criant :

— Je t'aime !

Elle l'aime. Elle le dit sur tous les tons. Mais elle ne le fait pas. Richard n'en parle à personne, il aurait l'air de l'idiot qu'il est.

Car c'est un idiot, Richard. Et pire encore... à la fin de l'histoire personne ne le plaindra de l'instant qu'il va vivre, le dernier dimanche de juin 1990, dans un motel de Dallas.

Ce soir-là, Richard est prêt à tout pour convaincre sa fiancée. Il a organisé le mariage, il a acheté la bague, les alliances, il s'est fait beau comme « elle aime » : costume de lin clair, chemise noire, cheveux bien coupés, aflter-shave... Il sent le futur bonheur à dix mètres. De son côté Paty a bien compris qu'elle était au pied du mur. Elle craint même que les choses ne se passent très mal si elle continue à jouer les pucelles effarouchées.

Pour des raisons radicalement différentes, ce rendez-vous est donc pour chacun d'eux l'instant de vérité. Comme dans le combat ultime de deux gladiateurs dans l'arène, le plus intelligent attaque le premier pour mieux se défendre. Et le plus intelligent des deux, qui est-ce ? Paty...

— Je voudrais te confier un secret, Richard. Mais jure-moi que tu ne vas pas le prendre mal, ou me juger mal. Tu sais que je t'aime et que je rêve de t'épouser, c'est pour cela qu'il faut tout nous dire.

— Tu peux tout me dire...

— Je n'en suis pas sûre. J'ai l'impression, par exemple, que toi tu ne me dis pas tout.

— Tout quoi ?

— Ta personnalité, ta vie, je ne sais pas. Par moments il me semble que quelque chose te tracasse, ton visage devient dur, tu te refermes, et je me sens complètement à l'écart...

— Je ne te cacherai jamais rien, je te le promets, demain tu seras ma femme, c'est une chose sacrée pour moi.

On peut remarquer à cet instant de leur conversation que Paty n'a toujours pas révélé le secret en question. Elle a entraîné habilement l'autre sur une voie détournée. Une mise en condition préalable. À présent elle se tait, songeuse, le regard vague, un peu triste. Et Richard s'en inquiète.

— Tu as un problème ?

— C'est toi mon problème. Je ne sais pas si je peux te faire confiance. Ce que j'ai à te confier est réellement très personnel. Intime. Tu pourrais ne plus vouloir de moi...

— Jamais ! Tu es la femme de ma vie !

— Je te crois. Maintenant je te crois. Je t'aime, Richard.

Nouveau silence. Le secret ne franchit pas les lèvres de Paty. Pour la première fois elle vient de dire à Richard qu'elle lui faisait confiance. Donc il espère tout... le secret confié et la conclusion dans la chambre de ce motel.

— Richard, allons dîner au restautant du motel, je préfère parler à une table, au milieu des gens, ce sera plus facile pour moi. Ensuite, si tu veux toujours de moi, nous reviendrons ici dans cette chambre, et je ne te quitterai plus.

Ils sont à table. Motel de luxe, fausses bougies sur la table, et champagne de Californie. Richard a la clé de la chambre dans sa poche, il est sûr de « conclure » cette nuit. Le secret dont parle Paty ne doit pas être bien terrible.

— Richard... un homme m'a violée il y a longtemps. J'étais jeune, et depuis... enfin je ne peux pas supporter l'idée qu'un homme veuille faire l'amour avec moi. Tu comprends ? Dès que les choses deviennent plus précises, je suis prise de panique.

Richard prend l'information avec une grande gentillesse. Il est tellement amoureux qu'il se sent prêt à sauver sa bien-aimée. Avec lui tout sera différent, il saura, il aura de la patience... bref, ce n'est pas un problème, et ce n'est pas pour cela qu'il renoncera à épouser Paty.

— Ce n'est pas tout, Richard... il y a plus grave, mais ça je ne peux pas...

Elle peut, bien entendu. Mais cela prend du temps, et il faut beaucoup de supplications de la part de Richard avant qu'elle se décide.

— Si j'avais tué quelqu'un, tu m'aimerais quand même?

Bizarrement, Richard ne s'exclame pas, il ne met pas en doute la question, il répond d'un bloc :

— Je t'aimerais quand même! Quoi que tu aies fait!

Alors Paty complète son histoire, sans trop de détails : l'homme, ce violeur, elle l'a tué. Personne n'en sait rien, mais elle est une criminelle et ne se sent pas digne d'un homme comme Richard. Subitement elle remet tout en cause, sa confiance, l'amour, le mariage... ça ne marchera pas, elle en est sûre, un jour ou l'autre Richard lui en voudra d'avoir tué un homme, il s'en servira contre elle, il la dénoncera peut-être!

Il est près de minuit, et Richard, emporté à la fois par le champagne, la fatigue, l'impatience, son désir tout bêtement... craque. Il se penche vers sa compagne, lui prend les deux mains, la regarde dans les yeux, et dit tout bas :

— C'est à mon tour de tout te dire. Maintenant nous serons unis pour toujours, je vais t'avouer quelque chose que je n'ai jamais dit. Jamais... C'était en 85, tu l'as peut-être lu dans les journaux. Un avocat très riche et sa femme assassinés dans leur villa. Il s'appelait John Campbell, sa femme Virginia...

— Non, je n'ai pas souvenir de ça... Quel rapport avec toi?

— C'est moi le coupable. À cette époque je vivais avec une fille, une des filles de cet avocat. J'étais fauché, je n'avais pas encore la situation que j'ai trouvée. Elle avait du fric, mais elle en voulait encore plus.

— Tu l'aimais?

— C'était plutôt une copine, son père était un des plus grands avocats de Houston, un type qui pesait dans les deux millions de dollars... Cynthia m'a proposé du fric, pour l'aider. Beaucoup de fric. Ça a failli mal tourner, parce que ses sœurs ont dit que c'était elle, on l'a soupçonnée un moment, mais on avait des alibis impeccables, elle et moi.

— Tu l'as tué! De tes propres mains?

— Cynthia m'a filé le revolver. Je ne sais même pas où elle l'avait trouvé. J'ai tiré à travers les rideaux d'une fenêtre, depuis l'extérieur, pour faire croire à une vengeance ou à un crime de rôdeur. Entre-temps, nous étions tous les deux dans une soirée où une vingtaine de témoins juraient nous avoir vus ensemble.

— Tu es un assassin? Toi?

— Maintenant tu le sais. J'ai fait ça pour du fric, et cette fille ne m'a même pas filé la somme convenue, elle avait peur de se faire piquer. Depuis, ça me travaille, je suis même soulagé de t'en parler. Je n'en pouvais plus de garder ça pour moi.

— Pourquoi tu ne t'es pas dénoncé?

— Et toi? Pour la même raison, non? J'ai pas du tout envie de finir mes jours en taule. C'était une autre vie, je n'avais pas de travail, j'ai fait une bêtise, je veux oublier tout cela.

— Je ne te crois pas! Tu dis ça pour être comme moi, tu as inventé toute cette histoire de meurtre pour que nous soyons pareils! Je suis sûr que tu es incapable de ça! Tu mens!

— Tu veux une preuve?

— Oh, ça m'étonnerait que tu puisses prouver quoi que ce soit...

— Mais si! Le flingue, c'est moi qui m'en suis servi, c'est moi qui l'ai jeté, et je suis le seul à savoir où!

— Et alors? Qu'est-ce que ça prouve? Je m'en fiche de savoir où il est! Je suis sûre que tu me racontes des histoires... Je ne peux pas t'imaginer en assassin...

C'est quelqu'un de véritablement étrange, cette Paty. Elle arrive à faire dire à Richard, tout en ayant l'air de refuser de savoir, OÙ il a jeté l'arme du crime. De SON crime.

L'amoureux se retrouve en état psychologique de tout dire, et Paty l'écoute en silence, ne posant qu'une question de temps en temps, l'air stupéfait, incrédule, jusqu'à ce qu'elle ait entendu toute l'affaire. Une histoire sordide.

Il était une fois un couple fortuné, les Campbell, qui avaient quatre filles. Lorsque le crime a été découvert, trois des filles ont immédiatement suspecté la quatrième d'avoir trempé dans l'assassinat de leurs parents. Elles l'ont dénoncée à la police, mais l'enquête n'a rien pu prouver contre elle. L'arme n'a jamais été retrouvée. Et l'héritage, notamment les assurances-vie d'un montant important, sera versé bientôt aux quatre filles Campbell.

— Quelque temps après cette histoire, j'ai trouvé du travail, j'ai changé de ville, je ne veux plus entendre parler de cette fille et de son fric... Il faut que tu me croies, Paty, ce que je viens de te dire est la plus grande preuve d'amour que je puisse te donner. Tu m'aimes ?

— Oui, je t'aime...

— Tu veux m'épouser ?

— Oui...

— Tu n'es plus la même, tu me juges, tu as peur de moi...

— Mais non je n'ai pas peur de toi. Je t'aime, je peux tout te pardonner.

— Tu restes avec moi ce soir ?

— Je reste. Donne-moi la clé de la chambre. Je vais monter la première, attends cinq minutes, laisse-moi le temps de me préparer. Je t'en prie...

C'est fini. Richard attend seul à la table du restaurant, bouleversé par ses aveux, bouleversé à l'idée de rejoindre enfin Paty... lorsque deux hommes l'encadrent.

Richard est en état d'arrestation. Tout ce qu'il a dit à Paty a été entendu et enregistré depuis une voiture banalisée garée devant le motel.

Dans la chambre, Paty peut retirer le micro qu'elle portait sous un décolleté pourtant ravissant...

Paty est employée par un grand cabinet de détectives privés. En collaboration avec la police, elle a mis trois mois à capter la confiance de l'assassin, à le rendre amoureux fou jusqu'à ce qu'il avoue. Elle l'avait d'abord suivi, croisé, rencontré par hasard dans une boîte de nuit... et utilisé avec lui ce qu'elle appelle la « méthode en douceur ».

Richard était bien l'amant de Cynthia, l'aînée des filles Campbell, et ses trois sœurs avaient décidé de s'adresser à des enquêteurs privés pour prouver leur culpabilité dans le meurtre de leurs parents. L'arme a été retrouvée sur les indications données par Richard.

Cynthia est en prison au Texas, Richard aussi.

Paty est repartie pour de nouvelles aventures, dans l'anonymat nécessaire à son curieux métier, et comme sa photographie a paru dans la presse, Hollywood s'est évidemment intéressé à elle. Mais Paty ne s'appelle plus Paty, ses cheveux étaient teints, elle portait des lentilles de contact, il paraît même que son nez ravissant, sa poitrine ravissante... n'étaient pas tout à fait à elle... Allez savoir.

Les trois cyclistes

5 avril 1988, une heure trente du matin. Un automobiliste roule au volant de sa camionnette sur une route secondaire, à une vingtaine de kilomètres de Mannheim, en Allemagne. À proximité du village de Pfaffen, il pénètre dans une forêt assez dense.

Soudain, il écrase le frein. Là, sur le bord de la route, une forme est allongée. L'automobiliste descend de sa camionnette, s'approche... C'est un cycliste. L'homme est allongé sur le dos, sa jambe gauche est empêtrée dans sa machine. Il ne porte aucune blessure apparente, mais il semble qu'il ne respire plus.

L'automobiliste remonte dans sa voiture et s'arrête quelques centaines de mètres plus loin devant la première ferme qu'il rencontre. Ses occupants, réveillés, alertent aussitôt le médecin et le maire de la commune de Pfaffen.

Une demi-heure plus tard, ils sont sur place. Le médecin constate que l'homme est mort. Il a la cage thoracique enfoncée. S'il n'y a pas de trace de blessures, c'est que sa grosse canadienne a amorti le choc.

Le maire, de son côté, identifie aussitôt la victime. C'est Jurgen Grass, un des commis de la boucherie du village. Il avait tout juste vingt ans...

Le médecin, le maire et l'automobiliste battent la semelle en attendant l'arrivée des gendarmes. Ils ont été prévenus et ne vont pas tarder.

Un accident de la route, tragique dans sa banalité : voilà ce qu'ils sont tous trois en train de penser. Aucun d'eux n'imagine autre chose... Imaginer quoi, d'ailleurs ?

Les gendarmes de Pfaffen font leurs premières constatations. Mais contrairement à l'automobiliste, au maire et au médecin, ils ne trouvent pas que les circonstances de l'accident soient évidentes. Il y a plusieurs détails troublants qu'ils notent dans leur rapport. La posture du mort n'est pas naturelle. Il a la jambe gauche coincée dans le cadre de son vélo, comme si quelqu'un l'avait placée dans cette position. D'autre part, la bicyclette n'est pas endommagée.

L'un des gendarmes résume le point de vue de ses collègues :

— Drôle d'accident... Si c'est bien un accident... Enfin, c'est le commissaire qui décidera.

Le commissaire Lenau, de Mannheim, se met à la tâche dès le lendemain. À Pfaffen, il découvre rapidement les témoins du drame ; ce sont deux jeunes gens du même âge que la victime, commis à la même boucherie que lui : Franz Valberg et Hans Hartmann. Il commence par interroger le premier.

Franz Valberg est un garçon solide, athlétique même, au visage ouvert. Sa déposition est brève et précise.

— Comme vous le savez, il y a la fête à Mannheim en ce moment. On y a été tous les trois. Les trois commis, quoi... On est restés un peu plus de deux heures et on est repartis vers minuit à bicyclette. Au bout d'un moment, Jurgen Grass n'arrivait plus à nous suivre. Il faut dire qu'il avait un peu bu et qu'il n'avait pas l'habitude. Alors Hans Hartmann et moi, on a continué ensemble...

Le commissaire observe attentivement le garçon boucher. Décidément, c'est un colosse : ses mains sont impressionnantes.

— Je vous remercie. Appelez votre camarade.

Franz Valberg se retire et laisse la place à son collègue... Hans Hartmann, le second apprenti boucher, n'a pas du tout le même aspect physique. Il est petit, presque chétif. Il n'a pas la même assurance non plus. Il semble impressionné, mal à l'aise...

Il fait le même récit que Franz Valberg : Jurgen Grass s'est attardé mais ils ont décidé de continuer, Franz et lui, jusqu'à Pfaffen. Et il ajoute d'une voix inquiète :

— Mais pourquoi me demandez-vous cela ?

Le commissaire décide de frapper un grand coup.

— Parce que j'ai tout lieu de croire qu'il ne s'agit pas d'un accident. Et si ce n'est pas un accident, il y a deux suspects : Valberg et vous !

Le jeune garçon boucher se trouble de plus en plus. Il passe la langue sur ses lèvres, avale sa salive. Il hésite encore quelques instants, et puis il se décide :

— C'est Franz qui a fait le coup. On roulait tous les deux, quand il m'a fait signe de m'arrêter. Il m'a dit : « J'ai un compte à régler avec Jurgen. » On l'a attendu. Quand il est arrivé Franz s'est jeté sur lui et l'a frappé. Après, il est revenu vers moi et m'a dit : « Boucle-la si tu ne veux pas qu'il t'arrive la même chose. »

Le commissaire Lenau est satisfait. Dès le départ il n'avait pas cru à l'accident. Son intuition ne l'avait pas trompé.

Il convoque aussitôt Franz Valberg. Celui-ci pousse un cri d'indignation quand il apprend les aveux de son camarade.

— Mais ça ne va pas ! Qu'est-ce qui lui prend à Hans ? Il est devenu fou ou quoi ?...

Mais malgré ses protestations, il est inculpé de meurtre et arrêté... Cela n'empêche pas le commissaire de rester prudent. Le témoignage de son camarade n'est pas suffisant. Il a pu l'accuser parce qu'il est mythomane ou par vengeance. Il faut une preuve.

Cette preuve, contrairement à ce qu'il espérait, le médecin légiste ne la lui apporte pas... La mort a été occasionnée par un choc très violent au thorax, qui a fait éclater le foie et le poumon droit. C'est le genre de traumatisme classique chez les piétons et les cyclistes accidentés, quoiqu'il puisse s'agir aussi d'un coup porté par quelqu'un d'une force exceptionnelle...

L'enquête continue donc, mais l'attente du commissaire Lenau est de courte durée.

Quelques jours plus tard, un homme d'une trentaine d'années demande à être reçu dans son bureau. Il est mal vêtu. Il dit s'appeler Ludwig Weiss et être actuellement au chômage.

— Je suis venu pour témoigner à propos de l'histoire de Pfaffen. Je ne voudrais pas que ça me fasse d'ennuis.

Le commissaire le rassure avec les mots qu'il faut et l'homme se met à parler :

— Ben voilà... C'était la nuit du 5 avril. J'étais sur la route. J'ai vu passer d'abord deux cyclistes et puis après un autre. Ensuite, l'un des deux cyclistes est revenu vers le dernier... Oh, ça n'a pas duré longtemps ! Ils se sont disputés et le plus grand a donné un coup de poing. Un seul. L'autre est tombé. Alors le grand lui a placé la jambe dans le cadre de sa bicyclette et il est reparti. Voilà, c'est tout...

C'est tout, mais c'est décisif. Avec ce second témoignage, qui confirme en tout point le premier, il n'y a plus de place pour le doute. Franz Valberg est inculpé du meurtre de son camarade Jurgen Grass. Son procès va bientôt avoir lieu au palais de justice de Mannheim...

20 janvier 1989. Au palais de justice de Mannheim, s'ouvre le procès de Franz Valberg.

Hans Hartmann et Ludwig Weiss maintiennent leurs dépositions. La comparution de Hans Hartmann est particulièrement dramatique. Tourné vers les juges et les jurés, n'osant pas regarder son camarade, il répète mot pour mot ses accusations. Franz Valberg l'interrompt avec véhémence :

— Ce n'est pas vrai, Hans ! Tu sais très bien que ce n'est pas vrai ! Il faut que les gendarmes t'aient rudement tabassé ou alors qu'ils t'aient fait boire pour que tu racontes une chose pareille.

Mais l'autre, impitoyable, continue son accusation sans regarder dans sa direction...

Pourtant, le témoignage suivant provoque la sensation. Le maire de Pfaffen vient déposer à son tour.

— Au début, commence-t-il, j'ai cru comme tout le monde à un accident, surtout à cause des traces de pneus sur la canadienne du mort...

Le président fait un bond sur son fauteuil.

— Des traces de pneus ! Mais l'instruction n'en a jamais fait mention. Pourquoi n'en avez-vous pas parlé ?

Le maire tombe des nues à son tour.

— Mais voyons, les gendarmes les ont vues comme moi. Je pensais qu'ils les avaient mentionnées dans leur rapport.

Le président se fait communiquer le rapport des gendarmes. Il n'est nulle part question des traces de pneus. Mais le procureur sait habilement faire oublier l'incident.

— Une voiture a fort bien pu passer sur le corps de la victime après le meurtre. Cela ne prouve rien...

Le procureur est d'ailleurs connu comme un orateur redoutable. Son réquisitoire est net et précis. Il sait faire ressortir la preuve accablante que constituent les deux témoignages concordants.

À l'issue de la délibération des jurés, Franz Valberg est

condamné à cinq ans de prison et cinq ans d'interdiction de séjour... Les habitants de Pfaffen, qui, en majorité, croient à son innocence, commentent avec sévérité le verdict : « Qu'est-ce que cela veut dire cinq ans de prison ? Pour un meurtre ce n'est pas assez... C'est donc que les jurés ont eu un doute et alors, il fallait l'acquitter... »

Six mois ont passé à Pfaffen. Et le patron de la boucherie est de plus en plus troublé. Son commis, Hans Hartmann, n'est plus le même depuis le procès et la condamnation de Franz Valberg. Autrefois, c'était un joyeux drille pas toujours assez sérieux, même. Maintenant, il est fermé, nerveux, irritable. Un jour de septembre 1989, le patron n'y tient plus. Après la fermeture de la boucherie, il prend son commis à part :

— Dis-moi, Hans, il y a quelque chose qui ne va pas ?

L'autre évite son regard, mais le patron insiste :

— C'est à cause de ce que tu as dit au procès, n'est-ce pas ?

Et soudain le jeune homme s'effondre. Il pleure à chaudes larmes.

— Oui, j'ai menti... À cause du commissaire. Il m'avait dit que c'était un crime et que si ce n'était pas Franz, c'était moi. J'ai eu peur et j'ai inventé cette histoire...

— C'était toi, alors ?

Le jeune homme se récrie.

— Mais non, non ! Je n'ai rien fait. C'est ce qu'a dit Franz qui est vrai. On est restés ensemble tous les deux jusqu'au bout. C'était sûrement un accident.

Le patron boucher pose la main sur l'épaule de son employé :

— Hans, mon garçon, voici ce que je te conseille. Écris tes aveux. Réfléchis bien toute la nuit et demain, si tu n'as pas changé d'avis, va les porter aux gendarmes.

Hans Hartmann suit le conseil de son patron et le lendemain matin il poste, à l'attention du commissaire Lenau, une lettre avouant son faux témoignage

Au commissariat, la lettre fait l'effet d'une bombe. Pourtant, le commissaire Lenau ne veut pas y croire tout de suite. Hartmann aura écrit ce billet pour essayer de sauver son ancien camarade. De toute façon, ce n'est pas sur son seul témoignage que Valberg a été condamné. Il y a l'autre, celui de Ludwig Weiss.

Par acquit de conscience le commissaire décide tout de même de convoquer ce dernier à son bureau...

C'est le lendemain qu'il apprend que Ludwig Weiss a été interné à l'asile psychiatrique de Mannheim. Diagnostic des médecins : paranoïa et mythomanie.

Cette fois, toute la construction du commissaire Lenau s'écroule. Un menteur et un mythomane, tels étaient les accusateurs de Franz Valberg. Il faut faire marche arrière et, dès le 20 octobre, Franz Valberg est libéré de prison.

Son collègue Hans Hartmann prend aussitôt sa place pour cinq ans. Car, selon la loi allemande, celui qui fait condamner un innocent à cause d'un faux témoignage reçoit une peine égale à celle que son témoignage a entraînée...

Franz Valberg a été par la suite réhabilité officiellement et a reçu des dommages et intérêts pour le temps qu'il avait passé injustement sous les verrous.

Quant à la raison de la mort du malheureux Jurgen Grass, c'était de toute évidence l'hypothèse que le commissaire avait écartée d'emblée : un accident. Si sa bicyclette n'avait pas été touchée, c'était qu'il était pied à terre au moment du choc, sans doute sous l'effet de l'ivresse.

C'était simple, mais il suffisait d'y penser. Il faut toujours penser aux choses simples avant d'accuser les gens.

La dame aux chats

Amanda Field est blonde. Elle a un visage d'ange et des yeux verts pleins de douceur. Mais Amanda s'ennuie dans l'Alabama. Son mari, Martin, est un brave employé du drugstore local. Pour occuper ses longues journées, Amanda, qui n'a jamais pu avoir d'enfant, adopte un chat, Mitsy, un brave minou errant qui miaulait devant sa porte. Amanda aimerait tant aller vivre en Californie. Elle pourrait ouvrir une boutique de fleuriste. Mais pour ça, il faudrait disposer d'un petit capital de démarrage.

Chaque matin Amanda Field se dit que, demain peut-être, elle va trouver la solution pour partir au soleil de Californie. En attendant, un autre chat vient d'entrer au foyer des Field, un curieux mélange haut sur pattes et tricolore : Buzy. Buzy et Mitsy se plaisent et bientôt la famille chat s'agrandit. Amanda recueille un autre chat errant. Puis un autre. Martin, quand il rentre chez lui, trouve que ça sent une drôle d'odeur.

— Quarante-sept, quarante-huit, quarante-neuf, cinquante ! Amanda, tu ne crois pas que tu exagères ! Il y a cinquante chats dans la maison. Tu te rends compte de ce qu'on dépense pour nourrir toutes ces bestioles ?

— Que veux-tu, Martin chéri, il faut bien que je m'occupe, je m'ennuie tellement ici. Ah, si un jour nous pouvions aller nous installer en Californie !

— Je te signale que papa m'a fait des réflexions. Il dit que la maison devient un vrai zoo et il menace de ne plus mettre les pieds chez nous.

Les yeux d'Amanda lancent un éclair vert mais Martin, plongé dans la rubrique sportive de son journal, ne remarque rien. Amanda devient songeuse.

Quelques semaines plus tard, Jay Field, le beau-père, rentre chez lui vers une heure du matin, après une rude journée au dépôt de chemin de fer.

— Daddy ! Attendez une seconde ! J'ai à vous parler.

Jay Field se demande ce que sa belle-fille Amanda peut bien faire à cette heure tardive juste devant chez lui. Il n'aura pas de réponse à cette question. Du moins en ce bas monde. *Pan ! Pan ! Pan !* Trois balles de revolver bien ajustées lui transpercent le crâne et Jay Field reste étendu sur le sol.

Amanda s'approche et assène un coup de crosse sur le crâne de son beau-père. Bien inutilement. Puis elle rentre chez elle. Les cinquante chats ouvrent un œil étonné. Dans la chambre conjugale Martin ronfle profondément et Amanda se remet au lit avec la satisfaction d'avoir fait un pas vers son rêve californien.

Le lendemain le téléphone sonne :

— Monsieur Field ? Ici le sergent Wensbury. Vous êtes bien le fils de Jay Field, 324, Lorna Drive ?

— C'est exact. Pourquoi ça ?

— Il est arrivé quelque chose à votre père. Pourriez-vous venir tout de suite ?

Quand Martin et Amanda arrivent quelques minutes plus tard devant le domicile de Jay, le sergent leur annonce la mauvaise nouvelle :

— Trois balles dans la tête. Mais le vol n'est pas le mobile du meurtre car le contenu de son portefeuille n'a pas été touché. Pas plus d'ailleurs que sa montre.

Martin est effondré. Amanda demande, l'air innocent :

— Qui a bien pu faire ça ?

— Le seul indice que nous ayons est le témoignage de la voisine, Mme Staning : elle nous a dit que, vers une heure du matin, elle a vu un homme s'approcher de votre beau-père, échanger quelques mots avec lui et lui tirer plusieurs balles dans la tête.

Amanda soupire profondément en entendant ce témoignage.

Sur le chemin qui les ramène chez eux, les Field restent songeurs :

— Maintenant que ton père est mort, c'est toi qui vas hériter de son paquet d'actions du chemin de fer...

— Mais enfin, Amanda, tu rêves ? Et maman, qu'est-ce que tu en fais ? C'est elle qui va hériter, évidemment !

Amanda fixe la route. Comment n'a-t-elle pas pensé à sa belle-mère, l'épouse du regretté Jay ? Daisy Field, une charmante dame potelée aux cheveux blancs. Pourtant Daisy aime bien les chats.

— Eh oui, bien sûr, c'est ta mère qui va hériter. C'est normal.

Les semaines passent et la police n'avance guère. Tout le monde cherche à identifier le mystérieux assassin aperçu par la voisine... En vain.

Le téléphone sonne, à la fin du mois d'août, chez Daisy, veuve de Jay Field :

— Daisy ? C'est Amanda. Dites donc, j'ai une idée. Vous savez que j'ai, dans l'Oklahoma, quelques actions de pétrole qui me viennent de mon père. J'ai envie d'aller faire un tour pour voir à quoi ressemblent les puits de cette société.

— Ah bon, je ne savais pas du tout que vous aviez ça.

— Alors voilà, j'ai pensé que nous pourrions partir faire un petit voyage toutes les deux. Je crois que ça vous ferait du bien. Une petite semaine loin de Burlingham, rien que nous deux.

— Vous êtes gentille, Amanda. Depuis la mort de Jay je tourne en rond.

— Si vous voulez, on part après-demain.

— Et qui s'occupera des chats ?

— Martin n'aura qu'à leur ouvrir des boîtes.

Les deux femmes quittent Burlingham comme prévu. Arrivées dans l'Oklahoma, Amanda organise la journée :

— Les puits de ma société sont tout près d'ici. On peut même y aller à pied en passant à travers bois. C'est une très jolie promenade.

— Je croyais que vous n'étiez jamais venue ici...

Amanda ne répond pas. Deux heures plus tard, dans les bois, Amanda, qui marche derrière sa belle-mère, sort discrètement de son sac à main un vilain petit revolver au manche de nacre. Daisy Field tombe dans les fourrés avec trois balles dans la tête. Comme son époux regretté.

— Vous ne pourriez pas me prêter une pelle ?

Le patron de l'hôtel se demande pourquoi sa blonde cliente a besoin d'une pelle, mais il lui en prête une sans poser de questions. Amanda repart dans les bois et creuse un trou où elle fait glisser le corps de sa défunte belle-mère. Puis elle rentre, rend la pelle, paie la note et s'en va.

Martin, conformément à la consigne, ouvre des boîtes pour les cinquante chats et attend des nouvelles de sa blonde épouse. Elles arrivent, par la poste : « Grande nouvelle : je crois que j'ai trouvé une boutique ici, à Pueblo, au soleil du Nouveau-Mexique. Viens vite me rejoindre. Mais avant, il faut que tu trouves des maisons pour tous nos petits minets. »

Martin case les cinquante minets en un temps record. Puis il donne sa démission. Curieusement il ne s'inquiète pas de savoir où est passée sa maman. Martin n'est pas du genre à poser des questions indiscrètes. Mais la police de Burlingham, elle, continue à s'intéresser à feu Jay Field :

— Sergent, vous savez ce que j'ai découvert : Amanda Field, la belle-fille de la victime, a acheté, huit jours avant le meurtre, un revolver à crosse de nacre. Exactement le calibre de l'arme du crime.

— Il faudrait aller revoir Daisy Field, sa veuve.

— Eh bien, justement, il y a un autre problème. Il y a un mois que Daisy Field a quitté Burlingham en compagnie de sa belle-fille. Depuis, elle n'a pas reparu et Amanda n'est pas rentrée chez elle.

— Et le témoin du crime, cette Mme Staning, elle maintient son témoignage ?

— Justement non, elle n'est pas nette. Elle n'est plus certaine de rien. Ce n'est peut-être pas un homme qu'elle a vu assassiner Jay Field. Elle nous a même déclaré qu'elle se demandait si elle n'avait pas rêvé.

— Il faut mettre la main sur cette Amanda.

Quelques semaines plus tard la police découvre qu'Amanda Field, dont la nouvelle adresse est à Pueblo, Nouveau-Mexique, vient de réclamer le paiement de la police d'assurance de son défunt beau-père.

— Allez les gars, on y va, demandez l'extradition de Martin et Amanda Field et leur retour en Alabama.

Amanda, sagement assise dans le bureau du sergent Wensbury, reste silencieuse :

— Madame Field, vous avez acheté un revolver de calibre 6,35. Qu'en avez-vous fait ?

— Je ne sais plus, moi. J'ai dû le perdre... ou le ranger. Il s'est égaré dans le déménagement.

Au bout de trois jours, Amanda craque :

— Bon, je vais tout vous dire. J'ai tué mon beau-père pour récupérer son capital. Ce qui m'a énervé c'est qu'il n'aimait pas mes chats. Ma belle-mère, pourtant, elle aimait bien mes minous.

— Votre belle-mère ? Vous l'avez tuée elle aussi ?

— Ben dame, c'est elle qui héritait de son mari. Je m'ennuie tellement ici à Burlingham. Il fallait absolument que je parte en Californie ou ailleurs, au soleil, pour ouvrir ma boutique de fleuriste...

Martin Field, quand il se retrouve dans les locaux de la police, prend un air effaré en apprenant tout ce qu'il était loin de soupçonner concernant son épouse.

— Mais qu'est-ce que vous me racontez là ? Amanda aurait assassiné mon père ? Et ma mère aussi ?

— J'en ai bien peur. D'ailleurs votre épouse vient de nous indiquer où elle a enterré votre maman. Il paraît que c'est à Torning, dans l'Oklahoma. La police locale essaie de retrouver le corps en suivant les indications qu'elle a fournies.

On retrouve le corps de belle-maman et Amanda se retrouve, elle, derrière les barreaux. Martin, qui réussit à faire la preuve de sa bonne foi, demande et obtient le divorce. Amanda est condamnée à la prison à vie. C'est la fin du premier chapitre de l'histoire étonnante de cette jolie blonde qui aimait tant les chats.

Après six ans de détention les autorités judiciaires, à la demande des médecins du pénitencier de l'Alabama, libèrent Amanda dont la santé se détériore à vue d'œil. Autant éviter qu'elle ne transmette sa tuberculose à ses codétenues...

Mais, avant de la libérer, le juge lui rappelle que, dorénavant, elle ne doit plus faire parler d'elle.

— Sinon, vous vous retrouverez très vite en prison.

— Faites-moi confiance, votre honneur. Je suis une femme différente de celle qui est arrivée ici il y a six ans.

« Herbert G. Murray, représentant de commerce multicartes, concitoyen honorablement connu de Warfield, vient d'épouser Amanda Paddington pour le meilleur et pour le pire. Le *Warfield Chronicle* présente tous ses vœux aux nouveaux époux. »

Cet entrefilet dans la rubrique mondaine locale passe pratiquement inaperçu.

Aussi inaperçu que le bonheur tranquille d'Amanda, ex-Field, épouse Murray, pendant les six années qui vont suivre... Mais Amanda, toujours tourmentée par les mêmes démons, finit par s'ennuyer. Alors elle s'en va faire du shopping. Elle dépense... un peu trop. Et, pour régler ses achats, elle finit par dérober un chèque dans le portefeuille d'un ami de M. Murray. Elle imite la signature et c'est reparti pour un tour :

— Amanda Murray, je suis le sergent Antonioz. Veuillez nous suivre chez le juge.

Et c'est ainsi qu'Amanda, qui depuis quelques années était en liberté sous condition, se retrouve derrière les barreaux.

Comme elle l'a dit au juge, Amanda est une femme différente à présent. Plus décidée, plus entreprenante. Elle le prouve en s'évadant du pénitencier. Mais elle est bientôt reprise. Deux ans plus tard son état de santé lui vaut, à nouveau, la liberté sur parole. Un imbroglio juridique la ramène au pénitencier. Puis on la libère à nouveau. Décidément, aux États-Unis la vie des jolies meurtrières blondes est pleine d'imprévus.

— Amanda Murray, je vous accorde la liberté sur parole. Mais je ne veux plus entendre parler de vous.

Amanda la blonde regarde madame le juge droit dans les yeux :

— Merci, votre honneur, vous pouvez me faire confiance.

— Mais auparavant, il vous faut faire un séjour à l'hôpital de l'État pour vous remettre en forme.

— Où pourrais-je bien aller ? Mon mari, Herbert G. Murray, vient d'obtenir le divorce !

Et c'est ainsi que se termine le second chapitre de la vie mouvementée d'Amanda. Dix ans se passent. Amanda finit par s'installer en Californie.

Rubrique mariages : « Jay Freeman, artisan bijoutier, vient d'épouser la ravissante Amanda Paddington. Tous les vœux du *Salinas Chronicle* aux nouveaux époux. »

Amanda est tout heureuse de son nouvel état. Son mari est charmant et, pour améliorer l'ordinaire du ménage, la blonde Amanda trouve un job : elle obtient la gérance d'une pension de famille. Un de ses clients est un ancien ingénieur d'origine danoise : Kurt Friedson, un peu trop myope pour conduire... Il dispose de certains revenus. Amanda lui sert de chauffeur.

— Monsieur Friedson, il faudra que je vous fasse connaître mes petits chats. C'est ma passion. Parfois mon mari me dit que j'exagère. J'en ai près de cinquante à la maison.

Mais ce bonheur peuplé de minets dure peu. Le destin guette Amanda. Tout d'abord elle est licenciée de son poste de gérante. Presque aussitôt son mari, M. Freeman, fait une mauvaise chute qui le rend incapable de travailler. Amanda, son mari et les cinquante chats sont dans une mauvaise passe... Il faut vendre la voiture. Mais Friedson a la sienne. Dommage pour lui, il déteste conduire !

— Chéri, je pars, j'ai mon bus dans dix minutes. Je vais conduire Friedson en ville.

— Donne le bonjour à Kurt Friedson et sois prudente au volant.

Désormais, tous les jours Amanda sert de chauffeur à son client et ami, l'ingénieur danois. Un charmant vieux célibataire sans famille. Amanda le connaît bien. Elle sait où il range ses chéquiers. Elle sait comment imiter sa signature.

— Dites donc, Kurt, vous ne pourriez pas me prêter un de vos fusils pour quelques jours ?

— Et pour quoi faire, ma chère Amanda ?

— J'ai l'intention d'aller chasser le dindon dans les collines.

— Prenez celui qui est accroché au-dessus du divan.

Amanda décroche le fusil. Pour elle c'est la seule chose à faire. Depuis quelque temps elle a pris l'habitude de signer un certain nombre de chèques à son propre bénéfice, en imitant la signature du charmant Kurt Friedson. Pas de doute, quand il va recevoir son relevé bancaire, il va s'étonner de ces ponctions. Pas difficile de remonter la filière.

Quelque temps plus tard on s'étonne de la disparition de M. Friedson. Amanda prétend tout ignorer. Elle donne des explications embrouillées sur tous ces chèques bizarres que l'ingénieur lui aurait signés.

— Amanda, nous sommes persuadés que vous avez tué Kurt Friedson. Avouez que vous avez abandonné son corps dans la campagne, sans sépulture chrétienne. Un chrétien sans sépulture qui en est certainement tourmenté...

Amanda reste songeuse.

— Oui, c'est vrai, son corps est resté sans sépulture...

Pour qu'on enterre décemment ce pauvre Friedson, Amanda avoue, pour la troisième fois de sa vie, un meurtre par intérêt. Trente ans après ses premiers crimes. Désormais elle restera définitivement sous les barreaux. De bonnes âmes recueillent les cinquante chats qui regrettent leur maman.

Un poil de chevreuil

Mathias est en train de se battre avec une tuyauterie récalcitrante, et le patron du café fulmine en attendant la réparation. Le matériel est tout neuf, il l'a acheté il y a deux mois. Pas moyen de servir correctement une bière à la pression ! À Munich, c'est important de servir correctement une bière pression !

— Arrangez-moi ça pour demain, ou débarrassez-moi de cet engin !

Mathias, l'installateur, dévisse et revisse cette maudite pièce qui devrait marcher et ne marche pas. Très absorbé par son travail, il ne prend pas garde à la discussion de deux hommes au bar. Le patron non plus. Il descend à la cave chercher un pichet de bière, en attendant que Mathias ait fini.

Les deux clients discutent pourtant assez fort. Mathias est obligé de les déranger un moment pour étaler ses outils sur le comptoir. La tête penchée derrière le bar, il entend alors cette phrase :

— Tu m'as piqué cette fille !

Le ton est mauvais, agressif, et Mathias, en relevant la tête vers celui qui vient de parler, remarque qu'il n'a pas l'air pauvre. La veste de cuir, le pull-over fin, bref une allure générale fait que Mathias a cette pensée. Puis il reporte son attention sur la machine — si elle ne veut pas fonctionner, il va perdre un client.

Mathias a vingt-huit ans, il démarre dans la vie comme installateur de machines à café et de bière à la pression. Un patron de bistrot mécontent, et sa petite entreprise toute neuve ne fera pas long feu.

Le patron est dans sa cave, la trappe est ouverte derrière le bar, et Mathias lui crie :

— Vous actionnerez la manette rouge quand je vous le dirai. D'accord ?

— D'accord...

À l'autre bout du comptoir le ton monte entre les deux hommes. Mathias comprend à peu près le sens de leur dispute. Le garçon chic reproche à un autre, un peu plus âgé que lui, de vouloir lui « souffler » une fille. Il dit :

— Je l'ai eue avant toi ! Je t'interdis de poser ta patte sur elle !

Et l'autre rétorque :

— Mais fous-moi la paix ! C'est tout de même à elle de décider, non !

Les deux consommateurs sont jeunes. Le plus âgé — vingt-cinq ans environ — semble plus calme, un peu méprisant devant l'énervement de l'autre qui s'agite devant son verre et prend des poses menaçantes.

— Laisse tomber, je te dis ! C'est mon territoire !

— J'en ai rien à foutre de tes menaces ! D'ailleurs, fous le camp d'ici !

Deux coqs se disputant une femelle à dix heures du soir. Des types qui n'ont rien d'autre à faire. Mathias, lui, a vraiment d'autres occupations. Il crie au patron :

— Allez-y maintenant ! La manette rouge !

À cet instant précis, Mathias est à trois mètres environ des deux hommes. Au moment où il redresse la tête pour actionner la manette de pression, il voit parfaitement la scène.

Celui qui vient de dire « Fous le camp » tourne le dos à l'autre pour saisir son verre de bière, signifiant ainsi que la discussion est close pour lui. Mais l'autre, le plus jeune, a un couteau à la main. Et Mathias le voit planter ce couteau, sans prévenir, sans un mot, dans le dos de l'autre. L'enfoncer profondément, délibérément dans le dos de son compagnon.

Sidéré par la rapidité du geste, Mathias n'a pas le temps d'intervenir, il n'a même pas vu le garçon sortir le couteau. Et l'agresseur court aussitôt vers la porte et disparaît, tandis que Mathias hurle :

— Patron, sortez de là ! Il l'a tué ! Sortez de là !

La tête ahurie du patron émerge de la cave, pendant que Mathias regarde glisser lentement le corps de la victime le long du bar.

Un samedi comme les autres, deux buveurs de bière, l'un de vingt-deux ans, l'autre de vingt-cinq, un couteau de chasse, un meurtre pour une histoire de fille. Et malheureusement, à cet instant précis, Mathias a tout vu. Il est le seul témoin visuel.

La victime était professeur d'éducation physique ; l'autre était son ami et n'a pas de métier. Famille aisée, riche même. Johann vit avec sa mère, sans souci, en dilettante, et la mère ressemble au fils. Elle vit de la fortune d'un époux industriel décédé depuis dix ans. Johann est fils unique, étudiant sans études, gâté, protégé, nanti d'une voiture de luxe et d'argent de poche à volonté.

Un caractère froid et cynique. Il prétend avoir frappé en état de légitime défense.

Mathias, l'unique témoin visuel, fait une déposition à la police qui dit bien entendu le contraire. On ne frappe pas quelqu'un dans le dos, en osant prétendre agir en état de légitime défense. D'ailleurs il trouve que ce Johann a une tête à claques, et le lui dit.

Johann répond que cet ouvrier est un imbécile, qu'il n'a pas vu le début de la bagarre, car il était bien trop occupé à réparer sa machine. Son copain a sorti un couteau et l'a menacé, lui Johann a réussi à lui arracher ce couteau et dans la bagarre il a frappé au hasard. Légitime défense.

Mathias, le témoin, rétorque que Johann est un voyou. Il a agi comme le dernier des lâches. Cet instant précis où il a relevé la tête de derrière le bar, où il a vu la victime se détourner pour prendre son verre, et l'autre planter le couteau dans son dos, il ne peut l'oublier, l'image est gravée dans sa mémoire, comme un flash. De plus, Johann a pris la fuite !

Le jeune Johann est donc inculpé, affirmant toujours qu'il a agi en état de légitime défense, et le juge reconvoque le témoin Mathias, ainsi que le patron du bistrot, pour une confrontation.

Or, plus de témoin Mathias. Un rapport de la police de la route le signale mort dans un accident. La victime avait garé sa camionnette en face d'une auberge de campagne, où il effectuait une réparation. En traversant la nationale pour aller chercher du matériel dans sa voiture, il a été heurté de plein fouet par une voiture inconnue.

Plus de témoin, plus de contradiction, le patron du bistrot qui se trouvait dans sa cave n'est, lui, qu'un témoin indirect. Il ne peut rapporter que ce que Mathias lui a dit. De plus, sa déposition irait plutôt en faveur de la théorie du meurtrier :

— Ils se disputaient depuis un bon moment ; si je n'avais pas eu cette histoire de machine à réparer, je les aurais flanqués dehors bien avant. J'aime pas les bagarres. Pour le reste j'en sais rien, je ne peux pas dire qui a agressé l'autre le premier. C'est Mathias qui a tout vu.

Johann était en prison, il est maintenant en liberté provisoire, en attendant que l'affaire vienne devant un tribunal. Il maintient toujours la légitime défense.

Et le témoin disparu ne pourra plus témoigner. Il ne sera pas là le jour du procès, pour dire : « J'ai relevé la tête, j'ai vu la victime tourner le dos, sans défense. »

Les circonstances de la mort du témoin ne sont pas élucidées complètement. La voiture qui l'a renversé ne s'est pas arrêtée, personne n'a relevé de numéro, ni même la marque, car il faisait trop sombre. Mathias travaillait souvent tard pour ne pas gêner la clientèle des bars ou des restaurants. Il est mort aux environs de onze heures du soir, en traversant une nationale déserte...

Le juge qui instruit l'affaire n'aime pas les coïncidences de ce genre. Pourtant il ne parvient pas à établir de lien entre la mort du témoin et le meurtre. Pas de preuve.

Mais quelque part dans un garage d'une autre ville, à des kilomètres de Munich, un certain Ernst Buhler vient d'effectuer une expertise pour sa compagnie d'assurances. Pas grand-chose, une petite voiture heurtée par un autobus. Son travail est vite terminé, il donne son accord au garagiste pour les réparations et s'apprête à partir, lorsqu'un des employés l'interpelle :

— Dites, monsieur Buhler, vous pourriez pas jeter un œil sur la Mercedes ? Elle est arrivée hier, et c'est vous qui l'assurez.

— Je n'ai pas de mandat d'expertise pour celle-là...

— Je sais, elle vient d'arriver, mais vous l'aurez de toute façon, et ça nous ferait gagner du temps... La propriétaire est une enquiquineuse. Mme Ruder, vous connaissez ? Accident de chasse sur sa propriété à ce qu'il paraît, elle s'est payé un chevreuil ! Elle veut sa voiture dans la semaine.

Ernst Buhler examine la carrosserie avant, se penche, examine le point de choc.

— Un chevreuil, vous dites ?

— C'est ce qu'elle a dit ! Elle a dû le prendre à pleine vitesse !

Ernst Buhler connaît effectivement de nom cette Mme Ruder. Une propriété de campagne, un hôtel particulier en ville, un terrain de chasse, un étang, un yacht quelque part aux Antilles, un château, deux ou trois voitures, des chevaux de course. Une bonne cliente pour sa compagnie.

À quatre pattes sous la voiture, Ernst Buhler marmonne :

— Vous avez touché à la voiture ?

— Pas encore, il y a toujours des traces de sang à l'avant droit, vous voyez bien...

— Justement, c'est bizarre, je ne vois pas de poils.

— Pourquoi des poils ?

— Si elle a heurté un chevreuil, il devrait y avoir des poils de chevreuil avec le sang. Quand un automobiliste heurte un sanglier ou un animal sauvage quelconque, on trouve toujours des poils... Et là, je n'ai pas de poils.

— Et alors ?

— Alors ça m'ennuie. Ne touchez à rien.

— Elle va râler...

— Elle râlera si elle veut.

Ernst Buhler a vingt ans de métier, Mme Ruder est une grosse cliente, certes, mais le métier est le métier. Il téléphone à la compagnie. La compagnie préfère avertir la police, un autre expert est nommé pour effectuer un examen des traces de sang.

L'absence de poils de chevreuil est normale, puisqu'il s'agit de sang humain, groupe O positif.

Entre-temps Mme Ruder râle comme prévu :

— Il y en a pour au moins mille cinq cents marks, j'exige que votre compagnie autorise les réparations immédiatement !

Car Mme Ruder est milliardaire mais radine. Et lorsqu'on songe au risque qu'elle a pris en donnant cette voiture à réparer, et en râlant pour mille cinq cents marks, il faut en déduire qu'elle est en plus stupide ! Car Mme Ruder est la mère de Johann Ruder, meurtrier en liberté provisoire. Et, après quelques vérifications policières relativement simples, il se trouve que les traces de sang correspondent au groupe de Mathias, témoin unique et décédé de l'affaire de son fils.

Elle se retrouve donc devant le juge d'instruction.

— Vous maintenez avoir heurté un chevreuil ? Où est-il ?

— Je ne sais pas... il a disparu, je l'ai blessé.

— Vous avez heurté un homme, madame Ruder, mieux vaudrait l'avouer.

— Un homme ? Je suis désolée, je l'ai pris pour un chevreuil.

— Et vous ne vous êtes pas arrêtée ?

— Puisque je vous dis que je l'ai pris pour un chevreuil !

— Je suis obligé de vous accuser de meurtre pour l'instant, madame Ruder, et avec préméditation probablement. Je ne crois pas une seconde que vous ayez heurté par hasard le témoin principal d'une affaire criminelle qui concerne votre fils !

— Bon, écoutez, ce n'est pas moi qui conduisais, j'ai cru plus simple de ne pas le préciser. Mais il m'a dit que c'était un chevreuil !

— Qui ?

— Un homme à qui j'ai prêté la voiture... je ne sais plus qui...

— Madame Ruder, si vous cessiez de mentir ? Vous protégez votre fils ? C'est lui qui conduisait ?

— Non !

— Alors c'est vous ? De toute façon vous êtes complice, je vous inculpe tous les deux.

Mme Ruder la richissime a mis plusieurs semaines avant d'avouer finalement qu'elle avait recruté par petite annonce, pour vingt mille marks, un chômeur. Au bout de cinq candidats elle dit être tombée sur le « bon ». Celui qui a accepté de suivre Mathias, vingt-huit ans, père de famille, durant plusieurs jours, de le guetter à la nuit tombante, sur les lieux de son travail, et de lui foncer dessus avec la Mercedes de Mme Ruder.

Le tueur à gages a vingt-quatre ans, il a été choisi par Mme Ruder après qu'elle eut éliminé sans explications les quatre chômeurs précédents. Celui-là avait la tête de l'emploi. Une sale tête à tuer père et mère pour vingt mille marks. Elle dit :

— J'ai deviné tout de suite qu'il serait d'accord.

Voilà donc une femme, une mère, qui protège son fils assassin, qui donne vingt mille marks à un autre assassin, et qui fait une déclaration à sa compagnie d'assurance en râlant pour mille cinq cents marks de réparations...

Le tueur à gages a été condamné à perpète. Son appel a été rejeté. Mme Ruder a été condamnée à la même peine, son appel a été entendu, et la peine réduite. Pour vice de forme, paraît-il.

Quant au fiston, il a écopé de cinq ans, pour meurtre sans préméditation.

L'affaire ayant été jugée en 1985, il est dehors depuis longtemps. Responsable directement et indirectement de la mort de deux jeunes hommes de sa génération, dont un père de famille. À la tête de la fortune maternelle, qui lui permet toujours de s'offrir des vacances aux Antilles. À cet instant précis il est peut-être dans un avion, ou sur son yacht... ou en train de discuter dans un bar. Et nul n'a le droit de citer son nom dans cette histoire. Puisqu'il a payé sa dette à la société.

Les « pouvoirs » d'Hector

Élodie Menetret examine la petite pièce où elle vient d'entrer en ce froid après-midi du 6 décembre 1983. Tout est propre, rangé avec soin. L'atelier de couture de Sophie Mercier, situé dans une rue populeuse des Buttes-Chaumont, est tout ce qu'il y a de classique.

Élodie Menetret regarde maintenant la couturière. Elle non plus n'a rien d'extraordinaire dans son aspect : la cinquantaine, grande, mince, les cheveux noirs ramenés en chignon... Est-ce que cette amie qui lui a indiqué l'adresse de Sophie Mercier ne se serait pas trompée ou n'aurait pas exagéré un peu ?

De son côté, Sophie Mercier observe, intriguée, cette inconnue qui se tient devant elle sans rien dire. Elle doit avoir quarante-cinq ans. Elle est restée jolie, avec sa blondeur replète qui n'est pas sans charme. Elle n'est certainement pas du quartier, comme le sont toutes ses clientes. D'ailleurs, elle a la curieuse impression que ce n'est pas une cliente. Sophie Mercier se décide à rompre le silence qui commençait à devenir gênant.

— Madame... Que désirez-vous ?

— Eh bien... je ne suis pas très fixée...

Il y a encore un silence et puis l'arrivante prend la parole précipitamment.

— Il faut que je vous dise la vérité : c'est une amie qui m'a conseillé de venir vous voir. Elle m'a dit que vous aviez, enfin... des pouvoirs...

— Des pouvoirs ?

— Oui, que vous étiez médium, voyante...

Sophie Mercier a un léger sourire.

— Si l'on veut. C'est un don qui se transmet dans la famille. Mais je n'en ai jamais fait mon métier. Je m'en sers de temps en temps pour rendre service...

Élodie Menetret s'approche d'elle, croisant les doigts dans une attitude suppliante.

— Il s'agit de mon mari. Je voudrais le revoir...

— Il vous a quittée ?

— Il est mort il y a un an. Pourriez-vous le faire apparaître avec des tables tournantes ou un autre moyen ? J'ai de l'argent, je vous paierai !

Sophie Mercier se met à réfléchir... L'argent... Un mot qui, pour elle, est synonyme de soucis sans nombre. Divorcée, sans enfants, ancienne employée de la haute couture au chômage, elle fait depuis des robes pour ses voisines et elle vivote tout juste. Se pourrait-il que ce fluide, qu'elle se vante de posséder et auquel on croit dans son entourage, lui serve à quelque chose ? Elle déclare enfin :

— Pour cela, il faudrait que je sois sur les lieux où il a vécu.

Élodie Menetret répond avec empressement :

— Venez chez moi. J'ai un grand pavillon en banlieue, à Villemomble. Vous resterez le temps qu'il faudra...

Cette fois, il n'y a plus à hésiter et Sophie Mercier accepte...

C'est ainsi que, ce 6 décembre 1983, deux femmes décident brusquement de rompre avec leur vie quotidienne pour évoquer un mort.

31 mai 1984 : près de six mois ont passé depuis l'installation de Sophie Mercier dans la villa d'Élodie Menetret, un vaste pavillon à deux étages, meublé avec un goût raffiné au milieu d'un grand parc. Sophie ne demanderait qu'à rester jusqu'à la fin de ses jours entourée des petits soins de son hôtesse. Seulement, elle sent bien que cela ne va pas durer. Toutes ses tentatives pour faire apparaître Honoré Menetret, le mari d'Élodie, ont été des échecs complets. Sophie a d'abord recouru aux tables tournantes, puis aux incantations devant le feu de la cheminée, elle a même obligé sa compagne à faire des processions dans le jardin, en chemise de nuit, tenant un cierge allumé : rien n'y a fait, l'époux défunt a obstinément refusé de se manifester...

Ce 31 mai, le déjeuner des deux femmes se déroule dans un

silence tendu. Penchée sur son assiette, Sophie Mercier observe son hôtesse du coin de l'œil. Elle n'a pas son air habituel, sa bonhomie de petite blonde replète ; son front est soucieux, sa bouche a pris un pli dur qu'elle ne lui avait jamais vu... Sophie craint le pire et c'est effectivement le pire qui arrive... Élodie s'adresse brutalement à elle :

— Ma chère, vous m'avez trompée !

Bien entendu, Sophie Mercier se récrie :

— Comment pouvez-vous dire une chose pareille !

Élodie Menetret durcit encore le ton :

— Comme j'ai été bête de vous faire confiance ! Vos pouvoirs, c'est de la comédie ! Vous avez joué la comédie pour profiter de mon hospitalité.

Sophie essaie de donner le maximum de conviction à sa belle voix grave. Elle enveloppe son interlocutrice de son regard le plus pénétrant.

— Mais si, j'ai des pouvoirs. Je les tiens de mon oncle. Dans ma famille, ils se transmettent d'oncle ou de tante en nièce ou neveu... Si votre mari n'a pas voulu venir c'est qu'il hésite encore, attendez un peu.

Mais le charme ne joue plus. Élodie réplique sèchement :

— Vous ferez vos bagages après le déjeuner. Je veux que vous soyez partie ce soir.

Sophie Mercier reste silencieuse... Elle réfléchit. Il faut trouver quelque chose... Elle prend la parole d'un ton apparemment détaché.

— Dommage ! J'allais employer un nouveau moyen et, cette fois, j'étais sûre que votre mari allait vous apparaître...

Malgré elle, Élodie Menetret est troublée, comme chaque fois qu'elle entend parler de son mari.

— Quel moyen ?

Sophie laisse s'écouler un instant pour bien marquer son effet :

— L'hypnose !

— L'hypnose ?...

— Oui. Je vous endors. Votre esprit quittera doucement votre corps et rejoindra celui de votre mari. Vous vous verrez tout seuls, sans témoin.

Élodie Menetret est bouleversée.

— Je vous crois. Essayons tout de suite.

Elle va s'allonger sur le divan du salon. Sophie la rejoint et s'installe près d'elle.

— Laissez-vous aller... Regardez-moi dans les yeux et comptez lentement...

Docile, Élodie Menetret obéit... Bientôt, sa voix se fait plus faible, sa respiration plus régulière. Ses paupières se ferment. À « dix-neuf », elle est endormie...

14 juin 1984. Caroline Drumond se trouve dans le bureau de M. Mariel, commissaire de Villemomble... Caroline Drumond a bien des choses à dire à la police...

— Monsieur le commissaire, je suis sûre que ma voisine, Mme Menetret, a été assassinée !

Le commissaire Mariel a l'habitude de ce genre de ragots. Il écoute poliment le récit de Mme Drumond : cette femme étrange qui s'est installée chez sa voisine, il y a six mois. Ces processions incroyables qu'elles faisaient toutes les deux la nuit, dans le jardin, et enfin, depuis quinze jours, la disparition d'Élodie Menetret...

Le lendemain, parce que c'est son devoir, le commissaire va rendre une visite au pavillon Menetret. Sophie lui ouvre. Il lui demande où est la maîtresse des lieux, mais la réponse n'est pas celle qu'il attendait.

— Mme Menetret ne reviendra plus ici, monsieur le commissaire.

— Comment ?

Sophie Mercier va chercher une lettre sur une table du salon.

— Lisez vous-même.

Et le commissaire lit...

« Ma chère Sophie,

« Je me retire pour toujours dans un couvent dont je ne vous dirai pas le nom. C'est la seule manière de me sentir plus près de mon pauvre mari. Vous avez été si bonne pour moi que je vous laisse occuper le pavillon jusqu'à ma mort. À ce moment, les religieuses préviendront mes héritiers... »

Le commissaire Mariel est évidemment surpris, mais un rapide examen des papiers personnels d'Élodie Menetret le convainc que l'écriture de la lettre est bien la sienne. Il prend congé poliment et regagne son bureau, un peu agacé d'avoir été dérangé...

16 juin 1984. On sonne au pavillon de Villemomble. Derrière la grille, un jeune homme aux cheveux bruns coupés court, à la mine insolente et aux yeux magnifiques : des yeux verts comme on en voit rarement. Sophie pousse un cri :

— Hector !

Oui, Hector Mercier, son neveu le plus âgé, qui faisait son service militaire, vient lui rendre visite... Et en le voyant, le visage de Sophie change soudain. Il passe sur ses traits une expression craintive. Hector entre joyeusement. Il a un sifflement prolongé.

— Bonjour, tantine ! Dis donc, c'est un rien chouette, ici !

— Qui t'a donné mon adresse ?

— C'est le concierge de ton ancien appartement, pardi ! Et puis tu sais, j'ai parlé aux voisins en venant ici. Il paraît que la proprio qui t'a hébergée a disparu...

Sophie Mercier ne répond pas... Elle regarde le visage insolent de son neveu. Mais ce sont ses yeux verts qu'elle fixe avec le plus d'intensité. Ces yeux sont un signe qui ne trompe pas. C'est lui qui a hérité de ses pouvoirs, ces pouvoirs qui, dans la famille, se transmettent d'oncle ou de tante en nièce ou neveu... La voix gouailleuse la tire de sa rêverie.

— Dis donc, tantine, t'as pas l'air enchantée de me voir ! T'as peur que je te tape, je parie... Note bien que t'as pas tort. Tu imagines ce que c'est quand on revient de l'armée. Alors si tu avais cent balles ou un peu plus...

— Non !

L'avarice naturelle de Sophie a pris le pas sur sa peur... Hector ne s'émeut pas pour si peu.

— Eh bien, invite-moi à déjeuner, ce sera toujours ça de pris !

Pendant le repas, Sophie Mercier fait tous ses efforts pour ne pas paraître inquiète, mais c'est plus fort qu'elle. Il suffit de regarder Hector pour voir à l'évidence qu'il a des pouvoirs. Plus forts que les siens, sans doute... Et c'est au fromage que ce qu'elle redoutait se produit...

Hector s'amuse à faire tourner son couteau sur la nappe. La lame s'arrête en direction de la fenêtre... Sophie pâlit... Son neveu recommence et la lame s'arrête exactement au même endroit. Malgré elle, Sophie Mercier a un cri :

— Arrête avec ton couteau !

Mais Hector n'arrête pas. Il recommence et pour la troisième fois le couteau s'immobilise dans la même direction, exactement vers le massif d'hortensias au milieu de la pelouse... Un sourire étrange passe sur les lèvres du jeune homme.

— Il paraît que tu as des pouvoirs, tantine. Mais j'ai bien l'impression que moi aussi... Je vois quelqu'un, quelqu'un de mort qui veut me parler, une dame.

— Tais-toi !

— La dame me parle. J'entends un nom : Hortense. Elle s'appelle Hortense... Non... Elle me fait non de la tête. Ce n'est pas cela qu'elle me dit... Hortensias... Oui, voilà : « Je suis sous les hortensias... »

Sophie agrippe le bras de son neveu.

— Dans la maison, j'ai trouvé vingt mille francs en liquide. Je te les donne, mais pour l'amour du ciel, ne parle plus jamais de cela !

Hector sort aussitôt de son état second.

— Plus jamais, c'est promis, tantine !

Mais Hector Mercier trahit sa promesse le lendemain même. En quittant sa tante, il va fêter l'incroyable événement avec ses copains de régiment. Il y a une bagarre et tout le monde se retrouve au poste. Les policiers le fouillent, découvrent dans ses poches une liasse de billets de cinq cents francs et l'interrogent sans ménagement.

— Où as-tu volé ça ? Tu as intérêt à nous le dire !

Hector préférerait ne pas dénoncer sa tante. D'abord parce que, malgré tout, il l'aime bien et ensuite, et surtout, parce qu'il aurait aimé garder la poule aux œufs d'or. Mais il n'a pas le choix : c'est elle ou lui. Alors il avoue tout... Le jour même, les policiers perquisitionnent dans le pavillon de Villemomble et découvrent le corps d'Élodie Menetret non sous le massif d'hortensias, mais pas très loin.

Sophie Mercier a été condamnée à vingt ans de prison par la cour d'assises. Dans son box, elle affichait un air fataliste. Elle ne cessait de répéter :

— C'est normal. Avec ses pouvoirs, Hector devait fatalement tout savoir...

Réflexion qui faisait à chaque fois hausser les épaules au président. Pour lui, Hector, garçon sans scrupule et sans moralité, avait tout deviné et profité de la frayeur de sa tante.

Bien sûr, c'était le plus logique... Mais pourquoi Hector Mercier n'aurait-il pas eu ces fameux pouvoirs ? Essayez donc de faire s'arrêter la lame d'un couteau trois fois de suite au même endroit ! Vous m'en direz des nouvelles...

La visite du père

Cliff Perkins est responsable du rayon des surgelés au supermarché de San Esteban, dans l'État de Californie. Cliff Perkins est malheureux. Depuis son divorce c'est sa femme, Ava, qui a la garde de leur petite fille de trois ans, Melanie. Cliff a pourtant un droit de visite et, tous les quinze jours, il se rend chez Ava pour récupérer la petite et passer la journée avec elle. Mais, chaque samedi, lorsqu'il arrive chez son ex-femme, Cliff se sent saisi par le stress.

Ava, qui n'est âgée que de vingt et un ans, n'a pas perdu de temps pour refaire sa vie. À présent elle est devenue Mme O'Maley.

C'est pourquoi, à chaque visite, Cliff doit affronter M. O'Maley, Brandon de son prénom. C'est un freluquet qui va sur ses vingt-cinq ans. Conducteur de pelleteuse sur les chantiers de la région. Brandon O'Maley ne supporte pas la vue de Cliff Perkins et, à chaque visite, les propos aigres-doux fusent de part et d'autre.

C'est la raison pour laquelle, dès que Cliff met sa voiture en marche pour aller voir Melanie, il se sent nerveux.

— Dépêche-toi, Linda, on va encore être en retard et cette andouille d'O'Maley ne va pas manquer de le faire remarquer. À chaque fois que j'ai cinq minutes de retard il me balance : « Décidément tu n'es pas pressé d'embrasser ta gamine » et ça a le don de me faire sortir de mes gonds.

La jeune femme brune qui finit de s'habiller, Linda, est la nouvelle compagne de Cliff. Lui non plus n'a pas supporté longtemps la solitude après son divorce. Linda est une Américaine d'origine mexicaine, vive, rieuse, pas compliquée. Elle aussi travaille au même supermarché que Cliff, au rayon parfumerie.

— Mais je suis prête. Maman demande si on dînera ici ce soir.

— Oui, mais qu'ils ne nous attendent pas. On ne sait jamais...

Effectivement on ne sait jamais ce qui peut arriver.

Cliff et Linda démarrent dans la Chevrolet verte d'occasion de Cliff. Sur le seuil du pavillon le père et la mère de Linda leur disent au revoir de la main. Et font des projets :

— Ça serait tellement mieux si Cliff pouvait récupérer Melanie. D'après ce que j'ai compris, la mère est toujours fourrée dans les bars avec son nouveau mari. La gamine est sans arrêt confiée à des baby-sitters. Linda la considérerait comme sa fille, elle me l'a encore dit ce matin.

Le père est plus songeur :

— Il faudrait d'abord que Cliff et Linda soient mariés. Encore quelques semaines et on verra.

Ce soir-là, la señora Mendoza, la mère de Linda, a mis le couvert pour sa fille et son futur gendre, mais ils ne reviennent pas dîner.

Le dimanche s'écoule, morne. Les Mendoza ont du mal à regarder la télévision. Une sourde inquiétude les ronge :

— C'est quand même bizarre qu'ils ne donnent pas de nouvelles.

— Margarita, tu te fais trop de mauvais sang. Cliff et Linda sont jeunes. Après avoir vu Melanie ils auront sans doute poussé jusqu'à la frontière pour passer le dimanche au Mexique.

— Ils auraient pu au moins téléphoner.

Mais le téléphone reste muet, à part les appels des frères et sœurs de Linda qui, inquiets eux aussi, viennent aux nouvelles.

Le lundi matin le téléphone retentit. Mais ce ne sont ni Cliff ni Linda.

— Madame Mendoza, excusez-moi de vous déranger. Je suis M. Backus, le gérant de Superfood. Ce matin votre fille Linda ne s'est pas présentée au travail, pas plus d'ailleurs que Cliff Perkins. Je crois qu'ils vivent tous les deux chez vous, n'est-ce pas ?

En entendant cela, Mme Mendoza sent ses jambes se dérober sous elle. Elle appelle son mari d'une voix mourante :

— Pedro : il est arrivé quelque chose aux enfants. Ni l'un ni l'autre ne se sont présentés ce matin chez Superfood.

M. Mendoza saisit le combiné et déclare à M. Backus :

— Cette nouvelle est très inquiétante. Nous allons immédiatement prévenir la police.

Mais la police, dans les semaines qui suivent, se révèle incapable de retrouver la moindre trace de Cliff et de Linda. Les Mendoza perdent peu à peu l'espoir de les revoir vivants.

Bien évidemment les policiers rendent visite aux O'Maley. Après tout, c'est chez eux que Cliff et Linda se rendaient la dernière fois qu'on les a vus.

— Effectivement, ce samedi-là nous avons attendu en vain. Cliff n'est pas venu. Nous étions très contrariés. Et nous n'avons pas pu sortir de tout l'après-midi, au cas où ils seraient arrivés plus tard que prévu.

C'est seulement trois semaines après le jour où Cliff et Linda ont disparu que l'on retrouve leur véhicule, la Chevrolet verte, dans un canal d'irrigation. L'endroit est situé dans une région désertique. Pas une habitation à moins de dix miles : la route qui longe le canal, quelques cactus géants et c'est tout.

La Chevrolet, une fois retirée de l'eau, est vide. Aucune trace des deux disparus. De toute évidence le véhicule a été incendié avant d'être poussé à l'eau. Un gros parpaing coince l'accélérateur.

Il y a à peine quinze miles entre le lieu de la découverte et le domicile des O'Maley. Mais ceux-ci renouvellent leurs premières déclarations :

— Nous n'avons pas vu Perkins le jour prévu pour sa visite. Quant à Mlle Mendoza, la dernière fois qu'ils sont venus ensemble, elle est restée dans la voiture. Nous ne lui avons jamais été présentés.

On interroge encore les Mendoza :

— Pensez-vous que M. Perkins aurait pu se livrer à une escroquerie à l'assurance ?

— Absolument pas. Et de toute manière son assureur, ce matin même, m'a signalé qu'il n'avait reçu aucune déclaration de la part de Cliff.

Le chef de la police décide d'utiliser les grands moyens :

— Dans cette région plate comme la main, un hélicoptère nous permettra peut-être d'apercevoir des traces ou de découvrir les corps dans un repli de terrain, derrière un buisson. On prendra des photographies.

Dès le lendemain un hélicoptère, sur lequel on peut lire le mot « Police », effectue un survol systématique de la région en partant du point précis où la Chevrolet verte a été retirée du canal d'irrigation. Il passe juste au ras des accidents de terrain et pousse son investigation jusqu'aux premières maisons et même un peu plus loin.

— Ava, tu as vu cet hélicoptère de la police qui est passé juste au-dessus de la maison. Je me demande pourquoi ils viennent encore nous casser les pieds.

— Ne t'énerve pas, Brandon, c'est sans doute une surveillance de routine. Ou peut-être même que cela n'a rien à voir avec nous.

— N'empêche qu'ils ont retrouvé la bagnole!

Brandon n'a pas les nerfs solides. Il passe le reste de la journée à ruminer, l'air sombre. Puis il se décide. Il appelle un avocat, Eddy Glover. Celui-ci lui tient le langage de la raison :

— Mon cher monsieur O'Maley, si vous savez la moindre chose que la police ignore, je crois qu'il vaudrait mieux aller tout raconter le plus vite possible. Je viendrai avec vous.

Le lendemain Brandon O'Maley pénètre dans le poste de police de San Esteban. Son avocat l'accompagne.

— Bonjour, je viens faire une déposition au sujet de la disparition de Cliff Perkins.

Le policier de service fait discrètement un petit signe de tête à ses collègues et ceux-ci, sans en avoir l'air, se mettent en travers des issues, prêts à saisir leurs armes et à intervenir.

— Je vous écoute : vous êtes monsieur O'Maley, je crois. Le mari de l'ancienne épouse de Cliff Perkins.

— Tout à fait exact. Bon, inutile de tourner autour du pot. Je viens vous dire que c'est moi qui ai tué Cliff Perkins.

La franchise de cet aveu étonne les policiers. L'avocat reste sans voix. Il ne s'attendait pas à ça.

— Et pourquoi venez-vous aujourd'hui faire cet aveu?

— Quand j'ai vu l'hélicoptère tourner au-dessus de la maison, je me suis dit que vous alliez bien finir par découvrir la vérité. Alors autant vous la dire sans plus attendre.

— Et pourquoi avez tué M. Perkins?

— Parce que, comme d'habitude, quand il est venu pour récupérer la petite Melanie, il s'est montré agressif. C'était un caractériel et il cherchait toujours la bagarre. D'ailleurs la petite en avait peur et quand elle le voyait arriver elle se mettait à hurler pour ne pas s'en aller avec lui.

— Ce n'est pas une raison pour le tuer.

— L'autre samedi il était particulièrement énervé et, à un moment, il est allé chercher le cric de sa voiture pour menacer Ava. Alors j'ai eu peur et je l'ai assommé avec une pelle que j'avais à la main. Mais j'ai dû y aller trop fort : je lui ai brisé la nuque du premier coup.

— Et Mlle Mendoza ? Qu'est-elle devenue dans tout ça ?

— Quand elle a vu que nous commencions à nous battre, Perkins et moi, elle est sortie comme une furie de leur voiture et s'est précipitée sur moi un revolver à la main. J'ai pris peur et je n'ai pas eu d'autre choix que de la frapper à son tour avec la pelle. Un coup en plein visage. Elle aussi est morte sur le coup.

— Et qu'avez-vous fait des corps ? Pourquoi n'avez-vous pas prévenu la police ?

Me Eddy Glover s'agite désespérément pour faire comprendre à O'Maley qu'il a intérêt à ne pas en dire davantage, mais l'autre semble intarissable :

— Je n'ai pas appelé la police car tout le monde savait que Perkins et moi ne pouvions pas nous supporter. Je vais vous emmener à l'endroit où nous avons jeté les corps.

— « Nous » ? Vous voulez dire que votre épouse vous a aidé dans cette macabre besogne ?

— Non, pour me débarrasser des corps j'ai demandé à un ami qui m'aide parfois à divers travaux. Il se nomme Joss Melvin.

Et c'est ainsi qu'on retrouve les restes de la pauvre Linda dans un autre canal d'irrigation, à quelques miles au nord de la maison des O'Maley. Perkins, lui, est à demi enfoui dans un conduit en béton qui sert aussi à l'évacuation des eaux.

Le chef de la police contemple les restes des deux victimes :

— Trois semaines dans l'eau, ce n'est pas joli, joli. Espérons que le médecin légiste pourra quand même faire parler les cadavres.

Un appel téléphonique anonyme vient compliquer les affaires d'O'Maley : le correspondant affirme que Joss Melvin a participé activement au double meurtre. La déposition d'O'Maley pourrait bien être assez différente de la vérité.

Quand, quelques jours plus tard, le dénommé Melvin, qui n'a encore que dix-huit ans, rentre d'une semaine de vacances, il finit par avouer sa participation à l'affaire :

— Les O'Maley avaient fait le projet de déménager dans un

autre État et Brandon avait mentionné, il y a plusieurs semaines, l'éventualité de supprimer Cliff Perkins. Je lui ai dit que je l'aiderais. C'était normal, c'est mon pote.

Du coup on décide d'aller inspecter la maison des O'Maley, histoire de voir si quelques traces du meurtre ne se révéleraient pas instructives.

On trouve en effet dans les fibres du tapis des traces de sang, nettoyées et camouflées, mais encore identifiables.

De son côté, le médecin légiste fait, sans le vouloir, une découverte beaucoup plus intéressante sur le cadavre de Cliff. En ôtant la chemise du pauvre garçon, plus ou moins réduite en charpie par le long séjour dans l'eau, il découvre, encore fixé sur sa poitrine grâce à des bandes de pansement adhésif, un petit micro. Ce petit micro est relié à un magnétophone miniature fixé à l'intérieur du blouson de Cliff. Le chef de la police fait la moue :

— Après trois semaines dans l'eau, ça m'étonnerait que la bande soit exploitable. Mais enfin, sait-on jamais...

Effectivement les policiers ne tirent rien de ladite cassette mais ils décident, en désespoir de cause, de l'expédier à Los Angeles où un laboratoire de la police s'est spécialisé dans les sauvetages de matériel électromagnétique endommagé.

Quelques jours plus tard ils reçoivent en retour une copie tout à fait audible de la bande magnétique enregistrée par Perkins. Elle s'avère être des plus éloquentes.

Pendant ce temps-là l'examen des cadavres révèle que les deux malheureuses victimes ont été frappées à la tête. Linda a même reçu, une fois morte, un coup de revolver en pleine poitrine...

En définitive, au cours du procès, la bande magnétique est prise en compte et le tribunal ainsi que les jurés peuvent assister en direct, comme dans une dramatique radiophonique, au meurtre de Cliff et Linda.

Tout d'abord les salutations d'usage, dépourvues de cordialité. On entend la voix d'Ava O'Maley. Arrivée de la petite Melanie. Cliff lui dit :

— Alors mon bébé, tu es contente de voir ton papa ? On va aller faire une bonne promenade et puis on ira manger un hamburger et une glace. Avec Linda. Tu te souviens de Linda ? Elle t'attend dans la voiture...

Cliff vient de pousser un cri. Melvin, dans sa déposition, précise qu'O'Maley a assommé Cliff au moment où il prenait Melanie dans ses bras. Elle a même été aspergée de sang. Sur la bande sonore on entend distinctement le bruit des coups et les gémissements de Cliff.

Ensuite on entend la voix d'Ava qui hurle :

— Tue-le, tue-le ! Il bouge encore. Occupez-vous de la fille, elle est dans la voiture. Vite ! Il ne faut pas qu'elle parle.

On apprend encore qu'aussitôt après avoir tué Cliff, Brandon s'est précipité sur Linda et a essayé de l'étrangler dans la Chevrolet. C'est Melvin, en la frappant à coups de pierre, qui a fini par la faire taire.

Après s'être débarrassés des corps, O'Maley et Melvin emmènent la Chevrolet au bord du canal et y mettent le feu pour essayer d'effacer les traces, puis ils la poussent dans l'eau.

Au cours du procès, Melvin, qui sera condamné à la prison à vie, précise qu'O'Maley l'avait choisi comme assistant pour la sinistre besogne parce qu'il faisait partie des pompiers volontaires et que, par conséquent, il avait une certaine habitude des cadavres et du sang...

La jeune Mme O'Maley, qu'on entend exciter les hommes au meurtre, est condamnée aussi à la prison à vie. Il s'avère qu'elle a, dans les jours précédant le crime, offert cinq cents dollars à une copine pour que celle-ci et son petit ami l'aident à se débarrasser de Cliff. Brandon O'Maley est condamné à perpétuité et doit verser dix mille dollars d'amende.

La fatalité fait que les corps de Linda et Cliff ont été découverts le jour même où ils avaient projeté de se marier...

Le chien jaune

Sur une plage déserte de l'Atlantique, aux environs d'Agadir, un chien jaune galope le long des vagues. Il est maigre, il a le poil pelé et le museau pointu. Il a commencé par tourner autour des caravanes des campeurs. Un couple de touristes allemands lui a jeté des restes. Encouragé par l'aubaine, il est venu renifler la tente voisine, mais il a été accueilli à coups de pied par le propriétaire. Il vient de filer sans demander son reste.

Jénaïel, le donneur de coups de pied, est venu ici passer des vacances avec sa compagne Sigried. Il est tunisien, elle est autrichienne. Il est brun, musclé, elle est pâle et blonde. Ils s'aiment depuis un an, sans nuages, depuis leur rencontre à Munich.

Sigried surgit au soleil :

— Pourquoi as-tu fait ça ? Ce n'est qu'un chien, il ne voulait de mal à personne !

— Le chien est comme la femme ! Il n'a pas d'âme ! Si tu lui donnes à manger, c'est lui qui te mangera !

— Qu'est-ce que tu racontes ! C'est une plaisanterie ?

— Pas du tout ! Ça ne m'étonne pas qu'une femme s'attendrisse sur un chien galeux !

Et il retourne dormir sous la tente.

C'est la première fois qu'ils se disputent depuis un an qu'ils vivent ensemble. Jénaïel travaillait comme chauffeur d'ambassade en Autriche, lorsque Sigried est tombée amoureuse de lui. Jamais elle n'a vu cette lueur méchante dans son regard. Jamais !

Leurs voisins, des Allemands, deux couples paisibles, sont occupés à faire griller du poisson. Sigried les rejoint pensivement, en regardant le chien jaune qui court toujours le long de la plage, mais à distance respectueuse. Elle vient d'avoir peur. Elle a besoin de se réfugier auprès de gens tranquilles. Elle les envie tout à coup d'être heureux. Pourtant elle l'était il y a deux minutes...

— Jénaïel est un peu fatigué ce soir, il a dû trop nager. Je peux rester ?

Comme le chien jaune elle se retrouve à demander l'aumône d'une présence. L'animal se rapproche en cercles prudents, l'échine basse, l'oreille méfiante, puis finit par s'asseoir, sur le qui-vive. Comme Sigried. Elle s'en veut de penser cela, mais elle n'a pas envie de retourner auprès de son compagnon. Peur de recevoir un coup de pied elle aussi ! Et puis leur tente n'a pas le confort des caravanes. Jénaïel n'a jamais d'argent. Sigried a consacré ses économies de vendeuse à l'achat de deux billets d'avion ; pour le reste, ils disposent de deux matelas de caoutchouc, d'un camping-gaz et de deux sacs à dos. Les autres sont équipés.

Josepha, une jeune institutrice, propose gentiment à Sigried de dîner avec eux. Son mari Karl insiste. Leur copain Peter, un garagiste, et sa femme Margaret plaisantent :

— Allez le chercher ! Il y a du poisson pour tout le monde !

Sigried vient de refuser, lorsque Jénaïel sort brusquement de la tente, sa carabine de chasse à la main. Le garagiste dit :

— Il va chasser à cette heure-ci ? Il fait nuit !

Mais Sigried a compris. Elle se précipite vers le chien, le chasse en criant :

— Va-t'en ! Il va te tuer ! File !

Le chien jaune détale, la queue basse, sa silhouette se confond presque avec le sable, au moment où le coup de feu éclate. Les témoins entendent un jappement de douleur, et l'animal disparaît derrière une dune.

Le silence revient brusquement. Les quatre occupants de la caravane, sidérés, regardent approcher Jénaïel. L'air décontracté.

— Vous avez eu peur, hein ? Ce chien a sûrement la rage ! Il ne faut pas le laisser approcher ! Tu viens, Sigried ?

Le ton est sans réplique.

Et il entraîne sa compagne fermement, un drôle de sourire au coin des lèvres.

Elle bredouille des excuses, et le suit, la tête basse, craintive. Que se passe-t-il ? Où est le garçon qu'elle a connu, drôle, insouciant, tendre ? Sigried a une boule dans la gorge.

De retour dans leur tente, elle tente de dominer la situation :

— Qu'est-ce qui te prend ? Tu tues les chiens maintenant ?

— Je tue les chiens enragés, tu ne vas pas en faire une histoire ! Mangeons !

— C'est toi qui le dis qu'il était enragé ! Et tu l'as sûrement raté en plus, il doit se traîner quelque part blessé !

— Et alors ? Il crèvera loin d'ici. Tu manges, oui ou non ?

— J'ai pas faim du tout, tu m'as coupé l'appétit ! Je vais le chercher !

— Tu es ridicule !

Sigried marche dans le sable encore chaud de la journée, et grimpe à travers les dunes. Elle cherche dans l'ombre la trace de l'animal. Un léger sillage de pattes, puis enfin un petit tas de poils jaunes enfoui dans un creux d'herbes, qui gronde peureusement à son approche.

À la patte arrière droite, Sigried distingue un caillot de sang, qu'il lèche avec application. La balle lui a traversé la cuisse. Il n'est pas enragé, seulement couvert de puces et de tiques. Il se laisse même approcher à force de patience, et caresser par la main tendue.

Puis Sigried parvient à le prendre dans son T-shirt et à le transporter. Mais où ? Pas question de le ramener sous la tente. Le mieux serait de demander de l'aide aux occupants de la caravane. Jénaïel sera furieux, mais tant pis.

Elle approche, elle entend déjà le bruit lointain des conversations mêlé à celui de la mer, lorsqu'une main lui saisit brutalement l'épaule.

— Ne bouge pas, ne dis rien !

Jénaïel tient sa carabine, ses yeux brillent dans la nuit comme ceux d'un loup. Et Sigried se dit : « Il va me tuer ! »

— Écoute-moi bien, Sigried. Ça te plairait d'habiter une caravane comme celle-là ?

— Qu'est-ce que tu veux dire ? De quoi parles-tu ? On n'a pas les moyens !

— J'ai une idée. Je tue ce Peter, l'autre est d'accord. Et on s'installe à sa place.

— Tu es fou ? Arrête cette plaisanterie !

— Je ne plaisante pas ! J'en ai parlé avec le petit instituteur.

— Tu me prends pour une imbécile ! Ils sont amis ! J'espère que tu n'as pas raconté des bêtises ! Jénaïel ? Mais qu'est-ce qui te prend ? À quoi joues-tu ? On ne dit pas des choses pareilles ! Et sa femme qui est enceinte... Je suppose qu'elle est d'accord aussi ?

— Si elle est pas d'accord, j'aviserai ! Allez, avance ! Avance, je te dis !

Un an de vie paisible, un an durant lequel elle a vu Jénaïel rire et plaisanter, bricoler son appartement, repeindre les murs, lui offrir des fleurs ! Et voilà que brutalement cette nuit, en une seconde, tout bascule.

C'est tellement incroyable que Sigried avance comme une automate, le chien dans les bras, terrorisée, ne sachant quoi faire d'autre. Quand elle arrive dans le halo de lumière de la caravane, les quatre amis achèvent leur repas. Elle les entend rire. L'une des femmes dit :

— Tiens, vous revoilà ? Réconciliés ? Alors qu'est-ce qu'il a, ce pauvre chien ?

Un brouillard passe devant les yeux de Sigried, elle voudrait crier quelque chose, elle ne peut pas. Elle lâche le chien, qui tombe en gémissant à ses pieds ; son bras désigne Peter, elle bafouille péniblement :

— Allez... allez-vous-en... il va tuer... il...

Peter et ses amis ne comprennent pas, bien entendu. Tout à coup Sigried se sent bousculée, Jénaïel passe devant elle et tire, à l'instant même où elle parvient à crier :

— ... Il est fou !

Comme au ralenti elle voit Peter s'écrouler, Karl se précipiter sur le tueur en même temps que Margaret. Elle voit Josepha ramper à quatre pattes vers son mari. Ensuite tout est flou, brouillé. Elle a dû s'évanouir.

Lorsqu'elle retrouve sa lucidité, Peter est mort, Karl a assommé Jénaïel et l'a ligoté solidement. Josepha pleure en berçant le corps de son mari, et Margaret est partie au volant du camping-car chercher la police.

Un an plus tard, à Munich, Jénaïel a été extradé et passe en jugement. Il n'est pas chauffeur d'ambassade. Ce n'est qu'un petit voleur minable, recherché pour des braquages sans envergure. Il vivait avec de faux papiers et, depuis sa rencontre avec Sigried, se tenait tranquille. Il se consacrait uniquement à son travail de gigolo. De temps en temps il jouait aux cartes avec des copains, trafiquait un peu, histoire de ramener un peu d'argent et de justifier son mensonge. Sigried ne s'était jamais doutée de rien. Elle avait connu et aimé un être normal. Jusqu'à cette seconde où il avait tiré sur le chien jaune, là-bas sur cette plage d'Agadir, elle n'avait rien senti de bizarre. Il était gai, tendre, parfaitement à l'aise. Jamais de propos insultant, jamais de comportement agressif. Au contraire, il disait toujours : « Je suis tunisien, chez nous on a le sens de l'hospitalité. On prend le temps de vivre ! » Et il lui racontait la mer, et les senteurs de jasmin, les maisons blanches et le ciel si bleu. « Un jour, disait-il, un beau jour je t'emmènerai là-bas, et nous serons heureux... »

Sigried ne comprend toujours pas durant le procès ce qui a provoqué ce changement, cette rupture folle, incompréhensible dans leurs rapports. Rupture qui se poursuit lors du procès. Car malgré les évidences, Jénaïel a adopté un système de défense totalement stupide. Il prétend qu'il n'a pas tué. Il maintient que Karl, le jeune instituteur, était d'accord avec lui. Qu'ils avaient parlé ensemble de ce crime. Il tient des conférences de presse entre les audiences, se conduit comme une vedette avec les journalistes, au point que son avocat renonce à le défendre et quitte le tribunal en pleine audience.

— Je me démets de mes fonctions. J'ai une opinion divergente et insurmontable avec mon client. Je suis convaincu de sa culpabilité, il ne veut pas la reconnaître, je dois donc me dessaisir de cette affaire !

Et les jours suivants, Jénaïel continue de délirer, il accuse maintenant Sigried de complicité, ainsi que les autres témoins. Il s'agissait pour eux de tuer Peter et de lui faire porter le chapeau ! Bien qu'il ait acheté lui-même cette carabine soi-disant pour chasser, bien que ses empreintes, et seulement les siennes, aient été retrouvées sur cette arme, bien que quatre témoins survivants de sa folie meurtrière le désignent, il hurle qu'il est innocent. Qui a tué ? C'est aux juges de se débrouiller. Lui n'en sait rien. Qu'a-t-il vu ? Rien, il a juste entendu un coup de fusil, et les autres lui sont tombés dessus !

Sigried témoigne, incapable d'expliquer le comportement de son amant :

— Je l'aimais. Jusqu'à cette seconde où il a tiré sur le chien. Même avant, lorsqu'il l'a chassé à coups de pied, j'ai voulu croire à une mauvaise plaisanterie. Je ne comprends pas. C'est effrayant de cesser brutalement, comme ça, d'aimer quelqu'un. Je me suis sentie vidée, incapable de réagir. Comme si je n'étais pas concernée. J'aurais pu l'empêcher de tirer peut-être, lui arracher son arme, hurler pour prévenir les autres, je n'y suis pas arrivée. J'étais muette, pétrifiée. Toute la scène se passait dans un autre monde, un cauchemar. Je serrais ce chien contre moi, je me disais : c'est de ma faute, je n'aurais pas dû ramasser ce chien, c'est de ma faute... Je suis tombée malade après cette histoire. Une dépression grave. J'ai eu l'impression d'être devenue folle moi-même.

Josepha a perdu son bébé, Margaret est veuve, Peter est mort. Et Karl regrette de ne pas avoir tordu le cou à ce dingue ; il le dit aux juges :

— C'est ma femme qui m'en a empêché. J'allais le massacrer. J'en suis encore malade.

Jénaïel a été condamné à perpétuité. Sigried est retournée à l'hôpital.

Cette sombre nuit d'été sur une plage de l'Atlantique, il n'y eut en fait qu'un seul rescapé de l'histoire. Un chien jaune, qui s'est enfui en boitant, la queue basse, soigner ses plaies loin des humains.

S'approcher des hommes est une chose dangereuse, les chiens jaunes et galeux le savent, eux qui vivent de leurs déchets, de leurs coups de pied depuis des temps immémoriaux...

Pauvre Minna !

La vie est parfois triste lorsqu'on est jolie, qu'on a quarante ans, qu'on est seule et que les gens s'amusent autour de vous !... C'est ce que pense Minna Bauman dans sa coquette villa de Richten, petite ville d'Allemagne non loin de Munich. Minna Bauman est pourtant mariée depuis vingt ans et heureuse en ménage. Seulement son mari, représentant en jouets, est bien souvent absent et il n'est pas là, ce soir du 2 mars 1985.

Or, ce n'est pas un soir comme les autres. C'est le début du carnaval de Richten, très renommé dans la région... Minna Bauman adore le carnaval et son mari s'est toujours arrangé pour le passer avec elle. Seulement, pour la première fois depuis vingt ans, il n'a pas pu...

Alors, Minna n'y tient plus ! Elle sort et, quelques instants plus tard, elle se retrouve dans les rues pleines de monde... Quel mal y a-t-il à chanter et à danser avec les autres au milieu des serpentins et des confettis ? Un homme de son âge l'entraîne dans une farandole endiablée, elle se laisse faire. Comme il est drôle, plein d'esprit, elle rit de bon cœur. Encore une fois, où est le mal ?

On boit beaucoup dans les carnavals. Minna boit et elle n'en a pas l'habitude. Et c'est presque sans s'en rendre compte qu'elle se retrouve dans sa villa en compagnie de son cavalier...

Cette fois, Minna Bauman comprend que c'est mal. Mais brusquement, après vingt ans de fidélité, elle s'abandonne. Tant pis, Jakob n'avait qu'à être là ! C'est de sa faute après tout ! Ce ne sera, pense-t-elle, qu'un instant d'égarement, qui restera à jamais secret... Pauvre Minna !

Comme l'homme s'approche d'elle, il a une drôle de grimace et porte la main à son cœur.

— Qu'est-ce qu'il y a ?

Elle n'a pas le temps d'en dire plus. Il s'effondre sur le lit avec un gémissement. Elle se penche sur lui. Il a la bouche et les yeux ouverts. Il ne respire plus. Et Minna Bauman, la jeune femme irréprochable qui croyait que son instant d'égarement allait être sans conséquences, se retrouve seule chez elle, avec le cadavre d'un homme nu dans le lit conjugal.

Le téléphone sonne chez Konrad et Clara Hauser, dans une autre partie de la ville de Richten. Ils ne répondent ni l'un ni l'autre. D'abord parce qu'il est trois heures du matin et qu'ils sont couchés et ensuite parce que c'est le carnaval. Il est déjà arrivé que des fêtards éméchés composent un numéro au hasard pour réveiller les gens. Mais au bout de la dixième sonnerie, Clara Hauser se dresse sur les coudes.

— On devrait quand même y aller...

Konrad a un grognement.

— Laisse tomber, c'est un abruti du carnaval.

— S'il était arrivé un malheur ?

— À qui ?

— À Minna.

— Que veux-tu qu'il lui soit arrivé ?

— Je suis trop inquiète. J'y vais...

Clara Hauser a la quarantaine, comme Minna Bauman, et elle lui ressemble trait pour trait, ce qui n'a rien de surprenant, quand on sait qu'elles sont sœurs jumelles... Elle décroche, alors que le téléphone en est bien à sa quinzième sonnerie. C'est effectivement Minna, mais ce qu'elle dit est tellement stupéfiant que Clara croit qu'en fait elle ne vient pas de se réveiller, mais que c'est un rêve qui continue.

— Viens vite, j'ai un mort dans mon lit !...

— Qu'est-ce que tu dis ?

— J'ai un mort dans mon lit !

— Jakob est mort ?

— Non, ce n'est pas Jakob. Je ne sais pas qui c'est. Viens vite ! Il n'y a que toi qui peux m'aider...

— On t'a attaquée ?

— Non. Je t'expliquerai. Dépêche-toi !

Absolument abasourdie, Clara Hauser revient dans sa chambre.

— C'est Minna. Elle veut que je vienne.

— Qu'est-ce qui est arrivé ? C'est grave ?

— Non, elle est seule. Elle se sent angoissée. Elle a besoin de moi...

Konrad Hauser pousse un soupir et n'insiste pas davantage. Être marié à une jumelle comporte des désagréments : il le sait, depuis longtemps... Les deux sœurs sont très proches l'une de l'autre et éprouvent souvent le besoin irrésistible de se voir. Mais à trois heures du matin, c'est la première fois !

Quelque temps plus tard, Clara est chez Minna. Cette dernière lui a tout expliqué... Elle contemple le corps allongé sur le lit, que sa sœur a tout de même rhabillé.

— Comment s'appelle-t-il ?

— Je ne sais pas. Je sait tout juste son prénom : Hans...

— Il a sûrement des papiers sur lui.

— Peut-être. Ce n'est pas cela l'important. Ce qu'il faut c'est le faire disparaître.

— Tu es folle ?

— Il est mort. Qu'est-ce que tu veux qu'il lui arrive d'autre ? Tu veux que je prévienne la police et que Jakob et tout le quartier apprennent ce qui s'est passé ?

— Non, bien sûr... Mais le faire disparaître comment ? Tu as une idée ?

— J'ai eu le temps d'y penser. L'étang n'est pas loin.

— On n'y arrivera jamais !

— Mais si. Prenons-le chacune par un bras. Aide-moi...

C'est ainsi qu'elles quittent le pavillon et qu'elles se dirigent jusqu'à la voiture de Clara, garée juste devant. Elles n'en mènent pas large, mais elles se rassurent en pensant que si quelqu'un les voit, il ne s'étonnera peut-être pas de la scène, en cette période de carnaval. Deux femmes rentrent de la fête avec l'un de leurs amis qui a trop bu : quoi de plus banal ?

Elles engouffrent leur peu commun passager sur la banquette arrière et elles démarrent... Il ne faut pas plus de cinq minutes pour arriver à l'étang. La route le surplombe par un petit pont.

Elles arrêtent la voiture, extraient l'inconnu avec difficulté, le poussent contre le parapet et le font basculer par les pieds. Il y a un grand *plouf* ! C'est fini. La faute de Minna Bauman, qui n'a d'ailleurs pas eu le temps d'avoir lieu, restera pour toujours un secret...

Les deux jumelles se jettent dans les bras l'une de l'autre pour se réconforter après les terribles moments qu'elles viennent de vivre. Et c'est alors qu'elle tressaillent des pieds à la tête. En bas, une voix caverneuse retentit :

— Au secours!

Elles se penchent. Le mort est en train de nager dans l'étang et d'aborder à la rive. Elles sont tellement pétrifiées qu'elles ne peuvent prononcer une parole ni faire un geste. À présent, il aborde, il les aperçoit; il va vers elles d'une démarche titubante.

— Au secours!...

Sans avoir besoin de se dire quoi que ce soit, Minna et Clara ont la même réaction en même temps : elles sautent dans la voiture, dont elles avaient laissé le moteur en marche, et démarrent sur les chapeaux de roues...

Huit jours ont passé. Le carnaval est terminé. Minna Bauman est en train de déjeuner avec son mari Jakob. Elle ne lui a, bien sûr, rien dit de son affreuse aventure. C'est Jakob, au contraire, qui s'est répandu en excuses pour son absence et qui lui a offert un magnifique bracelet pour se faire pardonner. Il a été on ne peut plus surpris en voyant que ce cadeau avait l'air de la gêner...

On sonne... C'est Minna qui va ouvrir et elle doit se retenir au montant de la porte pour ne pas défaillir. En face d'elle, il y a deux policiers et, derrière eux, celui qui était ici même une semaine plus tôt, l'inconnu du carnaval, le mort ressuscité!

— S'agit-il de cette personne, monsieur Neuhoff?

L'ancien cadavre pointe un doigt vengeur.

— C'est elle! J'ai reconnu la maison et je la reconnais, elle! J'en suis sûr!

L'un des deux policiers prend la parole.

— Je suis désolé, madame, mais je vais vous demander de nous suivre. Il y a une plainte contre vous pour tentative de meurtre.

Jakob Bauman, qui vient d'arriver, la bouche pleine, sa serviette à la main, ouvre des yeux ronds.

— Qu'est-ce que c'est que cette plaisanterie ?...

Mais le policier, sans s'occuper de lui, continue à questionner sa femme.

— Quel est le nom de votre complice, madame Bauman ? Je vous conseille de nous le dire. De toute manière, nous la retrouverons.

Et cette fois, le représentant en jouets croit se trouver mal, quand il entend son épouse répondre :

— Ma sœur Clara...

L'épilogue de cette peu banale aventure a lieu un an plus tard devant la cour d'assises de Munich.

Les deux jumelles, qui n'ont pas été incarcérées et sont là en prévenues libres, se serrent l'une contre l'autre dans le box des accusés. Jakob Bauman est dans le public en compagnie de son beau-frère Konrad Hauser. Il a pardonné à sa femme son incartade qui n'a pas été consommée. Il n'est pas rancunier...

Mais le principal protagoniste de cette affaire, Hans Neuhoff, lui, l'est pour deux ! Il se tient au premier rang de l'assistance, le visage fermé. Minna, qui ne connaissait même pas son nom lors de la nuit fatidique, n'est pas près de l'oublier. Elle ne cesse de le lire à côté du sien dans les journaux. Il est synonyme de honte et de malheur.

De son banc, Hans Neuhoff lui jette des regards mauvais. C'est un teigneux ! Les policiers et le juge d'instruction ont essayé discrètement de lui faire comprendre que, s'en étant somme toute bien sorti, il pouvait renoncer à sa plainte, mais il n'a rien voulu savoir et l'affaire a suivi son cours...

Pourtant, il est également touché par le scandale. Lui aussi est marié, et sa femme, qui se tient à ses côtés, semble très peu apprécier la publicité qui est faite à leur couple... Mais qu'importe ! Il veut obtenir réparation, quitte à jouer un rôle déplaisant et ridicule...

Ce n'est pourtant pas lui qu'on entend en premier. Un médecin vient à la barre expliquer l'incident clinique qui est à la base de tout.

— Il s'agit, monsieur le président, d'une forme de catalepsie très rare, qui peut survenir chez certains individus, dans certaines circonstances, notamment une violente émotion...

Le président enregistre ce diagnostic, qui constitue, soit dit en passant, un hommage aux charmes de Minna Bauman.

— Et que faire dans ces cas-là?

— Appeler le médecin, bien sûr, et, en attendant, jeter de l'eau froide au visage de la personne inanimée, ce qui, le plus souvent, la fait revenir à elle...

Ainsi donc, les deux sœurs ont, d'une manière un peu particulière, il est vrai, et sans le savoir, accompli les gestes de premiers secours. Mais cela n'empêche pas Hans Neuhoff de les accabler dans sa déposition.

— Elles savaient que j'étais vivant! Seulement, elles voulaient m'éliminer. Elles ne pensaient qu'à la réputation de Mme Bauman!

— C'est faux! Nous l'avons cru mort. Nous le jurons!

— Et quand j'ai crié : « Au secours! », vous m'avez cru mort?

— Nous avons cru que c'était un fantôme. Nous avons eu peur...

Les jurés n'ont pas suivi Hans Neuhoff et n'ont pas retenu l'accusation de tentative de meurtre. En revanche, la non-assistance à personne en danger était incontestable et les jumelles ont été condamnées à trois ans de prison avec sursis.

Mais quel que soit le verdict, Minna Bauman était déjà suffisamment punie... Pauvre Minna, qui s'était imaginé que son instant d'égarement resterait secret et qui a dû affronter un procès d'assises, dans une salle pleine à craquer et remplie de journalistes! Pauvre Minna, dont l'histoire d'alcôve inachevée s'est étalée dans la presse, non seulement bavaroise, mais allemande et même internationale! La preuve : nous vous la racontons! Même si, par humanité et par galanterie, nous avons changé le nom de la pauvre Minna...

Au bonheur des dames

Mauricio Filippini a du tempérament. Il approche de la cinquantaine et il est l'heureux père de huit enfants dont son épouse s'occupe avec amour. Il travaille dans les assurances. À Milan. En tout cas c'est ce qu'il dit. Parfois, pour échapper aux dures réalités de la vie, il s'offre une séance de cinéma. Aujourd'hui il achète un billet pour le dernier film de Charlie Chaplin : *M. Verdoux.*

En sortant du cinéma, Mauricio est tout songeur. Les aventures et mésaventures de M. Verdoux, directement inspirées par celles de Landru, lui ouvrent des horizons...

Dehors il retrouve l'agitation de la rue, la foule milanaise, des hommes, des femmes. Beaucoup de femmes... Mauricio, comme M. Verdoux, regarde ces femmes avec un regard neuf.

Il réalise soudain que, dans la grande ville, une multitude de femmes entre trente et soixante ans souffrent de la solitude, affective et sexuelle. La plupart sont prêtes à tout pour retenir un homme... Un homme comme Mauricio...

— Signorina ! Permettez-moi de vous aider, vous avez l'air tellement chargée avec vos valises...

— Merci beaucoup, monsieur, vous êtes bien aimable. Les hommes galants sont si rares de nos jours.

Mauricio a saisi les deux valises de la dame, une blonde potelée qui se décolore certainement les cheveux. Son instinct d'homme à femmes lui fait deviner en un éclair son caractère. À son âge, pas loin de cinquante ans, le maquillage un peu trop voyant, les bijoux un peu trop clinquants, le tailleur un peu trop moulant, la jupe un peu trop courte, tous ces « appels sexuels » indiquent à l'œil du spécialiste une femme « disponible ».

— Permettez-moi de me présenter, je suis Mauricio Filippini. D'ailleurs voici ma carte. Ce petit bout de promenade jusqu'ici a été un moment délicieux.

— Et moi je me nomme Adela Sanzio. Je suis veuve. Mais la moindre des choses serait de vous remercier de votre amabilité en vous invitant à vous rafraîchir. Je crois que j'ai de la bière fraîche dans le réfrigérateur.

— Volontiers. Rien que pour le plaisir de prolonger un peu cette agréable conversation...

Et c'est ainsi que Mauricio pénètre pour la première fois au domicile d'Adela.

— Mettez-vous à l'aise, avec cette chaleur vous devez étouffer.

Mauricio enlève sa veste. Adela, du coin de l'œil, évalue ce charmant monsieur. Physiquement il est plutôt grand, le front dégarni donne de la douceur à son visage. Il a une petite moustache de style argentin. Les épaules sont larges et les mains fines. Des mains d'artiste !

Quand Mauricio tend la main pour saisir le verre de bière que lui présente Adela, elle remarque l'épaisse toison qui couvre ses mains. Signe de virilité, dit-on.

— Chère Adela, pourrais-je vous inviter à dîner un soir de cette semaine ? Oh, sans façon, histoire de bavarder un peu. Je meurs d'envie d'en savoir plus sur vous.

— Et moi aussi, cher Mauricio, j'aimerais en savoir davantage sur vous...

Quand il rentre chez lui, Mauricio est content. Il vient de découvrir la première femme qui mérite de connaître le bonheur avant qu'il ne soit trop tard...

Malgré son épouse et ses huit enfants, Mauricio a des besoins sexuels hors du commun. Mais, jusqu'à présent, des rencontres dans des bars, de brèves étreintes avec des touristes croisées dans les musées ont suffi à les satisfaire.

Désormais il va organiser méticuleusement son œuvre : « Distribution de bonheur aux femmes seules entre deux âges. »

Très rapidement, avec son front de poète et ses yeux de chien battu, Mauricio fait la connaissance, dans un autobus, d'une brunette encore assez mignonne : Francesca. Elle aussi est impressionnée par l'air aimable de Mauricio. D'autant plus qu'il est vêtu avec distinction.

— C'est agréable de bavarder avec un inconnu. Ici tout le

monde se côtoie sans un sourire. Vous savez qu'il m'arrive parfois de rester deux ou trois jours sans adresser la parole à personne.

— Comme c'est triste ! Si je comprends bien, vous vivez seule ?

Deux jours plus tard Francesca reçoit Mauricio dans son petit deux-pièces meublé avec recherche et rempli de bibelots anciens...

— Depuis notre rencontre dans l'autobus, chère Francesca, votre image m'a obsédé. J'en ai perdu le sommeil et je me suis permis d'écrire ce petit poème en votre honneur.

— Un poème ! Mon Dieu ! Personne n'a plus écrit de poème pour moi depuis... que j'étais gamine.

Les vers de Mauricio atteignent leur but facilement.

— Je vais le faire encadrer et je le mettrai au-dessus de mon lit...

Après Adela, Francesca, Mauricio va faire la connaissance de Giuletta, Sofia, Filomena, Malou, toutes dans la même tranche d'âge, toutes assoiffées d'amour. On peut dire qu'elles tombent comme des mouches.

Les choses vont parfois si vite que Mauricio lui-même en est étonné. Mais sa technique est au point... Si la dame lui ouvre son lit, Mauricio procède à un déshabillage qui est un modèle du genre. Ce n'est pas lui qui prendrait le risque de dévoiler un trou à une chaussette. Ses sous-vêtements sont à la dernière mode et il a une manière de s'en débarrasser qui évoque le brio des prestidigitateurs. La dame n'a plus qu'à céder à l'extase...

Seulement voilà, à force d'enrôler de nouveaux éléments dans sa cohorte de femmes « qui méritent un peu de bonheur », Mauricio, même au mieux de sa forme, manque de temps et d'énergie pour honorer tout le monde régulièrement. La seule solution : le « tableau d'avancement » selon la formule qu'on retrouvera soigneusement notée dans ses carnets intimes. Carnets intimes dissimulés dans une plaque du faux plafond. Mais nous n'en sommes pas là.

Pour être inscrite au « tableau d'avancement » de Mauricio, la dame sélectionnée, sans le savoir, doit répondre à plusieurs critères. Bien évidemment elle ne doit pas avoir de famille trop proche susceptible de s'inquiéter de sa disparition. Bien des femmes n'auront pas connu les étreintes de Mauricio par la faute d'une parole malheureuse, du genre : « Mon frère, qui est dans la police... »; ou bien encore : « Mes enfants viennent me voir toutes les semaines... »

Les heureuses élues sont donc seules. Elles n'ont pas de problèmes d'argent. Au contraire. Et, séduites par Mauricio, qui s'est bien gardé de leur dire qu'il était marié et père de famille, elles sont prêtes à tout pour faire entrer dans leur vie ce poète poilu et puissant. « Mauricio, je vais te donner la signature de mon compte en banque... » « Chéri, j'ai un peu d'argent à placer. Si je te le confiais, je crois que tu pourrais nous dénicher une petite maison au bord de la mer pour aller passer nos week-ends et puis nos vacances et puis... »

C'est grâce à une de ces généreuses avances que Mauricio loue, non pas au bord de la mer mais à la périphérie de Milan, une villa sans style entourée d'un jardinet où quelques pommiers font ce qu'ils peuvent pour survivre. Sur la porte d'entrée on lit : « Villa Paradiso. »

— Adela, j'ai une surprise pour toi. Je viens de trouver un petit nid d'amour qui va te plaire, je l'espère.

— Tout ce que tu fais est parfait, mon amour. Quand irons-nous ?

— Disons que je vais organiser un petit dîner samedi soir.

— Rien que nous deux, mon chéri.

— Eh bien non, justement, nous nous connaissons assez à présent pour que je te présente une très vieille amie. Je suis certain que vous allez sympathiser. Elle a eu une existence assez semblable à la tienne. Je dirais même que vous avez eu le même parcours...

Adela n'est pas très heureuse d'être confrontée à une « vieille amie » de Mauricio. Vieille de combien d'ailleurs ? Soixante ? soixante-dix ? quatre-vingts ans ?

Le soir venu, la « vieille amie », Francesca, qui n'a que cinquante-cinq ans, n'est pas plus heureuse qu'Adela, mais Mauricio a fait la leçon à chacune d'entre elles :

— Pas un mot sur nos rapports intimes. Nous sommes des relations de travail et rien de plus. J'ai horreur de jouer les étalons devant des personnes que cela ne concerne pas.

Bizarrement les deux femmes respectent la consigne. Chacune profite d'un moment d'inattention de l'autre pour bombarder

Mauricio de regards langoureux et de baisers esquissés discrètement en mettant la bouche en cul de poule.

— Tenez, mes belles, ce soir c'est un grand jour. Champagne français et osso buco dont vous emporterez le souvenir dans la tombe ! Inutile de dire que ce n'est pas moi qui l'ai cuisiné. Il vient tout droit de chez Barrocci.

Adela et Francesca, déjà un peu grises, s'exclament en levant leurs flûtes pleines de champagne :

— Profitons de la soirée. Demain il fera jour.

Et chacune se promet d'éclaircir certains points encore obscurs de la soirée...

Ni l'une ni l'autre n'auront l'occasion d'en savoir plus.

Mauricio, qui offre le meilleur osso buco de Milan, garde un petit « tour de main » secret dans le dosage des épices...

Et c'est ainsi qu'Adela et Francesca, le même soir, laissent deux places vacantes dans le « tableau d'avancement » de Mauricio : « Voyons, pour l'instant, qui pourrais-je mettre en numéros un et deux ? Sofia. Non, pas encore. Pas avant qu'elle ne m'ait confié ses titres. Paola commence à devenir collante. De toute manière nous avons fait l'amour pour la première fois il y a sept mois. Sept mois de bonheur, la pauvre ne peut pas en demander plus, ça ne serait pas raisonnable... »

Quinze jours plus tard c'est Paola, une forte Napolitaine, qui est à son tour conviée à un « dîner de gala » par Mauricio. Ce sera pour elle l'occasion de faire la connaissance de Salomé, veuve d'un peintre.

Toutes deux se régaleront de la fameuse « busecca » : la soupe aux tripes milanaise. Avec du champagne français pour faire passer le tout... Mais les deux malheureuses auront du mal à digérer...

Ainsi, chaque jour, Mauricio en quittant femme et enfants pour aller vaquer à ses occupations, se rend directement à la villa et se plonge dans sa comptabilité amoureuse et financière.

Sans oublier la confection de différents poèmes personnalisés à l'intention des amoureuses qui sont « en train ».

Michaela Fusini attend le passage du facteur avec impatience. Son instinct lui dit qu'il va lui apporter une lettre de son merveilleux amant, Mauricio, son poète, si plein d'attentions et si viril.

— Merci, facteur, et bonne journée.

Michaela reconnaît sur l'enveloppe la petite écriture serrée de Mauricio. Si elle était experte en graphologie, elle y verrait bien des signes inquiétants, mais elle est amoureuse et elle ouvre la lettre. Elle les garde toutes, soigneusement entourées d'un ruban, entre ses combinaisons, dans la commode.

« Ma tendre Matilda,

« Depuis notre dernière rencontre je n'ai pas cessé de penser à ton corps adoré, à tes seins pleins d'amour et de joie de vivre... »

Michaela qui, en fait de poitrine, ne possède que le strict minimum, n'en croit pas ses yeux. Elle relit la lettre trois fois. Pas de doute. C'est bien une lettre de Mauricio. D'ailleurs la signature est là pour le confirmer : « Je pose mes lèvres sur ton corps adoré. Ton esclave soumis, Mauricio. »

Mais, pas de doute non plus, cette lettre est adressée à une certaine Matilda, sans doute une grosse dondon aux mamelles surdimensionnées.

Michaela est effondrée.

Quand Mauricio l'appelle un peu plus tard pour organiser leur rendez-vous hebdomadaire, malgré sa fureur, elle reste très aimable :

— Mais oui, mon chéri, j'ai reçu ta lettre. Elle m'est allée droit au cœur. Quand tu seras là, pourrais-tu jeter un coup d'œil sur le tableau des fusibles électriques, il y a quelque chose qui ne va pas du tout.

En raccrochant le combiné Michaela pense : « Il va falloir qu'il me rende le million de lires que je lui ai confié. »

Michaela n'aura pas droit au dîner au champagne, ni au délicieux osso buco. Elle aura droit à huit coups de tournevis dans la poitrine... Parce que Mauricio a les nerfs un peu fatigués en ce moment, parce qu'il ne peut s'expliquer qu'il se soit trompé d'enveloppe en envoyant ses billets d'amour, parce qu'il éprouve le besoin urgent de faire taire Michaela qui hurle un peu trop et risque d'ameuter les voisins...

Quand la police vient arrêter Mauricio, il a perdu toute sa superbe. On découvre ses vies multiples et, sous une plaque du faux plafond de la villa Paradiso, les petits carnets où il a noté ses conquêtes, leur carrière, leur ration de bonheur et leur arrivée en tête du « tableau d'avancement ».

Dans le jardin de la villa Paradiso on découvre aussi six

cadavres de femmes, enterrées deux par deux. Après les avoir droguées Mauricio les étranglait et les ensevelissait… Ce n'est pas pour rien qu'il avait des épaules carrées.

Mais, au bout du compte, il a fait quelques heureuses : celles qui avaient déjà entamé une liaison avec lui et ne se doutaient pas qu'un jour assez proche elles allaient devoir, elles aussi, déguster l'osso buco assaisonné d'arsenic.

Dix-sept mille chambres

Grand-père Karl doit se faire opérer juste avant le Noël de l'an 1980. Il a une armée de petits-enfants à qui il a promis une montagne de choses. De faire le clown comme d'habitude le soir du réveillon, de les aider à faire les paquets, de mettre des guirlandes dans les arbres du jardin, de faire un grand feu de cheminée, et de leur jouer de la musique. Grand-père Karl et son accordéon sont l'attraction principale de la fête de famille. Sa vieille baraque à la campagne est le refuge de tous les Noëls.

Mais l'hôpital est à Hanovre. Grand-mère Lena et les enfants l'accompagnent jusqu'à l'arrêt de bus, avec sa petite valise.

— Tu as ta robe de chambre ? Tes pantoufles sont dans un sac en tissu, je t'ai mis ton rasoir et un bon pull-over. Ne prends pas froid, surtout !

Grand-père Karl va sur ses soixante-dix ans, et l'opération est bénigne, somme toute. Une vilaine varice à la jambe, qui menace de faire un ulcère. En principe trois jours d'hospitalisation, puis il pourra rentrer chez lui.

Karl embrasse toute sa petite famille, les sept petits-enfants en vacances, leur grand-mère et deux de ses filles.

— Je vous téléphonerai pour que vous veniez me chercher !

Tout le monde regarde partir l'autobus, en direction d'Hanovre, et la grand-mère se fait du souci.

— J'aurais dû l'accompagner !

Les filles ont entendu cela des centaines de fois depuis une semaine. Lena n'a jamais quitté son mari, et le voir s'en aller comme ça, tout seul avec sa petite valise noire, lui serre le cœur.

— Maman... on t'a dit que ce n'était pas nécessaire. D'ailleurs tu n'aurais pas pu dormir là-bas ! Et je te vois mal toute seule à l'hôtel.

— Ton père non plus n'a pas l'habitude d'être seul ! Il va faire des bêtises !

— Quelles bêtises veux-tu qu'il fasse là-bas ? Il y aura une armée d'infirmières et de médecins ! C'est le plus grand hôpital de Hanovre !

— Justement ! Ça ma fait peur. Ton père n'a jamais mis les pieds dans un hôpital !

— Maman, il y a le téléphone ! Il a dit qu'il appellerait. Nous sommes mercredi, on l'opère vendredi, on prendra des nouvelles le soir, et lundi j'irai le chercher ! Il sera là pour Noël...

Le mercredi soir, grand-père Karl est arrivé à l'hôpital, mais il n'a pas téléphoné. Lena s'inquiète. Sa fille appelle et tombe sur un standard débordé.

— Il est bien enregistré, madame, mais je ne peux pas vous le passer, il n'y a pas de téléphone dans les chambres, dans ce service. Vous comprenez, ils sont quatre par chambre !

Le jeudi soir, veille de l'opération, même problème. On ne peut pas parler à Karl Winter. On ne peut pas non plus passer l'infirmière d'étage.

— Écoutez, madame, il y a plus de vingt mille lits chez nous, rappelez demain après l'opération, demandez la secrétaire du médecin, elle vous renseignera.

Grand-mère Lena se fait un sang d'encre.

— Si on ne peut pas le joindre, comment voulez-vous qu'il nous téléphone ? C'est insensé !

— Maman, cette clinique est immense. Et l'opération n'est pas très importante, ils ont dû le mettre dans un service surchargé. Je suis sûre qu'il va téléphoner.

Mais grand-père Karl ne téléphone pas. Cela dit, le soir de l'opération, et même le lendemain matin, on comprend qu'il ne puisse pas se déplacer. Alors sa fille aînée appelle le service du docteur Z. Pas facile de joindre un secrétariat médical dans cet endroit ! De musique d'attente en « ne coupez pas, je vous passe la personne... », l'attente dure un bon quart d'heure.

Mais, miracle ! Enfin, la secrétaire du docteur Z., attrapée au vol, consent à donner des nouvelles de l'opéré.

— Monsieur Winter Karl ? Ah oui... l'opération s'est bien passée !

— Quand pourra-t-on lui parler ?
— Mais quand il le voudra !
— Oui, mais il n'y a pas le téléphone dans sa chambre, et...
— Pas de problème, il vous appellera d'une cabine dès qu'il aura l'autorisation de se lever...
— Il n'y a pas moyen de...
— Écoutez, madame, le docteur a prescrit trois jours de lit. M. Winter doit laisser reposer sa jambe. Il vous appellera d'une cabine au plus tard lundi ou mardi ! Je lui dirai que vous avez téléphoné.

Grand-mère Lena ne décolère pas. Il est beau, le monde moderne ! Elle est belle, la médecine ! Même pas fichus de mettre un téléphone à portée de main d'un malade.

— Maman, ne t'énerve pas, tout va bien. On ne va tout de même pas faire cent kilomètres pour le voir dix minutes ! Il va téléphoner, je te dis ! Trois jours... c'est pas la mort !

Voire...

Trois jours passent. Par trois fois, régulièrement, grand-mère Lena se fait plus ou moins rabrouer par la standardiste, mais réussit à enquiquiner suffisamment le bureau du docteur Z. pour avoir deux ou trois détails de plus. Grand-père Karl est encore au lit le samedi soir, un peu de tension, mais la jambe va bien. Il est toujours au lit le dimanche soir, rien à signaler : on ne peut pas déranger comme ça l'infirmière de garde ! Il est toujours au lit le lundi soir, et le docteur Z. a confirmé sa sortie pour le lendemain. Donc tout va bien.

Grand-mère Lena attend le coup de fil de son époux. Sa fille aînée, Marguerite, s'apprête à aller le chercher.

Pas de nouvelles. Mardi matin non plus ! Cette fois grand-mère Lena pique une colère monstre, elle s'en prend à la standardiste, à tous les secrétariats qu'on lui passe, et il y en a — plus de mille médecins travaillent là-dedans ! Et finalement elle s'entend répondre :

— Apparemment M. Winter a quitté l'hôpital. Sa sortie était prévue pour aujourd'hui.
— Qu'est-ce que ça veut dire « apparemment » ? Il est sorti oui ou non ? Et pourquoi serait-il sorti ? Il devait nous prévenir !
— Il a peut-être changé d'avis...
— Vous vous fichez de moi ? Mon mari ne change pas d'avis comme ça ! Il devait appeler, il ne l'a pas fait, il sait qu'on venait

le chercher, donc il nous attend ! Je veux que vous me passiez le médecin !

— Le docteur Z. n'est pas là, madame, il a travaillé tout le week-end, il est de repos !

— Je m'en fiche ! Trouvez-le !

Deux heures plus tard, au comble de l'angoisse, Mme Lena Winter obtient enfin le docteur Z. au téléphone.

— Écoutez, madame Winter, ne vous affolez pas. Tout s'est bien passé, je vous l'assure. Il devait effectivement sortir, mais pas aujourd'hui... Pour l'instant on ne le trouve pas. Il a quitté son lit, mais on va le prévenir dès qu'il regagnera sa chambre.

Trois heures plus tard, M. Karl Winter n'est toujours pas dans son lit, ni dans la salle d'attente du docteur Z., ni à la réception, ni à la cafétéria : il est introuvable.

— Nous pensons qu'il a dû quitter l'hôpital tout seul, c'est l'unique explication ! Et s'il l'a fait, je ne réponds pas de sa jambe.

— Mon mari n'est pas fou ! Je ne sais pas ce qui se passe chez vous, mais j'en ai assez, j'arrive !

Le lendemain matin lorsque grand-mère Lena arrive devant le grand hôpital de Hanovre, elle a un pincement au cœur. Les bâtiments sont immenses. Des milliers de fenêtres, sur neuf ou dix étages. Des parkings, des barrières, des guérites, bâtiments A, B, C... tout l'alphabet y passe. Elle ne sait plus où se diriger. Mais dès qu'elle prononce à l'accueil le nom de Winter, le gardien téléphone aussitôt pour qu'on vienne la chercher.

Cet endroit est réellement terrifiant...

On reçoit Lena Winter dans un petit bureau de l'administration générale. Il y a là le docteur Z., une infirmière et deux administrateurs. Lena a peur.

— Il lui est arrivé quelque chose !

— Rassurez-vous, on le recherche.

— Comment ça, on le recherche ? Où ?

— Ici, dans l'hôpital. Et à l'extérieur. Nous avons prévenu la police, tout est mis en œuvre pour le retrouver.

— Mais que s'est-il passé ?

— On ne sait pas. Une infirmière a constaté mardi matin qu'il n'était plus dans son lit. Au moment de déjeuner, il n'y était toujours pas. Il a laissé ses affaires, mais il s'était habillé. Il a donc voulu aller quelque part. Mais on ne sait pas où.

— Il a bien dit quelque chose à quelqu'un ?

— Non. Nous n'avons trouvé personne qui lui ait parlé ou qui l'ait vu. Pour l'instant, car nous n'avons pas exploré tous les services.

— Mais c'est de la folie ! Comment pouvez-vous perdre un malade ?

— Nous ne l'avons pas perdu, madame. Il a disparu, c'est différent ! En fait votre mari s'est levé sans l'autorisation du médecin. Il ne devait pas le faire. Le docteur Z. ici présent devait examiner sa jambe, et lui seul pouvait l'autoriser à se lever. Il se trouve que votre mari a pris le risque de provoquer une hémorragie.

Grand-mère Lena est assommée par la nouvelle. Son mari est en danger de mort. L'opération s'est bien passée en effet, mais il y a eu une petite complication de phlébite. Karl ne devait pas se lever. Karl avait des piqûres toutes les trois heures. Or il a disparu depuis près de quarante-huit heures maintenant. Une centaine d'employés ont entamé des recherches au sein de l'hôpital. Pire que dans la jungle. Il y a ici dix-sept mille chambres, dix-sept mille ! Des centaines de couloirs, des kilomètres d'escaliers de secours, des ascenseurs, des sous-sols, des garages, des terrasses, des parkings, des annexes en tous genres.

La police organise également des recherches par hélicoptère au-dessus des forêts environnantes. L'hôpital est situé dans une zone très boisée. Il faut interroger tous les médecins, toutes les infirmières, le personnel de salle, les ambulanciers, les taxis — une enquête longue et compliquée, vu les heures de service différentes, les allées et venues, les tours de garde...

Les heures passent, puis les jours. Noël a lieu sans grand-père Karl. Avis de recherche dans toute la ville. Rien. Même la police déclare forfait au bout de huit jours. Huit jours ! Il aurait fallu déployer des centaines d'enquêteurs pour fouiller entièrement et une à une les dix-sept mille chambres de l'hôpital, interroger les milliers de gens qui y travaillent.

Le huitième jour, l'enquête n'a apporté qu'un seul témoignage, celui d'un autre malade que Karl a rencontré dans un couloir et à qui il a demandé où se trouvait la cabine téléphonique. « Il faut que je téléphone à Lena, ma femme, et aux enfants... », lui a-t-il dit. Son interlocuteur avoue qu'il a été incapable de lui dire où se trouvait la cabine.

— C'est tellement grand ici, on se perd facilement...

Dix jours plus tard, dans le bâtiment annexe réservé à l'enseignement supérieur, deux employés chargés de l'entretien des machines parcourent les sous-sols. Ils vont réparer un ascenseur.

Dans la salle des machines, ils butent sur un corps. Un cadavre.

Karl Winter est en caleçon long, en chaussettes, la tête calée sur le barreau d'une échelle. Juste derrière la porte métallique qui donne accès à cette salle.

Porté disparu depuis dix jours, le malheureux était en effet parti à la recherche d'un téléphone. Il s'est perdu et a atterri dans les sous-sols de la bibliothèque du CHU. Il n'avait qu'une porte à franchir, celle contre laquelle il s'était appuyé, pour atteindre un couloir et un ascenseur. Il était à deux cents mètres de son lit.

Le médecin légiste a déterminé les circonstances de la mort. L'homme n'avait plus de force, il a dû marcher trop longtemps, et ne savait plus quelle direction prendre. Le cœur a flanché. Il s'est certainement senti mal à un moment, alors il a soigneusement enlevé son pull-over, son pantalon et sa veste de laine. Il a plié le tout avec beaucoup de soin et s'est allongé dessus, la tête appuyée contre l'échelle. Les mains jointes montrent qu'à l'instant de mourir, il a prié.

Au-dessus de lui, un mastodonte de dix-sept mille chambres. Effrayant. Totalement inhumain.

Au début de ce siècle un poète écrivait : « Nous construisons un monde qui nous le rendra bien. »

Un notable

Klaus Neuman s'avance à petits pas dans les rues de Berlin, ou plutôt de Berlin-Ouest car le mur existe encore, ce 1er juin 1987. Il n'y a pas que ses pas qui sont petits, ce qualificatif pourrait s'appliquer à toute sa personne. Klaus Neuman, premier clerc chez Gerhardt Gotfried, important notaire de la ville, a quelque chose d'étriqué, voire de ratatiné. Costume sombre, cravate sombre, il est de ces personnes dont on dit qu'elles n'ont pas d'âge, qui sont vieilles avant l'heure.

Pourtant, Klaus Neuman tient à une chose : sa respectabilité sociale. Malgré sa condition plutôt modeste, il fait partie d'un club de notables et il en est très fier. C'est d'ailleurs à son club qu'il se rend en ce moment. Ou, du moins, c'est ce qu'il a dit à son patron en le quittant :

— Pardonnez-moi de ne pas rester plus tard que l'heure, monsieur, je dois me rendre à mon club.

C'est également ce qu'il a dit en partant le matin à sa femme Ursula :

— Je rentrerai tard ce soir, chérie. J'ai mon club...

Pourtant Klaus Neuman a menti. Klaus Neuman est un menteur. En attendant... la suite.

Quelques heures ont passé, mais Klaus Neuman n'a pas conscience de l'heure. Une éternité s'est écoulée depuis qu'il a quitté l'étude Gotfried. Maintenant, il a rejoint son autre monde, sa vie secrète...

Il sue à grosses gouttes dans cette cave enfumée de Berlin.

Autour de lui, trois hommes au visage peu rassurant... Le premier clerc de notaire met la main dans sa poche droite, en retire un papier et un stylo, griffonne quelques mots et pose le papier devant lui sur la table. Un des hommes s'en empare et le lit attentivement. Il déclare au bout d'un moment :

— C'est en règle. Vous avez vingt-quatre heures...

Klaus Neuman se redresse de toute sa taille :

— Vingt-quatre heures, ce n'est pas la peine. Le temps de passer chez moi et je vous amène la somme... Dette de jeu, dette d'honneur...

Et il s'en va... Oui, tel est le misérable secret de Klaus Neuman : il joue la nuit, dans des endroits pas très fréquentables de Berlin. Mais alors que, d'habitude, son jeu est à son image, petit, étriqué, il vient, pour la première fois, de jouer une grosse somme. Il avait une telle main qu'il s'est cru permis de risquer ces cinquante mille marks qu'il n'a jamais eus.

C'était compter sans la malchance : un autre joueur avait de meilleures cartes encore... Dans le fond, Klaus Neuman aurait dû s'en douter ; il a toujours été un malchanceux... Passer chez lui : c'est un mensonge. Pourquoi y aurait-il cinquante mille marks chez lui ? En revanche, à l'étude, ils y sont, dans le tiroir de gauche du secrétaire, dont il a la clé, en tant qu'homme de confiance de Gerhardt Gotfried...

Il faut une heure à Klaus Neuman pour accomplir son vol et revenir porter l'argent au tripot... Ensuite, il rentre chez lui... Il est trois heures du matin, et malgré cela, sa femme n'est pas couchée. Elle l'attendait.

Ursula Neuman est une blonde un peu boulotte au regard gentil. Elle exerce la profession de dactylo et elle ne brille pas spécialement par sa perspicacité... Elle croit tout ce que lui dit Klaus, auquel elle voue une admiration sans bornes. Elle n'a jamais trouvé étrange, en particulier, qu'aucun des membres du club ne se soit jamais manifesté auprès d'elle, ni par une visite ni même par un coup de téléphone.

— Alors, mon chéri, cela s'est bien passé ?

Klaus Neuman se rend compte qu'il doit trouver quelque chose pour expliquer son retour particulièrement tardif.

— Il y a eu une élection pour le président du club. Eh bien, c'est moi qu'ils ont choisi !

Mme Neuman pousse un cri de surprise et de joie.

— Toi ! Mais ce n'est pas possible, c'est merveilleux !

Le premier clerc de notaire se rengorge. Il raconte complaisamment que c'est sa respectabilité, reconnue de tous, qui lui a valu cette distinction. Il cite de mémoire le petit discours de remerciement qu'il a dû improviser... Il sourit, il est aux anges. Pour un peu, il y croirait lui-même. Il oublierait sa perte au tripot et le vol qu'il a commis chez son patron...

Le retour à la réalité est pour le lendemain matin. Gerhardt Gotfried est là qui l'attend dans l'entrée. Il s'adresse à lui calmement.

— Suivez-moi dans mon bureau, je vous prie...

Klaus Neuman espère un miracle. Peut-être n'a-t-il rien vu ? Peut-être va-t-il lui parler d'autre chose ? Mais non, il n'y a pas de miracle.

— Les cinquante mille marks dans le secrétaire, c'est vous, Neuman. Il n'y a pas eu d'effraction. Nous ne sommes que deux à avoir la clé, et comme ce n'est pas moi, c'est vous...

Le clerc de notaire se fait encore plus petit que d'habitude sur son siège, baisse la tête et ne répond rien... Gerhardt Gotfried poursuit :

— J'avoue que je m'étais trompé à votre sujet ; je vous croyais incapable d'avoir une double vie. Pourtant, pour avoir volé cet argent, ou vous avez une maîtresse ou vous jouez... Dans votre cas, je pencherais plutôt pour le jeu...

Neuman relève la tête et parvient à proférer un lamentable :

— Oui, monsieur...

Le notaire le regarde avec acuité :

— Maintenant, il ne me reste plus qu'à vous livrer à la police...

Klaus Neuman est tout pâle. Mais il découvre une expression de compassion chez son patron...

— Vous avez de la chance : je vous laisse une possibilité de vous en sortir. Vous avez un mois pour me rapporter ces cinquante mille marks... Passé ce délai, évidemment, je ne pourrai plus rien pour vous...

C'est alors une période étrange qui commence pour Klaus Neuman... Rembourser les cinquante mille marks, ce serait possible en vendant les bijoux de sa femme et leur mobilier. Mais pour cela, il devrait tout dire à Ursula et c'est exclu... Elle qui l'admire tant, qui croit à tout ce qu'il lui raconte, elle serait trop déçue. Il n'a pas le droit de lui infliger une chose pareille... Travailler double pour réunir la somme manquante, ce n'est pas plus envisageable. Comment gagnerait-il en un mois près de ce qu'il gagne en un an ?

Alors, Klaus Neuman ne fait rien, rien du tout. Il attend, en essayant d'oublier qu'au bout, il y a la catastrophe... Évidemment, il a cessé de jouer depuis la nuit fatidique et Ursula n'y comprend rien.

— Mais enfin, chéri, pourquoi n'y a-t-il plus de réunions du club depuis que tu as été élu président ?

— C'est... C'est que nous n'avons plus de local pour nous réunir.

— Alors, invite-les à la maison... C'est vrai, je ne les ai jamais vus...

— Pas question.

— Pour me faire plaisir... Je serais si fière. Maintenant, moi aussi, je suis la présidente...

— Non. Laisse-moi tranquille !

30 juin 1987... Le délai de grâce généreusement accordé par Gerhardt Gotfried se termine demain. Cette fois, Klaus Neuman s'est enfin décidé à sortir de son aveuglement et à regarder la vérité en face... Il a longuement examiné la situation et il ne voit qu'une solution. Il a pris sa décision : il va tuer sa femme !

Oui, c'est de cette manière qu'il entend résoudre le problème, tel qu'il se le pose dans son esprit, obnubilé par le désir de respectabilité.

Si Ursula apprenait qu'il est le contraire de tout ce qu'il lui a dit, que loin d'être un objet d'admiration il ne mérite que le mépris, quelle déception, quel choc pour elle ! Elle ne s'en remettrait pas... Alors, autant qu'elle meure avant. Comme cela, il lui épargnera cette insupportable épreuve. Elle quittera ce monde avec l'image qu'il a voulu lui donner de lui et à laquelle elle tient tant... Tel est le raisonnement de Klaus Neuman !

Ce soir du 30 juin il est resté à traîner et à boire dans les bistrots de la ville... Il a dit à Ursula qu'il avait une réunion avec le club et elle en a été ravie. Cela faisait près d'un mois qu'il n'avait pas été avec eux, exactement depuis qu'il avait été élu président...

Il est plus de minuit lorsque Klaus Neuman rentre chez lui... Il titube, son costume est tout froissé. Il n'a pas l'habitude de boire, mais c'était indispensable pour se donner du courage. Ursula l'accueille avec son sourire habituel et son regard qui exprime à la fois la confiance et l'admiration.

— Eh bien, je vois que vous avez fêté ton élection de la dernière fois!

Klaus Neuman a un geste d'excuse.

— En tant que président, je ne pouvais pas refuser de trinquer avec eux. Tu ne m'en veux pas?

— Oh, non! C'est tout à fait normal. Maintenant, tu as des obligations.

Klaus Neuman s'approche de sa femme.

— Tu sais, je leur ai parlé de ce que tu m'as dit : les inviter à la maison. Eh bien, ils ont accepté...

Ursula Neuman a une expression de ravissement :

— Comme je suis fière! Comme je suis fière de toi!

Et elle se jette au cou de son mari... C'est le moment, il ne peut plus reculer... À son tour, il lui met les mains autour du cou et il serre de toutes ses forces... Il détourne rapidement la tête pour ne plus voir le regard que lui lance Ursula, un regard qui n'exprime pas autre chose qu'une énorme surprise, et il serre encore... Au bout d'un temps qu'il ne pourrait lui-même calculer, il lâche son étreinte et Ursula s'affale mollement sur le plancher...

Klaus Neuman regarde le corps de sa femme... Qu'avait-il prévu de faire maintenant? Ah oui : se tuer. Il va dans la cuisine, prend un couteau, le brandit et le repose... Non, c'est trop dur, il n'y arrivera jamais! Alors se pendre... Il met quelque temps à trouver une corde, mais c'est la même chose qu'avec le couteau : au dernier moment, le courage lui manque...

Alors, il sort... Il se met à traîner dans les rues en pleine nuit jusqu'à ce qu'il rencontre un commissariat... Il va trouver le planton.

— Arrêtez-moi, j'ai tué ma femme.

Le policier ne croit visiblement pas à cet aveu, mais, comme il est évident que Klaus Neuman a bu, il l'arrête tout de même pour ivresse publique. Tandis qu'il referme la grille sur lui, Neuman s'explique avec un flot de paroles.

— Je l'ai tuée pour qu'elle reste fière de moi. Pour qu'elle ne soit pas déçue. Cela aurait été trop pénible pour elle si elle avait su la vérité... Vous comprenez ? Dites, vous me comprenez ?...

C'est la seule explication qu'a su donner Klaus Neuman de son crime absurde et odieux. Il l'a répétée devant les juges et les jurés incrédules. Mais Gerhardt Gotfried, cité en tant que témoin, a bien confirmé l'incroyable psychologie du meurtrier.

— Je regrette de lui avoir laissé cette chance. Si je l'avais dénoncé après son vol, sa femme serait encore vivante. Je ne pouvais pas deviner que son sens de la respectabilité était l'expression d'une telle bêtise et d'une telle vanité...

Les psychiatres ayant déclaré Klaus Neuman sain d'esprit, il a été condamné au maximum, c'est-à-dire à la réclusion criminelle à perpétuité.

Sans trop nous avancer, gageons qu'il ne purgera pas sa peine jusqu'au bout et qu'il sera libéré pour bonne conduite. Klaus Neuman, assassin hors série, a tout pour faire un prisonnier modèle...

Le grand imposteur

Samy Welmann voit le jour à Brooklyn. Ses parents, comme beaucoup d'autres, arrivent tout droit de l'Europe de l'Est. Samy est haut comme trois pommes et il croit fermement que l'Amérique est la terre où tous les rêves sont possibles. Lui a l'ambition de devenir médecin mais les études sont longues et ses parents n'ont vraiment pas les moyens. Alors Samy décide de construire l'avenir à sa manière. Il vient d'avoir vingt et un ans et, dans la vitrine de M. Bronstein, le prêteur sur gages du coin, il voit un superbe uniforme à vendre pour trois dollars.

Dès le lendemain Samy Welmann apparaît dans les rues de New York revêtu de son splendide uniforme. Il se promène du côté de Park Avenue ! Il a vraiment fière allure. L'uniforme est bleu de mer avec des galons dorés. Il y a même un bicorne avec des plumes d'autruche.

Les filles se retournent. L'une d'elles, rencontrée dans Central Park, se laisse inviter à déjeuner. Samy la précède dans les restaurants élégants et le chasseur, qui est presque aussi doré sur tranche que lui, lui ouvre respectueusement la porte. Au moment de l'addition, Samy, avec beaucoup d'autorité, annonce au maître d'hôtel :

— Je suis Samy Welmann, voici ma carte. Comme vous le voyez, je suis consul des États-Unis au Maroc. Soyez assez aimable pour envoyer la note au ministère des Affaires étrangères. Vous serez réglé par retour du courrier.

Nous sommes en 1908 et ce petit mensonge fait encore de l'effet. La demoiselle, en tout cas, est suffisamment impressionnée pour accepter de suivre le « consul des États-Unis au Maroc » dans un hôtel discret et pour ôter son corset et le reste en sa compagnie.

Malgré le prestige de son uniforme de consul, Samy Welmann a besoin d'un peu d'argent liquide. Il ne peut pas faire régler les fiacres et les pourboires par le « ministère ».

Samy aperçoit un jour un appareil-photo qui traîne sur une banquette et il se l'approprie en le dissimulant sous son bicorne à plumes. Puis il retourne chez M. Bronstein :

— Combien m'offrez-vous pour cet appareil ultramoderne ?

— Dix dollars. Mais où diable as-tu trouvé cette petite merveille ?

Samy est assez évasif. En tout cas le propriétaire de l'appareil porte plainte et la police retrouve la trace de la petite merveille. Nous sommes en 1910, ne l'oublions pas. Les choses ont bien changé depuis.

Samy, du coup, se retrouve dépouillé de son uniforme. Et condamné à deux ans de maison de correction. Il n'a que vingt-trois ans, un gamin pour l'époque.

L'année suivante, après un an de bonne conduite et de réflexion, Samy rejoint Brooklyn où on l'accueille avec enthousiasme. Du moins sa famille. Mais il a pris goût à l'uniforme.

— Je me présente, Samy Welmann, officier de marine. Mes hommages, madame.

Tout le monde sait que les femmes sont sensibles à l'uniforme. Samy fait de nouvelles conquêtes. Décidément il n'y a de vraie vie que pour les militaires. Et s'il essayait quelque chose dans un genre plus exotique ?

— À vos ordres, chère madame, je me présente : Samuel Welmann, attaché militaire de l'ambassade de Serbie.

Mais nous sommes en 1913, les Balkans s'agitent et tout ce qui vient d'Europe centrale est suspect. On suit de près l'attaché militaire, au cas où il se livrerait à l'espionnage. On découvre vite qui il est en réalité et il change une fois de plus d'état civil : « Samuel Welmann, prisonnier n° 254348, condamné à deux ans ferme pour port illégal d'uniforme et usurpation d'identité. » Pendant deux ans, sous le triste bourgeron des prisons, Samuel a le temps de rêver. Les mois passent et il se retrouve dehors, libéré sur parole. Très rapidement il découvre une place de comptable et se procure... un nouvel uniforme.

— Allô, le ministère de la Marine ? Je me présente : Samuel

Welmann, je suis l'attaché militaire de Sa Majesté la reine de Roumanie. J'aimerais beaucoup, au nom de Sa Majesté, inspecter un navire de la marine américaine.

— Mais très certainement. Voyons, nous pouvons vous proposer une inspection du *Wyoming* qui se trouve à New York pour huit jours. Mercredi matin vous conviendrait-il ?

Incroyable mais vrai. Passez muscade. Le mercredi suivant Samuel Welmann, dans un splendide uniforme, monte à bord de la vedette qui le conduit jusqu'à l'échelle de coupée du *Wyoming*. Coups de sifflet réglementaires. Tout l'équipage, capitaine en tête, est sur le pont, figé dans un impeccable garde-à-vous.

Samuel joue son rôle à la perfection. Il passe lentement devant les marins et, de temps en temps, d'un geste paternel, rectifie l'angle d'un bonnet, en choisissant les marins les plus petits, bien sûr, à cause de sa propre taille. Il s'arrête longuement et jette un regard lourd de reproche sur une chaussure maculée de boue. Le marin coupable écope de huit jours.

Puis c'est le vin d'honneur dans la salle à manger des officiers.

— Messieurs, laissez-moi vous remercier au nom de Sa Majesté la reine de Roumanie. Je suis tellement touché de votre accueil que je serais ravi de vous convier tous à un dîner sans cérémonie, vendredi soir, à l'hôtel Astor. Disons à dix-neuf heures, si cela vous convient.

Les officiers poussent un triple hourra en son honneur. Et Samuel est raccompagné en vedette jusqu'au quai. Il ne lui reste plus qu'à faire les réservations qui s'imposent auprès de l'hôtel Astor, un établissement pour milliardaires en plein centre de New York.

Ce que Samuel n'a pas prévu c'est que le chargé des relations publiques de l'hôtel, tout heureux, s'est empressé de téléphoner la nouvelle de ce dîner, « offert par Sa Majesté la reine de Roumanie aux officiers américains ». Les policiers lisent la rubrique mondaine. Et c'est ainsi qu'au moment de l'apéritif, Samuel Welmann est emmené sous bonne escorte. Les officiers américains vont manger des hamburgers-frites ailleurs. Samuel avait oublié qu'il était libéré sur parole.

Pendant que les fils de la libre Amérique partent se faire tuer dans le nord de la France, Samuel paie sa dette à la société… et se retrouve libre en 1918. Le voici sous un nouvel uniforme, devant la porte d'une caserne :

— Bonjour, je suis le lieutenant Samuel Welmann, du régiment canadien Royal Saint-Cyr et je désirerais inspecter votre régiment, le 57e, je crois. Veuillez m'annoncer à votre colonel.

Cette fois-ci les policiers le cueillent avant la revue. Et Samuel endosse à nouveau l'uniforme… des détenus.

Mais on finit toujours par sortir de prison et, une fois de plus libre, Samuel épluche les petites annonces : « Grosse société demande médecin pour son service sanitaire à Lima. Gros salaire. » Samuel se présente et il séduit tellement le médecin chargé du recrutement qu'il se retrouve au Pérou.

Désormais Samy Welmann mène la vie à grandes guides. Hôtel particulier, domestiques, deux voitures américaines importées des États-Unis, réceptions mondaines. Quand on lui demande son avis sur un problème médical, il se range systématiquement à l'avis de ses collègues péruviens, d'un simple hochement de tête.

Mais Samy commet une erreur quand il envoie sa note de frais à la maison mère, à New York. Cette note est si mal présentée que les responsables ont des doutes. Ils rappellent Samy en Amérique du Nord — fini l'Eldorado !

En 1921, Samuel, redevenu comptable, lit dans la presse qu'une princesse d'Afghanistan en visite aux États-Unis est un peu déçue : les officiels américains l'ont complètement ignorée. Samy change d'uniforme et revêt celui de parfait homme du monde : pantalon rayé, jaquette, haut-de-forme, gants beurre frais. Puis il se dirige vers l'hôtel Waldorf Astoria :

— Veuillez m'annoncer à Son Altesse la princesse Fatima, je suis Samuel Welmann, sous-secrétaire d'État aux Affaires étrangères.

La princesse, couverte de bijoux, reçoit aimablement ce visiteur inattendu.

— Votre Altesse, je viens vous présenter les excuses du gouvernement américain, qui vous a un peu négligée. Aimeriez-vous rencontrer le président des États-Unis ?

La princesse afghane aimerait.

— Vous m'excuserez mais il me faudrait une avance de dix mille dollars.

— Plaît-il ?

— Oui, pour acheter les cadeaux que je devrai offrir en votre nom aux différents membres du gouvernement.

La princesse ouvre sa cassette et Samuel repart avec dix mille dollars. Certains disparaîtraient mais Samuel est, dans son genre, un homme honnête. Il loue un train spécial pour emmener la princesse à Washington. Puis il se rend au ministère des Affaires étrangères :

— Messieurs, je suis Samuel Welmann et je viens de la part des sénateurs Wilson, Rudnick, Holmes et Paddington, pour organiser une rencontre entre la princesse Fatima d'Afghanistan et le ministre des Affaires étrangères.

— Mais parfaitement. Disons jeudi en huit. Cela convient-il à la princesse ?

Et, huit jours plus tard, la princesse Fatima rencontre M. Hughes, le ministre américain des Affaires étrangères. À l'occasion d'une réception très sympathique où Samuel Welmann se montre plein d'entrain, entre deux verres il s'adresse au ministre.

— Cher ami, savez-vous que la princesse rêve de rencontrer le président Harding. Si nous allions lui rendre visite ?

Et voilà le ministre, la princesse afghane et Samuel Welmann en route pour la Maison-Blanche. Le président Harding les reçoit avec la plus parfaite cordialité. L'ambiance est des plus détendues. Un peu trop même. Samuel interpelle le président Harding :

— Président, de vous à moi, que préférez-vous, les Américaines ou les Orientales ?

Du coup les attachés militaires lèvent le sourcil. Qui est donc ce Welmann qui se permet d'apostropher le président des États-Unis comme s'ils avaient gardé les Peaux-Rouges ensemble ? Il faut voir ça de près.

Mais le soir même Samuel et la princesse, tout heureuse, repartent pour New York à bord du train spécial. Quand les policiers se présentent au Waldorf Astoria pour arrêter Samy, l'imposteur a disparu dans les profondeurs de la ville.

Pas pour longtemps car il lit toujours les journaux et l'année suivante, en 1922, Samy voit qu'on annonce, à bord du *Germania*, l'arrivée à New York du professeur Lorenz, un savant allemand célèbre pour sa manière toute nouvelle de soigner les malades. Uniquement par des manipulations. Vous devinez la suite, à bord du navire :

— *Guten Tag*, professeur Lorenz, je suis le docteur Welmann, chargé par la ville de New York de vous piloter.

Samuel sert d'interprète au professeur Lorenz et l'accompagne partout. Quand la ville de New York ouvre, à l'intention du professeur, un service expérimental dans un hôpital, c'est Samuel Welmann qui est nommé « responsable ».

Les malades affluent. Le professeur les palpe. Ils repartent contents.

— Où est le professeur ?

— Il est parti déjeuner.

— Bon, amenez le malade suivant, c'est moi qui vais le soigner.

Et voilà Samuel Welmann qui se met à tripoter les corps douloureux. Sous l'œil étonné des médecins qui finissent quand même par se poser des questions. Welmann en traite dix à l'heure. On appelle la police qui, au bout de tant d'années, a fini par établir un dossier au nom de Samuel Welmann. Il disparaît pendant deux ans. En prison, comme vous le pensez...

Deux ans plus tard, devant les grilles de la prison de Sing-Sing un groupe de journalistes interviewe un monsieur très bien mis :

— Messieurs, je suis Me Samuel Welmann. Je suis ici à titre d'expert pour établir les bases d'une réforme pénitentiaire.

— Et que pensez-vous de l'exécution capitale qui doit avoir lieu aujourd'hui ?

— Je trouve cette exécution regrettable. D'ailleurs j'en profite pour m'élever contre le principe de la peine de mort.

Depuis les fenêtres de son bureau le directeur de la prison s'informe :

— Qu'est-ce que c'est que cet attroupement devant la prison ?

Samuel Welmann se retrouve une fois de plus derrière les barreaux.

1926 : Rudolph Valentino vient de mourir d'une péritonite. Vague de folie parmi ses admiratrices, certaines se suicident. L'actrice Pola Negri joue les veuves éplorées, enfermée dans l'hôtel Ambassador de New York. Elle se meurt de chagrin.

— Madame, je suis le docteur Samuel Welmann. J'étais un ami intime de Rudolph Valentino et c'est à ce titre que je viens m'inquiéter de votre santé.

Pola Negri a à peine la force de répondre.

— Veuillez tirer la langue. Vous permettez que je prenne

votre pouls ? Nous allons appeler le groom et l'envoyer à la pharmacie pour chercher les gouttes que je vous prescris. Vous les prendrez pendant une semaine. Et maintenant, par prudence, si votre suite comporte une chambre libre, je crois qu'il est de mon devoir de m'installer à votre chevet.

Pola Negri désigne d'un geste las la chambre voisine de la sienne. Désormais Samuel distribue à la presse, tous les jours, les bulletins de santé de l'actrice... Le jour de l'enterrement de Valentino, Samuel Welmann soutient Pola Negri jusqu'au cercueil, puis il la ramène à l'Ambassador. Pendant tout le reste de la journée, au Campbell Funeral's Home, installé derrière une petite table pliante en tant que « médecin de Valentino », il prodigue des soins à toutes les admiratrices du grand acteur qui se trouvent mal. Il n'en restera pas là...

Nous le retrouvons un peu plus tard à l'hôtel Ambassador, qu'il connaît désormais bien. Des policiers montent la garde devant l'ascenseur que la reine de Roumanie a fait réserver à son usage personnel.

— Messieurs, voici ma carte, je suis Samuel Welmann, sous-secrétaire d'État. Je viens rendre visite à Sa Majesté.

Et Samuel, pantalon rayé, jaquette, haut-de-forme, pénètre dans les salons où la reine, entourée du Tout-New York, se tient soigneusement à l'abri des journalistes.

— Majesté, tout est-il selon votre bon plaisir ?

La reine acquiesce.

— Je suis chargé d'un message du personnel de l'hôtel.

La reine interroge du regard.

— Le personnel désire vous faire savoir que votre beauté et votre élégance sont admirables.

Quelques minutes plus tard Samuel bavarde gentiment avec la reine, ravie :

— Que pensez-vous des Américains ? Aimez-vous le charleston ? Que pensez-vous des cheveux courts pour les femmes ?

L'interview, commanditée, sera publiée intégralement dans l'*Evening Graphic* qui grille ainsi tous ses concurrents.

1929 : Me Samuel Welmann dirige un cabinet d'avocats sur Broadway. L'Ordre des avocats l'envoie en prison pour quelques années.

1942 : le docteur Samuel Welmann ouvre à New York un

bureau où il aide les jeunes Américains qui veulent éviter l'armée. Il leur apprend à feindre la surdité et l'imbécillité congénitale. Le FBI l'envoie encore à l'ombre pour quelques années.

1948 : Samuel Welmann apparaît dans les bâtiments de l'ONU. Il est journaliste accrédité. On en a connu de pires. L'ambassadeur de Thaïlande le trouve si efficace, si charmant, tellement impartial qu'il lui propose un poste de diplomate thaïlandais.

Samuel Welmann s'inquiète et s'informe auprès des autorités : ne risque-t-il pas de perdre sa nationalité américaine? Le FBI déconseille à la Thaïlande d'accréditer Samuel Welmann.

Plus tard on le retrouve jouant les médecins dans les hôpitaux. Les malades trouvent qu'il leur remonte le moral beaucoup plus que les autres médecins.

1960 : Samuel Welmann, directeur d'hôtel, est abattu d'une rafale de mitraillette. Par quelqu'un qui, sans doute, n'aimait pas qu'on se paie sa tête.

Retour d'ascenseur

Sur une autoroute entre Boston et New York, une ambulance fonce dans la nuit brumeuse. Une voiture s'est enroulée autour d'un énorme pylône. « Enroulée » est le terme, l'avant s'y est encastré, l'arrière s'est replié comme une feuille. Le feu a pris au réservoir, et un poids lourd qui suivait a réussi à éviter le pire.

Après avoir freiné à mort, le chauffeur s'est attaqué à l'incendie du véhicule avec son extincteur. Tandis qu'un de ses collègues prévenait la police de la route par radio, l'homme a arraché courageusement la portière de la Ford Mustang et dégagé le conducteur, pour l'étendre sur le bas-côté. L'homme est en piteux état, mais il respire encore faiblement. Pour l'instant il doit le peu de vie qui lui reste à l'efficacité du routier. L'ambulance est sur place très rapidement, et le médecin réanimateur se penche sur le mourant avec perplexité. Le regard du blessé est d'une fixité inquiétante, mais ses lèvres bougent comme s'il essayait de parler. Réflexe ou conscience ?

— Ne vous agitez pas. Vous avez eu un accident, on va vous sortir de là.

Le blessé tente encore de remuer les lèvres, tandis que les premiers soins s'enchaînent avec calme dans le rugissement des klaxons de voitures. Oxygène, perfusion, suture rapide, les blessures sont si graves que le médecin marmonne :

— Il devrait être dans le coma...

Mais l'homme essaie encore de parler. Dans l'ambulance qui fonce vers New York, il bredouille quelques mots inintelligibles, puis parvient à articuler :

— Je vais mourir ?

— Mais non, vous n'allez pas mourir. Ne parlez pas! Restez calme! Nous arrivons à l'hôpital, tout ira bien.

Il est rare qu'un blessé grave demeure conscient à ce point. Le médecin en déduit que, miraculeusement, le cerveau n'a pas été atteint. Piètre consolation au regard du reste. Le blessé a une jambe arrachée, le thorax enfoncé, et des contusions internes probablement gravissimes.

— Punition...

Le médecin a bien entendu. L'homme a prononcé clairement le mot « punition ». Puis :

— Je vais mourir... Tué ma femme.

— Calmez-vous, vous étiez seul, vous n'avez tué personne...

— Tué ma femme... Punition...

Lorsque le blessé disparaît dans la salle des urgences de l'hôpital, pris en main par toute une équipe, le médecin réanimateur se demande ce qu'il faut penser de cette curieuse déclaration. Les motards de la police qui accompagnaient l'ambulance la consignent dans leur rapport.

— Vous croyez qu'il va s'en sortir?

— Une chance sur dix. Guère plus.

— Vous pensez qu'il était lucide?

— Les blessés disent souvent n'importe quoi sous le choc. Mais il paraissait obsédé par ce mot « punition », il l'a répété plusieurs fois.

Dès le lendemain, le blessé de l'autoroute est identifié. Steven Hereford, marié, deux enfants. Employé dans une chaîne de fast-foods.

Un policier en civil se présente très tôt à son domicile, dans la banlieue de New York, et s'adresse d'abord au gardien.

— Police. Mme Hereford. Vous connaissez?

— Quinzième étage. Je vais la prévenir. On a un problème, l'ascenseur est en panne.

Le gardien n'obtient pas de réponse dans l'appartement des Hereford.

— Elle est peut-être sous la douche. Il faut attendre que les ouvriers aient fini. On a dû couper tous les circuits, un type essaie d'atteindre la cabine par l'intérieur.

— Il y a quelqu'un dedans?

— Apparemment non, on l'entendrait, et personne n'a fait fonctionner le signal d'alarme. Quelqu'un a appelé l'ascenseur ce matin, ça ne marchait pas. L'incident a dû se produire dans la nuit.

Le policier monte les étages à pied. Il est au niveau du septième étage, où il reprend souffle, lorsqu'il entend crier le dépanneur de l'autre côté du mur de l'escalier de secours. Sa voix résonne dans le tunnel de l'ascenseur :

— Il y a quelqu'un dedans ! Une femme ! Elle est par terre, elle ne répond pas !

Au neuvième étage, le policier vient se renseigner auprès de l'équipe d'ouvriers.

— Qui est là-dedans ?

— On ne sait pas encore. La cabine est coincée entre le septième et ici. Un gars vient de nous dire que la femme avait l'air morte.

Quelques instants encore, et la voix dans le tunnel crie :

— Elle ne respire plus. Je regarde dans le sac à main !

Rebecca Hereford, l'épouse de Steven, le blessé de l'autoroute, n'entendra pas la mauvaise nouvelle que venait lui annoncer le policier.

La cabine une fois débloquée — une défaillance du système électronique —, un médecin examine le corps de la victime. Crise cardiaque.

Le concierge déclare à la police :

— Ça ne m'étonne pas. Elle ne prenait jamais l'ascenseur toute seule. Elle détestait ça. La plupart du temps elle grimpait les étages, ou alors elle s'accrochait à quelqu'un. Elle était claustrophobe, la pauvre femme. D'ailleurs ils ne devaient pas rester ici, ils cherchaient une maison.

Trois jours s'écoulent, durant lesquels il se passe beaucoup de choses. D'abord, Steven Hereford est opéré à quatre reprises. Poumon, abdomen, jambe, bassin. Il tient toujours le coup. Ensuite, un médecin légiste confirme la mort naturelle de son épouse. Asphyxie et crise cardiaque. Les deux enfants du couple, en vacances chez leur grand-mère, apprennent le même jour qu'ils n'ont plus de mère et que leur père est entre la vie et la mort.

Enfin, un dossier arrive sur le bureau d'un procureur de l'État de New York. Il contient le rapport de la police de l'autoroute, où est mentionné le fait que le blessé aurait dit dans un état semi-comateux qu'il avait tué sa femme. Il y a aussi quelques papiers récupérés dans une sacoche de cuir, mais partiellement brûlés. Une photo de femme notamment, très jeune, brune — aucun rapport avec l'épouse blonde de trente-cinq ans, morte dans l'ascenseur.

Le cinquième jour, un enquêteur se présente à l'hôpital, dans le but d'interroger Steven Hereford, non seulement sur les causes de l'accident, mais sur sa déclaration à propos de sa femme.

Les médecins lui accordent quelques minutes d'entretien avec le blessé, avec les recommandations suivantes :

— En principe il n'est pas au courant de la mort de sa femme. Il est donc hors de question, s'il est innocent, de lui causer un nouveau choc. Et vous devrez poser vos questions de manière qu'il puisse y répondre par oui ou par non. Il a un poumon perforé. Pas d'efforts inutiles. Son état n'est pas brillant du tout. Comment allez-vous procéder ?

— Je préférerais revenir plus tard. À moins que vous ne confirmiez le pronostic ?

— Il est mauvais. Il peut nous lâcher d'un jour à l'autre.

— A-t-il réitéré sa déclaration ? A-t-il parlé de la mort de sa femme ?

— À aucun moment, même sous anesthésie ; mais je ne devrais même pas vous dire ça, de toute façon. Je trouve extrêmement déplaisant l'acharnement du procureur face à un homme dans cet état.

— Tout de même, il a dit nettement : « J'ai tué ma femme », et sa femme est bien morte. Le procureur voudrait donc avoir au moins une réponse à une seule question : « Avez-vous dit consciemment à un moment ou un autre, durant votre transport à l'hôpital, que vous aviez tué votre femme ? » Ma mission s'arrête là pour l'instant.

— Et s'il vous répond oui ?

— J'enregistrerai cette réponse, et j'en poserai une deuxième avec votre accord : « Êtes-vous directement responsable de la mort de votre femme ? »

— Et si c'est oui ?

— La réponse enregistrée, l'interrogatoire s'arrêtera là. L'enquête sera ouverte officiellement, et nous attendrons qu'il soit en état de s'expliquer.

— Et son avocat ? Il a droit à un avocat !

— Commis d'office, il attend votre décision, et avec votre accord il assistera à l'entretien.

Le protocole de cet interrogatoire particulièrement surprenant ayant été établi, l'enquêteur, l'avocat, un médecin et une infirmière pénètrent dans la chambre du blessé. La première question est posée par le médecin, avec précaution :

— Vous m'entendez, Hereford ?

— Oui. J'entends.

— Bien, ne faites pas de phrases. Je suis ici avec un fonctionnaire du bureau du procureur. Cet homme va vous poser deux questions, vous pourrez y répondre simplement en disant oui ou non, intelligiblement. Pour cela je retirerai une seconde le respirateur de votre bouche, comme je viens de le faire à l'instant. Mais ne faites surtout aucun effort supplémentaire. Tout d'abord, si vous ne désirez pas répondre maintenant, dites non. Si vous désirez répondre, dites oui. Allez-y !

— Oui.

— Merci. L'assistant du procureur va vous poser la première question.

Steven Hereford paraît lucide, à en juger par son regard expressif dans un visage pourtant affreusement tuméfié. Il respire avec difficulté, le corps parfaitement immobile.

— Monsieur Hereford, vos réponses seront enregistrées. Vous parlez en présence d'un avocat que le procureur a nommé d'office afin de respecter vos droits. Je représente le procureur. Voici la première question : avez-vous dit consciemment, à un moment ou un autre, durant votre transport à l'hôpital, que vous aviez tué votre femme ?

— Oui.

— Voici la deuxième question : êtes-vous directement responsable de la mort de votre femme ?

— Non.

Étonnement général. L'assistant du procureur se rend compte un peu tard que cette deuxième question pouvait effectivement amener ce genre de réponse. Le problème réside dans le mot « directement ». Il souhaite donc reposer la même question en ajoutant : « directement ou indirectement ». Mais l'avocat s'y oppose. Le protocole comportait deux questions, pas trois. Les médecins s'y opposent aussi. Ils sortent de la chambre du blessé afin d'en discuter.

L'infirmière reste seule auprès de Steven Hereford. Quelques minutes plus tard, elle rejoint le petit groupe hors de la chambre.

— Il a parlé de lui-même. Sans que je l'interroge. Il a retiré le respirateur et m'a dit : « C'est l'ascenseur. Pas moi... Dites aux enfants que c'est l'ascenseur. »

Ce fut sa dernière déclaration. Steven Hereford mourut dans la soirée, sans avoir dit autre chose.

Au moment de la mort de sa femme il était sur l'autoroute, écrasé contre un pylône. Comment pouvait-il savoir alors qu'elle était morte dans l'ascenseur ?

S'il le savait, c'est qu'il y était pour quelque chose. L'enquête a conclu, après un minutieux examen, que quelqu'un, lui de toute évidence, avait volontairement bloqué la cabine en marche. Il avait donc fait monter sa femme dans l'ascenseur, refermé la porte, bloqué le système à l'aide d'une copie de la clé du système électronique, et s'était enfui. Le crime parfait, s'il ne s'était pas jeté contre un pylône. Parfait vis-à-vis de ses enfants, et parfait vis-à-vis de sa maîtresse, vingt-deux ans, dont il était tombé amoureux fou et à qui il avait affirmé qu'il était divorcé. « L'ascenseur. Pas moi... » Sa femme souffrait d'une telle claustrophobie qu'elle avait confié à des amis : « Je ne tiendrais pas dix minutes enfermée quelque part. J'en mourrais. »

Alfred Hitchcock a dit un jour : « Le crime n'a rien d'extraordinaire en soi, ce qui me fascine ce sont les détails de ce crime. »

Une belle histoire, pour le Monsieur Suspense du cinéma, que ce retour d'ascenseur.

Pluton Ier

La ferme des sœurs Hofmann est un peu à l'écart du village de Gulden, à trente kilomètres de Munich. Les sœurs Hofmann sont de vieilles originales. Les habitants de Gulden les voient une fois tous les six mois. Magda Hofmann, soixante-cinq ans, et sa sœur cadette Erika, soixante ans, ne sortent que pour leur provision annuelle de sucre ou une démarche indispensable à la poste ou à la mairie. Elles vivent en circuit fermé. En cette année 1972, elles ont le mode d'existence qu'avaient les paysans du Moyen Âge...

Or, ce 2 novembre 1972, il se produit un petit événement. Magda Hofmann se rend au village. Elle est seule. D'habitude les deux sœurs y vont ensemble, comme pour se donner mutuellement le courage d'affronter le monde extérieur.

Comme elle arrive sur la place, quelques habitants de Gulden l'interrogent.

— Alors, mademoiselle Hofmann, la provision de sucre est terminée ?

La vieille fille se dirige à grands pas vers l'église.

— Laissez-moi passer. Je vais chez le curé.

Du coup, les questions se font inquiètes.

— Qu'est-ce qui se passe ? Erika est malade ?

Magda Hofmann lance, sans s'arrêter de marcher :

— Si ce n'était que cela !

— Elle est... morte ?

La femme en noir s'arrête alors, se retourne et fait cette réponse incroyable :

— Si ce n'était que cela !

Une semaine s'est écoulée. Les habitants de Gulden n'ont plus revu Magda Hofmann. En revanche, ils voient leur curé, le père Heindorf, partir tous les matins pour la ferme Hofmann et n'en revenir que vers midi. Qu'est-ce que cela veut dire? Bien entendu, ils posent la question au religieux. Mais celui-ci garde obstinément le silence...

À Gulden, tout le monde ne parle plus que du mystère de la ferme Hofmann. Les gendarmes eux-mêmes sont au courant par la rumeur publique. Mais l'adjudant-chef Berger, qui les dirige, ne voit pas bien ce qu'il pourrait faire. Ce n'est pas un délit de demander tous les jours la visite du curé. Bien sûr, cela peut cacher quelque chose. Mais pour qu'il intervienne, il faudrait qu'il ait au moins un témoignage précis...

C'est deux jours après, le 12 novembre 1972, qu'un paysan de Gulden se présente à la gendarmerie. Il a l'air encore tout ému.

— Hier soir, je suis rentré assez tard de Munich. En passant près de la ferme Hofmann, je me suis arrêté. C'était de la curiosité, vous pensez bien. Je m'étais dit que je verrais peut-être quelque chose... Je n'ai rien vu, mais j'ai entendu... C'était horrible, un cri qui n'avait rien d'humain... Cela a duré longtemps, plusieurs minutes au moins, et je suis parti...

Cette fois, l'adjudant-chef Berger peut agir et, le lendemain matin, muni d'un mandat, il se présente à la ferme avec ses hommes. Le curé les y a précédés. Tant mieux : ils découvriront par la même occasion ce qu'il vient faire...

Sous la conduite de l'adjudant-chef, les gendarmes traversent la cour de la ferme. À tout hasard, le médecin de Gulden les accompagne... L'adjudant-chef Berger frappe à la lourde porte... Il doit tambouriner pendant deux bonnes minutes avant d'obtenir une réponse. C'est la voix de Magda Hofmann.

— Qu'est-ce que c'est?

L'adjudant-chef a déjà préparé sa réponse. S'il dit « Police », il sait que la vieille n'ouvrira pas. Ils devront enfoncer la porte et cela peut prendre un certain temps car elle est solide. S'il y a quelque chose à découvrir, l'effet de surprise ne jouera pas. L'adjudant-chef Berger lance donc :

— C'est le facteur...

Grâce à ce sésame, la porte s'ouvre... Aussitôt les gendarmes se précipitent, bousculent Magda Hofmann, qui crie en vain, et entrent dans la pièce principale... C'est vrai que l'odeur de renfermé est insupportable et le désordre indescriptible... Soudain des bruits leur parviennent, des cris lointains. L'adjudant-chef fait un geste :

— Cela vient de la cave. Suivez-moi...

Quelques instants plus tard, les policiers dégringolent les escaliers. Et ce qu'ils découvrent les laisse muets. Le curé s'est levé à leur approche. Il tient un crucifix à la main. Il est couvert de sueur...

À ses pieds, sur un banc bas et étroit, Erika Hofmann est ligotée. Elle est d'une pâleur mortelle, de la bave s'échappe de sa bouche... Elle se redresse un peu en voyant les gendarmes et elle se met à parler. Mais ce n'est pas sa voix. C'est une voix profonde, une voix de gorge caverneuse, c'est une voix d'homme !

— Je suis Pluton Ier... Ma cage de fer ne sera brisée par aucune force humaine, par aucune prière...

L'adjudant-chef et ses hommes se hâtent de la détacher. Le médecin se penche sur elle. Après un examen rapide, il prend une seringue dans sa trousse.

— Épilepsie... Je vais lui administrer un calmant... Il faut l'emmener d'urgence à l'hôpital. Cette femme est dans un état de déshydratation grave. Elle n'a pas dû boire depuis quarante-huit heures...

Peu après, tandis qu'une ambulance emmène Erika Hofmann, accompagnée du médecin, Magda et le curé sont conduits sous bonne escorte à la gendarmerie. Et là, commence un interrogatoire inimaginable en plein XXe siècle. Il semble sortir tout droit des archives d'un procès en sorcellerie du Moyen Âge.

— Comment vous, monsieur le curé, avez-vous pu torturer cette femme ?

Le père Heindorf est atterré. Il semble avoir brusquement compris la gravité des faits...

— Je... je pratiquais un exorcisme à la demande de Magda Hofmann... J'ai voulu bien faire...

Magda Hofmann vient en aide à l'homme d'église.

— Il y a quinze jours, Erika est tombée à la renverse dans le jardin et elle s'est mise à dire des choses affreuses. Ce n'était pas elle qui parlait, c'est sûr. D'ailleurs le démon s'est tout de suite nommé : Pluton Ier... Il faut que je vous dise qu'il y a cent cinquante ans, un crime a eu lieu à la ferme : un enfant a été assassiné par ses parents. C'est cela qui a attiré le diable.

L'adjudant-chef est effaré devant ce galimatias qui semble remonter du fond des âges. Mais il veut s'en tenir aux faits. Il néglige la sœur Hofmann et se tourne de nouveau vers le curé.

— Vous avez pourtant bien torturé cette femme. Elle était attachée si serré qu'elle en avait des marques aux bras et aux jambes...

— Je ne pouvais pas faire autrement. Elle donnait des coups de pied, des coups de poing, elle griffait, elle mordait...

— Et c'est pour cela que vous ne lui avez pas donné à boire pendant quarante-huit heures? Elle n'avait pas soif? Elle n'a jamais demandé à boire?

— Si, mais à chaque fois c'était avec la voix d'homme, celle du démon. Alors, j'ai cru...

Qu'y a-t-il à répliquer à ce genre de démonstration? Après avoir gardé la paysanne et le curé pendant quarante-huit heures pour vérifier leurs dires, l'adjudant-chef les relâche. Ils sont inculpés de mauvais traitements et de non-assistance à personne en danger, mais chacun sait que cela ne veut rien dire... D'ailleurs le bref procès en correctionnelle se termine par un non-lieu... Par décision des autorités ecclésiastiques, le père Heindorf doit se retirer dans un couvent, Magda Hofmann rentre seule à la ferme, tandis que sa sœur reste à l'asile...

Juillet 1973 : huit mois se sont écoulés, quand arrive aux habitants de Gulden cette incroyable nouvelle : Erika Hofmann est sortie de l'asile. Elle est même déjà rentrée à la ferme. Le médecin du village ira la voir régulièrement.

Celui-ci commente avec pessimisme la décision des autorités psychiatriques.

— Bien sûr, cliniquement parlant, Erika Hofmann pouvait sortir. Mais les médecins n'ont pas tenu compte de l'environnement. Elle croit toujours à la malédiction diabolique qui pèse sur la ferme. Et je crains fort qu'elle ne fasse une rechute...

C'est au mois d'octobre 1973, près d'un an après le début des événements, que le médecin se précipite, affolé, chez les gendarmes. L'adjudant-chef Berger fait la grimace en le voyant. Il se doute du motif de sa venue.

— Il se passe quelque chose à la ferme Hofmann ! Tout à l'heure, quand je me suis présenté pour ma visite habituelle, personne ne m'a ouvert. Mais le plus inquiétant, c'est qu'on entend des coups sourds dans toute la ferme, comme des coups de marteau...

Quand médecin et gendarmes arrivent sur les lieux, c'est le silence complet. Personne ne répond aux coups frappés à la porte. L'adjudant-chef Berger décide de la faire enfoncer immédiatement. Il n'y a pas de temps à perdre...

Elle cède après de longs efforts. Les policiers se précipitent... La grande pièce du rez-de-chaussée est déserte : pas un bruit, un silence de mort...

La cave : c'est là qu'instinctivement se précipite l'adjudant-chef... Elle est fermée de l'intérieur... Il va la faire enfoncer de nouveau, lorsque la voix d'un de ses hommes lui parvient du premier étage.

— Chef, venez voir. C'est extraordinaire !

Abandonnant la cave, l'adjudant-chef Berger monte au premier... Juste après l'escalier, le corridor qui donne accès aux chambres est barré par deux longues planches : l'une horizontale, clouée aux murs à hauteur du visage, et l'autre verticale, clouée par-dessus la première... L'ensemble forme une croix, une croix chrétienne. C'est l'explication des coups de marteau qu'avait entendus le médecin...

L'adjudant-chef et ses hommes passent sous le montant horizontal de la croix et ils tombent en arrêt devant la porte d'une des chambres. Celle-ci est barricadée de la même manière par deux planches formant une croix.

En moins d'une minute, la croix de bois est arrachée, la porte, fermée à clé, enfoncée... La pièce est dans une obscurité totale. Un gendarme se précipite pour ouvrir les volets et pousse un cri à son tour.

— Les volets sont cloués eux aussi... Une croix...

Il parvient néanmoins à arracher les deux planches. La lumière jaillit et le corps d'Erika apparaît, allongé sur le lit. Le médecin s'approche d'elle, l'ausculte... Il se redresse aussitôt.

— Elle est morte depuis plusieurs heures... Elle a été étranglée...

Abandonnant le corps, l'adjudant-chef se précipite en bas, suivi de ses hommes. Arrivé devant la porte de la cave, il se met à l'enfoncer à coups d'épaule. Et c'est alors que du sous-sol, monte une voix, une voix criarde, hystérique, un glapissement.

— La croix ! N'enlevez pas la croix !

Sous un dernier coup d'épaule, la porte cède enfin... Elle tombe avec fracas dans l'escalier et l'adjudant-chef Berger peut constater qu'elle aussi avait été clouée par deux planches formant une croix...

Tout en bas, recroquevillée sur elle-même, Magda Hofmann, en chemise de nuit, débite un flot de paroles ininterrompu.

— Pluton Ier... Il est revenu cette nuit. Mais le curé n'était pas là... Je ne savais pas quoi faire... Et pourtant il fallait que je le fasse taire... Alors j'ai pris le cou d'Erika et j'ai serré...

Elle se met à trembler des pieds à la tête.

— Mais je me suis trompée. C'est Erika que j'ai tuée, pas Pluton. Vous comprenez ?... Pluton Ier, au contraire, je l'ai libéré. Il a quitté Erika, puisqu'elle est morte. Et, comme il est toujours là, c'est en moi qu'il va venir... Les croix, pourquoi avez-vous enlevé les croix ?

Magda Hofmann a pris la place de sa sœur dans le même asile psychiatrique et elle est morte peu après, sans avoir cessé de se croire possédée par Pluton Ier... Les médecins n'ont rien pu faire d'autre que de lui administrer des calmants. Pas plus que les exorcismes du père Heindorf, la science ne pouvait quoi que ce soit devant cette maladie d'un autre âge.

Arme secrète

En 1912, le 15 avril, à deux heures trente du matin, le plus grand paquebot du monde, le *Titanic*, heurte un iceberg à cent cinquante kilomètres au large de Terre-Neuve. Mille cinq cent treize personnes périssent dans les flots glacés. Après le naufrage on essaie en vain de détruire les icebergs qui continuent à menacer les navires. Les coups de canon sont impuissants à les faire couler. Quelques années plus tard, pour un certain Geoffrey Pyke, qui vient de lire le récit de cette tragédie dans un magazine, c'est la révélation...

Winston Churchill, le Premier ministre britannique, le Vieux Lion, est dans son bain. Cela n'a rien d'étonnant : il adore patauger tout nu dans sa baignoire. C'est là qu'il réfléchit le mieux... à condition que l'eau reste à une température suffisamment chaude. C'est pourquoi, en cette année 1943, Churchill, qui a bien des problèmes à résoudre, n'hésite pas à prendre au moins deux bains par jour. Et même à recevoir dans sa salle de bains les grands de ce monde qui sont pressés de le voir.

— Milord, Sir Winston est dans sa baignoire. Faut-il le déranger immédiatement ?

La secrétaire aimerait recevoir du comte Louis Mountbatten une réponse négative :

— Pas de problème, j'en ai vu d'autres. S'il est dans sa baignoire, ça m'intéresse.

Et Louis Mountbatten pousse la porte de la salle de bains. Churchill le regarde entrer d'un air un peu étonné :

— Il y a le feu quelque part?

— Au contraire. Tenez!

Mountbatten tient dans sa main un sac en papier kraft. Il en extrait quelque chose qui ressemble à un gros glaçon bien froid. Avant que Churchill ait pu tirer une bouffée supplémentaire de son cigare, le glaçon vient de tomber dans la baignoire :

— Êtes-vous fou? Mon bain va refroidir!

Churchill se rue sur le robinet d'eau chaude et l'ouvre à fond. Le glaçon flotte, imperturbable, ce qui est le propre des glaçons. Mountbatten, avec un regard amusé, dit :

— Devinez ce que c'est.

Malgré l'arrivée d'eau chaude le glaçon, tel un petit iceberg, se maintient à la surface. L'eau est à présent si chaude que Churchill, sans la moindre gêne, doit sortir de la baignoire. Le glaçon reste intact. Mountbatten explique :

— Mon cher, c'est de la glace qui ne fond pas.

— Très intéressant pour ceux qui en mettent dans leur whisky.

Une fois que Churchill a recouvert sa nudité d'une robe de chambre à sa dimension il rentre dans son bureau. Mountbatten récupère le glaçon et donne des explications :

— En fait ce que vous venez de voir est un produit révolutionnaire : du pykrete. D'après le nom de son inventeur, Geoffrey Pyke, un Anglais, un peu excentrique, il faut l'avouer, mais plein d'idées...

Geoffrey Pyke correspond en effet à cette définition du comte Mountbatten. Ce que Mountbatten ne dit pas parce qu'il l'ignore, c'est qu'au moment où le « pykrete » est présenté à Sir Winston Churchill, Geoffrey Pyke, lui, se repose dans une maison de santé où l'a conduit l'ébullition permanente de ses neurones. Pyke est grand, maigre, ascétique et sa manie la plus innocente consiste à vouloir, avec obstination, porter des guêtres sans jamais porter de chaussettes. Pour tuer le temps il lit des magazines et tombe sur l'article concernant le naufrage du *Titanic*. Et particulièrement le passage où les explosifs sont impuissants à faire sombrer les icebergs assassins. « Eurêka! Il fallait y penser. »

Notre petit génie se met à imaginer un navire, un porte-avions, fait de glace et muni de moteurs et d'un système de réfrigération qui empêcherait la glace de fondre.

Pyke se lance dans la rédaction d'un mémoire de deux cent

trente-deux pages sur l'utilisation de la glace pour fabriquer des porte-avions de glace pratiquement insubmersibles. Qu'il envoie à qui de droit : Louis Mountbatten. Celui-ci est passionné par l'idée. Il réagit immédiatement :

— Mon cher Davidson, lisez-moi ça et faites-m'en un résumé d'une seule page. Winston Churchill ne lit rien qui dépasse cette dimension.

Sir Winston Churchill, devant le rapport, décrète :

— Ce projet est très intéressant mais il ne pourra être mené à terme qu'à deux conditions : trouver le moyen d'utiliser la glace présente dans la nature et ne pas mobiliser trop d'hommes pour sa réalisation.

— Demandons l'aide du Canada. C'est le seul endroit où la glace soit suffisamment abondante et l'espace suffisamment grand pour garantir le secret. Mackenzie King, le Premier ministe canadien, est d'accord pour apporter l'aide nécessaire.

1943 : première réunion technique. Il y a là les Britanniques, les Américains et les Canadiens. Des « pour » et des « contre ». Pour l'instant on décide de construire une maquette. Les universités canadiennes étudient la nature de la glace et on prévoit de construire la maquette sur le lac Louise. Budget estimé : cent cinquante mille dollars. Le projet ultra-secret reçoit le nom de code GE1.

Geoffrey Pyke, reposé, ressort de la clinique. Il prend contact avec un savant autrichien réfugié aux États-Unis :

— Mon cher, vous êtes un spécialiste des polymères. Nous avons besoin de vous pour étudier un produit qui puisse renforcer la résistance de la glace aux projectiles divers.

Le savant, un certain Fricht, mis en contact avec la cellule de recherches, obtient des crédits et s'enferme dans son laboratoire.

— Pyke, il est temps d'aller au lac Louise pour voir où ils en sont.

Bizarrement les travaux ont avancé. La maquette mesure dix-huit mètres de long. Elle est constituée de blocs de glace mélangée à de la pulpe de sapin. Cela forme un matériau dur comme de l'acier. Mackenzie King décrète :

— Choisissons trois universités canadiennes et chargeons-les de construire les poutres en pykrete nécessaires. Ça roule !

Un mauvais esprit s'avise alors d'une chose qui a échappé à tout le monde, y compris Pyke. Le professeur Hamilton annonce :

— Dans un iceberg, un huitième seulement de la masse dépasse du niveau de la mer. Avec le pykrete, plus lourd que la glace, quelle est la masse du porte-avions qui va dépasser au-dessus de la ligne de flottaison ?

Le professeur Meredith, un Anglais enthousiaste, réplique :

— Pas de problème. Nous allons insuffler de l'air dans la glace pour l'alléger.

— Insuffler de l'air dans la glace ? Mais comment ?

— Nous trouverons le système adéquat.

Bel optimisme.

D'Angleterre arrivent d'autres conclusions, fort inquiétantes : le porte-avions de pykrete devra, pour être opérationnel, se montrer capable d'affronter des vagues de trente mètres de haut et de trois cents mètres de long. Le pont d'envol devra se trouver à quinze mètres au-dessus de la ligne de flottaison. Ce qui veut dire que la quille du navire s'enfoncera d'à peu près cent cinq mètres dans la mer. En admettant que le pykrete soit devenu aussi léger que la glace naturelle, le jour où l'on saura comment lui insuffler des bulles.

Autre petit détail technique, pour permettre l'atterrissage et l'envol des chasseurs susceptibles de détruire les sous-marins allemands, on a calculé que le GE1 devra avoir une longueur minimale de six cents mètres de long.

Les Canadiens de leur côté ne chôment pas et déposent aussi leurs conclusions très intéressantes : le porte-avions pèsera deux millions de tonnes. Il comportera un équipage de deux mille hommes. Avec tout ce qu'il faut pour la vie quotidienne de l'équipage, des installations sanitaires aux cuisines. Il sera propulsé par vingt-six moteurs d'avions. Ce qui implique bien sûr des réserves de carburant.

Au point où on en est, le matériau de base se présente sous la forme de pains de glace mélangée à de la pulpe de sapin gorgée d'eau à 90 %. Ces pains de glace sont farcis de tuyaux qui permettent une réfrigération permanente empêchant la glace de fondre. Le tout enfermé dans des caissons de bois isolants. On suppose que les fameuses bulles seront insufflées une fois pour toutes et qu'il ne faudra pas, en plus, installer un système de gazéification de la glace.

Une nouvelle positive arrive cependant : le coût de la construction du porte-avions numéro zéro sera de soixante-dix millions de dollars. La moitié d'un porte-avions normal. Ça se présente plutôt bien.

Eh bien non, ça ne se présente pas bien. Le professeur Hamilton, responsable de l'opération pour le Canada, fait des calculs et se met à paniquer :

— Si l'on construit le porte-avions GE1 à Terre-Neuve, cela va dévorer tout notre budget d'effort de guerre. Il va falloir trop d'hommes, construire des nouveaux outils pour le système de réfrigération, de nouvelles usines. Nous n'y arriverons pas tout seuls.

Cela provoque l'envoi à Londres d'un émissaire chargé de discuter avec les responsables de l'Amirauté britannique qui, depuis le début, sont violemment anti-pykrete. Ils s'attendent à une âpre discussion, mais, en fait, Britanniques et Canadiens se retrouvent d'accord pour couler le GE1, porte-avions insubmersible.

C'est compter sans l'obstination légendaire de Winston Churchill qui n'oublie pas le glaçon jeté dans sa baignoire par Mountbatten :

— Convoquez une réunion à Québec. Il faut convaincre les Américains en leur faisant une démonstration de pykrete.

Pas question de plonger tout le monde dans une baignoire et d'y jeter un glaçon insubmersible. On doit prouver que le pykrete, mélange de glace et de pulpe de sapin, est un matériau hors du commun. Une réunion extraordinaire devant les représentants américains est organisée à l'hôtel Château-Frontenac.

— Messieurs, nous allons faire deux démonstrations comparatives entre des pains de glace ordinaire et des pains de pykrete ayant exactement les mêmes dimensions.

Des militaires canadiens apportent les pains nécessaires et l'on commence. L'officier supérieur chargé de faire la démonstration pulvérise d'un coup de pioche un pain de glace ordinaire. Puis il frappe avec le même instrument un pain de pykrete. Sous le choc il pousse un cri de douleur et manque se briser le poignet. Décidément, ce pykrete est extraordinaire.

— Passons maintenant à la démonstration de résistance à un projectile.

Un autre officier supérieur dégaine son revolver. Une première balle brise un pain de glace sans difficulté. La balle qui est à présent dirigée contre un pain de pykrete laisse tout le monde pantois. Non seulement elle ne parvient pas à pénétrer le matériau miracle, mais, rebondissant sur l'obstacle, elle repart vers la foule des spectateurs et manque tuer net deux personnalités dans un double ricochet très impressionnant. Un spectateur s'écrie :

— C'est formidable !

Dès le lendemain, Franklin Delano Roosevelt, depuis son fauteuil d'infirme, donne son accord pour la fabrication du porte-avions révolutionnaire. Les ingénieurs américains, qui, depuis quelques mois, ont appris à connaître Geoffrey Pyke, ses idées farfelues et ses guêtres, sont furieux. Jusqu'où cet olibrius va-t-il les entraîner ? C'est à peu près à cette époque que le comte Mountbatten se trouve appelé à un autre destin. Il part pour le Sud-Est asiatique.

Les Alliés, peu à peu, regagnent la maîtrise de la bataille de l'Atlantique. La nécessité de jeter de nombreux avions contre les sous-marins allemands s'estompe. En revanche, les Américains ont de plus en plus besoin de porte-avions dans le Pacifique pour leur lutte contre les Japonais. Mais les icebergs sont plus rares dans ces eaux relativement chaudes.

La maquette du lac Louise du projet GE1 est abandonnée. Trois ans après la guerre, Geoffrey Pyke, qui avait sans doute eu entre-temps d'innombrables nouvelles idées géniales, ouvre un tube de somnifères et se suicide dans une chambre d'hôtel minable de Londres.

Rien ne va plus

M. Ashley a cinquante ans. C'est un Anglais de bonne famille, et sa fortune personnelle est plutôt coquette, mais tout est relatif. D'autant plus relatif qu'il la perd consciencieusement dans la plupart des casinos d'Europe.

M. Ashley est un homme à l'intelligence relative également. De solides études dans la meilleure université ne vous donnent pas forcément ce que la nature a omis de vous offrir : le bon sens. Car, comme le lui a toujours répété sa mère, Lady Ashley : « Cela n'a pas de bon sens, Charles, de vivre de la roulette et du bridge ! Un beau jour tu mourras de faim, et nous ne serons plus là, ton père et moi, pour l'empêcher ! » Fort heureusement, Charles est resté célibataire. Il n'aurait jamais pu nourrir une famille. C'est pourquoi la rencontre de cette soirée d'été 1978, dans les salons du casino de San Remo, va l'entraîner dans une histoire de fou.

Elle se prénomme Ariane. Environ vingt-cinq ans, ravissante, échevelée dans les tons roux, à peine vêtue d'une robe du soir verte, perchée sur d'invraisemblables talons, le regard triste d'une biche, assoiffée de champagne. Dangereuse.

Charles, n'ayant pas de bon sens, lui offre tout le champagne du monde. Il se présente, fils de lord, éducation parfaite, et l'œil de la jolie rousse devient immédiatement fluorescent.

— Un noble ? Comme c'est amusant !

— Et vous ?

— Rien ! Absolument rien ! Je suis un nuage, je ne fais que passer ! Je suis tellement triste ce soir !

Et Charles écoute cette voix de sirène un peu rocailleuse,

attendrissante dans une si jolie bouche, lui raconter n'importe quoi. Vraiment n'importe quoi.

— Je porte bonheur. Vous voyez l'homme qui joue là-bas ? Voilà plus de six mois qu'il gagne sans arrêt grâce à moi. Il voulait m'épouser, mais je ne veux plus de lui, c'est un monstre ! Vous voulez gagner ce soir ?

Si Charles veut gagner ? Il irait jusqu'à Las Vegas en marchant sur les rotules s'il était sûr de se renflouer.

La belle Ariane l'entraîne négligemment aux côtés de l'homme en question, fait les présentations rapidement, et Charles se met à jouer, contre lui, les derniers sous de sa soirée.

Ariane, onduleuse, silencieuse, une main sur son épaule, assiste à son triomphe. Charles a gagné, et l'homme en face de lui fait grise mine. Il en veut à la belle !

— Si c'est fini entre nous, dis-le tout de suite !

— Luigi, mon cher, je te l'ai déjà dit ! Trop c'est trop ! D'ailleurs ce cher Lord Ashley avait besoin de moi quelques minutes ! Il est si charmant !

Charles n'en revient pas. Est-ce possible ? La seule présence de cette femme derrière lui lui a fait regagner ce qu'il avait perdu depuis la veille ?

— Je suis magique ! Que voulez-vous ! Et l'argent ne m'intéresse pas !

Ouh la menteuse !

Ça n'a pas de sens commun. L'escroquerie se renifle à des kilomètres. Mais quelle escroquerie ?

De toute façon Charles n'y voit que du bleu. Il passe une soirée merveilleuse avec cette mystérieuse jeune femme, qui a carrément dédaigné son compagnon pour l'honorer de sa présence. Ils se sont même chamaillés gravement, et l'homme a disparu, furieux, en lançant à Charles une menace vexatoire :

— Elle vous trouve peut-être séduisant ? Je vous souhaite bien du plaisir, mon vieux !

Ariane a les larmes aux yeux, et Charles doit la ramener à son hôtel en la consolant de son mieux.

— Voulez-vous souper ? Puis-je vous revoir demain ? Ne pleurez plus ! Laissez-moi faire quelque chose pour vous...

Ariane refuse, son chagrin est immense :

— Je ne comptais pour lui que devant une table de roulette ou de poker ! Nous étions fiancés, vous vous rendez compte ? Laissez-moi. Adieu, monsieur...

Mais Charles va tomber amoureux. De la belle, bien entendu, mais surtout de cette prétendue magie dont elle fait mystère suffisamment longtemps pour qu'il en devienne malade.

— Dites-le-moi, je vous en supplie : comment faites-vous ?

— Je refuse. Je ne vous accompagnerai plus jamais. Les hommes me déçoivent !

Ariane fait ainsi durer le plaisir plusieurs jours, plusieurs semaines, se laisse divertir, courtiser, mais refuse d'accompagner Charles devant une table de jeu. C'est fini, elle se l'est juré.

D'ailleurs la prédiction de sa mère va bientôt s'achever. Ariane ne portera plus bonheur à personne. Bientôt, finie la magie !

— Pourquoi ? Mais pourquoi ? De quelle prédiction parlez-vous ?

— Il faudra bien que je me marie un jour, et alors je perdrai tout mon pouvoir. Ma mère me l'a prédit. La pureté de mon corps est un porte-bonheur.

Il est réellement stupide, Charles, de vouloir en savoir davantage. Qui de nos jours écouterait de pareilles fadaises ? Il y a bien des gens qui croient dur comme fer à leur horoscope, d'autres qu'un dix de pique met dans un état de terreur avancé, d'autres encore qui trimbalent des pattes de lapin...

Charles écoute le discours d'Ariane, l'œil allumé de convoitise. Ariane n'a jamais cédé aux messieurs, elle ne va pas dans leur lit, elle entend demeurer pure. Car cette pureté lui garantit de conserver le don extraordinaire qu'elle détient. Le grand problème est évidemment d'épouser un homme qui accepterait cette condition. Son fiancé l'avait accepté, mais il s'est montré d'une goujaterie qui a vraiment écœuré la jeune fille !

— Lorsque nous nous sommes rencontrés pour la première fois, il avait décidé de passer la nuit avec moi, il l'exigeait. J'avais beau lui dire qu'il ne gagnerait plus rien si nous faisions cela, il insistait. C'est pour cela que je vous ai choisi ce soir-là. Au fond c'est mieux ainsi ! Voyez-vous, je ne supporte pas le contact physique avec un homme. C'est ainsi. Mon pouvoir fait mon malheur.

Enroulé dans la séduction jusqu'au cou, Charles déclare alors sa flamme. Il le jure : il sera un époux religieusement respectueux des désirs de sa femme ! Il ne la touchera pas !

— Vous voulez m'épouser pour l'argent ! Je ne vous crois pas ! Un jour vous demanderez plus !

Encore des semaines de cour assidue, de respect inflexible, et Ariane se laisse convaincre d'abord de l'accompagner à une partie de bridge privée et confidentielle, afin de lui montrer son pouvoir une fois de plus. Charles est servi ce soir-là comme jamais ! Et pourtant il joue contre l'ex-fiancé de la belle Ariane, qui prétend être là par hasard.

Si Lady Ashley était présente, elle dirait certainement à son idiot de fils : « Charles, ça n'a pas de sens commun, ces deux-là sont des compères, et cette fille ne veut qu'une chose, ton nom avec ton héritage ! »

Mais il est seul, Charles, et il a gagné ! Ariane sourit modestement, et trois mois plus tard, les voilà mariés. Courte visite en Angleterre, sur le chemin du voyage de noces, et la jeune épouse fait sensation dans la famille de Charles. Double sensation. « Charles, ça n'a aucun sens, elle a la moitié de ton âge ! Cela dit, elle nous a promis de t'empêcher de jouer à l'avenir ! Que Dieu l'entende ! »

Charles connaît sa première déception. L'empêcher de jouer ? Ce n'était pas dans l'accord !

Le couple a sa première dispute au retour, dans l'avion Londres-Genève. Charles voulait bien respecter madame, mais contre sa présence aux tables de jeu !

Ah, mais pas du tout ! conteste la belle. Elle le savait bien. Charles ne l'aime donc pas ! Il l'a épousée uniquement pour l'argent ! C'est une honte ! Un camouflet insupportable !

La dispute se poursuit à l'aéroport de Genève. Puis dans l'appartement d'un grand hôtel. Charles avait l'intention de passer la soirée au casino. Ariane refuse tout net !

— J'espérais au moins que tu aurais la décence d'attendre quelque temps ! Puisque c'est ainsi, vas-y tout seul ! Moi je me couche ! Nous n'avons plus rien à nous dire !

Charles insiste, discute, et supplie. Une fois ! Rien qu'une fois, après tout ça ne lui coûte rien ! N'a-t-il pas respecté leur accord : jamais il n'a cherché à la mettre dans son lit !

Rien à faire. La belle va se coucher, éteint les lumières, laissant le vieux marié à sa lourde déception. Charles s'en va donc au casino passer sa nuit de noces. Sûr de perdre. En tout cas de ne pas gagner. Il se plante devant la roulette, mise avec désespoir, et c'est à partir de cet instant que rien ne va plus...

À deux heures du matin, il fait un retour tonitruant dans la chambre nuptiale, une liasse de francs suisses vole sur le lit ! Il a gagné ! Sans elle ! Et il est tellement content qu'il a bu plus que de raison, ce vieux Charles ! Soûl comme une barrique ! Le voilà qui réveille la belle avec des intentions précises. Pureté ? Plus question de pureté, ma fille, la fête ne fait que commencer. Ce soir il en a appris des choses, Charles ! Il en sait des mystères qui n'en sont pas ! Et maintenant il veut sa femme ! Il y a droit ! Finies les minauderies !

Un petit quart d'heure plus tard... une partie du personnel d'étage est derrière la porte de l'appartement nuptial, attiré par le scandale. Personne n'ose encore intervenir. Jusqu'au moment où les hurlements s'amplifient, suivis par un silence terrifiant. Enfin le personnel voit sortir Charles échevelé, bafouillant et vert de peur.

— Je l'ai tuée ! Elle est morte ! Faites quelque chose !

L'appartement est dévasté. Les fauteuils, les rideaux, les vases de fleurs ont subi une tornade. La garde-robe de la jeune mariée jonche le sol, entièrement déchiquetée. Quant à la jeune Lady Ashley, elle est étendue dans la salle de bains, inerte !

Charles s'effondre dans le couloir en pleurant, tandis qu'on appelle un médecin, la police et que l'on cherche à étouffer le scandale avec célérité, et un maximun de discrétion.

Ariane a des traces de strangulation sur le cou. Son visage est bleu, ses jolies lèvres violette, mais fort heureusement, après des soins appropriés, elle reprend souffle en hoquetant. Charles a voulu l'étrangler, c'est certain, et il n'y a pas réussi. Mais il ne perd rien pour attendre. Non seulement Ariane porte plainte contre son époux pour tentative de meurtre, mais elle l'accuse aussi de viol ! Et elle demande le divorce immédiatement !

Une fois dessoûlé et rassuré sur son sort d'assassin manqué, Charles est mis en cellule. Il est fou furieux quand la police l'interroge.

— Cette garce ! Elle m'a bien eu ! Elle n'était même pas vierge !

Certes, Lord Ashley, mais de nos jours...

— Vous ne le saviez pas ?

— Elle m'a eu, je vous dis !

— Ce n'était pas une raison pour la violer et l'étrangler !

— Attendez... laissez-moi m'expliquer ! Hier soir elle s'est couchée ! Vertueuse ! Madame ne voulait pas m'accompagner au casino ! Il faut vous dire que tout vient de là ! En principe j'ai épousé une femme magique ! Elle devait me faire gagner une fortune ! Sa virginité était une garantie à la roulette ! Vous comprenez ?

Il eut du mal à comprendre, le malheureux inspecteur suisse, mais il fit un effort.

Le plus intéressant n'était pas la rencontre coup de foudre à San Remo, c'était la rencontre de la veille.

— Je gagnais, hier soir, incroyable ! Alors j'ai fêté ça, vous comprenez ? Il y avait un type au bar, une vague relation de casino... au bout d'un moment on avait pas mal bu, et on a commencé à discuter. Je lui ai parlé de ma femme, j'ai raconté notre histoire, et quand j'ai prononcé le nom d'Ariane, le type m'a dit :

« Ariane ? La fille de San Remo ? Vous l'avez crue ? C'est pas vrai !

— Mais je l'ai épousée, mon vieux ! On est en voyage de noces ! Et j'ai gagné ce soir ! Vous avez vu ! J'ai réellement gagné !

— Mon pauvre ami. Je suis désolé pour vous. Mais si c'est votre femme, évidemment...

— Quoi évidemment ? Vous la connaissez ? »

De fil en aiguille, l'autre s'est laissé convaincre de parler. Ariane ? Une professionnelle. Elle n'en était pas à sa première tentative. Un vieux truc pour se faire épouser ! La vierge porte-bonheur ! Le complice était l'amant de la belle. Et Charles n'allait sûrement pas tarder à en avoir des nouvelles d'une manière ou d'une autre.

Voilà pourquoi, ivre et enragé, Charles est arrivé dans la chambre nuptiale bien décidé à faire fi de tout respect. Vierge ou pas vierge ? On allait voir ça ! Au lit la traîtresse !

Mais elle ne voulait pas, bien entendu. Elle s'obstinait à lui faire croire qu'il avait gagné grâce à elle ! Elle se débattait comme une furie, en hurlant : « Je suis vierge ! Ne me touche pas ! » De quoi rendre fou ce pauvre Charles. Et le précipiter dans les pires ennuis. Violer sa propre femme, ce n'est pas forcément permis, même avec des circonstances atténuantes. L'étrangler, sûrement pas. Charles était coupable. Seul et unique coupable. Pour une fois qu'il avait gagné... Il lui restait à faire la preuve qu'il s'était fait avoir au coin d'un bois par une biche apeurée : pas facile non plus. Plus d'amant, pas de preuves.

Toujours est-il que madame demanda le divorce la première, avec de bonnes cartes en main. Elle n'en espérait sûrement pas autant. Cette sombre histoire s'est terminée en correctionnelle, par un accord financier qui n'a pas laissé la belle sur la paille. Son avocat italien a prétendu que madame était effectivement vierge avant les épousailles, que la jeune épouse avait subi en outre d'atroces violences, que l'époux était un affreux sadique, et pire... elle réclama une compensation, pour perte de son pouvoir magique ! Charles n'avait-il pas gagné ce soir-là, juste avant de commettre son forfait ? N'était-ce pas une preuve de l'efficacité d'Ariane ?

Ça n'a pas vraiment marché, mais tout de même ! Charles a perdu la partie. Il lui a coûté cher, son porte-bonheur ambulant. Un an avec sursis pour violences et tentative de meurtre. Le ridicule en prime.

L'amnésique

L'inspecteur Moreau, de la police judiciaire de Lyon, considère avec déplaisir l'homme qui est assis en face de lui. Le métier de policier comporte décidément une large majorité de tâches aussi inintéressantes que rébarbatives...

L'individu doit avoir la quarantaine ou, plutôt, il a l'âge indéterminé des clochards, qui leur fait conserver le même aspect entre vingt-cinq et soixante ans. Il est sans papiers et il a été arrêté alors qu'il venait de voler un poulet à la devanture d'un volailler.

L'inspecteur Moreau introduit une feuille de papier sous le cylindre de sa machine à écrire, modèle Japy 1922. Un modèle récent, car il faut préciser que nous sommes le 16 avril 1924.

— Nous disons donc : vol à l'étalage... Tu reconnais les faits ?

Le vagabond hausse les épaules.

— Le moyen de faire autrement ?

— Bon. Allons-y... Nom et prénom ? Date et lieu de naissance ?

— Je ne sais pas.

— Si tu te fiches de moi, tu vas trouver à qui parler !

— Je vous jure : c'est la vérité. Je ne sais pas.

— Tu ne sais pas qui tu es ?

— Non.

— Mais tu as quand même de la mémoire puisque tu te souviens d'avoir volé le poulet.

— Ça oui, je m'en souviens.

— Et avant ?

— J'ai marché... J'ai dormi... Je ne sais plus.

L'inspecteur Moreau pousse un soupir.

— Bien. Puisque tu as décidé de jouer les dingues, allons-y... Ce sera l'asile au lieu de la prison...

L'inspecteur appelle un agent pour conduire le clochard anonyme au dépôt et rédige son rapport concernant un amnésique, trouvé sur la voie publique. Et, contrairement à ce qu'il pense, le cas n'est nullement banal. Il va même s'en souvenir longtemps de l'amnésique !

25 avril 1924. Un journal local a publié sur l'amnésique voleur de poulet un article accompagné d'une photo. L'individu, correctement coiffé et rasé, était tout à fait présentable, mieux même, il était bel homme avec ses cheveux blonds et son regard clair... Les lecteurs étaient priés de donner des renseignements.

Or, cette initiative vient d'avoir un résultat stupéfiant. Une dame se présente dans le bureau de l'inspecteur Moreau. Elle est vêtue d'un manteau de fourrure et d'une robe de chez Poiret et elle lui dit cette chose inconcevable :

— L'homme du journal, je crois que c'est mon mari.

L'inspecteur Moreau rajuste instinctivement sa cravate.

— Votre mari ? Mais puis-je vous demander, madame... ?

La femme sourit sous son chapeau cloche. Elle doit avoir quarante-cinq ans. Elle est franchement ravissante.

— Je vous demande pardon. J'étais si émue que j'ai oublié de me présenter : Évelyne Picard. Mon mari est Bertrand Picard. J'habite au château de Fontbreuse, non loin de Lyon. Vous connaissez peut-être.

L'inspecteur Moreau acquiesce... Oui, il est déjà allé du côté de cette somptueuse résidence du XVIIIe siècle au cours d'une de ses promenades dominicales. Et Picard, il connaît aussi. Les amortisseurs Picard pour automobiles, il en a déjà entendu parler. D'après ce qu'il en sait, c'est une des entreprises les plus dynamiques de Lyon.

— Comment se pourrait-il... ?

— Que mon mari soit devenu clochard ? Je suis comme vous, je ne comprends pas. Tout ce que je peux vous dire, c'est qu'en 1914 il est parti pour la guerre. Il avait trente-quatre ans et le grade de lieutenant. Nous étions mariés depuis dix ans. Bertrand était très inventif. Il avait mis au point un système d'amortisseurs. Mais la réussite est vraiment venue quand il n'a plus été là, pendant la guerre, à cause des commandes de l'armée.

— Il a été porté disparu ?

— Au mois de mai 1915, en Artois, du côté de Vimy.

— Cela fait neuf ans. Pourquoi ne s'est-il pas fait connaître ? Pourquoi a-t-il mené une vie de vagabond si longtemps ?

— C'est normal, s'il a perdu la mémoire.

— Il est tout de même étonnant qu'il soit rentré précisément chez lui, à Lyon.

Évelyne Picard allume une cigarette avec son briquet doré :

— Peut-être une sorte d'instinct. De toute manière, je veux le voir...

Une heure plus tard, la confrontation entre la châtelaine et l'amnésique a lieu. Ils se regardent en silence, lui, dans sa robe de chambre grise et son pyjama rayé de l'Assistance publique, elle, dans son manteau d'ocelot et sa robe de grand couturier. Après un long moment, Évelyne Picard prend la parole :

— Bertrand, tu me reconnais ? Bertrand, c'est moi : Évelyne, ta femme...

L'inconnu ne répond pas. L'inspecteur Moreau ouvre de grands yeux.

— Parce que vous voulez dire que c'est bien lui ?

— Oui, inspecteur, c'est Bertrand. C'est mon mari, il a changé, mais c'est lui. J'en suis certaine. Je ne peux pas me tromper.

— Eh bien, monsieur, dites quelque chose ! Est-ce que vous êtes Bertrand Picard ?

— Je... je ne sais pas.

— L'Artois, Vimy, mai 1915, cela ne vous dit rien ?

— Non. Je regrette.

— Et Mme Picard, vous ne la reconnaissez pas ?

L'inconnu a une expression de désespoir.

— Je voudrais bien, mais je ne peux pas... C'est le noir, le vide.

Deux jours plus tard, Évelyne Picard part avec l'homme, au volant de sa Delahaye, en direction du château de Fontbreuse. L'amnésique n'a pas été déclaré officiellement son mari, les choses ne sont pas aussi simples ; l'enquête se poursuit. Mais l'internement a été levé. Évelyne Picard se tourne vers son passager, tandis qu'elle démarre.

— Maintenant, écoutez-moi : vous n'êtes pas mon mari. Vous lui ressemblez beaucoup, mais vous n'êtes pas lui, j'en suis certaine. Pourtant, j'ai décidé de faire comme si et vous allez faire comme moi. Je crois que vous n'avez pas le choix. À moins de préférer les ponts au château de Fontbreuse...

L'homme reste muet de saisissement. Évelyne Picard poursuit :

— Vous vous appelez comment ?

— Ben, Chardin... Victor Chardin.

— Vous n'avez pas perdu la mémoire : je préfère cela. Ce sera plus facile pour nous. Pourquoi avez-vous joué les amnésiques ?

— Pour ne pas aller en prison, pardi ! L'asile, je préfère. Il y en a qui n'aiment pas, mais moi ça ne me dérange pas. Je fais le coup chaque fois que j'arrive dans une ville nouvelle. Comme ils ne me connaissent pas, ça marche.

— Et vous venez de loin comme cela ?

— De Paris.

— Cela fait longtemps ?

— Oui, pas mal de temps.

— Vous avez de la famille ? Des parents ? Une femme ? Des enfants ?

— Juste une sœur. Je ne pense pas qu'elle se soucie beaucoup de moi.

— De sorte que personne n'ira vous chercher ici ?

— Pour ça, il n'y a pas de danger. Dites, vous voulez vraiment me faire passer pour votre mari ?

— Oui.

— Vous voulez que je devienne le châtelain ? Que les usines de votre mari soient à moi ? Et aussi...

Victor Chardin la regarde de haut en bas.

— Et aussi le reste ?

— Bien sûr !

— Alors là, il faut m'expliquer, ou sans quoi c'est non ! Ma pauvre mère disait : « Quand c'est trop beau, c'est tout laid. » Pourquoi est-ce que vous feriez tout ça pour un type comme moi ? Vous n'avez qu'à vous remarier si vous êtes veuve. Avec votre château, vos usines et... le reste, ça ne sera pas trop difficile.

Évelyne Picard hoche la tête.

— Vous avez raison, Victor, je vous dois la vérité... Il n'y a que le reste, comme vous dites, qui m'appartient. Le château, les usines ne sont pas à moi, mais à mon mari. Et je ne suis pas veuve, contrairement à ce que vous croyez. Bertrand a été porté disparu en mai 1915. Ce n'est qu'au bout de dix ans qu'une personne disparue est déclarée décédée. Ce jour-là, en mai 1925, je serai effectivement veuve. Mais je n'aurai plus rien.

— Comment ça ?

— Bertrand avait une fille d'un premier mariage. C'est à elle que tout reviendra. Elle me déteste et elle me chassera. Je retournerai d'où je viens, c'est-à-dire nulle part. Je suis une fille de l'Assistance.

Victor Chardin contemple la conductrice de la Delahaye.

— Alors, dans le fond, on est pareils, tous les deux.

Évelyne Picard a un charmant sourire.

— Oui, pareils. Pareils au départ, pareils maintenant et pareils pour la suite, quoi qu'il arrive...

29 avril 1924. Deux jours seulement se sont écoulés depuis que l'inspecteur Moreau a arrêté le clochard amnésique. Depuis, l'inspecteur n'a pas cessé de penser à cette sensationnelle affaire, mais ce 29 avril lui réserve une surprise plus incroyable encore.

À peine est-il entré dans son bureau qu'il découvre un visiteur en tenue de soirée. C'est lui, c'est l'amnésique ! Il a un cri :

— Monsieur Picard, qu'est-ce qu'il vous arrive ?

Mais à sa surprise, l'homme secoue négativement la tête.

— Non, monsieur l'inspecteur. Je ne m'appelle pas Picard, mais Chardin. Et puis, je ne suis pas de Lyon, mais de Paris. Je n'ai jamais fait la guerre en Artois. Et puis, je ne suis pas plus amnésique que vous !

Le pauvre inspecteur Moreau n'en peut plus à force d'émotions contradictoires.

— Mais l'autre fois... ce que disait Mme Picard...

— C'était de la comédie. Elle est très forte.

Et Victor Chardin explique en quelques phrases le projet incroyable qu'avait échafaudé Évelyne Picard, quand elle s'est rendu compte que l'amnésique n'était pas son mari : le reconnaître quand même pour qu'elle ne soit pas déclarée veuve et que sa fortune n'aille pas à sa belle-fille. L'inspecteur en reste sans voix.

— Mais c'était de la folie pure ! Cela ne pouvait pas marcher.

— Ne croyez pas cela : c'était très malin, au contraire, Mme Picard m'a tout expliqué. L'invention de son mari — un nouveau modèle d'amortisseurs — a eu du succès seulement pendant la guerre, c'est-à-dire à partir du moment où il n'était plus là. Avant, sa femme et lui étaient très pauvres et ils ne connaissaient pour ainsi dire personne. Le château, les usines, tout cela a été acheté après la disparition du mari. Pas un de ses directeurs, pas un de ses domestiques ne l'avait jamais vu.

— Mais alors, pourquoi n'en avez-vous pas profité ? Pourquoi êtes-vous parti ? Pourquoi me dites-vous tout cela ?

Victor Chardin pousse un gros soupir.

— Parce que je suis un clochard, un pauvre type, un voleur, tout ce qu'on voudra, mais pas un assassin.

— Un assassin !

— Oui. Il y avait quand même un détail qui n'allait pas : la fille de Bertrand Picard. Elle, il n'y avait pas moyen de la tromper. J'ai demandé à Mme Picard ce qui allait se passer pour elle. Elle m'a répondu : « Elle est dans un collège, en Angleterre. Elle rentrera pour les grandes vacances...

— Qu'est-ce qu'il se passera à ce moment-là ? » je lui ai demandé... Alors elle m'a dit : « Il faut la faire disparaître, Victor. C'est un travail d'homme et ce sera le secret qui nous unira... »

Le clochard a une moue de déception.

— C'est drôle ce qui peut se cacher dans une jolie tête comme la sienne ! Elle avait tout un plan. Elle irait la chercher à la gare en voiture, avec moi caché dans le coffre. Sur le chemin du retour, elle s'arrêterait dans un bois, je sortirais, j'assommerais la fille, elle jetterait la voiture contre un arbre et on y mettrait le feu... Alors, hier soir, je suis parti, voilà...

L'inspecteur Moreau reste silencieux. Victor Chardin manifeste quelque surprise.

— Eh bien, vous ne faites rien ?

— À quel sujet ?

— Au sujet d'elle, pardi ! De Mme Picard.

— Il n'y a rien à faire. En admettant que ce que vous dites soit vrai, elle n'a strictement rien fait de mal. Une intention n'est pas un crime.

Le clochard semble déçu.

— Bon, ben si c'est ça, je n'ai plus qu'à m'en aller...

Mais l'inspecteur Moreau secoue l'index droit avec un petit sourire.

— Pas si vite ! Pas si vite ! Et le poulet ?

— Quoi, le poulet ?

— Vous avez volé un poulet... Ne dites pas que vous l'avez oublié : vous venez de m'avouer que vous n'êtes pas amnésique.

L'inspecteur introduit une feuille de papier sous le cylindre de sa machine à écrire, modèle Japy 1922.

— Nous disons donc : vol à l'étalage... Nom et prénom ? Date et lieu de naissance ?

Soustraction

Février 1954. Au centre du tri postal de la gare Saint-Charles, à Marseille, tout un peuple s'affaire. Lucien Desmetti, un brun au physique avantageux, la moustache conquérante et l'œil bleu, fume tranquillement une cigarette en attendant qu'on lui remette ses sacs.

Les sacs en question contiennent de l'argent, des chèques bancaires, des comptes chèques et aussi du liquide. De bonnes grosses liasses de billets qui serviront à payer d'honnêtes travailleurs entre Marseille et Salon-de-Provence, destination finale du fourgon de Desmetti. Il voyage seul. Pourquoi aurait-il besoin d'un second pour ce petit parcours de santé ? Heureuse époque...

— Alors Lucien, ça se présente bien ? Tu feras attention : il paraît qu'il y a encore de la neige et du verglas du côté de Cabriès.

Dans la pièce voisine, Hubert Lalande achève de plomber le plus gros des sacs : celui qui contient, comme tous les mois, environ deux millions de francs. Mario Penatton, assis derrière une petite table, fait son travail avec sérieux. Personne n'entre ni ne sort sans être connu de lui.

Desmetti ignore la somme exacte contenue dans les sacs. On ne peut pas dire que ça ne l'intéresse pas spécialement mais il n'est pas censé connaître ce qu'il transporte au centime près. Il rêve : de Caroline, une petite aux yeux verts qu'il emmènerait volontiers passer la fin de semaine au cabanon, près de Cassis. Mais il y a Mireille, son épouse, qui, depuis vingt-cinq ans, veille au grain et plutôt deux fois qu'une.

— Bon, Lucien, les sacs sont prêts. Et n'oubliez pas d'appeler dès que vous arrivez à Aix.

— Comme d'habitude, chef.

L'habitude, l'habitude ! Desmetti voudrait bien changer toute cette vie faite d'habitudes.

Déjà il visualise son parcours : Marseille, Les Pennes-Mirabeau, Vitrolles, Berre, La Fare, Lançon et Salon. Desmetti, comme tous ses collègues, espère que tout ira bien. À l'époque on ne craint rien d'autre qu'une crevaison, une panne de moteur.

Lucien Desmetti espère doublement que tout ira bien. Le parcours... et les incidents de parcours.

Tout se passe comme prévu. Dès le départ il y a un petit arrêt inhabituel mais qu'il a bien repéré. Desmetti ne quitte pas le volant :

— Magne-toi, Titou, et n'oublie rien.

Quelques kilomètres plus loin, nouvel arrêt. Titou saute à bas du fourgon et se dirige vers l'arrêt d'autobus tout proche.

Dans le rétroviseur Desmetti regarde Titou qui s'éloigne. Il est plus chargé qu'il y a un quart d'heure... Et Lucien se sent plus léger. Maintenant il faut jouer serré et rester impassible.

À l'arrivée au bureau de Salon-de-Provence; en ce 3 février 1954, tout semble normal. Alfred Ducreux, le chef de centre, saisit le sac plombé que lui remet le convoyeur.

— Voilà le borderau, chef. Une petite signature et je repars.

Alfred Ducreux est à deux ans de la retraite. Il fait les choses dans les règles.

— Deux millions aujourd'hui. Dis donc, ce sac me paraît bien léger pour son âge.

Ducreux, avec une pince, fait sauter les plombs... Desmetti le regarde faire.

— Eh, tu es sûr de n'avoir rien oublié à la gare Saint-Charles ? Où sont-ils tes deux millions ?

Desmetti fait des yeux ronds :

— Ben, j'sais pas ! Vous avez bien regardé au fond ?

Durcreux retourne le sac comme un gant :

— Tu me prends pour une andouille. Tu vois bien qu'il n'y a rien ! Manquent deux millions. Eh bien, nous voilà dans une drôle de panade. Heureusement pour moi que j'ouvre toujours le sac devant témoins.

Les témoins, Émilienne Varlino et Fred Dupuydieu,

approuvent silencieusement. Ils viendront témoigner plus tard, en temps utile. Mais, pour l'heure, ils se demandent : « C'est quand même pas Ducreux qui aurait étouffé les deux millions. Par un tour de passe-passe. Et où il les aurait mis ? Pas dans sa culotte ! »

Pas de doute, les deux millions qui sont partis, dûment enregistrés, du bureau de la gare Saint-Charles, à Marseille, convoyés par Lucien Desmetti, vingt ans de carrière, ont bel et bien disparu. Inutile de dire que les coups de téléphone pleuvent entre Salon-de-Provence, la gare Saint-Charles et la police.

Les neurones des policiers fonctionnent à plein régime. On réfléchit à tous les éléments et une conclusion s'impose assez rapidement : le vol n'a pu avoir lieu que pendant le transport, avec la complicité du convoyeur, Lucien Desmetti. Maintenant, reste à comprendre comment et où. A-t-il agi seul ? Y a-t-il eu des témoins ? La police, piquée au vif, va tout mettre en œuvre pour apporter des réponses à ces questions. Et quand la police a besoin de réponses, elle en obtient. Des réponses sur mesure...

Pour la centième fois le commissaire principal Bergougnan récapitule :

— Enfin, Vergne, c'est clair, net et précis : Desmetti part comme tous les jours à huit heures quarante-cinq de la gare Saint-Charles. La route est libre et son temps est minuté pratiquement à la seconde. Une supposition qu'il s'arrête, fasse sauter les plombs du sac, s'empare des deux millions, les mette en lieu sûr, replombe les sacs, reparte vers Salon-de-Provence, il serait arrivé avec au minimum un quart d'heure de retard.

— Ce n'est pas le cas. M. Ducreux est formel : Desmetti était là à l'heure pile.

— Donc, la seule hypothèse qui tienne la route, c'est celle d'un complice. Desmetti sait que l'autre l'attend à un certain endroit. Il s'arrête, vingt secondes suffisent. L'autre monte et Desmetti redémarre. Pendant qu'il roule comme à l'habitude, l'autre, à l'intérieur du véhicule, s'affaire et fait tout ce que je viens de dire. Une fois son travail terminé, il tape à la cloison pour signifier à Desmetti qu'il a terminé...

— Comme ils ont minuté les opérations, ils savent exactement à quel endroit du parcours ils doivent se trouver. Peut-être même qu'un véhicule attend le complice et les deux millions...

— Et quand Desmetti arrive à Salon-de-Provence, la gueule enfarinée, tout semble normal. Il n'a plus qu'à prétendre qu'il n'est au courant de rien...

La police possède assez de présomptions pour arrêter Desmetti en espérant qu'une preuve va venir conforter ses hypothèses.

— Entre la gare Saint-Charles et Salon-de-Provence, Desmetti avait six arrêts différents sur sa feuille de route. Toujours les mêmes.

— Oui, mais il ne transporte pas tous les jours deux millions pour Salon-de-Provence. Simplement une fois par mois.

— Et il connaît parfaitement, et pour cause, le jour où cela va se produire.

— Bon, embarquez-moi aussi ce Titou Segano, son copain inséparable. S'il y en a un en qui il ait confiance c'est Segano, ils se connaissent depuis la communale. Segano est en admiration devant Desmetti.

Histoire de trouver des éléments pour étayer leur belle théorie, les policiers procèdent à une fouille en règle de la maison de Desmetti, de la cave au grenier.

Et c'est justement au grenier qu'un des policiers marseillais découvre dans une vieille boîte à outils rouillée un paquet anodin :

— Regardez, chef ! Il y en a au moins pour cent mille francs là-dedans !

— Desmetti, pouvez-vous expliquer la provenance de cet argent ?

— J'ai gagné à la Loterie nationale il y a quelques semaines.

— Et vous ne trouvez rien de plus intelligent à faire avec vos gains ? Les planquer dans du papier de boucherie au fond d'un grenier, dans une boîte à outils ? Avouez que c'est pour le moins bizarre.

Desmetti s'embrouille un peu dans ses explications. Quelques jours plus tard, une question intrigue les policiers :

— Comment expliquez-vous que sur l'un des billets de votre gain on retrouve des traces de tampon, le même tampon avec lequel, gare Saint-Charles, on a marqué les liasses de billets que vous êtes censé transporter à Salon-de-Provence ?

Il ne reste plus à Desmetti qu'à s'offrir les services d'un as du barreau, Me Bernede. C'est ce qu'il fait : normalement, les honoraires de ce grand avocat devraient dépasser ses moyens de petit fonctionnaire. Mais qui sait, Me Bernede est peut-être à la portée de celui qui sait où se trouvent les deux millions de Salon-de-Provence ?...

Le procès commence pratiquement un an plus tard. Desmetti nie, farouchement, obstinément, la main sur le cœur :

— Monsieur le président, sur la tête de ma pauvre mère, je vous jure que je n'ai rien à voir dans la disparition de cet argent. Je ne comprends pas ce qui a pu se passer.

Mais quelqu'un vient déranger l'accusé et l'avocat : Mme Mireille Desmetti elle-même. On pourrait croire qu'elle va voler au secours de son époux injustement accusé. Pas du tout... Elle se lève comme une poupée à ressort et déclare, sans bafouiller :

— J'affirme que mon époux Lucien Desmetti est responsable de la disparition des deux millions du sac postal. C'est lui le coupable !

Charmante personne ! Mais elle est incapable de donner le moindre détail sur la manière dont les choses se sont déroulées. L'avocat, Me Bernede, a tôt fait de démontrer que Mme Desmetti est une jalouse invétérée. Bien sûr, elle a des excuses car Lucien a tendance à égarer ses moustaches un peu partout. Et si elle venait accuser son mari simplement pour se venger ?

— J'appelle à la barre le témoin suivant.

Plus d'une centaine de témoins défilent. Tous ceux qui, de la banque au bureau du tri de la gare Saint-Charles, ont, de près ou de loin, à voir avec le transfert de fonds.

Me Bernede se hâte de faire remarquer que le sac aux millions, pendant son séjour à la gare Saint-Charles, reste toujours plusieurs minutes seul dans une salle, sans surveillance particulière. Un témoin, Mario Penatton, affirme que, pendant ce séjour dans cette salle, il est impossible d'effectuer la moindre manipulation qui permettrait de s'emparer des deux millions.

— Vous comprenez, monsieur le président, dans cette salle il y a toute la matinée des gens qui entrent et qui sortent. Celui qui aurait voulu déplomber le sac, prendre l'argent et replomber n'aurait jamais eu le temps d'être seul assez longtemps.

Me Bernede intervient :

— Monsieur Penatton, vous affirmez que de nombreuses personnes entrent et sortent de cette salle. Êtes-vous certain de ce que vous avancez ?

— Absolument.

— Vous-même, êtes-vous déjà entré dans cette salle ?
— Jamais de la vie !
Un énorme éclat de rire secoue le tribunal et le public. Comment ce couillon peut-il affirmer que des gens sont dans cette salle s'il n'y a jamais pénétré ?
Mario Penatton, tout penaud, et rouge de confusion, se rassied sous les remerciements ironiques de l'avocat de la défense. La séance est levée.
Dans le couloir Me Bernede sent qu'on lui touche le bras.
— Ah, monsieur Penatton, excusez-moi mais je fais mon métier d'avocat. J'utilise tous les moyens possibles pour défendre mon client.
— N'empêche que, même sans être jamais entré dans cette salle, je peux vous dire qu'il y a toujours un monde fou à l'intérieur.
— Ah bon ? Et comment ça ?
— Je suis chargé de contrôler tous ceux qui entrent et qui sortent.
— Dommage que vous ne nous l'ayez pas dit.
— Mais vous ne me l'avez pas demandé !
Le lendemain, le commissaire Salengro prend la parole :
— J'affirme que le complice de Desmetti a pu monter dans le fourgon au lieu-dit Pintagel. La route est absolument déserte à cette heure-là. Il a pu redescendre à La Callade. Cette portion de route, au mois de février, à cette heure de la matinée, est pratiquement déserte.
L'avocat bondit :
— Permettez, j'ai fait prendre des photographies de ce tronçon de route, sous contrôle d'huissier, vous pourrez constater que plusieurs voitures sont visibles. Cette route n'est pas déserte du tout.
Le commissaire se rebiffe :
— Nos services aussi ont fait prendre des photographies de ce tronçon de route dans les mêmes conditions. Vous constaterez que la route est vide de tout véhicule.
Les photographies circulent. Tout le monde se penche sur elles.
Me Bernede intervient :
— Commissaire Salengro, à quelle heure avez-vous pris ces clichés ?

— À neuf heures du matin.

— À quelle date exactement ?

— Au mois de février, à la même époque que celle du vol.

— Comment expliquez-vous alors que, sur les clichés de la police, on distingue nettement les lilas en fleur ?

Nouvel éclat de rire du public. Le commissaire Salengro, furieux, est obligé de reconnaître que ses photos ne sont pas conformes à la réalité. Il sort sous les huées de la foule. Le président menace de faire évacuer la salle.

Me Bernede sent que les dieux sont avec lui.

Lucien Desmetti est acquitté, au bénéfice du doute. Il affiche un certain sourire. Et remercie chaudement Me Bernede. Le commissaire Salengro vient dire à l'avocat :

— Bravo, mais nous restons persuadés que c'est lui le coupable et nous avons seulement essayé de faire pencher la balance du bon côté.

Quelques mois plus tard un banal accident de voiture remet tout en question. Appel d'urgence. Accident avec mort d'homme au carrefour des Magnanes. Apparemment c'est un refus caractérisé de priorité.

Le responsable de cette regrettable affaire n'est autre que Lucien Desmetti en personne. Interpellé par la police on lui demande de vider ses poches et, dans les papiers personnels qu'il transporte, quelque chose attire l'attention :

— Dites donc, c'est quoi ce reçu d'une banque belge pour un dépôt de un million de francs ?

— Ce sont mes économies.

— Et vous gagnez combien par mois ?

— Six cent francs nets.

— Vous avez un sacré sens de l'épargne !

Lucien Desmetti, à bout d'arguments, finit par avouer qu'il est bien l'auteur avec un complice du détournement de fonds.

— Alors, vous avez bien opéré sur la route entre Pintagel et La Callade ?

— Pas du tout, Segano est monté devant la gare Saint-Charles et il avait terminé le tour de passe-passe avant même que nous ayons atteint Sainte-Marthe.

Cocu or not?

Reggio de Calabre, un village voisin, une nuit d'hiver. Giuseppe Perino se réveille en sursaut. Sa femme, où est sa femme ? Il vient de la voir partir avec un homme, grand, beau, et à cheval ! Stefania, la belle Stefania, que tout le village lui envie.

Giuseppe hurle :

— Stefania !

— Qu'est-ce qu'il y a ? Qu'est-ce que tu veux ? Tu es fou ?

— Où étais-tu ? Avec qui ?

— Mais je suis là ! À côté de toi !

Stefania est dans le lit conjugal en effet. En chemise de nuit, et furieuse d'être réveillée.

Giuseppe Perino est en train de devenir fou de jalousie. Toutes les nuits il fait des cauchemars épouvantables. Il voit sa jolie femme s'envoler, partir au bras, ou dans les bras, d'un homme, qu'il ne parvient pas à identifier. C'est affreux, car il le voit toujours de dos ce voleur de femme !

— Espèce de lâche, montre-toi ! Montre-toi !

Il parle tout seul le malheureux Giuseppe, même dans son sommeil, il insulte l'amant supposé de sa femme. Il le provoque en duel, lui court après, il le tient presque parfois, et *hop !* Il se réveille avec un oreiller dans les bras. Une vie de chien.

Mais cette nuit du 20 janvier 1960, Giuseppe ne se rendort pas. Il a pris une décision. Savoir.

— Lève-toi !

— À cinq heures du matin ? En pleine nuit ? Pour quoi faire ?

— Planter un arbre !

— T'es réellement devenu fou ?

— Je veux planter cet arbre ! Et tu vas m'aider.
— Quel arbre ?
— Ça ne te regarde pas ! Et dépêche-toi, sinon... !
Sinon, Stefania en a déjà fait l'expérience, c'est la dégelée. Une bonne dégelée. Elle s'en est déjà plainte auprès de ses parents, qui habitent à une dizaine de kilomètres d'ici, mais les parents ont dit :
— Débrouille-toi avec lui, c'est ton mari !
Elle a essayé du côté des carabiniers, ils ont haussé les épaules :
— Si tu le fais cocu, ton mari, on n'y peut rien !
Et même le curé :
— Stefania, mon enfant, je réprouve la violence, tu le sais, mais tu devrais d'abord confesser tes péchés !
Or Stefania refuse de confesser un péché qu'elle dit n'avoir pas commis. Et refuse d'avouer à qui que ce soit si elle a ou non un amant.
La vérité d'ailleurs n'a guère d'importance en ce moment, car Giuseppe est persuadé, par cauchemar interposé, qu'il est cocu. Rien ne lui fera penser autre chose. La nuit il en rêve, le jour il harcèle son épouse :
— Dis-moi qui ! Je veux savoir.
L'affaire dure depuis des mois, et Stefania n'a toujours rien avoué.
Donc cette nuit, histoire de la punir, dit-il, elle va l'aider à creuser un grand trou, pour planter son fameux arbre. Stefania ne voit pas d'arbre.
— J'irai le chercher dans les collines. Le trou d'abord.
— Mais qu'est-ce qu'il a de particulier cet arbre ?
— Il faut le planter à la pleine lune. Tais-toi ! Creuse !
Stefania creuse. Le sol est dur, et Giuseppe ne l'aide pas beaucoup. Il donne des ordres :
— Agrandis ici, creuse par là ! Plus profond !
Deux heures passent, et Stefania n'en peut plus, lorsque le trou semble enfin convenir à Giuseppe.
— Ne bouge pas, je vais mesurer.
Debout dans le trou, Stefania épuisée attend. Giuseppe revient de la grange, avec un fusil.
— Qu'est-ce que tu fais ?
— Remplis le trou ! Enterre-toi dedans ou je te loge une balle dans la tête !

Le trou était donc pour elle. Que veut-il ? L'enterrer vivante ? Elle a beau pleurer, gémir, supplier, Giuseppe ne veut rien entendre, et les coups de crosse ne sont pas loin, si l'épouse tente de lui échapper, ce qui est d'ailleurs extrêmement difficile, car elle est dans le trou et lui au-dessus, avec son fusil à double canon.

Stefania commence à s'enterrer elle-même, Giuseppe repousse la terre du pied. Le niveau monte aux genoux, puis à la taille, et Giuseppe tasse avec une pelle ; puis, certain qu'elle ne pourra plus sortir seule, il repose son fusil et achève sa bizarre plantation.

Stefania est maintenant enterrée vivante jusqu'au cou. On ne voit plus que son charmant visage, ses grands yeux noirs, sa chevelure noire et épaisse, son teint de porcelaine, qui tourne au gris.

Giuseppe s'installe confortablement devant elle, avec une pèlerine sur les épaules, et un casse-croûte. Le fusil à portée de main.

— Bon. Maintenant tu ne sortiras d'ici que si tu me donnes le nom de ton amant !

— Je n'ai pas d'amant, Giuseppe, c'est ridicule !

— Je suis cocu, tout le monde le sait ! Je veux le nom !

— Je n'ai rien à dire ! D'ailleurs, si je te donne un nom, tu vas me tuer !

— Pas toi ! Lui !

Le choix n'en est pas plus facile pour autant. Qu'elle dénonce un homme, et il le tue. S'il s'agit d'un innocent, c'est grave. Si elle dénonce son amant, et qu'elle l'aime, c'est grave aussi. Et si elle ne dénonce personne ?...

— Tu finiras bien par le dire.

— Giorgino.

— Tu te fiches de moi ? Ce vieux débris ? Arrête, Stefania ! Ne joue pas à ça avec moi ! Je suis cocu, mais pas idiot !

Pauvre Stefania, elle fait dans sa tête le tour des mâles du village. Il est petit ce village ; le curé étant éliminé d'office, et le maire aussi, il reste quoi, l'instituteur ? Binoclard et vingt ans de plus qu'elle. Quant aux autres, tous mariés. Il y a bien le garagiste, Luigi, qui répare les scooters et les bicyclettes, mais s'il a l'âge de la situation, il n'en a pas le physique.

Il faudrait trouver le nom de quelqu'un de la ville, quelqu'un de Reggio de Calabre. Mais le nom d'un inconnu ne la sortira pas du trou. Stefania tente une ruse :

— Tu ne le connais pas!
— J'irai faire connaissance! Son nom!
— Je ne peux pas te dire son nom.
— Donc je le connais!
— Non, tu ne le connais pas! Je vais te le décrire, tu verras bien!
Et Stefania entame une description totalement imaginaire, à base de souvenirs de romans-photos.
— Il est blond.
— Blond? Y a pas un seul blond dans la région. Tu mens!
— Si, il y a un blond. Tu vois que tu ne le connais pas!
— Admettons qu'il soit blond. Et après?
— Il est grand, il a les yeux verts, et une belle voiture.
— Quelle voiture?
— Une américaine.
— Et qu'est-ce qu'il fait dans la vie, ce salaud, pour avoir ma femme et une voiture américaine? Il est milliardaire? Tu te fous de moi?
— Il fait des affaires. Je peux pas te dire lesquelles, j'y connais rien.
— Et comment tu l'as rencontré, ce minable?
— Au bal de la Sainte-Catherine!
— J'y étais avec toi! J'ai pas vu de blond!
— Tu as mal regardé!
— Ça suffit maintenant! Dis-moi le nom de ton amant! Je me fiche qu'il soit blond ou pas, je veux le nom!
— Je te le dirai si tu me laisses sortir.
— Pas question. Tu me prends pour un idiot?
— Écoute-moi Giuseppe, je t'en prie, je ne t'ai jamais trompé. Jamais. Tu t'es mis ça dans la tête, c'est tout!
— C'est Aurelio! Je parie que ce salopard d'Aurelio est ton amant!
— Aurelio? Il a au moins une dizaine de fiancées!
— Justement! C'est pour tromper l'ennemi, ça!
— Si ça te convient, disons que c'est Aurelio, mais tu seras ridicule comme tu ne l'as jamais été!
— Et pourquoi ça?
— Il aime pas les femmes, Aurelio!
— Qui t'a dit ça?
— Mon pauvre Giuseppe... Tu es trop paysan pour

comprendre ce genre de choses. Aurelio apprend la coiffure... Toutes les filles savent qu'il ne leur fera pas le moindre mal, c'est pour ça qu'elles sont toujours avec lui ! Ça l'arrange ! Et en plus il les coiffe gratis.

Stefania ne sait plus comment se sortir de cette situation. Le jour s'est levé depuis bien longtemps, elle a réussi à discuter en espérant convaincre Giuseppe de la déterrer, ça n'a pas marché. Que pourrait-elle inventer d'autre ?

Un malaise. D'ailleurs elle n'en est pas loin. Sa position est terriblement inconfortable. Elle a froid, ses jambes commencent à flancher, ses bras à s'engourdir ; sa nuque fléchit légèrement, et elle ferme les yeux.

— Stefania !

Pas de réponse.

— Tu me joues la comédie, ça ne marche pas !

D'une voix faible, la jeune femme murmure :

— Tue-moi si tu veux, je n'ai rien à te dire.

— Ce blond ? C'est vrai ?

— Crois-le si tu veux. Ça m'est égal, je vais mourir.

— Dis-moi son nom.

— Sors-moi de là, je vais mourir.

— Son nom, Stefania...

— Je n'en peux plus !

— Bon, je te déterre, mais tu me diras son nom ?

— Oui... j'étouffe.

Le « oui » est extrêmement faible, mais l'obsession de Giuseppe est à son paroxysme. Il déterre, il déterre, il y met la pelle, puis les mains, il creuse, il gratte, il tire sur le corps de la malheureuse Stefania pour l'allonger dans le jardin. Évanouie.

Alors il lui donne des claques, il frotte ses joues glacées, il ôte sa capeline pour envelopper sa victime.

— Réveille-toi, Stefania ! Réveille-toi ! Son nom ! Dis-moi son nom ! Tu as promis.

Stefania n'ouvre pas les yeux, et son époux, ne sachant plus que faire, va chercher de l'eau à la pompe pour l'en asperger.

Deux secondes après qu'il a tourné le dos, Stefania bondit, s'empare du fusil. Et se met à courir en direction du village. Elle court, court comme le vent, tandis que Giuseppe hurle derrière elle :

— Reviens ici ! Reviens ! Sois maudite !

Une fois chez les carabiniers, à l'abri mais en mauvais état et nerveusement sous le choc, Stefania raconte son histoire. Cette fois Giuseppe est allé trop loin, menaces de mort, tortures, les carabiniers débarquent à la ferme pour lui mettre la main au collet.

Il a disparu. Et il a pris un deuxième fusil de chasse. Pour tuer qui ?

Stefania est terrorisée.

— J'ai parlé d'un homme blond, je n'ai pas dit son nom, mais il y a un Américain en ville, un photographe, si jamais il lui tombe dessus par hasard !

La chasse à l'homme s'organise. Durant deux jours la police traque Giuseppe Perino dans toute la région. Sans succès. Stefania n'ose pas rester seule à la ferme, de peur qu'il ne vienne l'y surprendre. Un carabinier prend donc position devant la porte.

24 janvier. Il est près de minuit. Giuseppe apparaît dans le jardin, à pas de loup. Personne. Il avance derrière un buisson, examine l'entrée : personne. Il ouvre doucement la porte, pénètre dans la cuisine : personne. Mais sur la table les restes d'un repas pour deux. Alors il grimpe l'escalier qui mène à la chambre, son fusil à la main, il regarde par le trou de la serrure, et n'y voit que du noir. Décidé à en finir, il ouvre violemment la porte, saute sur le lit, attrape le corps qui s'y trouve, et une bagarre épouvantable s'ensuit.

Le carabinier a le dessus ! Convenablement ligoté, écumant de rage, Giuseppe hurle :

— C'était lui !

Et Stefania, furieuse et soulagée, lui répond :

— Et non ce n'était pas lui ! Mais maintenant c'est lui !

Pauvre, pauvre Giuseppe... Il a obtenu enfin ce qu'il voulait tant. Il est cocu et il l'apprend à l'instant même où il l'est !

La pierre miraculeuse

Gilbert Labine ne se souvient plus exactement quand il a commencé à être vagabond, vingt ans, trente ans peut-être... La seule chose qu'il sait, en cette année 1942, c'est qu'il en a assez de se faire ramasser perpétuellement par la police de Montréal.

C'est peut-être la guerre qui lui donne des idées. Dans le grand bouleversement mondial, il a subitement envie d'avoir son bouleversement à lui. Il ne va pas finir comme cela dans la peau d'un clochard minable, un soir d'ivresse, une nuit de froid...

À ses côtés, marche Paul Jérôme, son compagnon des mauvais jours, qui durent depuis des années. Mêmes vêtements indéfinissables, même âge indéfinissable. Gilbert Labine s'arrête brusquement et se plante au milieu du trottoir :

— Paul, il faut faire quelque chose...

Paul haussa les épaules.

— Faire quoi ? T'as une idée ?

Oui, Gilbert Labine a une idée.

— On va aller dans le Nord, du côté du Grand Lac de l'Ours. Il y a des mines d'or là-bas.

Paul Jérôme devient subitement inquiet pour la santé mentale de son compagnon.

— C'est à des milliers de kilomètres. Comment deux pauvres cloches comme nous pourraient faire le voyage ?

— On fera de l'auto-stop. Je te dis pas que les voitures nous prendront, mais y aura bien des camions.

Paul comprend que c'est sérieux. Il argumente. Mais rien n'y fait. Gilbert Labine ne l'écoute pas.

— Toi, tu feras ce que tu voudras. Moi, c'est décidé : dans un an, je serai riche ou mort!

Gilbert Labine se trompe, mais pas du tout de la manière qu'on imagine. Nul, d'ailleurs, n'aurait pu imaginer ce qui l'attend tout là-bas, au nord, près du Grand Lac de l'Ours.

Car le plus extraordinaire c'est que Gilbert Labine arrive assez rapidement au bord du Grand Lac de l'Ours. Il ne lui faut pas plus d'un mois. Il est sur place au début du printemps 1942, grâce, ainsi qu'il l'avait dit, à des routiers qui le prennent en auto-stop. La solitude est si terrible dans ces contrées que même la compagnie d'un clochard est la bienvenue.

Une fois sur place, Gilbert Labine se met courageusement à l'ouvrage. Avec une mauvaise pelle et une mauvaise pioche dont on lui a fait l'aumône, il retourne la terre, il explore les grottes, sonde les rivières pendant toute la belle saison. Et puis octobre arrive et, avec lui, la première neige...

Le vagabond se rend vite compte que ses vêtements rapiécés sont bien légers pour le protéger des flocons. Alors, faire demi-tour, rentrer à Montréal en auto-stop pendant qu'il en est encore temps? Non, il se l'est juré : dans un an, il sera riche ou mort! Il continue à prospecter, se réfugiant dans des huttes de trappeurs ou de chercheurs d'or abandonnées, mais son moral baisse aussi rapidement que le thermomètre.

Un matin, après avoir passé la nuit dans une grotte, Gilbert Labine se lève. Et c'est pour constater que dehors, il y a une tempête de neige épouvantable. On n'y voit pas à un mètre. C'est un déluge blanc avec, en plus, un vent glacial qui vous transperce jusqu'à l'os. Cette fois, il sait que tout est perdu... Curieusement, il n'est pourtant pas loin d'un village. Il y en a un à une journée de marche. Lorsqu'il y est passé, il a commis la folie de ne pas s'y arrêter. Il a continué droit devant lui. Mais pas question d'y retourner avec un temps pareil. Il n'a plus qu'à rentrer dans sa grotte et comme la tempête peut durer des jours, voire des semaines, c'est la mort qui l'y attend...

Gilbert Labine fait demi-tour et s'allonge. Dans son sac, il doit lui rester une ou deux choses à manger... À quoi bon? Tout est fini. Il a entendu dire que lorsqu'on mourait de froid, on ne souffrait pas. On s'engourdissait peu à peu et on tombait progressivement dans le sommeil...

Il s'allonge sur le sol, croise les mains sur la poitrine et reste immobile. Bientôt, il se sent gagné par le sommeil. Il ne résiste pas... Il se laisse aller et perd peu à peu conscience. Il ne regrette rien...

Gilbert Labine éternue violemment... Qu'est-ce qu'il fait froid!... D'un geste machinal, il se passe la main sur le visage. Il est recouvert de neige. Et puis il se rend compte qu'il en a partout sur le corps... Comment a-t-il fait son compte pour être pareillement enfoui?...

Il se redresse et les souvenirs lui reviennent. Il est dans sa grotte et la neige a été tellement violente qu'elle a pénétré à l'intérieur, le recouvrant totalement... Il s'ébroue et se lève. Dehors, la tempête a cessé. Il fait même un temps splendide. Le soleil est éclatant et, évidemment, il gèle à pierre fendre.

Cette fois, il se souvient tout à fait... il voulait mourir. Il s'est allongé et il a dormi. Mais comment se fait-il que, précisément, il ne soit pas mort? La tempête a dû durer des heures, peut-être des jours. Par quel miracle est-il encore en vie?

Il fait quelques pas et pousse un cri. Il vient de ressentir une violente douleur dans le dos comme si on l'avait traversé de part en part d'un coup d'épée. Il se masse en grimaçant.

— J'ai attrapé des rhumatismes. Évidemment, avec un froid pareil.

Il se retourne. La place qu'il vient de quitter, intacte de neige, dessine grossièrement la forme de son corps. Il se penche avec difficulté.

— Bon sang, pas étonnant que j'aie mal au dos!

En effet, à l'endroit où il s'était allongé, il y a une grosse pierre qui affleure. Gilbert Labine s'agenouille, regarde... Quelle drôle de pierre! Il n'en a jamais vu de pareille. Elle est jolie, elle est bleu sombre, elle fait des reflets dans la lumière.

Il la saisit, essaie de la soulever. Il n'y parvient pas. Elle est trop profondément enfouie dans la terre. Il doit gratter pour la dégager... Enfin, il l'a en main... Il a tout à fait repris goût à la vie à présent. Il sait ce qu'il va faire. Il va aller au village, y demander l'hospitalité pour l'hiver et, à la belle saison, il recommencera à prospecter. Quand on est un miraculé, c'est qu'on a la chance avec soi. Il ne s'était pas trompé : bientôt, il sera riche!...

Il a un sourire en direction de la pierre bleue et il l'enfouit dans son sac. Il va la garder. C'est en quelque sorte un talisman ; elle lui rappellera de quelle manière extraordinaire il a échappé à la mort.

Et il se met en marche en grimaçant, car vraiment, il a très mal au dos... Allant d'un bon pas, il arrive avant la nuit dans le village qu'il avait dédaigné quelques jours plus tôt. Il frappe à la porte d'une maison près de l'église. C'est sûrement celle du curé.

C'est effectivement un curé qui vient lui ouvrir. Il pousse un cri en le voyant avec ses vêtements rapiécés de vagabond.

— Mon Dieu, que vous est-il arrivé ?

Malgré le froid qui le transperce, Gilbert Labine est d'humeur joyeuse.

— Un miracle, monsieur le curé ! Un miracle !

Et il raconte toute son histoire... Il parle en particulier de la fameuse pierre. Le curé demande à la voir... Gilbert Labine la sort avec précaution de son sac à dos et la pose sur une table. Le curé chausse ses lunettes, l'examine et reste longtemps silencieux...

— Jamais je n'ai vu une telle pierre. Ces reflets bleu sombre, c'est extraordinaire ! On dirait une pierre précieuse, mais vu la taille, ce n'est évidemment pas possible. Je suis certain qu'il s'agit d'un minerai, mais lequel ?

Le curé a une brusque inspiration.

— Vous permettez que je l'envoie à Montréal, au Laboratoire national ? Je serais vraiment curieux de savoir ce que c'est.

Labine a un sourire en entendant prononcer le nom de Montréal. Comme tout cela lui paraît loin ! Et son copain Paul, qu'est-ce qu'il est devenu ? Si ça se trouve, c'est lui qui est mort de froid à l'heure qu'il est...

— D'accord, mais vous leur direz qu'ils me la rendent. C'est que c'est un talisman, pour ainsi dire...

Plus tard, après un repas chaud, le soir, Gilbert Labine dort, pour la première fois depuis des mois, dans un bon lit. Il est heureux. Seule sa lancinante douleur dans le dos vient gâter sa félicité.

Le lendemain, la pierre est soigneusement emballée dans le traîneau postal qui passe toutes les semaines. Gilbert Labine, de son côté, s'est rapidement remis, même si son dos le fait encore souffrir... Il est resté chez le curé sur son invitation et il y passe les jours les plus heureux de sa vie...

Le curé est la seule personne du village à avoir le téléphone. Comme on peut le penser, il ne sert pas souvent. Mais alors que Gilbert Labine est là depuis quinze jours, la sonnerie retentit. Le curé décroche... Gilbert, depuis la pièce d'à côté, entend ses réponses.

— Montréal ? Non, je ne quitte pas... Quoi !... Ce n'est pas possible... Oui, il est toujours chez moi... Non, non, je lui dirai de ne pas bouger, ne vous inquiétez pas... En avion ! Bien sûr, je comprends, il n'y a pas de temps à perdre...

Il y a encore toute une longue conversation ponctuée d'exclamations du curé, plus stupéfiantes les unes que les autres... Lorsqu'il raccroche enfin, il est surexcité.

— Vous aviez raison, mon fils, c'est bien un miracle !

— C'est cette pierre ?

— Oui, c'est du radium, le plus gros morceau de radium jamais vu.

— Je n'ai jamais entendu parler de ce métal-là. Cela vaut cher ?

— Mille fois plus que l'or ! C'est une fortune que vous avez découverte. D'autant que cette pierre n'est certainement pas seule. À cet endroit, il doit y avoir toute une mine...

— Mais qu'est-ce qu'on fait avec ce radium ? Des bijoux ?

— On s'en sert pour des recherches, des recherches surtout militaires. Vous vous rendez compte de l'importance que cela peut avoir en temps de guerre ? Vous êtes un héros national !

— Alors, j'ai une mine à moi ? Je suis riche ?

— Non, pas exactement. Le radium est un produit stratégique qui appartient à l'État. Mais vous aurez une récompense et un pourcentage. Ils ne savent pas lequel. C'est la première fois que la chose arrive. Mais ils m'ont dit que, même avec 1 %, vous serez fabuleusement riche !

— Ça alors !

— Mais attendez, ce n'est pas tout. Il y a plus extraordinaire encore !

— Qu'est-ce qu'il pourrait y avoir de plus extraordinaire ?

— Je leur ai posé la question pour votre survie miraculeuse. Ils m'ont dit que cela n'avait rien d'étonnant. Le radium émet des radiations qui protègent du froid.

— Alors, la pierre m'a en plus sauvé la vie ?

— Exactement ! Un avion militaire va venir avec des spécialistes. Vous pensez retrouver le chemin de votre grotte ?

— Sans problème. Ne vous en faites pas...

Et, effectivement, quand, le lendemain, l'avion se pose dans le petit village, Gilbert Labine conduit sans difficulté les autorités à sa grotte, qui se révèle être le plus important gisement de radium du monde...

Il y a malheureusement une suite à ce conte de fées. Le curé avait eu tort en disant à Gilbert Labine que la pierre lui avait sauvé la vie. C'était le contraire. À l'époque, les dangers de la radioactivité étaient mal connus et le malheureux n'a pas survécu plus de quelques semaines aux doses effrayantes de radiations qu'il avait subies...

Telle est la fantastique histoire du clochard Gilbert Labine, mort milliardaire. Il s'était bel et bien trompé en affirmant qu'avant un an, il serait riche ou mort. C'était à la fois la fortune et la mort qui l'attendaient au bord du Grand Lac de l'Ours, sous la forme d'une grosse pierre aux reflets bleu sombre.

Retour à l'envoyeur

Ce matin-là, à Raleigh, en Caroline du Nord, Mlle Elizabeth Broody est heureuse. Elle se dirige vers sa boîte aux lettres, un caisson de métal multicolore fiché sur un piquet, près de la porte du jardin. À l'intérieur de la boîte elle trouve son journal quotidien, le bulletin de la paroisse, une lettre de son amie Janet Wilson et une belle enveloppe bordée de tricolore, en papier bible, de celles qu'on utilise pour le courrier « par avion ».

Cette lettre est adressée à une certaine « Doña Margarita Del Riccio, Avenida Gangaceira 564, São Paulo, Brésil ». Que peut bien faire cette lettre dans sa boîte ?

Sur l'enveloppe Mlle Broody remarque un tampon « Retour à l'envoyeur ». C'est écrit en portugais mais elle comprend quand même qu'il s'agit de cette mention. « Pourquoi est-ce qu'on m'envoie ça ? » Elle retourne l'enveloppe et, à sa grande surprise, elle constate que celle-ci porte sa propre adresse : « Mlle Elizabeth Broody, 44 Bromfield Street, Raleigh, Caroline du Nord, États-Unis d'Amérique. »

Mlle Broody est perplexe : c'est bien son adresse qui figure au dos de l'enveloppe mais elle n'a aucun souvenir d'avoir expédié le moindre courrier à cette Doña Margarita Del Riccio. Adresse et mention de l'expéditeur sont d'ailleurs tapées sur une machine à écrire et Mlle Broody, qui ignore la dactylographie, ne se laisserait jamais aller à cette faute de goût qui consiste à rédiger sa correspondance privée à la machine.

Puisqu'elle est censée avoir écrit cette lettre, Mlle Broody n'hésite plus à l'ouvrir et à en lire le contenu. La lettre est rédigée en anglais, heureusement.

« Chère Margarita,

« Vous excuserez mon long silence mais j'ai eu de gros ennuis dans ma famille ces derniers temps : mon neveu, qui est âgé de trente-cinq ans, est atteint d'une tumeur au cerveau et cela nous a tous bouleversés. Ma mère me donne beaucoup de soucis : elle commence à perdre la tête et j'ai dû aller jusqu'à Corpus Christi pour envisager de la mettre dans une institution adaptée à son état. À part ça, ma collection de poupées s'est quand même agrandie de quelques nouveaux exemplaires : j'ai fait l'acquisition d'une sorcière du pays de Gales, très amusante avec son chapeau pointu, et aussi d'un pêcheur irlandais qui porte des filets sur son dos, et enfin d'une petite fille écossaise. Elles sont charmantes et anciennes.

« Je n'ai pas eu de nouvelles récentes de Stephen Hubert. Je crois qu'il a eu des problèmes de voiture et de santé. Dès que j'aurai repris contact avec lui, je vous dirai ce qu'il en est.

« Le seul voyage que j'aie effectué ces derniers temps est une conférence à Atlanta, en Georgie, devant le club féminin, pour parler de ma collection de poupées folkloriques. Elle a eu beaucoup de succès. Excusez mes fautes de frappe. Dès que j'aurai un peu d'argent disponible, je songerai à m'offrir une machine plus luxueuse. »

Mlle Broody rentre dans sa maison en contemplant la lettre qui est signée « Elizabeth Broody ». Pas de doute, la signature ressemble curieusement à la sienne. Mais c'est une contrefaçon relativement maladroite : « Oh, non, ce n'est pas possible. Est-ce que j'irais écrire " Pays de Galles " avec un seul " l " ? C'est plein de fautes. »

Pourtant Mlle Broody ne peut s'empêcher d'être troublée. Il y a de grands morceaux de vérité dans cette lettre, quel qu'en soit l'auteur. « Comment sait-on qu'Alan est atteint d'une tumeur ? Comment connaît-on le traitement qu'on lui applique ? »

Mlle Broody est soudain envahie d'une sorte de dégoût. La personne qui a expédié cette lettre doit être un proche, au moins un voisin. « Il est au courant de l'état de santé de maman. Et de la conférence à Atlanta. »

Mlle Broody essaie d'envisager toutes les possibilités : une plaisanterie. Elle n'en voit pas le sel. Une tentative d'escroquerie ?

Elle s'adresse tout d'abord à la poste mais là, personne ne peut rien lui dire d'intéressant.

Finalement, incapable de trouver une réponse toute seule, Mlle Broody s'adresse à la police de Raleigh. Nous sommes en 1943, en pleine guerre. La psychose de l'espionnite règne partout aux États-Unis. On redoute plus ou moins une invasion des Allemands par l'Atlantique, ou des Japonais par le Pacifique.

Le policier qui reçoit Mlle Broody ne sait que penser :

— Il faut avouer que cette lettre, si vous êtes certaine de ne pas en être l'auteur, est bizarre. Nous allons la garder et la confier à des spécialistes qui auront peut-être une opinion.

Mlle Broody rentre chez elle guère plus avancée. Vaguement inquiète. Quelques jours plus tard, elle reçoit la visite de deux agents du FBI.

— Chère mademoiselle Broody, la lettre que vous avez découverte dans votre boîte nous intéresse au plus haut point. Pas de doute, elle a été expédiée des États-Unis — de New York, très exactement.

— De New York! je n'avais pas remarqué...

— D'après le cachet de la poste. Elle a bien transité par le Brésil et puis, tombée au rebut, elle est revenue chez vous puisque c'est votre adresse qui est au dos. Nous aimerions connaître les éléments véridiques vous concernant qui sont contenus dans cette lettre.

— La maladie de mon neveu, les problèmes de ma mère, la conférence à Atlanta, ma collection de poupées. Je ne connais absolument pas de Stephen Hubert.

— Comment vous procurez-vous vos poupées?

— Dans les ventes aux enchères, dans des brocantes, par des échanges avec d'autres collectionneuses ou collectionneurs, j'en achète aussi chez des spécialistes.

— Allez-vous parfois à New York?

— J'y vais deux fois par an. Je séjourne chez des cousins et j'en profite pour rendre visite à une boutique de poupées de très bonne qualité, Mayflower. J'y suis allée au mois d'octobre dernier.

— Avez-vous parlé de vos problèmes de famille à quelqu'un dans cette boutique?

— C'est loin mais, oui, effectivement. La directrice est une femme charmante. Attendez un peu. La dernière fois, pendant qu'elle empaquetait mes derniers achats, je lui ai demandé ce qui l'avait amenée à diriger un commerce aussi intéressant. Elle m'a répondu qu'elle s'était lancée après la mort de son mari. Elle vivait sur la côte Ouest.

— Mais vous, lui avez-vous fait des confidences ?

— De la mort de son mari, décédé d'un cancer, nous sommes passées à la maladie de mon neveu et aux problèmes de ma mère.

— Elle était au courant de votre conférence à Atlanta ?

— Absolument, je me souviens parfaitement de l'avoir mentionnée.

Les agents du FBI repartent en remerciant Mlle Broody pour son aide. Elle n'entendra plus jamais parler de cette affaire pendant plusieurs mois et devra attendre la fin de la guerre pour en savoir davantage.

Les agents du FBI se rendent ensuite à Atlanta pour enquêter auprès des organisateurs de la conférence sur les poupées folkloriques. Ils interrogent aussi un grand nombre de personnes ayant assisté à la conférence. Mais cela ne donne rien. Beaucoup de membres du club ne savent même pas où se trouve São Paulo.

En cette période de guerre, la correspondance privée est sous haute surveillance et un censeur officiel est en place dans chaque État. Celui de la Caroline du Nord donne à ses assistants l'ordre de surveiller de près toute correspondance concernant la vente, l'achat et, d'une manière générale, les collections de poupées folkloriques.

Au FBI quelqu'un vient d'avoir une idée et cette idée est suffisamment séduisante pour qu'elle justifie une telle mobilisation. Puis on passe à la phase suivante de l'enquête.

C'est ainsi qu'un beau jour, Mlle Jicky Palmer, la directrice du magasin Mayflower, voit entrer dans sa boutique deux messieurs encore jeunes qui la saluent poliment.

— Puis-je vous être utile, messieurs ?

— Nous jetons un coup d'œil. Il faut dire que votre boutique est charmante. Je suppose que vos poupées sont destinées à des collectionneurs plutôt qu'à des enfants.

— En principe ce sont des poupées de collection. D'ailleurs leur prix n'est pas celui de jouets. De toute manière ces poupées sont rarement articulées. Ce sont plutôt des objets de vitrine.

— Combien vaudrait celle-ci ?

— C'est une poupée du XVIIIe siècle. Un exemplaire très rare, peut-être unique aux États-Unis. Elle vaut cinq cent quarante-cinq dollars.

L'homme siffle d'admiration. Lui et son collègue se retirent... sans avoir rien acheté. Qui sait, ils reviendront peut-être le jour où ils auront décidé de faire un cadeau à une collectionneuse. Mais Jicky Palmer ne revoit plus les deux hommes.

— Bettina, vous ne trouvez pas que, depuis quelque temps, nous avons des visiteurs bizarres ? Je n'ai jamais remarqué autant de personnes qui entrent juste pour voir.

Bettina, la vendeuse, n'a rien remarqué ! De toute façon elle ne saurait pas ce qu'il faut en penser. Jicky Palmer, la directrice, dont le nom figure sur la porte d'entrée de la boutique Mayflower, commence, elle, à se poser des questions. « Comment se fait-il que je n'aie pas de réponse du Brésil ? Qu'est-ce qu'ils font ? Pourquoi ne m'envoient-ils pas de subsides ? »

— Bettina, je pars quelques jours en Floride. Je vous laisse la boutique. Vous savez ce qu'il faut faire. Je vais passer à la banque et je vous rapporterai assez d'argent liquide pour le fonds de caisse et pour régler les factures les plus urgentes. J'ai besoin de changer d'air. Je vous donnerai mon adresse et des nouvelles dès que je serai là-bas. En cas de besoin, mon frère Baldwin vous aidera.

Jicky Palmer se rend à la banque, revient à la boutique, confie deux mille dollars à la fidèle Bettina puis saute dans un taxi.

— Grand Central Station !

En cours de route, Jicky change d'avis, se fait déposer au grand magasin Sacks et s'engouffre à l'intérieur, ressort dans une autre rue, reprend un taxi, arrive à la gare :

— Un aller pour Chicago.

De Chicago elle prend un autobus, de ceux qui font des parcours longue distance. Elle se retrouve à Seattle, sur la côte pacifique. Une fois là, elle se précipite dans un quartier périphérique, frappe à la porte d'un restaurant chinois. Personne ne répond, sauf un voisin.

— Inutile d'insister, ma p'tite dame. Il n'y a plus personne là-dedans depuis trois mois.

— Mais qu'est-ce que je vais devenir ?

— Vous trouverez un très bon restaurant chinois dans Gold Avenue.

Jicky Palmer s'en fiche. Ce qu'elle cherche ce n'est pas de la cuisine chinoise mais un ami japonais, déguisé en Chinois et qui se cache des autorités pour éviter, comme tous ses concitoyens, de se retrouver dans un camp. Car ce faux Chinois se nomme en réalité Toshido Fujiya et fait partie d'un réseau d'espionnage. Le seul qui pouvait aider Jicky Palmer dans sa fuite éperdue à travers les États-Unis.

Toujours sans bagage, Jicky Palmer quitte Seattle, la voici à San Francisco, Los Angeles, puis à Topeka, Kansas, à Nashville, Tennessee. Un vrai tour des États-Unis.

Pendant que la spécialiste en poupées anciennes parcourt désespérément le pays, les services de la censure surveillent de près le courrier et les expéditions de poupées anciennes. Trois nouvelles lettres, semblables à celle que Mlle Broody a découverte dans sa boîte aux lettres, sont examinées.

— Regardez, patron. Ces lettres sont adressées à Doña Margarita Del Riccio, à São Paulo. Elles parlent de poupées françaises et anglaises. Des lettres à la machine, comme les autres.

— Qui est censé les avoir expédiées ?

— Comme par hasard des clientes de la boutique Mayflower. Nous avons vérifié les adresses.

— Vérifiez si par hasard les lettres n'ont pas été écrites par Mme Palmer.

Le renseignement arrive quelques jours plus tard. Les trois lettres ont été tapées sur les machines à écrire de trois hôtels où Jicky Palmer a fait étape : à San Francisco, Los Angeles et Nashville.

Que disent ces lettres ? « Je suis inquiète de ne plus avoir de nouvelles de Spencer Hubert. Il devait me régler mes dernières factures et j'ai le plus urgent besoin d'argent. »

Quand elle revient à New York, la boutique Mayflower semble toujours prospère mais les agents du FBI en savent désormais assez pour arrêter Jicky Palmer qui essaie de nier l'évidence. Ils l'interpellent au moment où elle se rend à sa banque. Dans un coffre on découvre une réserve de guerre de quarante mille dollars.

Et que lui reproche-t-on ?

— Jicky Palmer, vous êtes accusée d'espionnage au bénéfice des ennemis des États-Unis. Vous avez, contre de l'argent, transmis à des correspondants étrangers, en particulier aux forces navales japonaises, des renseignements concernant différents navires des forces alliées naviguant aussi bien dans l'Atlantique que dans le Pacifique.

— Je n'ai transmis que des renseignements sans grand intérêt. Après la mort de mon mari j'avais besoin d'argent. De toute manière la prison a détruit ma santé, je suis très malade.

— Ne vous moquez pas de la cour, en un an d'incarcération vous avez grossi de onze kilos !

Jicky Palmer et ses avocats expliquent qu'elle a eu des malheurs. Elle s'est d'abord mariée à un représentant en appareils ménagers, avant la guerre, en Californie. Elle fréquente alors de nombreux membres de la colonie japonaise. Puis elle arrive sur la côte Est, devient vendeuse chez Gimpel au rayon poupées et décide d'ouvrir sa propre boutique : Mayflower. Mais Jicky a une ambition — se faire une pelote : « Quand j'aurai mis 100 000 dollars de côté, je partirai vivre au soleil. »

Comment a-t-on réussi à deviner le code utilisé par Jicky Palmer ?

Simplement grâce à l'intuition géniale d'un membre du FBI. Au moment où il lit et relit la lettre retrouvée par Mlle Broody, il lui vient une idée : « J'ai fait l'acquisition d'une sorcière du pays de Gales, très amusante avec son chapeau pointu... » Et si cela désignait le navire américain *Pays de Galles* et ses structures supérieures pointues ? « Un pêcheur irlandais qui porte des filets sur son dos » : on pourrait interpréter ça comme une allusion au porte-avions *Irlande* dont les ponts, à certains moments, sont recouverts de filets. « Une petite fille écossaise » : ça pourrait fort bien être un destroyer qui revient justement d'Écosse. « Je n'ai pas eu de nouvelles récentes de Stephen Hubert... » L'agent du FBI se souvient qu'il existe dans la marine américaine un navire nommé *Stephen Hubert*. Ses déplacements sont classés « top-secret n° 1 ». Voilà trop de curieuses coïncidences, lesquelles vaudront dix ans de prison à Jicky Palmer.

La dernière décision

— Monsieur Talbott, voulez-vous divorcer, oui ou non ?

Un juge des conciliations a dû poser des dizaines de fois la même question. En général, la plupart des gens qui fréquentent son bureau sont d'accord pour divorcer. C'est le principe même du divorce par consentement mutuel. Mais M. Talbott est un personnage différent des autres. M. Talbott dit oui un jour, non le lendemain. Il dit oui le matin, et non le soir. Parfois en l'espace de quelques minutes. Depuis deux ans, sa femme veut devenir contre son gré son ex-femme, et le supplie de prendre une décision ; or il en est incapable. Il semble par moments accepter les arguments qu'elle lui donne, puis les conteste. Myriam a fait preuve de beaucoup de patience, et pour la énième fois essaie de convaincre Jim :

— Je ne t'aime plus, tu ne m'aimes plus, à quoi ça sert de dire non ?

— Je ne sais pas.

— Est-ce que tu me détestes ?

— Non, pas vraiment...

— Les enfants sont grands, nous n'avons même pas de problème de garde.

— C'est possible...

— Alors ?

— Tu as sûrement raison...

— Alors tu signes ?

— Je réfléchis...

Trois mois plus tard, dans le bureau du juge à nouveau... M. Talbott a-t-il vraiment réfléchi comme il l'avait dit ? Et si oui, à quoi ?

— J'ai réfléchi, cette décision n'appartient qu'à moi, je suis un être humain responsable, je n'admets pas que quiconque se mêle de ma vie privée. S'il y a une décision à prendre, je la prendrai seul.

Le juge des conciliations ne peut plus rien concilier. L'avocat qu'ils avaient pris en commun (surtout Myriam) baisse les bras.

— Monsieur Talbott, je ne veux plus vous représenter en même temps que votre femme. Vous devez maintenant choisir un autre avocat, et nous allons devoir changer la procédure du divorce.

Tout recommence, les papiers, les accusés de réception qu'il refuse de signer au facteur, cette fuite en avant qui n'empêche rien, et qu'il ne peut pas arrêter. Myriam le quitte et va vivre à Londres quelque temps chez sa mère, avec l'autorisation du juge, puis obtient l'autorisation d'aller habiter réellement ailleurs, c'est-à-dire de quitter le domicile conjugal. Ensuite elle entame une procédure visant à prouver que M. Talbott exerce sur elle une forme de torture mentale. Comme il n'oppose aucun argument contradictoire, et que le juge continue de recevoir en retour, non ouvertes, les injonctions qu'il adresse au mari, arrive le jour où la séparation est tout de même effective. Jim Talbott, soixante-deux ans, et Myriam Talbott, cinquante-sept ans, reprennent leur liberté. L'un volontairement, l'autre sans le vouloir ni le savoir. En effet, M. Talbott jette à la poubelle le jugement du tribunal notifiant ce divorce. Mme Talbott a repris son nom de jeune fille, il ne veut pas être au courant. Mme ex-Talbott lui réclame une pension alimentaire, le partage des biens communs, il s'en moque. Il a même une maîtresse, bien plus jeune que lui, qu'il a installée confortablement dans l'ex-domicile conjugal. Mais cela ne change rien à rien dans sa tête.

Le notaire de famille le convoque :

— Jim ? Vous n'empêcherez rien en agissant ainsi. Vous vivez déjà avec une autre femme, il faut absolument régler vos comptes avec la première. Je vous rappelle que vous avez tous les torts dans ce divorce.

— Quels torts ? J'ai des torts, moi ? Je n'ai rien fait de mal à Myriam ! Ce n'est pas moi qui ai pris la décision de divorcer !

M. Talbott est désespérant. L'indécis pathologique est fatigant à vivre. C'est là justement un des motifs principaux du divorce des Talbott. Jim n'a jamais rien achevé. Ni l'éducation de ses enfants, ni les travaux de sa maison, ni son mariage. On dirait que l'aboutissement logique, la finalité d'une tâche à accomplir, le dépasse. Le mot « fin » n'existe pas pour lui. Ce qui suppose dans la vie courante tous les abandons, toutes les velléités.

Heureusement ou malheureusement pour lui, Jim Talbott n'a pas eu beaucoup à se battre dans l'existence. Son père avait à Londres une charge d'avoué, qu'il tenait lui-même de son père. Deux générations d'employés fidèles ont accompli ce que Jim était incapable de faire. Il s'est contenté d'entériner les comptes annuels et, à cinquante-sept ans, en 1984, il dispose d'une fortune relative, dont le notaire de famille doit établir le partage.

S'il n'y avait pas d'histoires d'argent dans les histoires des hommes... Hélas, le moteur de tant de choses en ce monde est là, devant Jim, terriblement puissant, les rouages à l'air, et le notaire ne se prive pas de les démonter un par un.

— Il y a la maison de campagne que vous avez achetée ensemble en 1967... c'est un bien commun, nous devons vendre, faute d'accord entre vous. Il y a les comptes de votre beau-père dans la charge de votre propre père, investissement qui représente 20 % de vos activités actuelles, il va falloir les restituer à votre ex-femme, d'une manière ou d'une autre. Il y a les tableaux, assurés par la Lloyd pour un montant de...

Jim Talbott a horreur de cela. Il ne veut pas entendre la suite. Il se lève brusquement :

— Débrouillez-vous, mais ne m'en parlez pas !

— Jim, il le faut. Vous avez des biens personnels, mais le reste a été acquis avec votre femme. Il y a aussi vos enfants... Vous devez accepter de régler certaines affaires, je ne peux rien faire tout seul !

— Allez au diable ! Je n'ai rien demandé à personne.

— Jim, je ne vois qu'une solution pour m'en aller au diable ! Abandonnez tout à votre femme !

— Je refuse !

— Que proposez-vous ?

— Mais rien ! Je n'ai rien à proposer ! Pourquoi veut-on sans arrêt me faire prendre les décisions que je n'ai pas souhaitées ? Laissez les choses comme elles sont ! Que Myriam se débrouille !

— Ce n'est pas possible ! Vous ne pouvez pas refuser la réalité à ce point !

— Pourquoi pas ?

— Parce qu'elle finira par vous faire enfermer chez les fous ! Voilà pourquoi ! Vous ne pouvez pas résister à la fois à votre ex-femme et aux lois !

— Je n'ai rien à voir avec la loi ! Je ne suis ni un voleur ni un criminel.

— Jim, je vous en prie, faites au moins votre propre loi aujourd'hui ! Dites-moi, selon votre loi, quelle forme de partage vous souhaitez avec Myriam.

— Mais aucun, je vous l'ai dit ! Je me moque complètement de son système. Je refuse d'entrer dans un système quel qu'il soit.

— Si vous vous obstinez dans cette attitude, je crains pour vous, Jim...

Le notaire avait raison. Myriam ne peut laisser les choses ainsi sans réagir. C'est ainsi que se présente un jour un officier judiciaire au domicile de Jim Talbott. Il a pour mission extrêmement désagréable d'informer l'homme qui lui ouvre la porte que cette porte n'est plus à lui, justement. Ni la villa qu'il occupe, ni la maison de campagne, ni les meubles, les tableaux, les actions, les comptes en banque, les bureaux, ni même le chien qui grogne à ses pieds. Jim Talbott vient d'être placé sous tutelle. Comme un gosse. Il ne peut plus rien gérer, rien acheter, rien vendre sans l'autorisation dudit juge, et du conseil de famille. Ce conseil de famille est représenté par un oncle, un frère, ses enfants et son ex-femme.

Jim Talbott ne comprend pas immédiatement la gravité de sa situation, comme d'habitude. Le notaire de famille tente de la lui expliquer, comme d'habitude :

— Depuis six mois vous dépensez sans tenir de comptes, vous dilapidez de l'argent et des biens qui appartiennent autant à Myriam et à vos enfants qu'à vous, quoique dans des proportions différentes. Si vous aviez accepté le partage, vous n'en seriez pas là !

— Mais j'en suis où ? Que veut dire cette plaisanterie ?

— Ce n'est pas une plaisanterie, Jim. Myriam a été contrainte d'agir ainsi. C'est de votre faute ! Elle a d'autant plus de facilités à le faire que vous avez réellement dépensé beaucoup d'argent ces temps-ci... Pour une étrangère... La banque a payé des bijoux, des vacances, il était inévitable que Myriam en soit informée. Désormais vos comptes sont bloqués. Si vous aviez daigné répondre aux avocats et au tribunal, si vous aviez assuré votre défense normalement... Vous vous êtes mis dans un bien mauvais cas.

— Je refuse !

— Refuser quoi ? Vous n'avez plus rien à refuser ! C'est tout le contraire à présent. C'est vous qui devez demander. Le seul moyen de vous en sortir est de faire appel de cette décision, mais cela suppose quelques désagréments. Il faudrait faire la preuve que vous n'êtes pas incapable de gérer vos biens...

— La preuve ? Pour qui ?

— Le conseil de famille, le juge, et surtout, accepter de subir l'examen médical que vous avez refusé il y a plusieurs mois ! Je vous l'avais dit, Jim ! Vous vous prétendez normal, mais vous ne l'êtes pas. Tout votre comportement le dit ! Et si vous refusez encore de coopérer, ils finiront par vous faire enfermer.

— Ils disent que je suis fou ? Ils le disent réellement ?

— Incapable de gérer vos biens en tout cas. Votre divorce remonte à plus de deux ans maintenant ! Myriam a épuisé toutes les possibilités ! Vous avez reçu des dizaines de sommations à comparaître, vous avez flanqué à la porte je ne sais combien d'huissiers, vous vous êtes montré violent, dépensier... tout pour plaire à un juge de tutelle !

— Aidez-moi !

— Je ne peux plus, Jim. Je n'ai plus le droit d'intervenir. Prenez un avocat, maintenant, et faites ce qu'il vous dira de faire — c'est-à-dire accepter la décision du juge.

Jim Talbott est pris au piège. L'impasse totale. S'il en était conscient, il laisserait faire les autres. Après tout, cette décision ce n'est pas lui qui l'a prise. Elle devrait entrer dans sa logique. Je ne décide rien, on décide pour moi, donc je subis...

Bien entendu, il refuse de subir cette décision.

C'est ainsi que, dans l'ordre, il va d'abord tuer son ex-femme, apparemment de sang-froid, en plein jour et en public, et ensuite tenter de tuer le juge qui a pris cette décision. Il ne réussira qu'à le blesser en plein tribunal, avant d'être maîtrisé provisoirement par des gardes, et de se tirer lui-même une balle dans la tête.

La dernière décision de Jim Talbott.

La « Suite royale »

25 avril 1950 : une luxueuse voiture américaine de location s'arrête devant le perron d'un palace parisien. Parmi le personnel, une rumeur circule :

— La « Suite royale » !

C'est en effet dans la matinée que devaient arriver les locataires de la « Suite royale », le plus bel appartement de l'hôtel... Un homme sort sans se presser de la limousine noire. Il doit avoir la soixantaine. Il porte avec beaucoup d'élégance sa chevelure argentée. Il est grand, très droit... Il glisse un gros billet au portier, courbé en deux, qui vient de lui ouvrir.

Le reste du personnel échange des regards surpris. D'habitude, ce sont des couples ou des familles qui louent la « Suite royale ». Mais quelqu'un qui retient les quatre pièces : deux chambres, deux salons plus deux salles de bains pour lui tout seul, ce n'est pas courant !

Pourtant, une fois l'immense coffre de la voiture ouvert, la surprise est plus grande encore : l'arrivant n'a pour tout bagage qu'une seule valise — et encore pas bien grande — en cuir noir... À la réception, il remet un passeport vénézuélien au nom de Ramirez et gagne ses appartements, suivi d'un employé portant son unique valise. Après l'avoir gratifié du pourboire attendu, le Vénézuélien s'enferme et ouvre son bagage. Il en considère avec satisfaction le contenu plutôt surprenant. Outre le linge et les vêtements, il y a une boîte à outils et, dans un sac, une boule de matière molle qui ressemble à de la bougie...

Il tombe la veste et étale son attirail sur une commode Régence. Pourquoi perdre du temps ? Il n'est pas en vacances, il est là pour son travail. Car Luis Diego, dont Ramirez est l'une des nombreuses identités d'emprunt, exerce le métier de cambrioleur. Et s'il n'avait toujours été d'une parfaite modestie, il pourrait préciser : gentleman cambrioleur.

Luis Diego, qui a retiré sa chevalière, pétrit un morceau de cire entre ses doigts fins... Dans le fond, son argent, il le mérite. C'est le juste prix de son système, aussi simple que génial...

Tout a commencé en 1946 à Málaga, la ville du sud de l'Espagne qu'il a toujours habitée. C'est cette année-là qu'il a rencontré Paquita et il l'a épousée peu après... Paquita était beaucoup plus jeune que lui. Et pour elle, il a tout de suite voulu ce qu'il y avait de plus beau, de plus cher. C'est ainsi qu'il a mis au point son idée...

Il choisit d'abord, dans une ville, le plus luxueux hôtel et il y réserve la suite la plus chère. Là, il reste deux jours, le temps de prendre à la cire l'empreinte de la clé et de la serrure. Une fois rentré chez lui, à Málaga, il fabrique une réplique exacte de la clé. Ensuite, un an plus tard, il revient dans le même hôtel. Sous un autre nom, et en ayant pris soin de modifier son aspect physique, il loue une chambre ordinaire. Il n'a plus qu'à surveiller les allées et venues des occupants de la suite. Dès qu'il les sait absents pour un certain temps, il entre avec sa fausse clé et opère en toute tranquillité.

Il a ainsi effectué une dizaine de vols. Jusqu'ici, la police n'a pas eu le moindre soupçon. Personne n'a fait le rapprochement entre le milliardaire qui avait loué la suite un an auparavant et le voyageur qui occupait une chambre voisine au moment du vol...

Oui, un système original et sans faille. Les seules relations de Luis Diego avec le milieu traditionnel sont les faussaires qui lui procurent ses passeports et les receleurs chez qui il écoule son butin. Il n'aime pas ces gens-là : ils lui rappellent qu'il est malgré tout un malfaiteur comme les autres...

Un peu plus d'un an a passé. Nous sommes le 9 mai 1951. Comme prévu, Luis Diego revient dans le palace parisien. Entretemps, il a opéré avec une parfaite impunité à Londres et à Vienne... Pour la circonstance, il n'a pas loué la limousine au capot démesuré et aux chromes agressifs. Il arrive dans un simple taxi.

Suivi par les garçons qui se partagent ses trois valises – car cette fois, il va avoir des choses à emporter —, il pénètre dans le hall et remet au réceptionniste son passeport guatémaltèque. Celui-ci le gratifie du sourire commercial qu'il adresse à chaque client...

— Monsieur Romero... Mais parfaitement... Chambre 110...

Et, un peu plus tard, M. Romero s'enferme dans la chambre 110. Ce n'est pas la meilleure de l'établissement. À vrai dire, elle a pour seule particularité d'être juste en face de la « Suite royale »...

Maintenant, il n'a plus qu'à guetter les allées et venues de ses voisins. Vers sept heures du soir, il les entend sortir. C'est un couple d'Américains. Discrètement, il sort à son tour et leur emboîte le pas... L'homme est le type même du parvenu. La femme, malgré sa robe de grand couturier, n'est certainement pas une duchesse, mais elle est jolie. Elle est beaucoup plus jeune que lui... C'est une blonde platinée de taille assez grande. Incontestablement, elle a du charme...

Maintenant, il s'agit de savoir ce qu'ils ont l'intention de faire... Et là, Luis Diego est tout de suite favorisé par la chance. Le milliardaire s'approche de la réception. Immédiatement, délaissant un autre client, l'employé accourt vers lui, une enveloppe à la main.

— Vos billets pour l'Opéra... Bonne soirée, monsieur...

Luis Diego sourit sous sa moustache postiche... L'Opéra : trois heures de tranquillité. Des conditions de travail comme il les aime. Il a même le temps de dîner...

Et, après avoir fait honneur à la table de l'hôtel, Luis Diego revient au premier étage où se trouvent sa chambre et la « Suite royale »...

Il sort la clé de sa poche. La porte s'ouvre sans un murmure. Du beau travail... Quelquefois, il est nécessaire de donner un dernier coup de lime pour ajuster, mais cette fois c'est parfait... Décidément, il ne perd pas la main ! Luis Diego referme silencieusement et s'avance sur la pointe des pieds dans ces lieux qu'il connaît parfaitement. Il pousse la porte de la première chambre à coucher. Et c'est alors que se produit l'inimaginable : il y a un bruit et l'une des lampes de chevet s'allume...

L'Américaine est là, dans son lit, en chemise de nuit ! L'espace d'un éclair, Luis Diego comprend : elle a dû se sentir fatiguée et elle est rentrée, laissant son mari assister seul à la représentation...

Pour l'instant, la femme est trop surprise pour crier. Elle reste la bouche ouverte, les yeux ronds, à demi dressée, les deux mains sur la poitrine. Mais dans un instant, elle va se reprendre, crier, sonner et il sera perdu... Il faut qu'il fasse quelque chose !

Alors d'un seul mouvement, Luis Diego se jette à genoux et lui dit la seule phrase qui puisse expliquer sa conduite :

— Je vous aime !

L'Américaine le regarde, encore plus surprise, mais elle ne crie pas, c'est l'essentiel... Luis se remet à parler frénétiquement. Il faut qu'il parle. Tant qu'elle l'écoutera, elle ne dira rien :

— Oui, je vous aime... Nous autres en Amérique du Sud, quand nous aimons, c'est tout de suite, au premier regard. Quand je vous ai vue rentrer seule, tout à l'heure, ce fut plus fort que moi...

Il sort la clé de sa poche.

— J'ai payé à prix d'or au garçon d'étage le double de votre clé et je suis entré... Mais ne vous inquiétez pas. Je ne veux pas vous toucher, simplement vous regarder... Je vous en prie, señora, ne dites pas à votre mari mon geste de folie.

Malgré elle, la jeune femme se met à sourire... Elle a l'air de penser : « Il n'y a qu'à Paris qu'il puisse arriver des choses pareilles. » Mais, si elle éprouve certainement encore un peu de crainte, elle a l'air surtout amusée et flattée...

Grâce à sa présence d'esprit, Luis Diego vient de gagner la partie. Sans s'attarder davantage, il se retire après un profond salut... Le lendemain matin, il fait porter anonymement à la « Suite royale » une gerbe de roses. Quand, un peu plus tard, il croise l'Américaine dans le hall, elle lui adresse un regard complice. Il sait qu'il est hors de danger.

Luis Diego va continuer sa carrière de gentleman cambrioleur pendant encore un peu plus d'un an... Jusqu'au jour où un événement imprévisible va tout ruiner de la manière la plus tragique.

6 novembre 1952. Luis Diego rentre de Bruxelles, avec son butin habituel. Tout s'est passé sans problème. Quand il arrive

dans sa luxueuse villa, il voit Consuela, sa domestique, accourir vers lui :

— Oh, monsieur, c'est affreux !... Madame...

— Eh bien quoi « madame » ?... Parlez !

— Elle est morte. Comme ça, du cœur.

— Où est-elle ?

— Elle n'est plus là. Elle a été enterrée hier. Le médecin l'a ordonné. On ne pouvait plus attendre...

Luis Diego pousse un cri de bête blessée. Il renvoie Consuela. Il veut être seul jusqu'à ce que le soir tombe. Ce qu'il va faire est fou, mais rien ni personne ne pourra l'en empêcher...

Dans la nuit, une ombre se glisse hors de la villa, une pelle, un ciseau à froid et un marteau dans les mains. Luis Diego a les yeux fixes, hagards. Il escalade prestement le mur du cimetière. Il se dirige vers la concession qu'il avait achetée en pensant à lui-même. Mais c'est Paquita qui est morte la première... Et là, il se livre à un travail de terrassier. Après une heure d'efforts, il dégage le cercueil....

Quand, un peu plus tard, les policiers, alertés par le gardien du cimetière, arrivent sur les lieux, ils le découvrent agenouillé, serrant la morte contre lui...

Luis Diego est conduit et enfermé au poste de police. Le lendemain le commissaire vient l'interroger. On l'a mis au courant de la situation et il n'est pas fâché d'avoir Luis Diego en face de lui. Il n'a jamais aimé ce riche oisif. Il a toujours pensé que la source de ses revenus n'était pas claire. Jusque-là, il ne pouvait rien contre lui, mais à présent, c'est différent...

— Le fait qu'il s'agisse de votre femme ne change rien. Il y a eu violation de sépulture et c'est un délit, monsieur Diego...

Comme son interlocuteur reste sans réaction, il continue d'un ton plus insidieux :

— Mais parlez-moi un peu de vous... Vous revenez de voyage, je crois. Où étiez-vous ?

— À Bruxelles.

— Parfait. À quel hôtel ?

— Je ne me souviens plus.

— Dommage. Nous allons quand même vérifier. Vous pouvez partir, monsieur Diego, mais je vous demande de ne pas quitter Málaga...

Le lendemain, le commissaire, accompagné de plusieurs policiers, vient le trouver dans sa luxueuse villa. Luis Diego l'accueille sans émotion. Depuis la mort de sa femme, tout lui est indifférent.

— Monsieur Diego, je me suis mis en rapport avec les Belges et ils m'ont appris qu'un vol avait été commis au Palace Hotel juste avant votre départ... C'est curieux, n'est-ce pas ?... J'ai un mandat de perquisition pour votre villa...

Il fait un signe à ses hommes de commencer la fouille, mais Luis Diego l'arrête d'un geste.

— Inutile. L'argent est toujours dans ma valise. Je ne l'ai pas ouverte. Commissaire, posez-moi toutes les questions que vous voudrez, j'y répondrai. Tout ce que j'ai fait, c'était pour Paquita...

C'est ainsi que s'est terminée l'incroyable série de vols qui avait fait trembler pendant plus de cinq ans les palaces d'Europe, et qu'a été arrêté celui qui fut sans doute le dernier gentleman cambrioleur... Une fausse déclaration d'amour et une gerbe de roses l'avaient sauvé, et l'amour fou qu'il portait à sa femme l'avait perdu.

Beaux billets

Quand on est prêteur sur gages et changeur, en Sicile de surcroît, on peut s'attendre à tout. Au meilleur comme au pire. Surtout si l'on approche des cinquante ans. Cinquante ans d'expérience et de méfiance. Pour l'instant Don Pasquale Ferrandi somnole au fond de sa petite boutique de Syracuse.

La porte s'ouvre et le carillon réveille un peu Don Pasquale. La personne qui vient d'entrer est un jeune homme élégant comme on l'était à l'époque, avant la guerre — veste noire, canotier, pantalon de lin et souliers vernis. La tenue bourgeoise pour les Siciliens en ce début d'été.

— Auriez-vous l'amabilité de me changer ce billet de dix dollars ?

Don Pasquale saisit le billet que lui tend le jeune homme et, d'un geste professionnel, il fait glisser le billet entre ses doigts. Puis il l'examine par transparence à la lumière. Sur le visage de Don Pasquale le jeune homme peut voir un sourire commercial un peu mécanique.

— Dix dollars, cela fait cinq mille lires, moins ma commission de 10 %, cela fait donc quatre mille cinq cents lires.

Don Pasquale a ouvert un coffre métallique et il en tire les billets qu'il compte d'un doigt expert. Le jeune homme saisit la liasse, soulève son canotier dans un petit salut qui ne manque pas d'allure et sort de la boutique d'un pas alerte.

Avant de disparaître au coin de la rue, il se retourne et son regard rencontre celui de Don Pasquale qui, machinalement, continue à l'observer. On ne sait jamais, quand on est changeur sicilien, il peut être utile de mémoriser les visages.

Quelques jours plus tard la même scène exactement se rejoue. Le même jeune homme, portant la même tenue, entre dans la boutique à la même heure du jour pour changer un nouveau billet de dix dollars américains. Mais cette fois le compte est un peu différent, de quelques lires. Le cours du dollar a évolué entre-temps. Le jeune homme ajoute en partant :

— Merci, Don Pasquale.

Don Pasquale sourit toujours aussi commercialement, mais un peu plus largement.

Une fois le jeune homme sorti, le changeur reprend le billet de dix dollars et l'examine à nouveau en le tournant vers la rue inondée de soleil.

Le jeune homme élégant revient une troisième fois pour changer un billet de dix dollars, mais dès qu'il a sa liasse de lires italiennes dans les mains, il ne semble pas décidé à se retirer aussi vite que les deux premières fois :

— Eh bien, Don Pasquale, je suis content que vous m'ayez changé mes trois billets de dix dollars. Cela prouve que c'est de la bonne marchandise. Pour qu'un changeur aussi expert et aussi prudent que vous n'y ait vu que du feu, il faut qu'ils soient vraiment bien imités.

Don Pasquale pâlit et reprend précipitamment dans son tiroir le billet de dix dollars. Il se met à le scruter à l'aide d'une loupe. Le jeune homme n'a pas bougé d'un poil. Don Pasquale, sous l'effort, transpire un peu.

— Alors, qu'est-ce que vous en dites ? demande le jeune homme. Beau travail, avouez-le.

— C'est stupéfiant. Et pourquoi exactement êtes-vous venu me voir ?

— Est-ce que ce genre de dollars vous intéresse ?

— Ça dépend à quelles conditions.

— Je vous échangerai mes dollars contre les vôtres. Deux mille de mes dollars contre mille des vôtres.

Don Pasquale réfléchit un instant :

— Et quand ? Où ?

— Si ça vous intéresse, vous apportez mille dollars dimanche matin à neuf heures trente. Je vous attendrai au buffet de la gare de Catane. Quand vous entrerez, si je suis en train de lire le *Corriere della Sera* vous pourrez m'aborder. Si je ne lis pas et si le journal est posé sur la table, attendez sans vous manifester.

— Eh bien d'accord. À dimanche matin, neuf heures trente, au buffet de la gare de Catane.

Une fois de plus le jeune homme soulève son canotier et sort de la boutique du changeur pour s'éloigner dans la rue ensoleillée.

Le dimanche matin, de bonne heure, Don Pasquale, après avoir longuement pesé le pour et le contre, se décide à prendre le train de Catane. Dans une petite sacoche il a rangé mille dollars de la meilleure origine et il espère bien revenir dans la journée après les avoir échangés contre deux mille de leurs si étranges petits frères tellement bien imités que même lui ne parvient pas à faire la différence.

Don Pasquale se prend à rêver : « Après tout, ça pourrait faire une jolie boule de neige. Une fois rentré chez moi je mets en circulation mille faux dollars puis je garde les mille autres. Je recontacte mes fournisseurs et la fois suivante je leur achète à nouveau deux mille faux dollars que je leur paie avec... leurs propres dollars de la première fois. Et ainsi de suite. »

Don Pasquale a pratiquement l'impression d'avoir redécouvert, sinon inventé, quelque chose qui ressemble assez au mouvement perpétuel...

Arrivé en gare de Catane, il descend sur le quai et cherche du regard l'entrée du buffet. Avant d'y pénétrer, il jette un coup d'œil sur la salle à travers la porte vitrée. Dans un coin à l'écart, le jeune homme au canotier, attablé devant un café, lit tranquillement le *Corriere della Sera*.

Don Pasquale, sa serviette à la main, s'approche de la table, comme s'il allait demander : « Cette place est libre ? »

Au dernier moment le jeune homme au canotier lève les yeux et arbore un grand sourire :

— Don Pasquale ! Vous avez fait bon voyage ?

— Excellent, je vous remercie. Tout va bien ?

— Tout est en ordre. Voulez-vous boire quelque chose ou préférez-vous que nous allions directement à... l'atelier ?

— J'aimerais mieux en finir le plus vite possible.

Les voilà tous les deux partis à pied dans les rues de la ville. Et bientôt ils arrivent dans un quartier de villas entourées de jardins, loin de la circulation du centre, loin des commerçants, loin des carabinieri.

Un coup de sonnette, un portail qui s'ouvre sur un jardin

planté de citronniers, d'orangers, de lauriers-roses en fleur. Un homme apparaît sur le seuil de la villa.

Le jeune homme fait les présentations :

— Don Pasquale, Don Giovanni.

Pourtant lui-même n'a jamais éprouvé la nécessité de se présenter. Don Giovanni, un homme aux cheveux grisonnants, s'essuie les mains avec un chiffon. Elles sont maculées d'encre verte.

— Entrez, messieurs.

Les trois hommes pénètrent dans un atelier sombre. Ébloui par le soleil de l'extérieur, Don Pasquale distingue vaguement une presse, une rotative. Don Giovanni se dirige vers un placard et en sort des liasses de billets verts.

— Voilà, c'est bien deux mille que vous vouliez?

Don Pasquale fait signe que oui. Il se sent la gorge un peu sèche. Don Giovanni, très aimablement, propose :

— Voulez-vous un verre de limonade pendant que vous examinez la marchandise tranquillement?

— Avec plaisir.

Durant la demi-heure qui suit, Don Pasquale, au soleil extérieur, regarde attentivement tous les billets verts qu'on vient de lui proposer. De temps en temps, à mi-voix, il s'exclame pour lui-même :

— Extraordinaire! C'est parfait! Quel travail! Splendide! C'est incroyable!

Puis il se lève et il tend une main énergique à Don Giovanni :

— Mes félicitations! Vous êtes un artiste hors du commun.

Il sort alors de sa sacoche les mille dollars qui doivent payer son achat. Don Giovanni demande :

— Vous permettez?

Don Pasquale ne sait pas ce qu'il doit permettre :

— Pardon?

— Vous permettez que j'examine, moi aussi, vos dollars. Au cas où quelqu'un vous en aurait refilé certains qui soient un peu suspects.

Don Pasquale éclate de rire. Il n'avait pas prévu cet aspect de la question :

— Je vous en prie, mais faites-moi confiance : celui qui me refilera des faux dollars n'est pas encore né...

Une fois que Don Giovanni, aidé du jeune homme au canotier, a examiné rapidement les dollars de Don Pasquale, l'affaire est faite et il est temps de songer à repartir.

— Vous repartez pour Syracuse ? s'informe le jeune homme au canotier. Nous pourrions repartir ensemble ?

Don Pasquale n'y voit pas d'inconvénient. Mais, à présent, il préférerait s'éloigner de son fournisseur. Celui-ci échange quelques banalités avec Don Giovanni puis les deux hommes, malgré la chaleur, regagnent d'un bon pas la gare de Catane.

— Nous serons arrivés dans une heure, remarque le jeune homme. Il ne doit pas y avoir trop de monde dans ce sens-là. Essayons de trouver un compartiment vide.

C'est ce qu'ils font et ils s'installent tous deux dans un compartiment où ils peuvent prendre leurs aises. Ce compartiment donne directement sur le quai puisque les trains de cette époque ne comportaient pas de couloir central.

Coups de sifflet et le train démarre. Don Pasquale pose sa sacoche, pleine des deux mille faux dollars, à côté de lui et il essaie de lutter contre la somnolence qui l'envahit. Le jeune homme, qui a enfin ôté son canotier, fume cigarette sur cigarette en contemplant la mer d'un bleu intense. Au loin, l'Etna lance des fumerolles qui n'annoncent rien de bon.

Le train s'arrête de temps en temps dans des petites gares brûlantes de soleil.

Le jeune homme au canotier déclare soudain :

— Je meurs de soif. Au prochain arrêt je vais faire un saut au buffet pour avaler une limonade. Voulez-vous que je vous rapporte quelque chose ? Des oranges ?

Don Pasquale ne se voit pas en train de courir jusqu'au prochain buffet. Et puis il faudrait emporter la sacoche aux deux mille dollars. Il refuse l'aimable proposition...

— Lentini, cinq minutes d'arrêt !

Le train s'immobilise :

— Ah, j'y vais ! Je reviens tout de suite. Surveillez bien la sacoche !

Le jeune homme saute du train sans attendre la réponse.

L'arrêt à Lentini dure cinq minutes, pas une de plus. Don Pasquale entend déjà les portières qui claquent. Que fait le jeune homme ? Don Pasquale se penche à la portière, jette un œil sur le quai où le chef de gare, sifflet aux lèvres, s'apprête à donner le signal du départ.

Le train se met en marche et Don Pasquale avec une moue perplexe, se résigne à continuer le voyage sans son compagnon. Après tout, quelle importance !

Deux stations plus loin le train s'arrête à nouveau quelques minutes. Notre changeur rêvasse un peu, en essayant de lutter contre la chaleur et la soif : « Une bonne limonade m'aurait fait du bien. Ou bien une orange. Nous verrons ça à Syracuse. » À côté de lui la sacoche aux deux mille faux dollars.

Soudain la porte du compartiment qui donne sur le quai s'ouvre brutalement. Deux carabinieri en uniforme montent et, désignant la sacoche en cuir près de Don Pasquale, lui demandent de but en blanc :

— Est-ce que cette sacoche vous appartient ?

Don Pasquale a pâli. Sans réfléchir davantage il répond :

— Euh, non. Justement, elle appartient à un jeune homme qui est descendu à Letini pour boire une limonade et qui n'est pas remonté.

L'un des carabiniers, un grand à moustaches, dit :

— C'est elle.

L'autre saisit la sacoche et, après un bref salut à Don Pasquale, ils descendent sur le quai. Déjà le train s'ébranle. Don Pasquale arrive à Syracuse plus mort que vif. Il ne sait que penser. Le jeune homme a-t-il été arrêté ? Toute l'affaire des faux dollars est-elle découverte ? Si ça se trouve, les policiers sont déjà à la boutique de change. Ou peut-être alors vont-ils se présenter demain à la première heure ?

Don Pasquale rentre chez lui en transpirant d'angoisse. Il met quelques effets dans une valise puis prend un taxi qui l'emmène à la campagne, chez sa sœur, qui se montre très étonnée de cette arrivée inopinée. Don Pasquale ne lui donne aucun détail. Au bout de quinze jours, il se décide à regagner Syracuse. Les abords de la boutique sont calmes. Rien ne semble avoir changé.

— Bonjour, Don Calogero. Personne ne m'a demandé en mon absence ?

— Non, personne. Mais vous avez dû rater quelques affaires. Où étiez-vous passé ?

— J'ai été rendre visite à ma sœur et à sa famille.

Dans les semaines qui suivent, Don Pasquale essaie de comprendre ce qui lui est arrivé. Il finit par raconter sa mésaventure à son ami Filippi.

— Inutile de te dire que je n'ai jamais revu le jeune homme au canotier. J'aurais pu essayer de retourner chez Don Giovanni pour essayer d'en savoir plus, mais suppose que la police soit là-bas...

— On ne peut tout savoir.

Ce que Don Pasquale ne peut savoir c'est que son ami Filippi, le bijoutier, est un indicateur de la police. Il va raconter la mésaventure de Don Pasquale au capitaine Guarnieri et celui-ci cherche à s'informer sur cette histoire.

Une visite chez Don Giovanni n'apporte rien d'intéressant. Don Giovanni est un honnête citoyen et l'atelier de « faux-monnayeur » se révèle tout juste susceptible d'imprimer les affiches qui annoncent les fêtes de la paroisse.

— Mais alors, qu'est-ce qui s'est passé en définitive ? demande Filippi au capitaine.

— Le jeune homme au canotier a joué finement. Les dollars prétendument faux qu'il a changés à Don Pasquale étaient d'authentiques billets verts. Et les deux mille dollars soi-disant fabriqués par Don Giovanni étaient parfaitement authentiques eux aussi. Une fois descendu à la gare de Lentini, le jeune homme au canotier, un certain Luigi Serafini, s'est précipité chez les carabiniers pour leur dire, l'air affolé, qu'il avait oublié une sacoche contenant deux mille dollars, toutes les économies de sa tante, dans le train, en indiquant le compartiment.

Il avait fait le pari que Don Pasquale, sous le coup de l'émotion, n'oserait pas dire que la sacoche était à lui. Pari gagné. Personne n'a porté plainte. Rien à reprocher à Serafini.

Je te salue Marie

Mary était mannequin, jolie, mère célibataire, elle avait une petite fille, née d'une liaison tumultueuse avec un homme trop riche, trop égoïste, et surtout trop marié.

L'enfant était son trésor. Un ballon qui roule sur la route, une voiture qui surgit, l'enfant qui court, et c'est fini. Mary est restée sur le bas-côté, pétrifiée, une poupée dans les bras. Au bout d'un long moment elle a réussi à traverser la route et à ramasser le ballon bleu. En quelques secondes, Mary a perdu tout souvenir, toute mémoire. Une amnésie totale.

À Los Angeles où elle vivait, Mary a passé plus d'une année dans un hôpital. Amnésique à vingt-sept ans, elle ne savait plus qu'elle était mannequin, qu'elle posait pour des magazines, qu'elle avait un amant, qu'il était le père d'une petite fille morte. Le noir complet. Le seul repère obsessionnel qu'elle ne voulait pas perdre, c'était le ballon bleu. Fixé dans sa mémoire perdue comme un symbole. Et même si elle ne le rattachait plus consciemment à l'accident, ce ballon était toujours là.

Puis, un peu avant sa trentième année, Mary a été jugée apte à retourner à la vie extérieure. Désormais elle se souvient du prénom de sa fille, de la date de l'accident, de la couleur du canapé de son salon, des noms des magazines pour lesquels elle a travaillé. Elle a accepté de ne plus s'accrocher à la poupée et au ballon bleu.

Avant de l'autoriser à quitter cet univers feutré où l'on pense pour elle depuis l'accident, elle a répondu pendant deux heures à des questions destinées à évaluer son degré de stabilité mentale. Une blouse à lunettes avec une voix de robot lui a demandé, dans un savant désordre, des noms, des anecdotes, des références, des souvenirs. Le rapport dit que l'amnésie partielle due au choc subi lors de la mort accidentelle de son enfant est résorbée. La patiente est maintenant capable de préciser calmement les circonstances de cet accident. Elle a admis la mort de Millie, sa petite fille, elle est retournée à la réalité. Les progrès étant largement satisfaisants, les tests concluants, Mary peut retourner à la vie civile. Elle a réintégré son identité, sa mémoire, et son malheur. Elle sait ce qu'elle avait refusé de savoir pendant plus d'un an.

Elle ne se ressemble plus cependant. Ni physiquement ni moralement. Ses cheveux ont perdu leur teinture blonde, et retrouvé le naturel d'un châtain ordinaire. Plus de maquillage, plus d'ongles vernis, plus de visage apprêté. Mary est à cent lieues de la poupée qui posait pour des marques de dentifrice, des parfums ou des robes. On lui a conseillé de retravailler dès sa sortie. Mais reprendre du service dans ce milieu à son âge et avec ce qu'elle a vécu, c'est difficile. Les perdants, les faibles, les victimes de la vie n'ont pas leur place dans cet univers factice. Mary ne posera plus, elle fera poser les autres, s'occupera des relations publiques d'une agence, et doit s'estimer heureuse, en ces temps de crise, d'avoir retrouvé un emploi.

L'amant, le père de l'enfant, elle l'a rayé de sa vie. Elle travaille, sans véritable passion. Toutes ces filles qui défilent le nez en l'air, la jambe agressive, qui s'arrachent les photographes, les soirées branchées et les bouts d'essais au cinéma ne la concernent plus vraiment. Elle fut cela, elle a jacassé comme ces filles, vécu dans le superficiel.

À l'instant où l'actualité des faits divers, tragique, la rattrape, elle a démissionné de son poste. Elle regrette la clinique, au fond, cet endroit feutré où la réalité pouvait dormir, attendre, où le malheur était lointain. Apte à la vie extérieure ? Les thérapeutes étaient optimistes. D'ailleurs elle ne suit plus de thérapie. La dernière fois que le médecin l'a vue, et qu'elle a payé les cinq cents dollars de la visite, Mary est repartie avec son ordonnance de tranquillisants, sans dire qu'elle n'avait plus de travail. Les mois ont passé, le médecin ne l'a jamais revue.

Il y a cinq ans, en 1978, que la petite Millie en salopette a couru derrière son ballon bleu. Et Mary a besoin d'un ballon bleu. Elle va l'acheter, elle va sortir de son trou pour cela, il y a des semaines qu'elle ne quitte plus son appartement, mais ce ballon bleu lui est devenu à nouveau indispensable. Puis elle va s'asseoir sur un banc dans un jardin public, avec son ballon bleu. Un homme qui passe lui trouve l'air malade et demande :

— Vous allez bien ? Vous avez besoin d'aide ?

Mary lui sourit, en ramenant ses cheveux en arrière, d'un geste familier oublié depuis longtemps. Comme devant un photographe. Ce sourire la transforme, et le passant va s'éloigner. Il a cru que cette jeune femme pâle et vacillante avait un malaise. En partant, il a vu aussi la jeune femme tendre les bras, toujours en souriant à une petite fille, et lui lancer le ballon. Une mère avec son enfant.

Cet homme ne sait pas qu'il est le témoin d'un kidnapping.

Mary parle, rit, joue avec la petite fille qu'elle appelle « Millie », « mon bébé », « mon trésor ». L'enfant est confiante, Mary la chatouille et elle éclate de rire. Mary danse et fait tourner l'enfant, Mary marche en la tenant par la main :

— Nous allons chercher une belle poupée, Millie. Je sais où est la poupée, c'est le docteur qui l'a prise.

L'enfant se prénomme Sandra, elle n'est pas blonde comme Millie, elle a quatre ans, et son père travaille dans un grand hôtel de Los Angeles. Sa mère attend un autre bébé. Elle est assise non loin de là sur un autre banc, et discute avec son mari. Celui-ci, ne voyant plus Sandra, court à travers le parc ; il croise alors un homme qui désigne un taxi :

— Une petite fille avec une robe bleue ? Elle vient de monter avec sa mère dans un taxi, il démarre !

Dans le taxi Mary embrasse l'enfant, la câline, elle donne au chauffeur l'adresse de la clinique où elle a été soignée. En continuant d'affirmer qu'il faut récupérer là-bas la poupée de Millie. Le taxi file dans la circulation sans se douter que l'enfant qui dit « maman » derrière son dos ne s'adresse pas à Mary.

À la station de taxi, le chauffeur suivant a entendu Mary crier l'adresse de cette clinique et il fonce derrière son collègue avec les parents de Sandra.

Lorsqu'ils arrivent, Mary a déjà révolutionné tout le personnel en réclamant son ancienne chambre de malade. Cette crise de folie subite lui fait faire un amalgame étrange entre le passé, sa maladie, sa fille qu'elle croit avoir retrouvée. Au premier infirmier qui lui barre le passage, elle hurle :

— N'approchez pas ! Ne touchez pas à ma fille ! Je me tue avec elle si vous approchez ! Elle est à moi !

Et elle s'enferme derrière la première porte venue. Une salle de soins, où elle se barricade avec l'enfant.

Il n'y a là que des placards, bourrés de pansements et de médicaments. Une fenêtre donne sur un petit balcon, et lorsqu'une sihouette se profile derrière la vitre, Mary s'affole davantage. Elle s'empare au hasard d'une paire de ciseaux et menace de tuer l'enfant avec elle si quelqu'un essaie d'entrer. La silhouette disparaît rapidement, et le siège commence dans l'angoisse. Dans cette salle de soins, Mary dispose d'un arsenal dangereux. La porte aurait dû être fermée à clé, mais elle ne l'était pas car une infirmière venait d'en sortir pour un instant, et le hasard a voulu que Mary se trouve là avant qu'elle revienne. Il y a des bistouris, des seringues, des ciseaux, autant d'objets terribles dans la main d'une folle.

Sandra doit avoir peur, mais personne ne l'entend pleurer ou crier. Pourtant Mary apparaît soudain à la fenêtre, puis sur le balcon, elle la tient serrée contre elle, et se penche dangereusement, en s'adressant au groupe de médecins et d'infirmiers au-dessous d'elle :

— Si vous approchez de ma fille, je saute !

Deux étages, c'est suffisamment haut pour faire du mal.

La police arrive, les parents supplient Mary. La mère de l'enfant ne supporte pas cette émotion : enceinte de sept mois, elle s'évanouit au moment où Mary hurle :

— C'est Millie, c'est ma fille, elle est revenue ; je vais mourir avec elle !

Et la petite fille, bizarrement, ne semble toujours pas affolée. Le père explique qu'elle a un caractère heureux, enjoué, qu'elle parle facilement ; et, malheureusement pour elle, c'est cette aisance à communiquer avec les autres qui lui a valu de tomber sur Mary, en toute confiance.

Il est dix-huit heures à Los Angeles, le soleil perce encore la brume, Mary s'enferme à nouveau dans la petite salle, il y a plus de deux heures qu'elle a kidnappé l'enfant.

Vers vingt heures, la police envisage de recourir aux grenades lacrymogènes, un tireur installé sur un toit tient Mary en joue à travers la fenêtre sans rideaux. Il voit parfaitement la scène dans la lunette de son fusil. Mary dessine des poupées sur le mur blanc avec un morceau de coton et du Mercurochrome en guise de peinture. L'enfant est allongée sur une table de soins et semble dormir, bercée par les paroles incessantes de Mary. L'homme pourrait tirer, mais comment tirer sur une jeune femme qui dessine des poupées et chante des berceuses ? Il y a sûrement une autre solution.

Un homme escalade sans bruit la façade dans le noir. Il est vingt et une heures passées. Il découpe en silence le carreau de la fenêtre, comme un voleur, décolle le morceau avec un adhésif, passe la main par le trou, et tourne doucement la poignée, en souplesse.

Mary s'est endormie, l'enfant serrée contre elle.

L'homme enjambe la fenêtre, avance à pas de loup vers la table de soins, tend les bras en avant, retient son souffle et, d'un geste brusque mais efficace, arrache l'enfant des bras de Mary. Un autre homme surgit derrière lui au même moment, ceinture Mary qui s'est réveillée en sursaut ; l'aiguille d'une seringue la cueille au vol — vertiges, silence, paix bienfaisante, c'est fini.

Sandra, la petite fille à la robe bleue, n'a pas souffert de ce drame. Elle est sortie dans les bras du sauveteur en demandant :

— Comment tu t'appelles, toi ? Elle est malade, Mary ? Elle est où maman ? Et la poupée ?

Une bonne nature !

Il n'y aura pas de procès pour kidnapping. Mary n'est pas responsable de ses actes. Mary va retourner dans l'univers feutré des drogues, pour longtemps cette fois. Jusqu'à ce qu'une blouse à lunettes revienne lui demander le nom de sa fille, la date de l'accident, la couleur de son canapé, ou autre chose, et décide peut-être que les tests sont concluants, que la malade peut retourner à la vie civile et à la réalité de son malheur. Que son cerveau est socialement « correct »...

Mais que sait-on du cerveau ? Vraiment pas grand-chose.

Un petit fantôme

Le lieutenant Philip McDonald, responsable de la police de Dornoch, dans le nord de l'Écosse, n'en mène pas large, ce 15 mars 1985, en pénétrant dans le château de Lord et Lady McCreagan, le baronnet de la contrée et son épouse...

Pour une affaire, c'est une affaire ! Angus McCreagan, un bébé de trois mois, héritier de la famille et dix-septième du nom, a disparu. Et d'après ce qu'a dit brièvement au téléphone son père, Alistair McCreagan, il s'agit d'un enlèvement...

À peine Philip McDonald est-il sorti de sa voiture qu'il voit Alistair et Vivien McCreagan se précipiter vers lui. Incontestablement ils ont de la classe. Ils ont le même âge tous les deux : trente-cinq ans environ. Alistair, grand et maigre, semble sortir d'une gravure des temps passés ; Vivien, avec sa longue chevelure blonde et ses yeux bleus, ressemble à l'une des fées qui, selon la légende, peuplaient jadis la lande environnante. C'est elle qui parle la première.

— Venez, lieutenant. Nous allons vous montrer...

Le policier suit le couple à travers les couloirs du château, un manoir quelque peu sinistre du XVe siècle. Dans la chambre de l'enfant, Lady McCreagan lui désigne un berceau vide...

— Voilà... Il était là...

Le lieutenant pose les questions indispensables pour connaître les détails du drame. Il en ressort que le ou les ravisseurs ont agi avec un rare sang-froid. Le rapt a eu lieu vraisemblablement aux alentours de midi. À ce moment, Lord et Lady McCreagan prenaient leur déjeuner dans la salle à manger qui se situe dans l'aile opposée du château. L'enfant était seul, car la femme de chambre était avec eux et la nurse était allée faire des courses à Dornoch... Le lieutenant McDonald pose une dernière question :

— Avez-vous des soupçons ?

Encore une fois, c'est Lady Vivien qui répond :

— Non... Non... Vraiment pas.

Est-ce une illusion ? Il a semblé au lieutenant que Lady McCreagan avait eu une légère hésitation... Comme on va le voir, il ne se trompe pas et c'est même dans cette hésitation que tient toute l'histoire.

Pour ce genre d'enquête, il n'y a pas à faire preuve d'originalité. Le lieutenant McDonald a prévenu Scotland Yard, qui a diffusé le signalement de l'enfant dans toute la Grande-Bretagne. Les hôtels, les gares, les ports, les aéroports sont surveillés. Et c'est ainsi que, le lendemain même, le 16 mars 1985, le ravisseur, ou plutôt la ravisseuse est appréhendée. L'arrestation a eu lieu dans des conditions aussi banales que possible : la femme tentait de gagner la France en s'embarquant sur un bateau au port de Douvres. Il s'agit de Bessy Masson, vingt-huit ans, ancienne cuisinière des McCreagan, qui avait été renvoyée quelques mois plus tôt...

Par les soins de Scotland Yard, le petit Angus est restitué à ses parents et Bessy Masson est conduite à Dornoch. Tandis qu'il s'apprête à l'interroger, Philip McDonald pense que l'affaire est terminée. Au contraire, c'est maintenant qu'elle commence...

Bessy Masson n'offre guère de ressemblance avec ses anciens maîtres. C'est une femme robuste au visage coloré, à l'allure fruste mais qui respire la santé. En la regardant, le lieutenant imagine assez bien le mobile de l'acte qu'elle vient de commettre : c'est la vengeance. Elle a volé l'enfant dont les parents l'avaient mise à la porte... Mais le lieutenant va tomber de haut.

— Vous savez ce que cela coûte, l'enlèvement d'un enfant ?

Bessy Masson réplique d'une voix parfaitement calme :

— Je n'en sais rien, mais ce sera tant pis pour eux !...

— Pardon ?

— Oui, tant pis pour les McCreagan. Ils n'avaient qu'à ne pas me prendre Angus !...

En bon Britannique, le lieutenant McDonald évite toute réaction superflue d'impatience ou de surprise...

— Donc, selon vous, ce sont Lord et Lady McCreagan qui ont enlevé votre fils ?

— Parfaitement, monsieur. Et je vous prie d'enregistrer ma plainte. Je porte plainte officiellement.

Cette fois, le policier perd son flegme.

— Cela suffit ! N'aggravez pas votre cas en outrageant la loi.

Mais Bessy Masson hausse le ton à son tour.

— Je n'outrage personne, monsieur ! Angus est mon fils et c'est les McCreagan qui me l'ont volé. Moi, je n'ai fait que le reprendre... Alors, si vous voulez bien m'écouter, je vais vous dire la vérité.

Abasourdi, le policier balbutie :

— Si c'est cela... Eh bien, je vous écoute...

Bessy Masson se calme, satisfaite d'avoir produit son effet.

— C'était il y a un peu moins d'un an... Je me suis aperçue que j'étais enceinte et, comme je ne suis pas mariée, je craignais le pire quand j'ai annoncé la nouvelle à Milady. Le baronnet et sa femme ont gardé des idées de l'ancien temps... Mais à ma surprise, Milady ne s'est pas fâchée.

Elle s'est mise à réfléchir et elle m'a demandé : « Est-ce que vous connaissez le père ? » Je lui ai répondu que malheureusement je n'en avais aucune idée. Alors, elle m'a dit d'une voix que je ne lui connaissais pas, une voix timide : « Bessy, il faut que je vous fasse un aveu... »

Philip McDonald voit repasser devant lui une vision : le beau visage de Vivien McCreagan, hésitant imperceptiblement lorsqu'il lui a demandé si elle avait des soupçons... Il commence à deviner que la vérité est tout autre que celle qu'il imaginait...

— La baronne m'a dit : « Vous avez bien dû remarquer des disputes entre mon mari et moi... Eh bien, c'est de ma faute. C'est parce que je ne peux pas avoir d'enfant. Et Alistair veut absolument un héritier. Récemment, il m'a dit qu'il allait demander le divorce... »

— Donc Vivien McCreagan vous a demandé d'être mère porteuse...

— Exactement, monsieur. Et pour cela, elle m'a payée très cher. Elle a pris sa cassette... À l'intérieur, il y avait des perles, des diamants, des émeraudes. Elle m'a dit de choisir ce que je voulais. La vue des bijoux m'a fait perdre la tête. J'ai dit oui. Ensuite, Milady a réglé tous les détails. Elle a mis son mari au courant et il a accepté...

— C'est à ce moment qu'ils vous ont renvoyée?

— Oui. Ils m'ont installée dans une petite maison qu'ils avaient sur la lande. Pendant les mois qui ont suivi, ils ont annoncé l'arrivée d'un heureux événement et Milady s'est arrondi le ventre avec un coussin. J'ai accouché toute seule il y a trois mois. J'ai ramené moi-même l'enfant la nuit suivante et Milady a prétendu qu'elle avait accouché cette nuit-là. Alors, j'ai pris les bijoux et je suis partie...

Philipp McDonald hoche la tête.

— J'aurais tendance à vous croire, mademoiselle Masson. Mais cet enlèvement? Qu'est-ce qui vous a fait changer d'avis?

— Je ne sais pas. Je ne peux pas vous le dire. Cela s'est produit tout de suite après être sortie du château sans Angus... Je ne me doutais pas de ce que c'était d'avoir un enfant... Je ne le savais pas... Absolument pas...

Bessy Masson s'arrête un instant. Elle a une expression de sincérité absolue.

— Je vous assure que j'ai essayé de me raisonner. Je me suis dit : « Tu n'as pas le droit de revenir sur ta parole. Il fallait dire non à Milady. Maintenant, c'est trop tard. » En même temps, je sortais les bijoux de leur écrin, je pensais que j'étais riche... J'ai tenu comme cela trois mois... Et puis, cela a été plus fort que moi. Je suis allée à Dornoch et j'ai été au château pour reprendre Angus. Mais il n'y a rien eu à faire. Mes anciens patrons m'ont dit : « Ce qui est conclu est conclu. Angus est à nous », et ils m'ont chassée... Alors, le lendemain, je suis revenue en cachette et j'ai repris mon fils...

Bessy s'agite soudainement. Elle se lève et se met à tirer sur sa robe comme si elle voulait la déchirer.

— Mais maintenant, aucune force au monde ne pourra me faire changer d'avis! Aucune!

Le lieutenant croit à un brusque accès de fureur, mais ce que fait Bessy Masson a un sens. Elle a défait l'ourlet de sa robe et elle en sort de petits objets brillants : les bijoux de sa maîtresse. Elle les pose sur le bureau.

– Tenez : voilà les bijoux! Je vous charge de les rendre. Eux, qu'ils me rendent mon enfant!

Philip McDonald prend les joyaux avec un soupir. Ce qu'il a maintenant à accomplir est loin de lui plaire, mais la loi est la loi et il est là pour l'appliquer quelles que soient les circonstances.

— Eh bien, mademoiselle Masson, il ne nous reste plus qu'à nous rendre au château... Si Lord et Lady McCreagan vous rendent votre fils, pourriez-vous, de votre côté, retirer votre plainte ?

— Bien sûr, lieutenant. Il n'y a qu'Angus qui m'intéresse...

Peu après, tous deux se présentent au manoir. C'est Lady Vivien qui les accueille. En voyant son ancienne domestique libre en compagnie du policier, elle devient toute pâle.

— Que faites-vous avec cette fille ? Pourquoi n'est-elle pas en prison ? C'est la ravisseuse de mon enfant !

— Je n'en suis pas certain, Milady. Elle m'a raconté une histoire tout à fait vraisemblable...

Et le lieutenant fait le récit qu'il vient d'entendre... Une fois qu'il a terminé, la femme du baronnet tente de le prendre de haut.

— Elle a menti ! Bessy a toujours été une menteuse et une mythomane ! Et c'est elle que vous croyez et pas moi ? Je vous ferai révoquer !

— Elle a dit la vérité, Milady. Elle affirme que vous ne pouvez pas avoir d'enfant. Un examen médical pourrait le prouver, un examen très désagréable pour vous... Mais ce ne sera même pas la peine...

Le policier sort les pierres précieuses de sa poche.

— Est-ce que ce ne sont pas vos bijoux ? Il y en a pour une fortune. C'est votre ancienne cuisinière qui les a et vous n'avez pas porté plainte...

Vivien McCreagan reste un instant bouche bée et éclate en sanglots.

— Bessy, où comptez-vous aller avec Angus ?

— Loin, Milady : je vais m'installer à Los Angeles. J'ai des cousins là-bas.

— Ils sont riches, vos cousins ?

— Non. Pourquoi ?

— Écoutez, Bessy... Vous voulez le bonheur d'Angus, n'est-ce pas ? Ici, au château, il sera élevé comme l'héritier de la maison et, dans vingt ou trente ans, il deviendra baronnet à son tour...

— Je regrette, Milady.

— Enfin, Bessy... Avec vous, il sera dans la gêne, peut-être dans la misère, et il n'aura même pas de père... Tandis que chez nous... Si vous saviez comme Alistair l'aime déjà !

— Je regrette, Milady, mais Angus ne prendra pas la place d'un autre. S'il est né d'une pauvre fille comme moi, c'est le bon Dieu qui l'a voulu ainsi...

— Bessy, pensez à moi ! Si je n'ai pas d'enfant, Alistair va divorcer !

— Je ne crois pas, Milady. Je suis restée longtemps à votre service et un domestique sent beaucoup de choses. Milord ne divorcera pas. Il vous aime vraiment. Il vous gardera avec ou sans enfant...

L'ancienne cuisinière du manoir de Dornoch se lève.

— Il vaut mieux que je parte tout de suite...

Il n'y a rien à ajouter... Bessy Masson va dans la chambre d'Angus et s'en va avec lui. Le lieutenant McDonald regarde la femme du baronnet en silence. Même si la jeune femme avait accepté ce qu'elle lui proposait, c'est lui qui s'y serait opposé, la pratique des mères porteuses étant illégale en Grande-Bretagne comme ailleurs...

Ainsi s'est terminé le faux enlèvement du petit Angus... Bessy Masson a, bien sûr, retiré sa plainte, et la suite a prouvé qu'elle ne s'était pas trompée. L'affaire ayant fait grand bruit en Écosse, Alistair McCreagan a accepté de satisfaire la curiosité des journalistes : il ne divorcerait pas. Par amour pour Vivien, il acceptait que la lignée des McCreagan s'éteigne avec lui...

Le dix-septième McCreagan n'aura donc rempli de ses cris les pièces du château que trois mois. Il aura été une apparition fugitive, un petit fantôme... Un des plus charmants qui soient apparus sur la terre d'Écosse.

L'original

Au milieu du mois de mai 1957, il fait beau et sec à Algona, dans l'Iowa. Trois jours plus tôt un orage d'une violence inhabituelle a balayé la région. Beaucoup d'arbres abattus, des toitures emportées, des récoltes ravagées. Un homme s'avance dans la rue principale. Quelques instants plus tôt il est descendu d'un autobus Greyhound intercontinental. Il semble âgé d'une trentaine d'années, a une barbe de plusieurs jours. Il est vêtu d'un pantalon et d'une veste de sport. Il porte à la main une petite valise de cuir fauve et, sur l'épaule, un sac de marin. Il est vêtu d'un pantalon et d'une veste de sport. Dans sa valise un seul livre : *Le Guide des cocktails.*

— Bonjour, je cherche du boulot. Vous n'auriez rien pour moi ?

Le propriétaire du bar où notre homme vient d'entrer répond d'un ton égal :

— Et qui tu es, mon gars, tout d'abord ?

— Je m'appelle Buddy Jack Jackson, je suis un ancien Marine. Tenez, voici mon permis de conduire.

Buddy Jack Jackson sort le permis de sa poche revolver et le tend au barman qui l'inspecte d'un œil froid :

— Oui, je vois, les Marines. Ça vous forme un mec, ça... Moi je n'ai rien à te proposer mais ce n'est pas le travail qui manque pour les gars courageux. Tu devrais aller voir chez Mellon, au Steak House. Je crois qu'il cherche quelqu'un.

Et c'est ainsi que, deux jours plus tard, Buddy Jack Jackson est engagé comme barman chez Mellon. Il faut dire qu'il a confectionné devant le patron deux préparations superbes : « Mitzi's delight », un cocktail doux pour les femmes qui n'ont pas froid aux yeux, et « Buddy's fireball », un cocktail décapant pour les messieurs timides.

À partir de cette date Buddy Jack Jackson va faire parler de lui à Algona. En bien, strictement en bien. Il est populaire en diable, c'est le cas de le dire. En tout cas auprès des jeunes, de ceux qui apprécient les non-conformistes. Et il ne fait aucune difficulté pour répondre aux questions les plus indiscrètes :

— Jack Jackson, quel nom ! on peut pas dire que l'on fasse dans l'originalité dans ta famille.

— C'est que je suis orphelin. J'ai été abandonné quand j'étais bébé. Quelqu'un m'a déposé devant l'église Saint-Patrick à Memphis. Alors on m'a donné le nom que l'on donnait à tous les enfants recueillis : Jack Jackson. J'ai choisi de m'appeler Buddy pour me distinguer des autres.

— Et alors tu as été dans les Marines...

— Ouais, je me suis engagé à dix-sept ans. Pour un enfant abandonné, pas de meilleure école. J'ai été embarqué dans la guerre mais je m'en suis bien tiré. J'ai eu moins de chance en Corée où j'ai chopé une pêche en plein buffet. Six mois d'hôpital, retour à la vie civile au début de l'année et me voilà...

Buddy possède une certaine culture musicale. Il attire l'attention du directeur de la station de radio locale :

— Dis donc, Buddy, ça te dirait de venir un ou deux matins par semaine, disons le samedi et le dimanche, pour assurer deux heures de programme musical ? Et « causer un peu dans le poste », comme on dit ? Je trouve que tu as une bonne voix, ça devrait faire de l'effet sur les gamines.

Disc-jockey à Radio Algona, Buddy Jack Jackson a l'occasion de participer à un reportage sur l'équipe de base-ball. Et là, c'est le directeur de la télévision locale qui le remarque à son tour. Deux ans après être descendu de l'autobus, Buddy devient une personnalité remarquée de la ville. Oh, rien à craindre pour les politiciens du coin. Buddy n'a aucune intention de briguer le moindre mandat. Ils peuvent dormir sur leurs deux oreilles. Buddy fait partie du clan des « non-conformistes ». On parle de lui avec envie, on admire sa liberté d'esprit :

— Tu as déjà été chez lui, Daisy ?

— Tu me prends pour qui ? Mais on m'a raconté : il paraît qu'il n'y a pas de meubles. Dans le salon en tout cas...

— Oui, rien que des gros coussins dans tous les coins... C'est mon frère qui me l'a dit. Moi non plus je n'y suis pas allée. Il paraît que samedi dernier, il a organisé une party et qu'ils ont bu du champagne français toute la nuit.

— Et tu ne connais pas la dernière ! Avec son copain Charlie, ils ont acheté un corbillard et ils l'ont entièrement aménagé en petit salon, avec coussins, brûle-parfum et même des statues de Bouddha.

— Quel zigoto ! On se demande ce qu'il va encore trouver à inventer.

Que ces demoiselles ne s'inquiètent pas. Dans le genre « jamais vu », Buddy Jack Jackson n'est jamais à court d'idées.

— Allô, monsieur Jackson. Ici la banque Fitzgibons. Il y a un petit quelque chose sur les derniers chèques que vous avez émis.

— Ah oui ? Je parie que vous m'appelez parce qu'il manque la date.

— Effectivement. Marquer « printemps » à la place du jour d'émission, c'est original mais c'est un peu flou.

— Bah, du moment que l'année est mentionnée. Soyez gentille, n'oubliez pas de me rappeler quand le printemps sera terminé, pour que je mette « été ».

Curieusement la banque Fitzgibons l'appelle désormais fidèlement pour lui signaler les changements de saison. On ne lui fait aucune remarque quand il fait adresser toutes ses factures au nom de « Buddy » et quand il signe ses chèques de ce simple prénom officieux. Décidément, c'est un original. Au bar il glisse tous ses pourboires dans une bouteille de whisky géante, vide cependant. Quand elle est pleine il l'apporte à la banque, telle quelle. À eux de se débrouiller pour compter.

— Tu connais la dernière de Buddy ? Il a décidé de monter une action contre la poliomyélite.

— Ah bon ? Et qu'est-ce qu'il a en tête, ce grand fou ?

— Il veut rester deux semaines en haut d'un pylône. Celui qui est au-dessus du supermarché. C'est à dix-huit mètres du sol.

— Quinze jours sans aller aux... ?

— T'en fais pas, il a tout prévu. Une petite toile de tente en cas d'intempéries et une tinette.

— Ça m'étonnerait qu'il y arrive. Tu te rends compte !

Mais si ! Buddy Jack Jackson y arrivera et les badauds qui se pressent au-dessous du pylône, de jour comme de nuit, y vont de leurs oboles qui s'accumulent dans un aquarium gardé par les policiers locaux... Quand il redescend, au bout de quinze jours, Buddy Jack Jackson a les jambes qui flageolent et une jolie barbe un peu rousse. Il répond aux ovations d'un joli geste de la main. Très « star » ! Pendant ce temps un responsable de la banque Fitzgibons compte le total des fonds réunis à l'occasion de cet exploit.

Décidément Buddy est un *jolly good fellow*, comme disent les Anglo-Saxons, un « vraiment bon copain ». Toujours de bonne humeur, toujours prêt à aider son prochain.

Pourtant, il y a deux sujets qui ont le don de le mettre en rogne. Tout d'abord les mauvaises nouvelles.

— C'est plus fort que moi, dit-il, je ne supporte pas d'entendre à la radio les nouvelles de catastrophes, d'accidents. Et quant à les voir à la télévision, ça me donne envie de vomir.

Le second sujet qui met Buddy de mauvaise humeur c'est lorsqu'un bon copain, un client du bar ou un auditeur fidèle, lui lance :

— Alors Buddy, à quand le mariage ? Il y en a plus d'une ici qui n'attend que ça. Il y a des milliers de candidates.

— Stop, sujet tabou ! Si je me mariais, je laisserais des milliers de malheureuses et je ferais une victime. Ça serait criminel. Quant à ceux qui se marient, je leur dis : « Vous êtes complètement cinglés ! »

Dans l'intimité, Buddy avoue :

— Toute ma vie, à l'orphelinat, chez les Marines, j'ai dû obéir à quelqu'un : *Yes Sir! No Sir!* Pas question d'obéir à une « bobonne ».

Pourtant, un an plus tard, la jolie Molly Peale, une divorcée à peine âgée de vingt et un ans, décroche le coquetier. Elle devient Mme Buddy Jack Jackson devant Dieu et devant les hommes. En sortant de l'église, Buddy sourit d'un air béat. Comme s'il venait d'avaler coup sur coup deux « Buddy's fireballs ».

Deux ans plus tard Buddy est moins excentrique mais toujours aussi optimiste :

— Avec Molly, chaque jour est une fête, je me régale.

Tous ses amis s'en réjouissent. D'autant plus que Molly va bientôt être mère. Buddy n'a plus besoin de passer deux semaines en haut d'un poteau pour faire parler de lui. À présent il consacre beaucoup de temps à une nouvelle activité. Il devient moniteur de l'équipe de tir à l'arc d'Algona.

— Dis donc, Buddy, c'est en Corée que tu as appris à tirer comme ça ?

Buddy sourit sans répondre. Sa réputation est tellement bien établie qu'il est invité à se rendre, à la tête de son équipe, à la foire de Chicago pour faire une exhibition. Il accepte... C'est sans doute sa seule erreur.

À douze cents kilomètres de là, Annie Helen Hesburg s'occupe de son intérieur et de sa nichée. Quatre enfants : cinq ans, sept ans, et les jumeaux de neuf ans. C'est lourd pour une veuve... De temps en temps elle jette un regard vers la photo d'un homme posée sur la cheminée : Kirk Hesburg, le père de ses enfants. Voilà quatre ans qu'il a disparu, sans doute noyé dans le lac Supérieur. On n'a jamais retrouvé son corps. Annie Helen a dû batailler pendant deux ans pour faire reconnaître le décès officiel de son mari. Elle regarde la photographie. Justement il est là, debout, chaussé de grandes bottes, avec, sur la tête, un chapeau orné de dizaines de mouches artificielles multicolores. Il tient à la main un brochet de belle taille. Annie Helen revit par la pensée leur dernière journée :

— À ce soir, Annie Helen, je ne rentrerai pas de bonne heure. Je vais à Madison pour régler quelques affaires. J'emporte mon matériel de pêche. Avant le dîner j'ai l'intention d'aller titiller le goujon sur le lac.

— Tu crois ? Ça va te faire rentrer bien tard. Et la météo est mauvaise pour la fin de la journée. Tu devrais revenir directement...

— P'têt' ben qu'oui, p'têt' ben qu'non.

Un dernier petit baiser de vieux mariés et Annie Helen n'a jamais revu Kirk. Plus tard elle a eu quelques détails. Kirk est passé à la banque et il a retiré sept cent cinquante-trois dollars du compte conjugal. Puis il est allé régler l'échéance de son assurance-vie, au bénéfice d'Annie Helen. Enfin, il est allé au bord du lac pour y louer un petit bateau.

Le loueur, McGlover, lui a conseillé d'être prudent :

— La météo n'est pas fameuse. Il paraît que le vent va souffler en rafales vers dix-sept heures. Pas un temps à se trouver au milieu de l'eau.

— Pas de problème, j'ai l'habitude. Posez-moi une batterie de phares sur le bateau. Au cas où le temps s'assombrirait trop.

Et Kirk quitte la rive. Il emporte ses cannes à pêche et une petite valise de cuir fauve. À quelques encablures, il croise le hors-bord des gardes-pêche :

— Soyez prudent, monsieur, on annonce une véritable tempête en fin d'après-midi. Il vaudrait mieux être rentré avant.

— Pas de problème, je suis au courant. Merci.

Deux jours plus tard, on retrouve le bateau de location. Vide. Enfin, pas tout à fait. Les cannes à pêche de Kirk sont toujours à bord. Kirk Hesburg et sa valise de cuir fauve ont disparu. À quoi bon faire des sondages ? Kirk Hesburg a pu se diriger n'importe où sur les quatre-vingt-un kilomètres carrés du lac. En examinant l'embarcation, les policiers concluent qu'elle n'a pas chaviré. Kirk Hesburg aurait-il été victime d'un rôdeur, d'un autre pêcheur connaissant l'existence des sept cent cinquante-trois dollars retirés un peu plus tôt de la banque ?

Mais les années passent. Annie Helen s'organise pour élever les quatre orphelins. Elle songe à refaire sa vie. Lundi dernier elle vient d'accepter la proposition de mariage que lui a faite Walter Kronite, veuf lui aussi et père de deux enfants. Décidément, la page est tournée. Tout le monde en est d'accord, à commencer par Lydia et Lowell Hesburg, ses beaux-parents. Lowell, le père, admet même ses erreurs :

— Nous avons trop gâté nos enfants. En particulier Kirk. Il a toujours eu tout ce qu'il voulait. L'argent était trop facile et trop important. C'est pour cela qu'il a manqué de suite dans les idées...

Lydia intervient :

— Mais, Lowell, nous avons toujours élevé nos enfants selon les meilleurs principes de l'Église catholique. La messe tous les dimanches, la confession et la communion...

— Tais-toi, c'est justement là notre erreur. Trop d'argent et trop de principes vides de sens.

Le téléphone sonne à ce moment précis. Une voix féminine, tout excitée, hurle presque dans l'appareil :

— Grand-père, c'est moi Sylvia ! J'arrive de la foire de Chicago. Tu ne sais pas qui j'ai vu ? Oncle Kirk. Je suis sûre que c'est lui. Il est moniteur de l'équipe de tir à l'arc d'un patelin nommé Algona. Je lui ai parlé. Il dit qu'il se nomme Buddy Jack Jackson. Il m'a même fait voir ses papiers. Mais je suis certaine que c'est Kirk. J'ai reconnu son regard.

Dès le lendemain, Dean et Oliver, deux des frères du défunt Kirk, sautent dans le premier vol pour Chicago. Pour eux, dès qu'ils se trouvent face à face avec « Buddy Jack Jackson », il n'y a pas l'ombre d'un doute : c'est leur frère. Celui-ci les écoute en ouvrant de grands yeux.

— Nous sommes persuadés que vous... que tu es notre frère Kirk qui a disparu en 1957. Un seul moyen de le savoir : comparer vos empreintes digitales. Celles de Kirk ont été relevées quand il a fait son service militaire.

Buddy Jack Jackson accepte sans aucune réticence :

— Excellente idée. Comme cela nous saurons où est la vérité.

Quelques jours plus tard, une fois les empreintes enregistrées et comparées, le lieutenant de police Jim Snowden rend le verdict :

— Vous êtes Kirk Jordan Hesburg, ou alors nous nous trouvons devant un cas qui remet en cause tout le système d'identification par les empreintes digitales.

Buddy Jack Jackson, en apprenant la nouvelle, semble frappé par la foudre :

— Mais c'est impossible ! Faites-moi passer le sérum de vérité. Je n'ai aucun souvenir de cette vie dont vous me parlez. J'ai été abandonné par des inconnus, j'ai vécu à l'orphelinat, je me suis engagé dans les Marines... Pourtant, si vous dites que les empreintes...

Désormais les commentaires vont bon train. Annie Helen n'est pas vraiment heureuse de l'apparition de son défunt époux. D'autant plus que les assurances réclament le capital qu'elles lui ont versé. La jolie Molly, de son côté, enceinte de « Buddy l'Original », déclare :

— Même si notre mariage est annulé, je ne l'abandonnerai jamais...

Mais les parents et les amis d'autrefois reconnaissent tous que Kirk et Buddy ne sont qu'un seul et même homme. Les médecins et les psychiatres finissent par conclure que Kirk, étouffé par ses obligations familiales, par ses problèmes d'argent, par son milieu bourgeois, a fini par disparaître en oubliant réellement son passé et par renaître sous les traits de « Buddy l'Original », l'homme qui aimait vivre à contre-courant.

L'instinct du chasseur

En cinquante ans d'existence Pierre n'a jamais giflé personne, ni donné le moindre coup de pied hargneux à un roquet du quartier. Il évite les discussions, il a même réussi à divorcer sans bruit ni dispute d'une épouse acariâtre.

C'est un calme, un mètre quatre-vingt-cinq de calme et de muscles qui n'ont rien d'herculéen. Il est dentiste. Seul défaut, il joue au poker une fois par semaine avec un copain.

Ce soir la partie a traîné. Il est deux heures du matin, le printemps est doux, la ville dort. Pierre monte dans sa voiture, modèle commercial courant, année 1978. Il va rentrer tranquillement chez lui. Il bâille et démarre en douceur. À l'autre bout de la ville, un chat l'attend. Il aura sa tasse de lait, et demain sera un autre jour.

Ainsi va la vie sans écueils de Pierre. Mais à deux heures dix du matin, arrêt sur image dans le film de cette vie paisible. Quelques minutes vont suffire à faire basculer le scénario.

C'est d'abord la vision brutale d'une femme échevelée dans les phares de la voiture. Il freine de justesse, la femme fait un écart de côté et continue sa course maladroite sur des talons trop hauts. Puis elle se retourne, fonce sur la voiture, tape sur le pare-brise en hurlant :

— Je vous en supplie, monsieur, s'il vous plaît !

Pierre ouvre la portière, n'a pas le temps de poser de question, la femme se jette sur le siège et s'agrippe à lui :

— Un type vient de m'agresser, il m'a volé mon sac, il a filé dans une voiture bleue, juste à l'instant ! Rattrapez-le, je vous en prie ! Mais démarrez ! Il n'est pas loin, il m'a pris toute ma paie ! Je vous en prie !

Pierre démarre en trombe. Il ne sait pas pourquoi, il agit par réflexe. La rue est déserte mais à deux cents mètres de là, il distingue effectivement les feux arrière d'une voiture.

— C'est lui !

La femme pleure, nerveusement, et répète avec fureur :

— Mon sac ! Tout mon argent ! Mes papiers ! Le salaud !

Les feux arrière se rapprochent, Pierre distingue la couleur de la voiture, bleu clair, un vieux modèle.

Pris dans les phares de son poursuivant, le conducteur se retourne, comprend, et amorce immédiatement un virage serré au premier carrefour. Il accélère, Pierre accélère, le pied au plancher. À froid il n'aurait jamais imaginé faire une chose pareille. Poursuivre un voleur ? En pleine nuit et en voiture ? Non, il aurait relevé le numéro et prévenu la police, puis déposé sa passagère au premier commissariat, faisant ainsi calmement son devoir.

Quel déclic y a-t-il eu dans sa tête pour qu'il entame une course folle derrière un voyou ? Qui est peut-être armé ? Le visage de la femme tuméfié par l'agression, ses supplications hystériques, son désespoir, et puis aussi une vieille haine contre les voleurs. Pierre estime que rien n'est plus lâche qu'un voleur de sac, mais jusqu'ici son avis n'a jamais été confronté à la réalité.

Les deux voitures dérapent, virent dans des rues étroites, et s'élancent sur un boulevard. Pierre ne sait même plus où il est. Il ne pense qu'à rattraper ce type, le coincer, l'immobiliser, être le vainqueur de cette course-poursuite. Est-ce l'instinct du chasseur ? Il n'envisage pas les conséquences, il poursuit sa proie.

La chasse devient rude. Devant lui la voiture a freiné brusquement, et il évite l'accident de justesse. Le voleur risque le tout pour le tout. Accélération brutale, coup de frein brutal, il cherche l'accident. Il fait du stock-car, mais sa voiture est vieille, les reprises mauvaises, et il a du mal à reprendre de la distance à chaque fois. La technique serait bonne, si Pierre n'était pas un bon conducteur, aux gestes précis et rapides.

Voyant que son jeu ne fonctionne pas, le voleur adopte une autre tactique. Il monte sur le trottoir et zigzague entre les arbres, puis il s'arrête et manœuvre à toute vitesse pour repartir en sens inverse. Après un court instant d'hésitation et un demi-tour, la course reprend de plus belle, et les deux voitures sortent maintenant de la ville, sur une route à trois voies où seule la vitesse compte. Plus d'obstacles, plus de carrefours, d'arbres ou de trottoirs. Les lignes blanches défilent et la vieille voiture tangue et valse à droite, à gauche, pour éviter d'être doublée.

Pierre suit le mouvement. À côté de lui, la femme s'est un peu calmée ; agrippée au tableau de bord, elle vit cette chasse avec intensité, ses cheveux ébouriffés balayant son visage au rythme des cahots.

Pierre transpire, une rage insensée l'anime. Elle a grandi progressivement, et elle tourne maintenant au même régime que le moteur de sa voiture, à fond, l'aiguille naviguant autour des cent quatre-vingts à l'heure. Les pneus crissent, les faisceaux des phares s'entrecroisent, et il n'y a personne pour arrêter cela. Pas la moindre patrouille de police, pas un gendarme.

Il est deux heures vingt du matin. Pierre est devenu un autre homme, et il ne le sait pas encore. Il a aperçu une tignasse claire au volant, une tête qui lui a paru jeune, mais il n'y pense plus. Il veut gagner. Arrêter cette maudite voiture n'importe comment, n'importe où.

Des lumières au loin, un village, et le voleur vire à droite sur une route départementale, suivie par la voiture de Pierre. Encore quelques seconde, et c'est la fin du voyage.

C'est alors que le destin, le hasard, ou bien tout simplement les horaires de la SNCF, entrent en jeu.

Il y a là sur cette route une barrière automatique, elle est baissée. Au loin, les lumières rouges d'un train qui arrive ; les fenêtres de ce train sont illuminées dans la nuit.

Le voleur, pris de court, freine en catastrophe, et sa voiture fait un tête-à-queue époustouflant, pour aller terminer sa course dans le fossé, les quatre roues bloquées.

Pierre, lui, avait enregistré la présence du panneau indicateur, et ralentit un peu— pas trop, juste assez pour s'arrêter le nez sur la barrière et regarder filer les derniers wagons. Maintenant il saute de sa voiture, et court sans réfléchir vers le fossé. Le conducteur a eu de la chance, il s'en sort apparemment sans blessure, car il est déjà sorti de l'épave et court comme un diable sur la route. Il court vite, mais Pierre aussi. Il a fait du cross dans sa jeunessc, il ne fume pas, et il retrouve instinctivement son rythme.

La chasse continue, d'homme à homme cette fois, les machines et les moteurs n'ont plus rien à y voir, c'est une affaire entre le chasseur et sa proie. Les bruits sont différents, deux souffles, deux claquements de talons sur la route. Le fuyard a un peu d'avance, il la conserve un moment, galvanisé par la peur. Une peur qu'il n'a sûrement jamais connue de sa vie minable de voleur à la tire. Il a compris que ce type fou derrière lui ne le lâchera pas. Ce sont des choses que l'on sent et qui ne s'expliquent pas. Alors il ne s'arrête pas, il ne se rend pas, il ruse comme un lièvre, s'échappe dans un sous-bois, fait quelques tours dans les broussailles, et repart sur la route en direction du passage à niveau. Mais la ruse est énorme, et Pierre la comprend aussitôt. Le voleur tente sa dernière chance : essayer de rejoindre la voiture de Pierre avant lui ; il croit pouvoir sauter au volant, il suppose que les clés sont restées sur le contact, que la barrière est maintenant ouverte, et qu'il va pouvoir filer avec quelques secondes d'avance. Or il a une chance d'y arriver en effet, car Pierre a laissé le moteur tourner, et si la passagère n'a rien fait, si elle n'a pas bougé de la voiture, elle risque d'être entraînée dans la fuite du voleur.

Cette idée redonne des forces et de la vitesse à son poursuivant. Il faut qu'il rattrape ce type avant la barrière, il le faut !

Toute la chasse, toute la poursuite s'est passée sans un cri, sans une menace. À part la femme qui hurlait tout à l'heure, dans la voiture, et se tait à présent. Elle a récupéré son sac dans l'épave et fouille dedans, elle ne s'occupe même pas des deux hommes.

Le voleur est revenu à une vingtaine de mètres d'elle. Il court moins bien, il semble traîner une cheville.

Il est deux heures trente du matin, à quelques minutes près.

Pierre se souvient qu'il a ressenti à ce moment-là comme une sorte d'éblouissement, une joie sauvage dans le cœur, il s'est dit en un quart de seconde : « Je le tiens ! »

Il a attrapé un morceau de blouson, déséquilibré le voleur, et ils sont tombés tous les deux à quelques centimètres de la voiture. Alors la femme s'est remise à crier. Pierre ne l'entendait pas vraiment, le brouillard était dans sa tête. Il fallait se battre maintenant. Et le petit salaud de voleur s'est mis à cogner rageusement, désespérément. Alors Pierre a cogné aussi, dans le même état. Aveuglé. Jusqu'au silence.

C'est dans ce silence revenu qu'il a entendu la voix de la femme apeurée, tremblante et stupide :

— Vous l'avez tué ? Mais il est mort !

C'était idiot. À cet instant-là, Pierre a répondu que c'était idiot. Comment aurait-il pu tuer quelqu'un ? Lui qui sait si bien calmer les enfants dans son fauteuil de dentiste, lui le grand calme, l'amoureux des chats, le contemplatif, le civilisé qui respecte les feux rouges et orange, les interdictions de stationner, lui qui perd trois cents francs au poker en souriant ? C'était idiot ! Complètement idiot !

Il reprend son souffle, les battements de son cœur lui bourdonnent aux oreilles, il faut que l'orage se calme dans sa tête, que sa gorge sèche parvienne à ravaler sa salive, qu'il se redresse avec lenteur, épuisé.

À terre il y a un pantin bizarre, en jean et blouson déchiré, la tête drôlement posée de travers sur la route.

Pierre se penche, il écoute, pose la main sur le cou, cherche l'artère, mais sa main tremble trop fort, et il ne perçoit rien. Ce type n'est pas mort, c'est impossible ! Pas à coups de poing et de pied ! Mais sur le pare-chocs arrière de sa voiture, une touffe de cheveux clairs est restée collée. Alors il se souvient, les images fulgurantes se remettent en ordre. Il a cogné la tête du voleur à cet endroit. Derrière la nuque il trouve la trace du choc. Il respire un grand coup. Pas d'affolement, ce type n'est pas mort, il ne peut pas être mort, il ne voulait pas le tuer, c'est impossible...

Le visage du voleur est jeune, une vingtaine d'années, peut-être moins, une moustache naissante, de l'acné... un gosse.

S'efforçant toujours de reprendre son calme, Pierre écoute les battements du cœur. Ils sont faibles, si faibles... Alors il retrouve les gestes de ses études médicales, il se dédouble pour tenter de faire un diagnostic. Traumatisme crânien, vertèbre brisée. Ne pas bouger le blessé. Il a froid, il est glacé, il s'entend dire à la femme :

— Dépêchez-vous, prenez la voiture et filez au prochain village ; il y a un poste de gendarmerie, demandez une ambulance, vite !

Et il s'entend répondre :

— Ah non alors ! Allez-y vous-même ! Ils vont me poser des tas de questions, j'ai pas envie d'avoir des emmerdes !

Alors seulement Pierre regarde cette femme, il la voit, il voit la vulgarité, la stupidité, les talons trop hauts, la robe trop courte et trop collante... Il fait encore un effort.

— Je ne peux pas le bouger, et il lui faut des soins d'urgence.

Je vais le ventiler en attendant, mais dépêchez-vous, bon sang ! Vous savez conduire au moins ?

— Mais il est mort ce type !

— D'accord, restez là, j'y vais !

— Pas question, j'ai trop peur !

Pierre devine qu'elle veut fuir, les laisser tomber lui et sa victime, et soudain la colère renaît, il lève la main pour la gifler, puis se ravise. Il est temps de revenir à la logique des choses, d'agir avec efficacité. Froidement il arrache le sac de la femme ; le précieux sac qu'elle tenait serré contre elle, avec son fric et ses papiers, cette saleté de sac à main !

— Je garde ça ! Vous, vous prenez la voiture, et vous filez chercher du secours, ou je vous assomme !

Yvan, dix-neuf ans, sans profession, déjà condamné deux fois pour vol, était en liberté surveillée depuis trois mois. Il est mort avant l'aube. La fille se prénommait Claudine, une prostituée. Son sac contenait trois mille francs, une montre en or, et le petit attirail de campagne des filles qui travaillent au bord des routes.

Pierre avait tué pour ça. Homicide involontaire, certes, mais homicide tout de même. Désormais il ne pourrait plus jamais oublier cette folie qui l'a pris ce soir-là. Ce chasseur à la poursuite d'un gibier, ce chasseur impitoyable, devant une proie pitoyable.

Le gendarme a dit cette nuit-là :

— Tout ça pour une putain !

Et la fille qui lui a lancé à la figure :

— Et alors ? Elle a pas le droit d'avoir un sac sans qu'on le lui vole, la putain ?

Pierre a quitté la ville et son cabinet. Il n'était et ne sera plus jamais le même homme.

Le justicier du métro

Il fait un vacarme effrayant, un bruit de ferraille et de moteur que le tunnel rend plus assourdissant encore. Nous sommes dans le métro de New York, plus précisément sur la ligne numéro 2, la plus mal famée, la plus souillée. La municipalité fait ce qu'elle peut, mais elle manque de moyens. Il y a quelques patrouilles de police, qui sont aidées par les « Guardian Angels », ces milices supplétives coiffées d'un béret que les autorités de la ville tolèrent. Le métro de New York reste pourtant hideux, tellement tagué qu'on ne voit plus la couleur des wagons. C'est un lieu de cauchemar et un des endroits les plus dangereux du monde.

En ce samedi 16 janvier 1987, un homme élégant d'une quarantaine d'années est assis près d'une fenêtre. Il est tiré à quatre épingles; son manteau de cachemire entrouvert laisse voir un costume impeccable qui vient sans nul doute d'un couturier chic. Il porte de petites lunettes cerclées d'or. Ce n'est pas du tout le type d'individu qu'on a l'habitude de voir dans le métro qui, à la différence de ce qui peut se passer à Paris, est évité par tous ceux qui en ont les moyens.

Quatre jeunes Noirs patibulaires vont dans sa direction. Ils sortent de leur poche l'arme traditionnelle des bandes du métro : un tournevis dont ils ont aiguisé le bout. Les autres passagers se réfugient dans la lecture de leur journal ou détournent la tête : par question d'être témoins, sinon, après, les voyous s'en prendraient à eux...

La suite, ils ne l'imaginent que trop bien. Elle est tellement banale qu'on n'en parle plus dans les faits divers. Les journaux se contentent d'annoncer le chiffre : « Hier, quarante-cinq agressions dans le métro... » « Hier, soixante-treize... » Pourtant, cette fois-ci, rien ne va se passer comme prévu.

Celui qui doit être le chef de la bande, un colosse coiffé d'une casquette sale, s'adresse au passager d'une voix traînante :

— Dis, mon gars, t'aurais pas du feu ?

— Oui, j'ai du feu.

— T'as des cigarettes, alors ?

Parfaitement calme, l'homme sort un paquet de sa poche et le lui tend.

— Et puis, t'as du fric...

— Je croyais que c'était du feu que vous vouliez...

Le chef a un ricanement à l'attention de ses trois acolytes.

— Ouais, mon gars, du feu ! Du feu d'abord et les dollars ensuite...

— Tout à fait d'accord.

Toujours aussi maître de lui, le passager attend que les jeunes mettent leur cigarette à la bouche et, brusquement, il sort un revolver gros calibre de sa poche.

— Voilà du feu, les gars !

Il y a quatre détonations et l'instant d'après les agresseurs baignent dans une mare de sang. Comme, juste à ce moment-là, la rame s'arrête à la station, l'homme bondit. Il s'enfuit en courant. Personne, d'ailleurs, ne cherche à se mettre à sa poursuite...

C'est ainsi que commence ce qu'on va appeler l' « affaire du justicier du métro ». Elle n'a pas fini de faire parler d'elle.

Le « justicier du métro » a fait un mort, le chef de la bande, un blessé grave, touché à la colonne vertébrale, qui restera infirme à vie, et deux blessés plus légers. Les quatre voyous étaient des délinquants comme il y en a des milliers à New York ; ils appartenaient à une bande du quartier déshérité du Bronx.

Mais, pour une fois, la presse parle de l'événement. Les quotidiens, les télévisions lui consacrent leurs titres. Et les commentaires sont unanimes. Bien loin de désapprouver celui qui est devenu un meurtrier, les médias en font un véritable héros. « C'est une leçon de courage qu'il nous a donnée à tous ! » « Enfin un véritable Américain ! » : tels sont les commentaires qui reviennent le plus souvent dans la bouche ou sous la plume des journalistes.

On compare le « justicier du métro » à Charles Bronson, qui avait joué un rôle identique dans le film *Justicier dans la ville.* Bref, toute une Amérique traumatisée par la criminalité se reconnaît dans l'inconnu, dont elle fait son idole, même si là, il ne s'agit pas de cinéma et s'il y a eu mort d'homme...

C'est dans ces conditions que commence pour la police la plus étrange des enquêtes. Car elle ne saurait partager ce point de vue. Il y a eu meurtre ; que la légitime défense puisse être plaidée, c'est possible. Ce sera le travail de l'avocat et ce sera au jury de trancher. En attendant, l'homme du métro doit être arrêté. D'autant qu'il n'avait sans doute pas de port d'arme. Si, aux États-Unis, les revolvers sont pratiquement en vente libre, on doit les garder à la maison, pas se promener avec.

La police prend une initiative : elle ouvre une ligne téléphonique spéciale pour ceux qui voudraient apporter discrètement des renseignements. Et c'est aussitôt une avalanche de coups de fil, mais pas du tout ceux qu'on attendait. Ce sont des encouragements, des félicitations, des applaudissements. « Je suis une mère de famille et je le remercie pour mes enfants ! » « En tant que pasteur, je tiens à lui dire que Dieu est avec lui ! » On admire son courage, on crie « Bravo », on crie « Encore ». Des personnes riches sont prêtes à verser sa caution, s'il est arrêté, et à payer ensuite les frais de son procès ; des dizaines d'avocats se proposent pour assurer gratuitement sa défense.

Les policiers s'arrachent les cheveux. Tout marche à l'envers de ce qu'ils avaient prévu. Ils ne craignent à présent qu'une chose : qu'il fasse des émules ; que tout le monde prenne le métro avec un revolver et dégaine pour un oui ou pour un non ; que le sous-sol de New York devienne un nouveau Far West, qu'on se fusille dans les rames et les couloirs et que chaque jour on ramasse les cadavres à la pelle. Devant la gravité de la situation, le chef de la police new-yorkaise fait une déclaration à la télévision : « Toute personne qui se substitue à la police doit être punie. Nous ne sommes pas dans un western. La loi doit être respectée par tous. Régler ses comptes soi-même est un comportement animal. »

Il y a quand même des résultats à cet appel. Quelques témoins de l'agression appellent au fameux numéro de téléphone et, cette fois, ce n'est pas pour féliciter le « justicier », mais pour donner son signalement. Leurs témoignages sont concordants et permettent d'établir un portrait-robot, qui est placardé sur les murs de la ville. Mais la police n'est pas au bout de ses peines : des mains vengeresses arrachent aussitôt les affiches. Des télévisions locales vont plus loin : elles montrent le portrait, mais c'est pour l'accompagner du commentaire suivant : « Voici notre héros. Si vous le rencontrez, allez lui serrer la main... »

Pendant ce temps, une pétition circule à New York pour que le justicier se présente à la mairie de la ville et elle recueille des dizaines de milliers de signatures... Non, décidément, la police n'est pas à la fête et elle a pratiquement perdu tout espoir de mettre la main sur l'inconnu, lorsque va se produire le plus incroyable des rebondissements...

Trois mois ont passé, nous sommes le 27 mars 1987. Dans la ville d'Albany, capitale de l'État de New York, le propriétaire d'une grosse bijouterie voit arriver un client. Il est vêtu d'un costume de la meilleure coupe et porte des lunettes cerclées d'or. Son visage lui dit quelque chose. Et soudain l'illumination se fait : le portrait-robot, il ressemble au portrait-robot ! Il a une exclamation :

— Excusez-moi, mais vous ne seriez pas le justicier du métro ?

L'homme est aussi calme que lors de l'agression.

— Oui, c'est moi.

— Alors, laissez-moi vous serrer la main. Vous êtes un héros !

Sans prendre la main tendue, l'homme le fixe derrière ses lunettes dorées.

— Si vous savez que c'est moi, vous savez aussi que je suis armé ?

— Oui, bien sûr...

— Et que je tire juste...

— Oui, mais...

Le « justicier du métro » a un sourire.

— Eh bien, si vous ne voulez pas connaître le sort des quatre truands, donnez-moi vos bijoux !

Il y a un long, un immense silence... Puis, comme un automate, le commerçant va ouvrir ses coffres et ses vitrines et, peu après, il se retrouve délesté d'une véritable fortune...

Le malheureux bijoutier n'a plus qu'à porter plainte. Il donne le signalement de son voleur, mais comme il correspond exactement au portrait-robot de celui qu'on recherche en vain depuis des mois, la police n'est pas plus avancée.

Dans l'opinion, la sensation est évidemment énorme. Ainsi donc, le « justicier » n'était lui-même qu'un truand ! Et s'il était armé, c'était vraisemblablement qu'il s'apprêtait à commettre un coup — attaquer sans nul doute une bijouterie... Mais le plus extraordinaire, c'est que cela ne change pas le jugement de la plupart des gens. Ce malfaiteur bien habillé, distingué, et blanc de surcroît, continue à recueillir les faveurs de la majorité.

Bien sûr, ce n'était pas un enfant de chœur, mais justement, pour se débarrasser de la racaille, on n'a pas besoin d'enfants de chœur. Le numéro de téléphone de la police est plus que jamais pris d'assaut par les admirateurs du « justicier du métro » et le ton des interventions est plus déterminé, plus virulent encore que par le passé...

Le justicier du métro s'appelait John Gladstone : on l'a su six mois plus tard. Il a fini par être arrêté en Floride, où il coulait des jours tranquilles. Ramené dans l'État de New York, il n'a pas fait mystère de ce qui s'était passé. Le 16 janvier 1987, jour de la fameuse agression, il était effectivement armé parce qu'il voulait attaquer une bijouterie de la Cinquième Avenue, mais ses agresseurs l'en ont empêché.

Il a été le premier surpris du mouvement d'opinion qu'il a déclenché. Avec la diffusion de son portrait-robot, il a d'abord pris peur. Puis il s'est dit que cela pourrait, au contraire, le servir. Si on le reconnaissait, bien loin de se méfier de lui, on lui ferait bon accueil. C'est exactement ce qui s'est passé...

John Gladstone a été inculpé de meurtre et vol à main armée. Les promesses qu'on lui avait faites par téléphone ont été tenues. De généreux donateurs ont payé sa caution et il n'a pas passé un seul jour en prison. Un avocat célèbre a accepté d'assurer gratuitement sa défense et quand son procès a eu lieu, la salle, qui lui était tout acquise, lui a fait une ovation à son entrée dans le box.

L'avocat célèbre s'est montré brillant... John Gladstone a été déchargé de l'accusation de meurtre, la légitime défense ayant été reconnue, et il a été condamné à cinq ans de prison avec sursis pour le vol à main armée.

Il est sorti du tribunal porté en triomphe et il est aujourd'hui à la tête d'une association d'autodéfense dans le quartier de New York qu'il habite.

Interrogé par les journalistes sur la leçon qu'il tirait des événements, il a préféré garder un silence prudent. On peut le comprendre. Car la morale de l'histoire pourrait sembler quelque peu cynique : si vous voulez cambrioler une bijouterie, commencez donc par tuer un autre malfaiteur, vous bénéficierez de l'indulgence des juges !

Fuite en avant

On commence par chiper une bouteille de soda, puis on vole des bouteilles de whisky, puis on ouvre le tiroir-caisse au moment où le propriétaire a le dos tourné. Après, ça va tout seul, on entre dans les boutiques avec un revolver à la main et on menace de tirer dans le tas... Autant le dire tout de suite, on est mal parti. Surtout quand un avis de recherche est lancé contre vous. Mais quand on s'appelle William Powell, on ne peut pas passer son temps à regarder par-dessus son épaule. Il faut bien se distraire. C'est pourquoi Powell décide de s'offrir une séance de cinéma : *Scarface*, l'histoire d'un des plus célèbres gangsters d'Amérique. Il y a sûrement quelque chose d'utile à apprendre.

Powell est donc entré dans la salle du Century Palace, dans la banlieue de Jefferson City, dans l'État du Missouri. Il est enfoncé dans un fauteuil pullman et il dévore un paquet de pop-corn. Entre ses cuisses une bouteille de Coca-Cola glacée. Tout ce qu'il faut pour un après-midi de détente.

Les scènes du film, violentes mais passionnantes, défilent sur l'écran. Parfois la luminosité de l'image est si forte qu'elle éclaire crûment les dix premiers rangs de spectateurs. Certains réagissent fortement à l'histoire, d'autres demeurent impassibles, d'autres encore prennent un air hébété, la bouche ouverte et le regard vide.

Randolph Pickett, assis lui aussi dans un des fauteuils pullman des premiers rangs, profite des temps creux de l'histoire pour jeter un œil distrait sur ses voisins. Distrait mais professionnel.

Lui aussi, tout comme Powell, s'est dit : « *Scarface.* On ne sait jamais, ça peut être intéressant. Il peut y avoir quelque chose à apprendre. »

Randolph adore son métier. Aujourd'hui il est en civil et profite de son congé pour se distraire et s'instruire. Il est policier.

Soudain Randolph regarde plus attentivement le garçon qui, deux sièges plus loin sur la même rangée, est en train de croquer des pop-corn. Il ne s'en fait pas : au mépris des règles les plus élémentaires du savoir-vivre ce jeune homme a carrément passé ses jambes par-dessus le dossier du fauteuil qui est juste devant lui. Histoire d'être plus à l'aise.

Randolph Pickett n'est pas là pour faire régner la bonne tenue dans le cinéma. Non, ce qui attire son attention, c'est le visage de Powell : une mâchoire pointue et un nez aplati comme par un coup de battoir. De plus, malgré la pénombre, Randolph voit bien que le mangeur de pop-corn est un rouquin de la plus belle espèce. Aussitôt Pickett se dit : « Pas de doute, c'est lui ; c'est lui, le petit malfrat qui vient de commettre au moins une dizaine de braquages dans les drugstores du Missouri. Il correspond bien au portrait-robot : le nez, la mâchoire, le poil roux. »

Randolph, le policier, bien qu'il ne soit pas en service, tâte sa poche et y sent son revolver. Pas très légal ça. Mais Randolph est jeune et ambitieux. Depuis qu'il est dans la police, il se dit qu'il faut être prêt, vingt-quatre heures sur vingt-quatre, à arrêter tout délinquant passant à sa portée. C'est comme ça qu'on arrive à monter en grade...

Alors Randolph se lève et passe dans la rangée de fauteuils de derrière. Il se glisse, s'excuse discrètement auprès des spectateurs qu'il dérange. Petit à petit il parvient derrière le fauteuil du mangeur de pop-corn :

— Police, veuillez me suivre.

Randolph vient de poser sa main sur l'épaule de Powell qui sursaute et laisse tomber sa bouteille de Coca. Avant que Randolph ait vraiment le temps de réaliser son erreur, il s'écroule, une balle dans le cœur. Les spectateurs restent un moment figés, sans comprendre : ce coup de feu, est-ce sur la bande sonore du film ? Et puis tout va très vite : Randolph glisse à terre entre les deux rangées de sièges. Les ouvreuses poussent des cris. On fait la lumière. Juste à temps pour voir Powell sortir en courant de la salle, son revolver à la main. Mais, dans la panique générale, c'est à peine si quelqu'un remarque ce détail...

Contrairement à ce que l'on pourrait croire, Powell ne va pas loin : trois jours plus tard il est arrêté au moment où il essaie — une fois de plus — de dévaliser la caisse d'un drugstore. Un policier et douze braquages sont inscrits sur la facture. À vingt et un ans... Mais l'avocat de Powell plaide le malentendu. Randolph Pickett n'était pas en service. Powell aurait cru qu'il s'agissait d'un autre malfrat à qui il devait deux cents dollars. En définitive William Powell est condamné à dix ans de pénitencier.

Une seule personne ne laisse pas tomber notre graine de violence : sa mère. Blonde et potelée, Sandy Powell, la maman, vient très régulièrement rendre visite à son rejeton. Elle lui apporte des douceurs qui font l'objet d'une inspection très régulière de la part des matons. Elle fait du charme à tout le monde et tout le monde connaît ses tenues rose bonbon et ses chapeaux à fleurs.

William Powell, désormais, est connu comme le « chouchou à sa mémère ». Il s'en fiche. Tout ce qui lui importe c'est l'heure de sa libération. Il se conduit parfaitement : un prisonnier modèle. Cela lui vaut une petite réduction de peine. Il est libéré par anticipation et fête ses trente ans avec sa maman. Elle est fière de lui.

Mais pendant sa peine, Powell, au fond de lui, ne s'est pas amendé, loin de là. Désormais il estime que la société lui doit des comptes. Dorénavant, lui aussi sera un nouveau « Scarface », un nouvel « ennemi public numéro un ».

Pour commencer il décide d'augmenter ses revenus en utilisant la seule méthode qu'il connaisse vraiment : le hold-up d'épicerie. Après dix ans de pénitencier les mesures de sécurité ont changé, les gens sont plus méfiants mais William n'en tient aucun compte. « C'était un rouquin avec le nez aplati et la mâchoire en avant. Il avait un regard si froid que j'ai cru qu'il allait me tuer, même quand il a eu le contenu de la caisse en main. »

Et bientôt les murs des postes de police se couvrent, une nouvelle fois, des portraits de William Powell. Cette fois-ci il ne s'agit plus d'un portrait-robot mais des photographies prises lors de sa précédente arrestation. Le même, plus jeune de dix ans, c'est tout.

Et c'est ainsi que, pour la seconde fois, Powell, son nez de boxeur, sa mâchoire de musaraigne et ses cheveux flamboyants attirent l'attention d'un policier. Et une nouvelle fois il s'agit d'un policier hors service. La scène se passe dans un autobus. Powell est assis à l'arrière, en train de lire un magazine d'affaires criminelles. Le policier, Steve Harford, est assis à l'avant avec sa femme et sa petite fille. Ils s'en vont à la campagne pour passer la journée au bord du lac. Harford chuchote à l'oreille de son épouse : « Baissez-vous, couchez-vous sur le siège. J'en ai pour une minute. »

Il a raison. Il se lève et se dirige vers Powell. Mais celui-ci est plus prompt que le policier. Deux coups de feu claquent. Les voyageurs de l'autobus disparaissent entre les fauteuils. Le chauffeur se gare en catastrophe sur le bas-côté de la route. Harford a pris une balle dans la cuisse. Powell casse la vitre arrière et se laisse glisser à l'extérieur du véhicule. Puis il s'enfuit. Tous ceux qui osent jeter un œil voient qu'il boite très nettement : « Il est blessé. D'ailleurs, regardez, il a laissé une trace de sang sur le siège. »

Pour le moment il s'agit d'appeler une ambulance pour Harford et des policiers pour essayer de bloquer Powell avant qu'il ne continue à tirer dans le quartier.

William le rouquin, une balle dans la cuisse, n'a pas beaucoup de choix. Il faut qu'il trouve un abri, n'importe lequel et vite. Impossible de téléphoner à sa mère. D'ailleurs il ne sait pas exactement où il se trouve, comment arriverait-elle à le rejoindre ?

Alors Powell s'élance dans la nuit qui tombe et jette des regards vers tous les pavillons qui s'alignent dans cette banlieue coquette. Soudain son œil est attiré par un porche illuminé. Sur la plus haute marche un couple encore jeune et deux enfants font des signes de la main à une voiture qui s'éloigne. Powell franchit la barrière qui entoure la pelouse et se rue vers le perron. Les habitants du pavillon le regardent sans comprendre.

Ils comprennent pourtant quand ils aperçoivent le gros calibre que Powell brandit.

— Rentrez tous. Et pas un mot : si vous vous tenez tranquilles, je ne vous ferai aucun mal.

La femme serre ses deux enfants contre sa jupe :

— Antony ! Mary Ann, ce n'est rien. Le monsieur veut jouer. Ne pleurez pas. Tout va bien.

Le mari, un homme bien bâti, regarde intensément Powell. L'autre comprend ce qui lui traverse l'esprit rien qu'à voir son visage :

— Toi, le mari, pas un geste. Si tu bouges, je descends tout le monde... à commencer par les mômes. Tout le monde au salon et on ne moufte pas!

Le père, la mère et les enfants refluent vers les canapés du salon.

— Il y a quelqu'un d'autre dans la maison?

— Non, personne, juste nous quatre.

— Bon, j'ai besoin de médicaments. Apportez-moi ce qu'il faut et pas de blague.

— Oui, tout de suite. Nous ferons ce que vous voudrez!

— J'ai faim, vous avez de quoi manger?

— Oui, nous venons de dîner avec des amis. Il y a du poulet frit, de la tarte aux pommes.

— Vous vous appelez comment?

— Nous sommes Phil et Arlene Kurbacker, voici nos enfants, Antony et Mary Ann.

— Je ne me présente pas : moins vous en saurez, mieux ça vaudra. Vous, Kurbacker, vous faites quoi dans le civil?

— Je conduis des poids lourds.

— Bon, on va s'installer pour un moment. Il faut que je réfléchisse. Bon Dieu que j'ai mal dans la guibolle, il ne m'a pas raté cet enfant de salaud...

— C'est un policier qui vous a fait ça?

— Évidemment! Cette question! Ce n'est pas une petite sœur des pauvres!

Arlene demande :

— Ça ne vous dérange pas si je mets les enfants au lit? Ils tombent de sommeil.

— OK, mais pas de coup fourré, sinon je vous ratatine.

Phil intervient :

— Non, nous ne ferons rien.

Powell s'assoit dans un fauteuil. De temps en temps il grimace. Et une pensée l'obsède : tôt ou tard il faudra qu'il dorme. Peut-être va-t-il tenir vingt-quatre heures, peut-être un peu plus, mais il ne pourra pas, seul, monter la garde indéfiniment.

— C'est quoi, ici, comme adresse?

— 1240, Lincoln Avenue.

Powell décroche le téléphone, compose un numéro :

— Maman! C'est moi, je suis dans la merde. J'ai une balle dans la cuisse et les poulets aux fesses. Saute dans la bagnole et viens me récupérer au 1240, Lincoln Avenue. Un pavillon de brique rouge. Le portail sera allumé. Grouille-toi, je perds mon sang !

Puis Powell arrache le fil du téléphone.

— Bon Dieu, ça pisse le sang. Apportez-moi une serviette et de quoi me faire un garrot.

Phil se lève :

— J'ai des sangles en caoutchouc dans la salle de bains. Ça devrait faire l'affaire.

— OK, mais vite.

Phil grimpe à l'étage. Une fois dans la salle de bains, il ferme la porte à clé et ouvre la fenêtre. Il saisit un pot qui contient la crème de beauté de sa femme et le lance vers le pavillon d'à côté, celui de leurs voisins, les Fitzgerald. Phil vise une fenêtre en verre cathédrale. C'est celle de la salle de bains et il y a de la lumière. La fenêtre vole en éclats.

Presque aussitôt, la fenêtre s'ouvre. Edmund Fitzgerald apparaît, l'air furieux :

— Qu'est-ce qui se passe ? C'est toi qui viens d'envoyer ça ?

Phil, d'un geste, lui fait signe de se taire. Puis il se met à singer l'attitude de quelqu'un qui téléphone. Puis il mime un revolver et indique la direction du salon au rez-de-chaussée. Fitzgerald met un moment à comprendre. Pas de doute, il y a quelque chose qui ne tourne pas rond chez ses voisins Kurbacker. Il fait signe, le pouce en l'air : « Compris, j'appelle les flics. »

Mais Powell, dans le salon, se demande pourquoi Phil met tant de temps à trouver la sangle. En traînant la patte il arrive au palier du second étage. Et se met à tambouriner sur la porte de la salle de bains :

— Eh, ouvre ça, enfant de salaud, ou je te fais sauter la cervelle.

Phil ferme la fenêtre et ouvre la porte. Il essaie d'avoir l'air aussi calme que possible :

— Excusez-moi, c'est un réflexe, à cause des toilettes.

Les deux hommes redescendent. Phil soutient Powell qui a toujours son arme à la main. Une fois en bas, Arlene s'affaire sur la jambe de l'invité indésirable.

— Ça pourra aller, mais vous devriez aller à l'hôpital. Sinon, on ne sait jamais, on sera peut-être obligé de vous couper la jambe.

Powell a l'air mal en point mais il annonce :

— Ma mère va venir me récupérer. Après, je fiche le camp et vous, essayez de vous tenir tranquilles. Je ne vous ai fait aucun mal, vous n'avez pas de raison de m'en vouloir.

De longues minutes s'écoulent. En silence.

Soudain on entend une série de coups de klaxon à l'extérieur du pavillon. Powell, qui semblait glisser vers une certaine somnolence, reprend du poil de la bête :

— Voilà ma vieille. Aidez-moi !

Phil et Arlene, soudain soulagés, attrapent Powell chacun sous un bras et, du plus vite qu'ils peuvent, se dirigent vers la rue. Devant le pavillon une Buick d'au moins quinze ans d'âge est stationnée tous feux éteints. Une grosse dame en robe de chambre arrive en courant :

— William ! Qu'est-ce qu'ils t'ont fait ?

— C'est votre fils ? Vous devriez l'emmener à l'hôpital. Ce serait plus prudent.

— Je sais ce que j'ai à faire. Aidez-le à s'installer à l'arrière.

Les Kurbacker ne se le font pas dire deux fois. La dame en robe de chambre a, elle aussi, un revolver à la main.

C'est à ce moment précis que tout le monde entend les sirènes des voitures de police et aperçoit les lumières des girophares. Powell hurle :

— Filons d'ici en vitesse !

Sa maman saute derrière le volant. Mais avant de démarrer, pour sauver son « petit », elle tire plusieurs coups de feu en direction des forces de l'ordre. William, à moitié couché sur la banquette arrière, brise la fenêtre arrière du véhicule maternel et expédie lui aussi plusieurs projectiles vers les policiers.

— J'en ai dégommé un. Fonce, maman !

On suppose que ce furent les dernières paroles de William Powell. Maman démarre sur les chapeaux de roue pour soustraire son « petit » à la justice. Les policiers, de leur côté, tirent. En principe dans les pneus. La vieille Buick fait une embardée et va s'emboutir sur un chêne centenaire. Elle explose littéralement.

On ne retrouvera que les cadavres carbonisés de maman Powell et de son fiston.

L'oubli

Friedrich n'a que deux ans, ce qui n'est pas bien grand, et l'armoire est très haute sur pieds. L'armoire et le petit garçon sont tous les deux allemands, leur histoire se passe à Berlin en 1975.

Une assistante sociale est venue dans cette maison faire un sale travail dont les conséquences ne lui apparaissent pas à ce point dramatiques. Un dossier est un dossier. « Madame Gruber, vous ne pouvez pas vous opposer à une décision de l'administration. Je dois ramener cet enfant au foyer, il fera l'objet d'une adoption définitive cette année. »

Mme Gruber a déjà tout tenté pour éviter qu'on ne lui prenne Friedrich. Elle l'a eu en nourrice à trois mois. Abandonné par sa mère biologique, ce gamin est devenu peu à peu le sien. C'est exactement ce que lui reproche l'assistante sociale :

— Vous saviez depuis le début qu'il serait adopté. Il ne fallait pas vous impliquer à ce point. Vous n'êtes pas sa mère.

Mme Gruber a voulu adopter Friedrich lorsqu'elle a su qu'on allait le lui prendre. Impossible, a répondu l'administration. Mme Gruber est certes une nourrice agréée, mais elle a quarante-cinq ans, elle est veuve, et il est hors de question de la considérer comme une famille à elle toute seule. L'administration estime qu'un enfant dont elle a la responsabilité doit bénéficier d'un père et d'une mère. C'est la loi. Il faut à ce petit garçon un équilibre parental. Mme Gruber prétend que Friedrich l'aime, qu'elle l'aime, qu'elle l'a torché depuis deux ans, que sa vraie mère qui vient enfin d'abandonner ses droits maternels aurait dû le faire plus tôt, que Friedrich est trop grand pour ne pas souffrir de cette séparation brutale, qu'elle est prioritaire pour une adoption. Foutaises! Une nourrice ne peut prétendre à une quelconque priorité dans l'adoption d'un enfant. « Il ne s'agit pas d'un objet que vous auriez trouvé et que vous pourriez garder sous prétexte que personne n'est venu le réclamer. Nous avons des parents qui attendent depuis des années d'adopter un enfant. Je dois emmener Friedrich aujourd'hui. »

Voilà pourquoi le gamin s'est caché sous l'armoire de mamie. Il refuse de suivre cette femme en tailleur gris, même avec ses promesses : « Tu iras dans une jolie maison où il y a une belle chambre pour toi avec des jouets, tu auras un papa et une maman pour toi tout seul, tu iras à l'école... »

Devant le refus terrorisé de l'enfant, l'assistante sociale va utiliser les grands moyens. Mme Gruber doit sortir, sa présence bloque l'enfant sur son refus. De même que ses supplications le troublent. Mme Gruber ne s'est pas montrée raisonnable, son attitude est psychologiquement destructrice. Elle aurait dû emmener elle-même l'enfant au foyer, après lui avoir expliqué que son bonheur était ailleurs. Mme Gruber n'est pas près de se voir confier d'autres enfants, Friedrich est un mauvais point dans son dossier de nourrice d'État.

Il est impossible d'expliquer à une administration l'alchimie de l'amour. Pourquoi Mme Gruber s'est-elle attachée si fortement à celui-là alors qu'elle en a déjà élevé une demi-douzaine? Peut-être parce qu'elle est devenue veuve entre-temps, sûrement parce que Friedrich était plus fragile et plus tendre que les autres. « Sortez, madame Gruber. Laissez-moi faire mon travail, vous traumatisez l'enfant. » Il paraît que l'ogresse en tailleur gris a tellement fait peur au gamin qu'il a fallu le tirer de force de dessous son armoire, qu'il a piqué une crise de nerfs avec étouffement et convulsions. Il a fallu le mettre en observation à l'hôpital pendant plusieurs semaines. « Friedrich s'est replié sur lui-même, il régresse, refuse de communiquer, a déclaré le pédiatre. Il est probable qu'il avait avec sa nourrice une relation affective intense, trop protectrice, voire possessive. La famille adoptive devra faire preuve de beaucoup de précautions, et d'attentions quant à son suivi psychologique. »

Mme Gruber a été vertement tancée par l'administration pour avoir trop aimé ce gamin-là, pour s'être rendue indispensable. Ce n'était pas son rôle. Elle n'aurait pas dû se faire appeler mamie, elle n'aurait pas dû se consacrer exclusivement à son éducation, bref, Mme Gruber n'a pas suivi le mode d'emploi. Zéro pointé.

Vingt ans plus tard. Friedrich entre dans un commissariat de police de Berlin, échevelé, en larmes, apparemment ivre, et tenant des propos incohérents. Il était, dit-il, chez sa vieille tante pour une visite dominicale. Il s'est rendu aux toilettes et, lorsqu'il est ressorti, il a vu sa tante morte, allongée par terre. Il ne sait pas ce qui s'est passé, il délire.

Une voiture de police se rend à l'adresse indiquée et découvre effectivement la tante de Friedrich, âgée de soixante-dix-sept ans, assassinée de plusieurs coups de couteau. L'arme est restée plantée dans son dos ; c'est un couteau de cuisine, qui porte les empreintes de Friedrich.

C'est donc lui qui a tué. Il ne peut pas nier, d'autant que ses vêtements sont tachés de sang, qu'on y a trouvé des cheveux et des lambeaux de chair. Pourtant il nie.

— Je ne sais pas ce qui s'est passé ! Je vous jure que j'étais dans la salle de bains ! Je me lavais les mains !

— Tu t'es lavé effectivement les mains, elles étaient pleines de sang, le lavabo en est recouvert.

— Ce n'est pas possible. Je suis seulement venu voir ma tante, je n'ai rien fait de mal.

— Pourquoi es-tu venu la voir ?

— J'avais besoin d'argent. Je crois que j'avais besoin d'argent.

— Elle t'en a donné ?

— Je ne sais pas... Je crois qu'elle a dit non...

— Tu te fiches du monde ? Tu crois ceci, tu crois cela, la vérité est que tu as massacré une vieille femme sans défense !

— Ce n'est pas moi, elle criait au secours quand je suis sorti de la salle de bains ! J'ai eu peur, et quand je suis arrivé dans la pièce elle était morte ! Je vous jure qu'elle était morte, ce n'est pas moi !

Friedrich va mettre plusieurs heures avant de reconnaître que c'est bien lui l'assassin. Et au fur et à mesure que les policiers reconstituent avec lui la logique du meurtre, il admet se souvenir par bribes des événements qui l'ont amené dans ce commissariat. Des bribes qui ne représentent que les grandes lignes. L'heure de son arrivée, une phrase qu'il a dite : « J'ai besoin de trois cents marks aujourd'hui. Je les ai empruntés à un copain, il les veut pour midi. » Et une autre phrase, moins précise, la réponse de tante Martha : « Quand on n'a pas d'argent, on ne fait pas de dettes... » Ou alors : « Il faut que tu arrêtes de jouer aux cartes... » À moins que ce ne soit : « Tu n'es pas raisonnable. Dans ta situation... »

L'enquête judiciaire va compléter son histoire. Friedrich est un raté. Études ratées, insertion professionnelle ratée. Enfant, il a fréquenté en dix ans une dizaine d'écoles. Fugueur, frondeur, toujours à la recherche d'une bêtise à faire, il a échoué dans un établissement de formation professionnelle. Le genre d'établissement où l'on ne peut devenir que menuisier ou mécanicien. Friedrich n'est devenu ni l'un ni l'autre. Il a échoué au brevet, à dix-huit ans. Sa famille adoptive ne savait plus quoi faire de lui, il est devenu magasinier pour un temps — à empiler des cartons dans une usine. Puis il a été licencié, et s'est inscrit au chômage.

Pendant ce temps, son frère réussissait brillamment des études supérieures. Un enfant adopté comme lui, de cinq ans plus âgé, qui parle de l'enfance de Friedrich avec affection et lucidité : « Quand il est arrivé à la maison, il refusait de jouer avec moi, il se cachait à la moindre occasion, ma mère a eu énormément de mal à l'apprivoiser. Comme j'étais plus grand, je me suis beaucoup occupé de lui. C'est moi qui l'emmenais à l'école, qui l'aidais à s'habiller le matin, et pendant les vacances nos parents se sont toujours efforcés de lui donner les mêmes activités que moi. Ils nous aimaient autant tous les deux, nous n'avons jamais manqué de rien. Friedrich a eu les mêmes activités sportives, il a fréquenté la même école au début, mais rapidement, mes parents ont dû se résigner à le placer dans des établissements successifs. Chaque fois c'était un échec et l'école refusait de le garder. Il était intelligent, il avait la capacité d'apprendre, mais il refusait. Je me souviens d'avoir passé des soirées entières à le convaincre de faire ses devoirs. Nos parents ont fait autant pour lui que pour moi, et ne comprenaient pas pourquoi il était si sauvage. La seule personne avec laquelle il s'entendait bien, c'est notre tante Martha. Il allait souvent chez elle, elle l'adorait et lui passait à peu près tous ses caprices. Il s'est très souvent réfugié chez elle. Dès qu'il avait un problème, un mauvais carnet de notes, et qu'il avait fugué, nous étions à peu près sûrs qu'il était chez tante Martha. Elle téléphonait à la maison pour nous rassurer. Souvent elle arrivait à le raisonner, il rentrait chez nous, s'excusait d'avoir fait de la peine à nos parents, il se tenait tranquille quelque temps et recommençait. Je crois que Friedrich ne supportait aucune contrainte. Mon père ne l'a jamais battu ou puni, nous avons tous essayé de l'aider. Surtout tante Martha. Je ne comprends pas comment il a pu tuer de cette manière quelqu'un qu'il aimait. »

Friedrich non plus ne comprend pas. Il pose un problème aux médecins qui ont tenté d'analyser son comportement.

D'abord il a oublié le meurtre. Le jour où il s'est présenté de lui-même dans un commissariat, il avait déjà partiellement oublié. Son acte refusait de rester dans sa mémoire. Il se voyait aller chez sa tante, lui demander de l'argent comme il en avait l'habitude ; il se revoyait ensuite dans la salle de bains, en train de se laver les mains, de sortir, de découvrir le cadavre puis de s'enfuir terrorisé. Lors de l'interrogatoire il est encore capable de se souvenir des événements dans les grandes lignes. Capable de reconnaître que le meurtrier ne pouvait être que lui. Après ses aveux, il a oublié à nouveau. Il ne peut plus redire au tribunal ce qu'il a avoué dans les vingt-quatre heures qui ont suivi le meurtre. À peine admet-il sa culpabilité. Il regarde les jurés, écoute les dépositions des témoins sans aucune réaction. Et lorsqu'on lui demande des précisions sur son acte, il en est incapable. Son discours est toujours le même : il croit que... On dirait que les autres lui ont appris son histoire et qu'il ne parvient pas à la croire.

Or Friedrich n'est pas un simulateur. C'est ça le problème. Il semble que son cerveau, choqué par l'horreur de ses actes, ait mis très vite de côté ce qui était insupportable. Inacceptable. Ce n'était pas lui qui avait tué tante Martha, il ne pouvait pas l'accepter puisqu'il aimait cette femme. Pourtant il est allé chercher le couteau dans la cuisine, il est revenu dans le salon ; il est probable qu'entre-temps la vieille dame avait refusé de lui prêter l'argent qu'il réclamait. Il pense logiquement avoir expliqué à sa tante la raison de son emprunt, et il suppose qu'elle a répondu gentiment mais fermement qu'on ne faisait pas de dette de jeu quand on n'avait pas d'argent. Lorsque sa tante Martha lui faisait la morale, elle le faisait toujours gentiment, il est le premier à le reconnaître. Mais elle ne refusait jamais. Si elle a refusé ce jour-là, c'était la première fois...

Pour tenter de comprendre ce cas étrange, le juge d'instruction est remonté le plus loin possible dans l'enfance de Friedrich. Et une femme est venue lui parler. Mme Gruber. « Jusqu'au jour où cette assistante sociale est venue le chercher, c'était un enfant gai, joueur, toujours le sourire aux lèvres. Il allait vers les autres sans aucune réticence. Il était réellement heureux avec moi. J'ai gardé les dessins qu'il faisait à l'époque. Il y avait des soleils partout et des fleurs. Il adorait les fleurs. Friedrich était un pitre, il me faisait rire, je me disais à l'époque que ce gosse avait de la chance d'être aussi heureux de vivre alors qu'il avait été abandonné à sa naissance. Quand on me l'a confié, il avait trois mois, il m'a fait un sourire superbe et, ce qui est extraordinaire, c'est qu'il n'a jamais cessé de me sourire ensuite. Tant que la décision de l'administration était en suspens et que tout se passait en dehors de lui, j'espérais qu'il n'y aurait pas de dégâts. J'ai tout fait pour qu'on le laisse avec moi. Le jour où il a fallu obéir a été horrible. Dès que j'ai dit à Friedrich qu'il allait partir avec cette dame, il s'est réfugié sous l'armoire, terrorisé. J'étais à quatre pattes pour essayer de le raisonner. J'ai même demandé un délai supplémentaire, pour qu'on me laisse le temps de le calmer. Je l'aurais amené moi-même le lendemain ou le surlendemain, mais cette femme n'a pas voulu. Elle a demandé des renforts à son administration, comme si je séquestrais ce gosse sous mon armoire. Un fonctionnaire est venu, on m'a obligée à quitter la pièce en me menaçant de me faire un procès pour séquestration d'enfant ! Ils l'ont traîné de force, je n'ai pas pu lui dire au revoir, ni l'embrasser. Il hurlait : “ Mamie ! Mamie !... ” Et cette femme lui a dit : “ Mamie ne peut plus te garder ! ” Je suis persuadée que Friedrich a reçu un choc ce jour-là. Il a cru que je l'abandonnais. Je sais qu'il n'a jamais été heureux ensuite, j'ai entendu parler d'un enfant sauvage, refusant de jouer et de communiquer. On m'a même convoquée chez le médecin à l'époque, comme si j'étais responsable de son état. J'ai supplié ce médecin de convaincre l'administration qu'elle faisait une erreur grave. Qu'on me rende l'enfant. Il m'a répondu : “ Madame, je sais bien qu'il était heureux avec vous, mais mon rôle se limite à faire des recommandations à la famille qui va l'adopter. L'administration est souveraine, je suis désolé. ” »

Mme Gruber n'a pas pu témoigner au procès. On a seulement évoqué le fait que, sans doute, le refus de lui laisser Friedrich était un « élément du comportement perturbé de cet enfant ».

Mme Gruber est persuadée que l'instant où tout a basculé se situe là. Un enfant de deux ans caché sous une armoire qu'on traîne de force loin de sa mamie.

Friedrich a été condamné à une longue peine d'emprisonnement. Tout le monde est malheureux, Mme Gruber depuis longtemps, sa famille adoptive aussi. Père, mère et frère confondus, ils aimaient tous Friedrich. Sa tante Martha aussi.

On ne change peut-être pas un enfant de bocal comme un vulgaire poisson rouge...

Les gangsters du samedi saint

Adriano Battistini a dix-huit ans et il s'ennuie. Il faut dire que le collège de jésuites qu'il fréquente, s'il est un des plus distingués de Rome, n'a rien de distrayant. La discipline d'un autre âge lui semble à la fois absurde et insupportable.

Pourtant, Adriano Battistini est un privilégié de l'existence. Son père est l'un des plus gros industriels de la capitale italienne. Dans les surprises-parties où il se rend chaque week-end, Adriano a beaucoup de succès auprès des filles. Mais il se sent déjà blasé. La *dolce vita* le laisse indifférent...

Un jour de janvier 1986, il confie son amertume à son meilleur camarade, Luigi Marioni.

— Luigi, on est des hommes et on nous traite comme des gamins. Bien sûr, on a du fric, et après ? J'ai qu'à demander à mon père : « Passe-moi un million de lires » pour qu'il me les donne... Non, ce qu'il faudrait, c'est le mériter notre argent, prendre des risques pour l'avoir...

— D'accord, mais comment ?

— Tu ne regardes jamais la télé ? Tu ne vas jamais au cinéma ?... Pourquoi est-ce que d'autres seraient capables d'agir et pas nous ?... Écoute, tu feras ce que tu voudras, mais moi je vais tenter un gros coup...

Luigi Marioni est conquis par la détermination de son camarade. Il entre dans le jeu à son tour.

— Je marche avec toi, Adriano... Mais il ne faut pas faire n'importe quoi. Je connais un gars qui travaille dans un bar de la via Veneto. Lui, c'est un dur, un vrai. Il saura nous tuyauter...

C'est dans ces conditions peu communes que commence

l'aventure criminelle d'Adriano Battistini. La suite, on s'en doute, sera encore moins banale.

La semaine suivante, Luigi lui présente son ami. Il ne paie pas de mine. Il doit avoir dans les soixante ans et se prénomme Giuseppe. C'est un vieux truand sur le retour vêtu d'une manière plutôt miteuse... Il considère quelques instants ces deux jeunes gens de bonne famille d'un air perplexe et leur adresse la parole avec un fort accent sicilien.

— Alors, les gars, qu'est-ce que vous voulez faire ? Attaquer une banque ?

C'est Adriano qui répond. Il parle d'une voix passionnée.

— Oui... La banque du Crédit italien, place Pythagore. Mon père y a un compte. Il y en a du fric là-dedans...

Le jeune homme met la main à sa poche et en retire une grosse enveloppe...

— Et si vous marchez, il y a dix millions d'avance pour vous...

Le gangster à la retraite se masse longuement le menton... Il regarde alternativement ses deux interlocuteurs et l'enveloppe sur la table. À la fin, il se décide.

— Je veux bien, mais un coup comme ça, ça se prépare... Vous avez un plan, au moins ?

Adriano Battistini s'empresse de répondre par l'affirmative... Bien sûr, il a un plan... Il l'expose longuement à Giuseppe, dans tous les détails... C'est tellement énorme qu'à la fin, celui-ci ne peut s'empêcher de déclarer :

— Mais c'est du cinéma, votre histoire !

Adriano, vexé, le prend au mot.

— Oui, vous avez raison, du cinéma... Nous ferons aussi bien que dans les films. Nous agirons le 9 avril, le samedi saint... Hein, ça fera bien dans les journaux : « Les gangsters du samedi saint ! »

Giuseppe ne répond rien... Avec dix millions de lires d'avance, c'est un coup qu'il ne peut pas refuser dans sa situation, qui n'est guère brillante...

9 avril 1986, huit heures et demie du matin. Trois hommes silencieux se dirigent vers une armurerie de la via Volsinio, dans un quartier chic de Rome.

Adriano Battistini marche en tête. Lui-même et Luigi Marioni sont vêtus d'une manière plutôt étonnante : costume gris, croisé, à larges rayures blanches, lunettes de soleil et chapeau mou couleur mastic.

Un peu à l'écart des deux jeunes gens, Giuseppe ferme la marche. Il n'a pas jugé bon de se déguiser en gangster pour la circonstance. Après tout, c'est son métier. Sa tenue de tous les jours lui suffit.

Avant de partir, Giuseppe a vainement fait remarquer que, pour se procurer des armes, c'était de la folie d'attaquer une armurerie. S'ils voulaient des revolvers, il aurait pu leur en trouver. Mais Adriano Battistini a été intraitable. Il a demandé un seul revolver à l'ancien truand et lui a dit :

— Les deux autres, on va les voler.

Il n'y avait pas à discuter, c'est lui qui paie, c'est lui le chef. On attaquera donc l'armurerie.

Adriano Battistini entre le premier, suivi de Luigi Marioni. Giuseppe, lui, reste prudemment dehors.

Au tintement de la clochette, le commerçant se précipite. Son sourire se fige quand il voit l'étrange allure de ses clients... Adriano savoure cet instant : son film va commencer... Il sort brusquement son revolver.

— Vous voyez ce joujou ? Il m'en faut deux du même modèle. Et pas de blagues, hein. Je ne rate jamais ma cible !

L'homme a un instant d'hésitation, puis désigne une armoire :

— Là-dedans, vous trouverez ce que vous voulez... Mais laissez-moi vous dire que vous avez tort...

Adriano l'interrompt d'un ton sans réplique :

— Tais-toi ! Luigi, attache-le...

Luigi met quelque temps à trouver de la corde et s'empêtre un peu dans ses nœuds, mais au bout de quelques minutes, l'armurier est ficelé dans son arrière-boutique et ils ressortent triomphalement...

Giuseppe pousse un soupir... Il n'aurait jamais cru que cela se passerait si bien. Mais Adriano ne lui laisse pas le temps de souffler.

— Et maintenant, la deuxième partie. Au garage pour prendre la voiture...

Giuseppe, qui connaît les intentions d'Adriano, fait une dernière tentative.

— Écoutez, pour se procurer une voiture, c'est tellement plus simple d'en faucher une dans la rue... Je veux bien le faire, si vous voulez...

Mais Adriano Battistini, sans répondre, marche à grands pas vers le garage qu'on aperçoit à quelques centaines de mètres. Giuseppe n'insiste pas... À quoi bon ?...

Par chance pour eux, quand ils arrivent au garage, le patron est seul dans son établissement. Adriano s'approche de lui en roulant des épaules. D'un geste de la main gauche, il rabat les bords de son chapeau sur ses yeux et lance d'une voix brève :

— Haut les mains ! Pas un geste.

Comme l'armurier, le garagiste a l'air étonné. Il doit se demander si c'est une farce ou si c'est sérieux... Mais le revolver brandi sous son nez l'incite à faire comme si c'était sérieux. Il lève les mains...

De nouveau, Adriano fait un geste en direction de Luigi.

— Allez... Attachez-le...

Après avoir ficelé le garagiste, ils se mettent en quête d'une voiture... Voici précisément une superbe Alfa Romeo... Luigi Marioni qui, d'après le scénario, doit faire le chauffeur, s'efforce de la mettre en marche. Mais il s'énerve... L'émotion sans doute... Il se tourne vers Adriano :

— Écoute, je n'y arrive pas. Je préférerais une petite Fiat. J'ai plus l'habitude...

On décide de se rabattre sur une petite Fiat, quand se produit un événement qui n'était pas prévu. Un client fait son entrée... C'est un colonel en uniforme. Il y a un instant de flottement... Adriano s'avance à sa rencontre. Il tient son revolver gauchement.

— Excusez-moi, monsieur... Enfin, je veux dire, colonel... Mais nous faisons un hold-up... Alors, nous allons vous attacher... Voilà...

Le colonel est tellement surpris qu'il se laisse faire et il rejoint le patron dans un coin du garage... Pendant ce temps, Luigi a réussi à faire démarrer la petite Fiat. Il lance aux autres :

— Allez, montez, dépêchez-vous !

9 avril 1986, neuf heures du matin. Adriano Battistini, revolver au poing, entre dans la succursale du Crédit italien, place

Pythagore à Rome. Giuseppe, le vieux truand, reste devant la porte. C'est le rôle qui lui a été assigné. Luigi Marioni, lui, demeure au volant...

Dès qu'il est dans la place, Adriano lance d'une voix qu'il veut redoutable :

— Mains en l'air tout le monde ! Que personne ne bouge. Le premier qui fait un geste, je le tue...

Dans la banque, c'est la stupeur, puis l'effroi. La dizaine de clients présents et le personnel derrière le guichet se dépêchent d'obéir... Adriano Battistini a un sourire de triomphe... Il a réussi. Il est un homme. Il a fait aussi bien qu'au cinéma et à la télévision !

Devant la porte, au contraire, Giuseppe a une grimace contrariée... Maintenant, c'est commencé. Il est trop tard pour faire marche arrière. Il regrette amèrement de s'être laissé entraîner par ces jeunes bourgeois qui croient tourner un film. Il souhaiterait de toutes ses forces en être déjà à la fin du spectacle. Car le plus dangereux reste à venir...

Adriano s'approche du guichet. Un homme d'une soixantaine d'années, cheveux blancs, l'air distingué, décoration à la boutonnière, est là, immobile. Devant lui, quelques billets de dix mille lires qu'il s'apprêtait à verser sur son compte...

Adriano lui lance un regard terrible derrière ses lunettes de soleil :

— Bas les pattes et passez la monnaie !

L'homme le regarde avec un air étonné. Il le détaille des pieds à la tête. Il étudie, perplexe, son air de fils de bonne famille et son accoutrement de gangster et il conclut, comme s'il venait de découvrir une évidence :

— Mais vous êtes un crétin !

Adriano ouvre la bouche pour dire quelque chose. Mais il ne sait pas quoi. Si l'homme lui avait dit : « Vous êtes un voyou » ou « Vous êtes un criminel », il aurait ricané avec cynisme. Mais ce « Vous êtes un crétin » lui coupe tous ses effets.

Il devrait tirer en l'air pour rétablir son autorité, montrer qu'il ne plaisante pas... Mais cela ne lui vient pas à l'esprit. Au contraire, de saisissement, il baisse son arme...

Alors, brusquement, tout bascule. Le personnel se ressaisit. Un employé actionne le signal d'alarme. Un bruit assourdissant emplit la pièce et Adriano, pris de panique, sort de la banque en courant...

Giuseppe, en entendant le signal d'alarme, ne l'a pas attendu. Il est déjà parti droit devant lui dans la rue, abandonnant son arme sur le trottoir.

Il n'y a donc plus que les deux jeunes gens dans la petite Fiat... Au volant, Luigi Marioni s'énerve. Il avait coupé le contact et il ne parvient plus à démarrer. Il confond les vitesses... Enfin, la voiture, après une série de hoquets lamentables, prend de la vitesse.

Mais le duo est loin d'être au bout de ses peines... Luigi, de plus en plus paniqué, s'engage dans une petite rue en sens interdit. Il rencontre une, puis deux voitures qui les obligent à se ranger en klaxonnant.

Mais il ne peut éviter la benne à ordures qui barre toute la chaussée. La petite Fiat la percute dans un dernier crissement de freins...

Les occupants, commotionnés, n'ont pas longtemps à attendre les secours. Un car de police, qui les avait pris en chasse, s'arrête quelques secondes plus tard.

C'est ainsi, entre un véhicule de ramassage des ordures municipales et un car de police, que s'est terminée la brève carrière des « gangsters du samedi saint »...

Mais les journaux du dimanche de Pâques, dans leurs articles, ne leur ont pas donné ce surnom flatteur qu'avait imaginé Adriano Battistini. Ils les ont baptisés, reprenant le mot du client qui était à l'origine de leur capture : « les crétins »...

À leur procès, dans une ambiance tragi-comique, Adriano Battistini et Luigi Marioni ont été condamnés à trois ans de prison ferme. Giuseppe, qu'on avait fini par arrêter lui aussi, déjà condamné auparavant avec sursis, s'est vu infliger six ans.

C'est derrière les barreaux que les deux collégiens ont eu le temps de méditer sur les dangers qu'il y avait à se tromper de rôle.

Le meurtre de Daisy Cunningham

Une femme est assassinée. Alors, forcément on recherche le coupable. Et on le trouve. La police est d'autant plus satisfaite qu'il avoue le crime. Mais Dieu sait si ceux qui avouent ne sont pas toujours coupables...

Devant la porte du plus vieux pub de Chiltham, La Couronne de Bessie, les premiers clients du matin s'impatientent :

— Mais qu'est-ce qu'elle fait, ce matin ?

— Elle a dû en avaler un de trop hier soir et elle cuve son whisky.

— Pas le genre de Daisy Cunningham de se pinter. Elle aurait trop peur de manquer l'ouverture. Pour elle chaque penny compte !

— Il paraît même qu'elle garde son magot chez elle. Elle n'a absolument pas confiance dans les banques.

— Pas prudent ça. Un coup à se faire refroidir par un malfrat de passage. Surtout si tout le monde est au courant.

— Oui, en tout cas, ça ne lui ressemble pas de manquer l'heure d'ouverture.

Les clients frustrés frappent aux carreaux de la porte vitrée. Rien, pas la moindre réponse. Pas la moindre lumière qui s'allume à l'intérieur.

— Daisy, debout, grande flemmarde ! On se les gèle. On ne peut pas aller au boulot sans un petit coup de remontant.

— Dites donc les gars ! Vous ne croyez pas qu'il lui serait arrivé quelque chose ? Une crise cardiaque ? Elle n'est plus de la première jeunesse. Il faudrait peut-être prévenir le sergent Wilson...

Quelques minutes plus tard, le sergent Wilson, qui finit de s'habiller en arrivant devant la porte du pub, frappe à son tour sur la vitre :

— Madame Cunningham, c'est moi, le sergent Wilson. Vous m'entendez ? Vous avez un problème ?

Quand le serrurier arrive et ouvre la porte de La Couronne de Bessie, il constate avec ceux qui sont sur ses talons que le plus profond silence règne dans l'établissement.

— Messieurs, je vous en prie, veuillez rester à l'extérieur. On ne sait jamais, s'il y avait des indices à relever...

Les hommes obtempèrent en bougonnant, tendant le cou pour voir ou entendre quelque chose.

Le sergent Wilson pénètre dans le pub silencieux et obscur. Mais quand il essaie d'ouvrir la porte qui mène à la cuisine, la porte bute sur une masse molle qui l'empêche de tourner sur ses gonds. Le sergent appuie de toutes ses forces. Dès qu'il réussit à glisser la main à l'intérieur, il actionne le commutateur. Par l'entrebâillement il aperçoit alors, sur le carrelage, une main de femme et quelques mèches de cheveux roux. Le reste est invisible, caché derrière la porte.

Le sergent prend le couloir qui conduit au jardin et attrape une échelle avec laquelle il atteint la fenêtre de la cuisine. Une fois là, il constate que la fenêtre n'est pas fermée. De toute manière Daisy Cunningham est à l'intérieur, sur le carrelage, aussi morte qu'on peut l'être. Elle a dû trépasser plusieurs heures auparavant. Le sergent pousse la fenêtre et saute dans la cuisine en marmonnant :

— Il ne faut rien bouger. Tant pis, on passera par la fenêtre pour les premières constatations.

Au bout de quelques minutes le sergent Wilson réapparaît à l'entrée de La Couronne de Bessie. Les hommes qui sont là, les voisins et voisines, veulent tout savoir :

— Alors sergent ? Elle est là ?

— J'ai bien peur d'avoir de mauvaises nouvelles. Daisy est allongée dans sa cuisine. De toute évidence elle est morte. On dirait qu'on l'a étranglée.

Aussitôt les hommes du village se dispersent pour aller raconter la chose et pour essayer de trouver un autre endroit où boire un coup.

Les premières constatations du coroner confirment les déductions du sergent Wilson :

— Elle a été étranglée. Elle s'est débattue. Le vol semble être le mobile du meurtre car on a forcé une petite armoire dans laquelle on a ouvert une grosse boîte. Le meurtrier n'a pas dû traîner — il a laissé un billet de dix livres et quelques pièces de monnaie. C'est là qu'elle devait garder son magot. Maintenant, quant à savoir combien il y avait...

— De toute manière, elle n'en aura plus besoin dorénavant.

De longues semaines se passent, la police s'intéresse à tous les suspects possibles, à commencer par les clients, indignés, qui fréquentent La Couronne de Bessie. Sans résultat. Ou presque... Un criminologue de Scotland Yard, le docteur Seatoller, fait le déplacement jusqu'à Chiltham, examine la gorge de la malheureuse Mme Daisy Cunningham et déclare :

— Cette femme a été étranglée par quelqu'un dont la main droite était déformée. Peut-être à la suite d'un accident. À moins qu'il ne s'agisse d'une malformation congénitale. En tout cas il s'agit certainement d'un homme, sans doute un manuel doté d'une force physique considérable.

On note ça dans le rapport et on attend de découvrir le mystérieux handicapé herculéen. En vain. Jusqu'au jour où dans une banale affaire de cambriolage, on arrête un dénommé David Sommerset, bien connu de leurs services. On le surprend au moment où il descend d'une échelle posée le long d'un mur. De toute évidence il vient de visiter un cottage vide de ses habitants. Il a le plus grand mal à justifier sa présence sur l'échelle en pleine nuit. Surtout que, dans son sac à dos, on trouve plusieurs pièces d'argenterie qui ne lui appartiennent pas le moins du monde.

Les choses ne seraient pas si graves pour Sommerset si un des policiers ne s'avisait de regarder ses mains de plus près. De fortes paluches d'ouvrier, tout en muscles, noueuses, impressionnantes.

Une chose le trouble : la main droite est déformée. Avec de grandes cicatrices.

— Dites donc, Sommerset, qu'est-ce qui est arrivé à votre main droite ? Elle a une drôle d'allure, non ?

— Ah, misère. C'est là que tous mes problèmes ont commencé. Quand je travaillais au chantier naval de Liverpool, j'avais un bon job, jusqu'au jour où un palan a lâché et où j'ai reçu une poutrelle d'acier en plein sur la main. Ils voulaient m'amputer, mais heureusement un as de la chirurgie s'est intéressé à moi et a réussi à me garder entier. Mais, dame, il ne fallait pas espérer de miracle, alors ma main a gardé une drôle de gueule, un peu tordue, un peu couturée. Mais enfin elle est toujours là et elle fonctionne encore assez bien...

— À propos, Sommerset, tu n'aurais rien à nous dire sur quelques affaires qui se sont produites dans la région ?

— Rien à vous dire, monsieur le commissaire.

— Bien sûr. C'est la première fois que tu te laisses aller à commettre un méfait. À ton âge, sans travail, avec un joli petit casier judiciaire, avec ta patte folle...

Les policiers ont de la patience. Ils racontent à Sommerset tout ce qu'ils savent au sujet du meurtrier de Daisy Cunningham. Ils racontent et racontent et racontent toujours la même chose. Sommerset est épuisé à force d'entendre les mêmes questions.

— Où étais-tu le 7 janvier de l'année dernière, la nuit où Daisy Cunningham a été étranglée et cambriolée ? Tu sais que son assassin a la main droite déformée.

— Bon, ça va, pouce les gars. Oui, c'est moi qui ai fait le coup. Je suis arrivé presque à la fermeture : le dernier client venait de partir quand j'ai frappé à la porte. La bonne femme est venue me demander ce que je voulais. Je lui ai dit que je cherchais à acheter trois bouteilles de scotch.

— Trois bouteilles de scotch. Mais mon gars, ça va te coûter un maximum. Je ne suis pas une épicerie. Je suis obligée de te les compter au tarif bar. Normal : je les déclare et je paie les impôts comme si tu les buvais toutes les trois au zinc.

Sommerset continue, le regard perdu dans ses souvenirs :

— Elle avait des petits yeux pointus qui luisaient d'avarice. Elle prenait littéralement son pied à l'idée de me compter le prix fort. Peut-être que si elle avait été moins âpre au gain... En tout cas, quand je lui ai demandé où était son pognon, elle a commencé à « gueuler au charron ». Un boucan de tous les diables. Pas moyen de la faire taire. Je me disais : « Si elle ne la ferme pas, je vais avoir tout le canton sur le poil. » Alors je lui ai attrapé le kiki et j'ai serré, serré jusqu'à ce qu'elle tombe sur le carrelage.

— Sans oublier de faire main basse sur ses petites économies. Voilà, l'affaire est enfin bouclée. À présent, c'est aux juges de statuer sur le sort de Sommerset...

Pourtant, Me Brecon, l'avocat chargé de la défense, réserve une surprise à la cour. Dès la première audience, Sommerset revient sur ses aveux :

— J'ai avoué parce que j'étais mort de fatigue. Les policiers se sont relayés jour et nuit pour me faire avouer cette affaire. J'ai craqué : tout m'était égal. Je ne voulais qu'une seule chose : dormir, dormir, qu'on me foute la paix.

— Pourtant, Sommerset, vous avez donné tous les détails sur le meurtre de Daisy Cunningham. Comment pouviez-vous être au courant ?

— Moi, au courant ? Ben, comme tout le monde j'avais lu les articles parus dans la presse locale. Ça m'intéressait, forcément : c'est ma région. Et cette histoire de main déformée, ça me travaillait. Si jamais on allait s'en prendre à moi. Et puis, à force d'être interrogé, de m'entendre demander si j'avais forcé le placard de cette bonne femme, si je lui avais piqué son pognon, j'ai fini par connaître tous les détails... Mais, je le jure, je n'ai jamais mis les pieds à La Couronne de Bessie.

L'avocat soutient habilement son client.

— On n'a trouvé aucune preuve matérielle de la présence de mon client. Aucun témoin ne l'a aperçu ni sur les lieux du crime, ni aux environs, ni avant, ni pendant, ni après le crime. La seule chose qu'on puisse lui reprocher c'est d'être la victime d'une malheureuse coïncidence : le fait d'avoir la main droite déformée. Je ne voudrais pas vexer l'honorable docteur Seatoller quand il affirme que l'assassin a lui aussi la main droite déformée. C'est son opinion mais personne n'est infaillible, même le docteur Seatoller, si compétent soit-il.

Au cours d'une autre audience, l'avocat, Me Brecon, apporte un témoignage capital :

— Messieurs, j'ai là le témoignage écrit d'un de nos plus éminents spécialistes, Sir Malcolm Harwich, qui est, je vous le rappelle, le doyen du Collège de médecine légale internationale. Son rapport est de toute première importance. Écoutez plutôt : « Je soussigné Sir Malcolm Harwich certifie par la présente qu'au cours d'une rencontre avec le dénommé David Sommerset, rencontre que j'avais provoquée pour constater l'état de ses mains, j'ai eu l'occasion de serrer la main droite du prévenu. J'affirme que cette main présente une faiblesse musculaire évidente et qu'en aucun cas elle ne permettrait au prévenu de l'utiliser pour une strangulation. Même s'il s'agissait d'un acte accompli posément, ce qui n'a pas été le cas dans le meurtre de Mme Daisy Cunningham. J'affirme donc solennellement que David Sommerset n'est en aucun cas le coupable de ce meurtre. »

Inutile de dire que ce témoignage pèsera lourd dans la balance de la justice britannique.

— La cour déclare que le dénommé David Sommerset est acquitté du crime de meurtre sur la personne de Mme Daisy Cunningham. En conséquence de quoi il peut quitter librement l'enceinte de cette cour de justice.

David Sommerset serre longuement son avocat, Me Brecon, sur son cœur et très rapidement disparaît dans la nature. On n'entend plus parler de lui… Peut-être est-il enfin devenu sage. Ou alors plus prudent. Jusqu'au jour où, dans les bureaux de Scotland Yard, vingt ans plus tard, une lettre arrive. L'écriture en est tremblée, le papier vient d'un magasin à prix unique. Le cachet de la poste indique qu'elle provient d'un tout petit village caché au fin fond de l'Écosse.

« Messieurs,

« Je me nomme David Sommerset, mais depuis de nombreuses années j'ai cherché à oublier ce nom qui m'a valu pas mal d'ennuis par le passé. À présent je me nomme Walter Hambledon et j'arrive au terme de ma vie. D'abord à cause de mon âge et ensuite à cause d'un mal qui ronge trop de monde aujourd'hui. Certains disent que le cancer peut avoir pour cause un problème psychologique mal assimilé. Je ne crois pas que cela soit mon cas, mais sait-on jamais. Depuis vingt ans, je vis avec un poids sur la conscience et sans doute aussi sur l'estomac puisque c'est là que le mal me ronge.

« Si vous avez classé le dossier de Daisy Cunningham, meurtre qui eut lieu à Chiltham en 1957, vous pouvez y ajouter un petit post-scriptum. Le vrai coupable c'était bien moi, l'homme à la main déformée. J'ai été mis hors de cause par le témoignage d'un spécialiste qui s'est lourdement trompé. Mais, de toute manière, j'ai été acquitté et vingt ans ont passé. J'ai consulté un avocat qui me garantit que personne ne peut plus rien contre moi. Mais moi je peux faire encore une chose : soulager ma conscience et apporter mon aide à la police britannique : elle le mérite bien. » Signé : David Sommerset.

En tout cas personne ne lui a demandé de restituer le magot de Daisy Cunningham. C'est grâce à cet argent qu'il avait pu refaire sa vie...

Il avait un gros nez

C'est une vision étrange, vue d'une fenêtre d'un hôpital de Tullin en Autriche.

Un homme avance dans la grande allée bordée d'arbres, franchit le portail à pied, le dos courbé sous le poids d'un autre homme. C'est un paysan de la région, costaud, car le poids dont il est chargé gesticule et braille à l'envi, risquant de le faire tomber à tout moment.

Sur le perron de l'hôpital le paysan s'arrête un instant pour rétablir son fardeau avec précaution, mais il ne se prive pas de grogner :

— C'est fini, oui ? Je te trimbale depuis des kilomètres !

— Mais j'ai mal moi, et où est ma valise ?

— On s'en fout de ta valise.

Et le paysan dépose le petit homme gesticulant sur le comptoir de la réception.

— Voilà, je l'ai trouvé au bord de la route. Il est mal en point. Je sais pas ce qui lui est arrivé, il était dans les pommes, il s'est réveillé en route et il raconte n'importe quoi. Il a dû boire un coup.

Le petit homme a l'air d'un clown, avec son nez rond et sa tignasse hirsute. Il porte des plaies et des bosses aux bras et aux jambes, son visage est bleu d'ecchymoses, et son regard vitreux.

— Je m'appelle Richard Wagner !

— Ah bon ?

— Oui, Wagner, et c'est la faute au grand type avec un grand nez plein de trous, dans la voiture grise. C'est sa faute. Il a dû avoir la variole, ce type, avec des trous pareils !

« Bon, Richard Wagner le poivrot est dans nos murs, se dit l'infirmière. Complètement soûl. Et il a dû se battre contre un bulldozer ou un char d'assaut. »

Recousu de quelques dizaines de points de suture à des endroits divers, Richard Wagner — qui n'est pas ivre, mais personne ne le croit — repose enfin dans une chambre. Et il ne délire plus, il ronfle. Pourtant, il vient de décrire un monstre, un assassin du genre cruel et sanguinaire, que la police autrichienne rêve de mettre sous les verrous. Ce type au grand nez plein de trous... Dommage que ce petit homme soit fou.

Une semaine plus tard, il est toujours aussi fou. Agité, délirant, se plaignant sans cesse de maux de tête. Puis plus rien. Calmé, le petit fou. Libre de rentrer chez lui en boitant, avec le conseil de ne plus se soûler à mort.

Il ne rentre pas chez lui, il va directement au commissariat du coin, encore couvert de pansements.

— Je m'appelle Richard Wagner.

On ne rit pas. Il a des papiers qui le prouvent. Ce n'est pas de sa faute s'il n'est que représentant en bijouterie fantaisie, et s'il a du mal à s'exprimer.

— Alors voilà. On m'a volé ma valise. Un type avec un grand nez... Je ne me souviens pas de tout, seulement du début. Il était sept heures du soir, j'attendais un copain représentant sur la route, il devait me ramener chez moi. Mon copain a une vieille Opel grise. Comme j'avais peur qu'il me rate, chaque fois que j'en voyais une grise, je levais les bras en l'air. C'est alors que ce type s'est arrêté. Vu que mon copain était en retard, je suis monté avec celui-là. On a commencé à discuter, il a dit qu'il était de Saint-Poelten, moi aussi, et il m'a offert un coup à boire. Juste un petit coup, mais ça m'a brouillé les idées ! J'arrivais même plus à lire les panneaux ! Et puis je me suis retrouvé sur la route, à plat ventre. Je ne sais pas ce qui m'est arrivé, mais il m'a volé ma valise. Je veux porter plainte.

— Le numéro de la voiture ?

— Je me souviens de trois chiffres... un, cinq, sept...

— Au début ou à la fin ?

— Ah ça...

— Le nom du conducteur ?

— J'en sais rien. Il avait un gros nez avec des trous... J'ai vu que ça !

— D'accord, signez là, on verra ce qu'on peut faire !
— Mais ma valise ?
— Écoutez, monsieur Richard Wagner... si vous la cherchiez vous-même en attendant, cette valise ? Hein ? On vous tiendra au courant !

Cette année-là, la police autrichienne est débordée par un flux de réfugiés hongrois. Elle a autre chose à faire qu'à courir après une valise. Le petit homme est donc mis gentiment à la porte. Mais il revient inlassablement ; et comme il a subi des blessures, un traumatisme assez grave, et qu'il a l'air honnête finalement, on finit tout de même par s'occuper un peu de sa valise.

Dix-sept propriétaires d'Opel grises dont le numéro comporte les trois chiffres qu'il a cités ont été convoqués. Il s'en présente seize, que le petit homme ne reconnaît pas.

— Il avait un gros nez !
— Oui, d'accord, mais à part ça ?
— Je ne sais pas, je ne lui avais rien fait, rien dit de mal. Ce type doit être fou, un vrai sadique !

Sadique. Voilà que dans la tête d'un policier le mot « sadique » vient de faire tilt.

Deux mois plus tôt, le corps d'une femme a été retrouvé dans un lac, et un témoin a précisé qu'une voiture Opel grise était garée devant chez elle, une voiture dont le numéro comporte justement les trois chiffres : un, cinq, sept.

Le petit homme que l'on prenait pour un fou commence à se faire entendre. Voilà dix mois qu'il a été agressé, voilà dix mois qu'il raconte partout son histoire de type avec un gros nez plein de trous, et que personne ne l'écoute vraiment.

— Un sadique ? Pourquoi dites-vous sadique ? Qu'est-ce qu'il vous a fait ?
— Mais j'en sais rien, justement ! Je me suis réveillé sur le dos d'un paysan ! Et dans quel état ! Quelqu'un capable de me faire tout ça, alors que j'étais dans les vapes, c'est un sadique !
— Vous ne vous rappelez vraiment rien d'autre ? Il avait une arme ? Il vous a menacé ?
— Avant d'avoir bu à sa bouteille, je lui ai trouvé l'air normal, à part son gros nez... ah si, il chantait un truc, une rengaine du genre : « Je suis tout seul... abandonné, personne ne m'aime... » Un truc comme ça !

Le dix-septième propriétaire de voiture ne s'étant pas présenté, le petit homme ajoute :

— C'est sûrement lui ! Un type qui a peur de se montrer chez les flics, c'est mon sadique à tous les coups ! Vous n'avez qu'à le coffrer !

— Pas si vite ! On n'arrête pas les gens comme ça !

— Écoutez, monsieur le policier, ça fait des mois qu'on me prend pour un dingue parce que je ne me souviens que d'un gros nez ! Mais en attendant, ma valise a disparu avec tout mon matériel de bijouterie ! J'en ai marre moi, vous comprenez ! Marre ! Personne ne veut s'occuper de moi ! Si vous n'allez pas me chercher ce type, je ne bouge plus d'ici ! Je ferai même un scandale s'il le faut ! On verra la tête que vous ferez quand ce fou furieux aura écrasé quelqu'un d'autre !

— Écrasé ? Il vous a écrasé ? Vous ne le disiez pas !

— Ça vient de me traverser la tête à l'instant ! Je me vois écrasé !

— Mais écrasé comment ?

— Par cette voiture, je vous dis ! Écrasé, roulé sur la route, *hop* dans le fossé ! Voilà, ça me revient ! Ce type m'a écrasé purement et simplement ! Il a voulu me tuer !

— Et vous vous en souvenez maintenant ?

— Mais c'est parce que vous m'avez énervé, à la fin !

— Bon, on va envoyer quelqu'un chez lui. On vous tiendra au courant.

— Non ! Pas question ! Maintenant ! Sinon c'est les journaux. Je raconte tout, on verra la tête que vous ferez !

Maintenant, a décidé le petit homme. Non mais !

Et quelque part au même moment, une femme devrait lui tresser des couronnes ! Le remercier jusqu'à la fin de ses jours, car il est en train de lui sauver cette vie.

Ce jour-là, à sept heures du soir, cette femme attend justement un homme, avec un gros nez, qui lui a promis une lune de miel à Venise, d'abord, et le mariage ensuite. Un homme qui ne viendra pas puisqu'on l'emmène à dix-sept heures trente au commissariat, sous le nez du petit homme qui en le voyant fait un bond :

— C'est lui ! C'est son nez ! Voleur, sadique !

Il lui sauterait à la gorge s'il le pouvait!

L'individu a l'air morne et tranquille, il se nomme Max Gufler. Un peu chauve, la cinquantaine, un regard étonné, un gros nez enrhumé en permanence, creusé de traces de varicelle, un menton fuyant. La voix est glaciale, le ton arrogant :

— Qui est-ce? Je ne connais pas cet individu!

Alors on lui montre la photo du cadavre de cette femme qui a disparu à bord d'une voiture comme la sienne. Un cadavre sans tête, retrouvé dans un lac. Puis on lui montre la photo de la tête de cette femme, retrouvée dans une poubelle. Puis on le confronte au témoin, qui a vu sa voiture garée devant le domicile de la victime. Et le témoin dit :

— Je l'ai vu entrer chez elle!

Alors on perquisitionne dans l'appartement de ce Max Gufler, et on trouve dans son grenier des sacs à main, des bijoux, des robes, de la lingerie, des chaussures, des cartes postales romantiques. Une bibliothèque pavée de bonnes intentions, avec des titres du genre : *Vivre sain vivre longtemps*, *Manuel de pratique chirurgicale* ou encore *Guide du corps humain*, avec même un album des *Plus beaux contes de fées du monde*.

Et voilà que Max Gufler avoue en sanglotant, comme un enfant. D'ailleurs il adore sa mère, c'est un excellent fils, et il n'est jamais sorti de l'enfance, sauf pour étrangler des dames et leur couper la tête. Il y a eu Maria, Joséphine, Juliane, Thérèse, une autre Joséphine, une Julie, une Émilie, une Carole. Des femmes dans la cinquantaine, qui répondaient à des petites annonces mirifiques et faisaient leur dernier voyage en Opel grise, croyant se rendre à Venise.

Elle était tentante la petite annonce de Max Gufler : « Quelle femme n'a pas besoin de soutien? Vous aussi désirez un compagnon qui vous entoure d'amour. Je ne suis pas beau, mais je ne fume pas et ne bois pas. J'ai quarante-huit ans, je suis célibataire. C'est à cet âge que l'on peut goûter le vrai bonheur. Peut-être suis-je romantique, mais si vous avez de l'intérêt pour moi, peut-être finirons-nous nos jours ensemble... La mort est plus forte que nous, soyons deux pour la regarder en face... » Drôle de proposition.

Voilà ce qu'il écrivait, Max Gufler, dans sa petite annonce. Et elles venaient, ces pauvres femmes solitaires, regarder avec lui la mort en face.

Il a avoué une douzaine de crimes. Puis il s'est rétracté, puis il a avoué encore, puis il a menti. Le procès a duré des semaines, durant lesquelles il s'est pris pour une vedette, se laissant photographier dans sa cellule, en pantoufles mais avec cravate, la tête pensivement appuyée sur une main : « Je suis un éternel poète... »

La dernière victime qui attendait le monstre pour un voyage sans retour s'évanouit de terreur en le retrouvant au tribunal. Un homme si tranquille, et qui chantait si bien, monsieur le président : « Je suis seul comme la pierre au bord de la route, aucune femme ne m'aimera jamais... »

Le petit homme a bondi :

— C'est ça ! C'est ça qu'il chantait ! Où est ma valise ?

Dieu sait pourquoi, le monstre n'a jamais voulu reconnaître qu'il avait tenté d'écraser le pauvre Richard Wagner. Peut-être parce que c'était à cause de lui qu'il s'était fait prendre, juste avant sa treizième victime. Une revanche ?

— Je ne connais pas cet homme.

Et Richard Wagner n'a jamais retrouvé sa valise.

Le docteur Mabuse

Il fait une chaleur accablante, ce 10 juillet 1988, dans la ville de Cassel, au cœur de l'Allemagne et, dans ce quartier ouvrier de la périphérie, avec son béton, sa poussière, la promiscuité des grands ensembles, l'atmosphère semble plus irrespirable encore...

C'est le début de la soirée... Dans la salle de séjour d'un pavillon, l'un des rares qui ne soit ni laid ni décrépit, un homme de quarante-cinq ans environ se tamponne le visage avec un mouchoir. Il est très grand, très brun et surtout maigre à faire peur. On dirait un cadavre, d'autant que sa peau est blanche comme celle d'un mort... Mais ce sont surtout ses yeux qu'on remarque : des yeux injectés de sang à l'éclat insoutenable, des yeux de fou, il n'y a pas d'autre mot... C'est d'ailleurs ce qu'il se met à hurler :

— Fou ! Je suis en train de devenir fou !

Une femme du même âge que lui, l'air, au contraire, très doux, blonde, un peu boulotte, tente de l'apaiser.

— Gerhard, il faut te reposer...

— Me reposer ? Mais il est trop tard, ma pauvre Ursula ! Tu n'as donc pas compris ? Tu n'as donc pas senti ?

— Compris quoi ? Senti quoi ?

Les yeux plus que jamais injectés de sang, les narines dilatées, l'homme se met à renifler comme un chien.

— Le crime, Ursula ! Ça sent le crime ! Le crime est entré dans cette maison !

Quarante-cinq ans, marié, une fille, le docteur Gerhard Walberg aurait dû normalement avoir derrière lui une brillante carrière. Après des études on ne peut plus réussies, c'est volontairement qu'il a choisi d'exercer dans cet endroit déshérité de Cassel. Et non pas par dévouement, par conviction sociale, mais au contraire par appât du gain. Dans les quartiers populaires, la concurrence est moins vive qu'ailleurs et, en travaillant dur, un médecin peut se faire rapidement une belle situation.

Seulement, le docteur Walberg a présumé de ses forces. Rapidement, la misère, l'environnement sordide lui ont paru insupportables. Il a commencé à boire. Il s'est mis à grossir et, pour maigrir, il a pris des médicaments. Il savait pourtant qu'il s'agissait de drogues dangereuses, qui pouvaient altérer la personnalité, mais il a vite été incapable de s'arrêter, augmentant sans cesse les doses et, un jour, il a déclaré brusquement à sa femme Ursula :

— Je suis le docteur Mabuse!

Le docteur Mabuse, le médecin fou et criminel du cinéma allemand, a pris peu à peu possession de lui. Au début, c'était lors de brèves crises et puis, petit à petit, il y a eu de plus en plus souvent le docteur Mabuse et de moins en moins le docteur Walberg...

Pour Ursula Walberg, la vie est devenue un enfer. Les scènes avec son mari ont été de plus en plus violentes. Au début, elle a essayé de lui faire entendre raison et puis, bientôt, elle n'a plus éprouvé qu'un seul sentiment vis-à-vis de lui : la peur...

La semaine précédente, alors qu'elle se réveillait en pleine nuit, elle a vu Gerhard debout près du lit, les mains tendues vers elle, comme s'il allait l'étrangler. Elle a bondi :

— Que fais-tu?

Son mari a eu un étrange sourire, plus inquiétant que tout.

— Rien... Je ne te fais rien. Je te regarde...

Depuis, elle fait chambre à part. Mais elle se rend bien compte que cela ne pourra durer éternellement. La nuit précédente, Gerhard a tambouriné à sa porte en hurlant...

En fait, s'il n'y avait qu'elle, Ursula Walberg se serait enfuie. Mais elle n'est pas seule. Ils sont plusieurs à vivre dans le pavillon. Et tout d'abord, il y a leur fille, Doris, dix-huit ans... Doris n'a, pas plus qu'elle, été épargnée par les crises de Gerhard. Mais depuis peu, c'est bien pire. Il y a trois jours, elle est venue la trouver en l'absence de son père et, pour la première fois, elle tremblait de tout son être.

— Maman, j'ai peur!

— Il t'a menacée ?

— Non... Cela, il l'a déjà fait. Là, au contraire, il m'a souri. Il m'a dit : « Tu sais que tu es jolie, toi ? » Et il s'est approché de moi... On aurait dit un monstre. Je suis sortie de la maison en courant. Il s'est mis à ma poursuite. Il y avait du monde dans la rue et il n'a pas osé continuer... Mais la prochaine fois, je ne sais pas ce qui se passera !

Et puis, il y a les parents d'Ursula, M. et Mme Kaufmann, qui habitent depuis deux ans le pavillon. Ils sont à la retraite et malades l'un et l'autre. M. Kaufmann est cardiaque, sa femme a les nerfs fragiles. Pour eux, la vie est devenue encore pire que pour Ursula et Doris. Ils sont devenus les véritables souffre-douleur du docteur. Il n'est pas exagéré de parler de martyre.

Avec son beau-père, Gerhard Walberg, le « docteur Mabuse », n'est pas loin de se comporter comme son modèle criminel. Il passe son temps à l'épier et, au moment où le pauvre homme s'y attend le moins, il arrive dans son dos en hurlant. À plusieurs reprises, le choc a failli être fatal.

Quant à sa belle-mère, qui a besoin de repos et de silence, il l'injurie pour un oui ou pour un non, jusqu'à ce qu'elle se mette à éclater en sanglots ou qu'elle soit prise de tremblements pendant des heures. Alors, satisfait, il va se verser une large rasade d'alcool, accompagnée de plusieurs comprimés de sa drogue...

Voilà où en est la situation, lorsque, au début de la soirée, ce 10 juillet 1988, Gerhard Walberg déclare à sa femme qu'il a senti le crime entrer dans la maison... Et tout de suite, Ursula a vraiment peur, mais pas comme d'habitude, une peur panique. Elle sent que, cette fois, ce ne sont pas des menaces, que son mari, soit à cause de l'énervement dû à la chaleur, soit tout simplement parce que l'alcool et les drogues l'ont fait définitivement basculer dans la folie, va passer à l'acte...

Gerhard Walberg découvre ses dents comme un animal féroce.

— Je vais tous vous tuer ! Toi d'abord et puis Doris et puis tes parents. Je pendrai vos corps les uns à côté des autres, je ferai venir toute la ville pour défiler devant et je dirai : « Regardez ce que sait faire le docteur Mabuse ! »

Ursula se met à crier... C'est alors que Doris arrive en courant dans la pièce.

— Maman, qu'est-ce qui se passe?

— Il est devenu fou! Il veut nous tuer!

Le docteur délaisse sa femme pour se retourner vers sa fille. Il s'approche d'elle avec le même affreux sourire que la fois précédente...

— Oui, je vais tous vous tuer. Mais avant, je vais m'occuper un peu de toi! N'est-ce pas, ma chérie?

La suite, Ursula Walberg n'en a pas vraiment conscience. Elle bondit vers la table où se trouve une bouteille d'apéritif, dont son mari consomme plusieurs litres par jour, et le frappe de toutes ses forces sur le crâne. Le sang gicle. Elle frappe encore...

Doris quitte la pièce en hurlant :

— Au secours! Il veut nous tuer! Il est en train de tuer maman!

Mme Kaufmann, sa grand-mère, était en train de repasser. Perdant à son tour le contrôle d'elle-même, elle se saisit de son fer et se rue dans le séjour. Quand elle arrive, Gerhard Walberg est à terre; Ursula est debout, la bouteille à la main. Cela ne l'empêche pas de la bousculer et de frapper à son tour de toutes ses forces...

Une sorte de frénésie s'est emparée de la maison. Le vieux M. Kaufmann débouche dans le salon. Le spectacle qu'il découvre ne lui inspire qu'une réaction : il prend un coupe-papier qui traînait sur les rayons de la bibliothèque et, tandis que sa femme s'acharne sur son visage, il larde la poitrine de son gendre...

Oui, le crime est bien entré dans ce pavillon du quartier ouvrier de Cassel. Le crime et la folie. L'instant d'après, c'est Doris, la douce Doris, élève modèle et jeune fille rangée, qui arrive de la cuisine avec le couteau à pain et qui le plonge dans la gorge de son père!

Dix minutes ont passé. On carillonne à la porte... Alertés par les cris et le vacarme, les voisins ont prévenu la police. C'est la troisième fois que l'inspecteur se rend au pavillon, à la demande des mêmes voisins, pour tapage nocturne et il est bien décidé à emmener séance tenante le docteur Walberg au commissariat, pour lui faire de sévères remontrances... Mais ce n'est pas lui qui ouvre; c'est une femme hébétée, une bouteille sanglante à la main. Elle déclare d'une voix sans timbre :

— Il voulait nous tuer...

Suivi d'Ursula, l'inspecteur entre dans le salon... À terre, il y a une forme humaine dans un état atroce et, debout, une jeune fille, un homme et une femme âgés, immobiles et les mains pleines de sang... Il ouvre des yeux horrifiés :

— Lequel de vous a fait cela ?

Et la même réponse lui parvient des quatre personnes présentes :

— Moi !

Oui, tous les quatre sont les meurtriers ! C'est ce que confirme peu après le médecin légiste au juge d'instruction :

— La victime a été frappée par quatre armes différentes, qui ont laissé des traces caractéristiques : une bouteille, un fer à repasser, un coupe-papier et un couteau à pain.

— Pouvez-vous dire lequel a entraîné la mort ?

— Non : les quatre blessures étaient mortelles.

— D'après les témoignages, c'est sa femme qui a frappé la première avec la bouteille. C'est donc elle la meurtrière et les autres ont frappé un cadavre.

— Non plus, car les coups de bouteille n'ont pas entraîné la mort immédiatement. Il en est de même, d'ailleurs, pour les autres blessures : toutes étaient mortelles, mais pas instantanément.

— De sorte qu'on ne sait pas lequel des quatre l'a tué ?

— Exactement...

Ce sont donc quatre personnes qui ont été inculpées du meurtre de Gerhard Walberg. Elles n'étaient malheureusement que trois à en répondre devant le tribunal, un an plus tard. Entre-temps, M. Kaufmann était mort ; son cœur malade n'avait pas résisté au drame...

Il y avait foule pour assister au procès de cette famille paisible devenue d'un seul coup meurtrière... En voyant la gentille Ursula, la sage Doris et la frêle Mme Kaufmann au banc des accusés, il était absolument impossible d'imaginer qu'elles aient commis un des crimes les plus féroces des annales judiciaires.

Grâce à leurs avocats, on a pu comprendre pourtant ce qui avait fait de ces braves gens des assassins. Ils ont décrit en détail les persécutions du docteur, qui engendraient un climat de tension insupportable, la peur qu'ils avaient tous du dément...

C'était en fait les victimes qui étaient dans le box et le véritable coupable qui avait été tué...

Les jurés ont suivi sans hésitation ces conclusions. Après une courte délibération, ils ont reconnu les trois accusées en état de légitime défense et les ont acquittées.

C'est sur cette note d'apaisement que s'est terminée cette tragique histoire, mais ce crime hors du commun a profondément frappé l'opinion et n'est pas près de s'effacer des mémoires...

Le docteur Walberg, *alias* Mabuse, avait vu juste en sentant le crime entrer dans sa maison, mais il n'avait pas imaginé de quelle manière. Il avait suscité tant de peur et de haine qu'il avait dressé contre lui quatre meurtriers...

Gerhard Walberg a été, si l'on peut dire, assassiné quatre fois. C'est sans doute un cas unique.

Docteur Parano

Au collège du Plessis, le petit Thomas Minguieux est un élève qui se fait remarquer. Travailleur, pas très brillant mais régulier dans son effort. On se dit qu'il arrivera à quelque chose dans l'existence. Pourtant le père préfet s'inquiète un peu. Il dit à la mère de Thomas :

— Votre fils est un bon élève mais il semble qu'il ait des problèmes relationnels. Avec lui tout devient conflit. Il a un sens de la justice exacerbé, surtout quand il est lui-même victime d'une injustice. Le problème c'est qu'il n'y a pas un seul jour sans qu'il vienne jusqu'à mon bureau pour se plaindre : « Duchartre me dérange pendant l'étude. Milonnet essaie de copier pendant la composition de latin. Vasseur me fait des croche-pieds quand on rentre en classe. » Ou bien Thomas exaspère ses camarades, ou bien c'est un paranoïaque de première envergure. Il faudrait peut-être lui faire consulter un psychologue. On croirait, à l'entendre, que le collège tout entier s'est ligué pour lui nuire. Ce n'est pas possible. Et c'est dommage parce qu'il donne toute satisfaction pour les résultats scolaires...

La maman de Thomas Minguieux prend un air pincé :

— Thomas est un bon fils. Mais je crois que ses camarades sont jaloux parce qu'il travaille bien et qu'il refuse énergiquement de se mêler à leurs chahuts et à leurs bêtises. Voilà ce que je pense, mon père...

Une fois le collège terminé, le baccalauréat décroché, avec mention « passable », Thomas Minguieux fait montre du même caractère vindicatif pendant ses études supérieures. Il étudie la médecine mais dès ses vingt-deux ans il porte plainte et attaque en justice un de ses camarades. Pour une histoire de livres empruntés. Thomas Minguieux est un chicaneur.

Enfin, ça ne l'empêche pas d'obtenir son diplôme de médecin généraliste et de s'installer dans la banlieue parisienne pour y accomplir ce qui ressemble plus à un apostolat qu'à une brillante carrière.

— Il est bien, le docteur Minguieux, mais ce n'est pas un marrant. Si vous lui dites que vous avez oublié de prendre un médicament, il se met presque en colère. Et puis vous avez remarqué comme il est toujours en train de déblatérer sur ses confrères ? Si vous lui avouez que vous avez consulté le docteur Varichon, il prend un air outré et soupçonneux.

Thomas Minguieux ne se contente pas de maugréer et de déblatérer sur ses confrères médecins. Il passe à l'acte et accable littéralement le Conseil de l'ordre de plaintes concernant les autres médecins de sa commune et même ceux de l'hôpital... « J'ai le regret de porter plainte pour concurrence déloyale contre le docteur Masarini. Celui-ci, qui demeure dans le même immeuble que ma cliente, Mme Blondel... » « Je porte plainte par la présente contre mon confrère le docteur Isabelle Paterain, du service de chirurgie de l'hôpital communal... »

Pas de doute, s'il continue comme ça, Thomas Minguieux va bientôt figurer dans le *Livre des records* pour le nombre de plaintes déposées contre ses confrères. Ça n'arrête pas.

Pourtant Minguieux n'est pas un personnage inintéressant. D'abord il a la passion du bricolage et le sous-sol de son pavillon de banlieue s'est vite transformé en atelier muni de tout le matériel professionnel. Et quand le week-end s'achève, Thomas Minguieux laisse les lieux dans un ordre parfait, chaque outil rangé dans le casier qui lui est destiné. Rien ne traîne.

Mme Minguieux, son épouse — une ancienne étudiante en médecine qu'il a épousée deux ans plus tôt —, devrait être ravie d'avoir un mari aussi bricoleur et aussi méticuleux. Mais la médaille a son revers... On ne peut pas dire que les amis intimes des Minguieux soient très nombreux. Et même dans sa vie conjugale, le docteur Minguieux est un peu lassant. Sa femme en convient volontiers avec ses amies :

— Les départs en vacances avec Thomas sont un vrai cauchemar. Il organise tout à la minute près : nous quittons la maison à huit heures pile. Normalement, premier arrêt à dix heures trente : nous mangeons un sandwich et un fruit, une tasse de café, et nous faisons le plein d'essence...

— Eh bien dites donc, il ne laisse aucune place à la fantaisie. S'il est comme ça au lit, ma pauvre.

— C'est comme pour le reste, il est très adroit de ses doigts, mais tout est réglé comme du papier à musique. Il m'appelle sa « petite souris travailleuse ». Au début ça m'a fait rire. Aucune poésie. Il a une mentalité de petit chef, d'adjudant de quartier.

À force de manquer de fantaisie, Mme Minguieux décide d'aller voir ailleurs et le couple divorce. Thomas Minguieux est désolé :

— Quand je pense que je lui avais fait un vrai petit nid d'amour. C'est moi qui ai monté la cuisine et tous les gadgets... Une pelouse avec arrosage automatique. Mais qu'est-ce qui pouvait bien lui manquer ?

Ce qui n'empêche pas la clientèle du docteur Minguieux d'augmenter régulièrement. Il est bon médecin, sérieux — que souhaiter de plus ? Vient un jour où Minguieux se dit qu'il serait bon de prendre un associé. La vie est quand même plus facile quand on peut se relayer...

Un premier essai se révèle désastreux. Du moins pour l'aspirant associé qui part en claquant la porte et en lui disant ses quatre vérités :

— Mais mon pauvre Minguieux, vous vous prenez pour qui ? Vous devriez vous faire soigner. Vous êtes complètement parano.

Il semble que ce premier associé, en tout cas, fasse preuve d'un excellent diagnostic. Un autre se présente : Jacques Rouart. Il vient de passer deux ans en milieu hospitalier et l'aventure d'un cabinet le tente. Alors autant commencer avec un aîné. Mais, cette fois encore, le fichu caractère de Minguieux apparaît dès les premières semaines : « Rouart, vous serez bien aimable de... » « Rouart, je n'admets pas que... » « Rouart, n'oubliez pas que vous êtes ici chez moi... »

Minguieux traite son jeune collègue comme s'il s'agissait d'un domestique. L'autre, d'origine bretonne, se rebiffe et le ton monte rapidement :

— Non mais quoi, « Môsieur » Minguieux, vous vous prenez pour qui ? Vous n'êtes pas mon propriétaire...

Quand Rouart rentre chez lui, il retrouve son épouse, Fabienne, qui est également médecin. Elle essaie de sauver la situation.

— Sois patient, mon chéri. Tu ne vas pas passer toute ton existence avec Minguieux. Dès que nous y verrons plus clair, tu reprendras ta liberté. Il verra bien s'il en trouve un autre qui soit prêt à tout supporter. D'ailleurs, vous avez signé un contrat...

— Justement, parlons-en de ce contrat. Tu ne sais pas ce qu'il m'a sorti aujourd'hui ? « Rouart, j'ai relu notre contrat attentivement et j'ai découvert que vous ne respectiez pas nos accords. Vous me devez vingt mille francs, pas un centime de moins... »

Rouart et son épouse relisent eux aussi le contrat en question et arrivent à des conclusions diamétralement opposées. Déjà Minguieux parle d'action en justice. Rouart réplique :

— Parfait, attaquez-moi et nous verrons bien. En attendant, je ne veux plus vous entendre. Chacun dans son bureau et plus un mot. Moi aussi, si je voulais, je pourrais vous reprocher certaines petites choses. Je me réserve d'ailleurs de les révéler devant les tribunaux.

À partir de ce jour Minguieux ne se gêne plus pour dénigrer son associé devant les clients. Rouart, hélas, commet une erreur dont les conséquences vont être lourdes :

— Pendant le congé de maternité de notre secrétaire, je vous propose d'utiliser ma mère. Elle a une formation de secrétaire médicale. Elle serait ravie de nous dépanner.

Mais Mme Rouart mère, bien qu'excellente secrétaire, fait preuve d'un amour maternel un peu excessif. Elle n'hésite pas à dire au téléphone :

— Qui voulez-vous voir ? Le docteur Minguieux ou le docteur Rouart ? Je suis la maman du docteur Rouart.

Le carnet de rendez-vous de Rouart s'alourdit un peu. Celui de Minguieux diminue. Minguieux, qui a la manie des contrôles, des statistiques, a tôt fait de le remarquer :

— Avouez que vous essayez de débaucher mes clients pour grossir la clientèle de votre fils. C'est du vol caractérisé. Dès ce soir, je porte plainte auprès du Conseil de l'ordre.

Comme Minguieux est bricoleur, il revient au cabinet après les heures ouvrables. Et il a l'idée d'installer des micros chez son associé et d'écouter, le soir, les bandes où il est certain de voir la preuve de la « forfaiture » de la famille Rouart. Mme Rouart mère manque d'ailleurs de prudence. Sur les bandes on l'entend qui déclare à une amie : « J'ai confiance. Nous finirons bien par mettre Minguieux à la porte et à rester maîtres des lieux... »

Le Conseil de l'ordre réagit. Il envoie quelqu'un au cabinet avec pour tâche de contrôler soigneusement toutes les visites, toutes les consultations, tous les comptes. Puis il rend son verdict : « Strictement rien à signaler. Il n'y a pas vol de clientèle. Négatif. Tout au plus peut-on reprocher à Mme Rouart mère d'avoir une préférence pour... son fils. Au moins en paroles. »

Le plus grave c'est la lettre que le Conseil de l'ordre adresse au bout de quelques semaines à l'irréprochable docteur Minguieux :

« Cher et honoré confrère,

« Suite à la plainte que vous avez portée contre votre confrère et associé le docteur Jean-Louis Rouart, nous ne saurions mieux vous conseiller que de consulter un psychiatre qui serait à même de vous aider à y voir plus clair dans vos relations conflictuelles avec votre entourage professionnel. Relations conflictuelles attestées par les nombreuses plaintes que, depuis des années, vous déposez auprès de nos instances... »

Si Minguieux était cardiaque, on l'aurait retrouvé raide mort chez lui... Mais il n'est pas cardiaque, il est hargneux. Désormais, toute la clientèle est tenue au courant de ce scandale :

— Vous vous rendez compte ! Rouart a dû intervenir auprès du Conseil de l'ordre... Un examen psychiatrique ! Mais c'est lui qu'on devrait enfermer. Avec sa mère. Des escrocs qui n'ont qu'une idée : me ruiner pour rester seuls ici. Mais je ne me laisserai pas faire...

— Ah, ça docteur Minguieux, ça ne m'étonne pas. Vous savez, moi non plus je n'ai jamais aimé votre collègue. Ni sa mère. Elle me regarde toujours d'un air supérieur. Qu'est-ce qu'elle a de plus que moi ?

Minguieux vient de trouver un allié. C'est un certain Narellain. Ce n'est pas la crème. Un peu demeuré, complètement divorcé, partiellement chômeur permanent, légèrement alcoolique et propagateur invétéré de ragots. Minguieux, faute de mieux, en fait son allié.

— Monsieur Narellain, vous me comprenez... J'aimerais vous demander un petit service. Vous devriez interroger un peu les commerçants pour savoir si par hasard les Rouart n'auraient pas répandu des calomnies sur mon compte. Je vous dédommagerai du temps que vous y passerez. C'est très important. Je suis certain que les Rouart ont établi un dossier sur moi.

Petit à petit, l'idée du « dossier Minguieux » que les Rouart doivent avoir chez eux devient obsessionnelle. Minguieux prend une décision :

— Monsieur Narellain, si vous êtes libre dimanche, j'aimerais que vous m'accompagniez chez les Rouart. Je sais qu'ils partent en Normandie pour le week-end. J'aimerais récupérer le dossier qu'ils constituent sur mon dos.

Minguieux, grâce à ses talents de bricoleur, pénètre chez son confrère. Mais il revient bredouille, incapable de découvrir le « dossier ». Son énervement ne fait que croître. Il est certain que les Rouart se sont juré sa perte. Jusqu'au jour où Rouart lui annonce la nouvelle :

— Nous déménageons. J'ai trouvé une petite villa beaucoup plus agréable. Nous avons signé hier. Mais ça ne change rien. Je reste au cabinet...

Minguieux a tôt fait d'en tirer les conclusions qui s'imposent : « Une jolie villa... Et il y a même une piscine. Avec quel argent ? Quoi, en quatre ans, il a trouvé le moyen de s'offrir une villa ! Pas de doute, il me vole comme en plein bois... Oh mais j'en aurai la preuve ! Ils ne me connaissent pas encore. »

Hélas, pour une fois, Minguieux a raison : les Rouart ne le connaissent pas encore. Ils vont voir de quoi il est capable.

— Monsieur Narellain, j'ai encore besoin de vous. J'ai la preuve, vous entendez, la preuve irréfutable que Rouart me vole. Mais pour étayer ma plainte il faut que je récupère certains documents. Si vous êtes libre demain après-midi, je vous demanderai de m'accompagner pour que je puisse obtenir tous les éléments nécessaires à l'enquête.

— Tout ce que vous voudrez, docteur. Moi, je ne peux pas le sentir, ce Rouart. Vous vous rendez compte qu'il m'a dit que j'étais alcoolique...

Ce matin-là, Fabienne Rouart quitte le tout nouveau pavillon avec piscine. Elle conduit sa fille, Hélène, à l'école. Elle ne reverra pas son époux.

Minguieux et Narellain, qui guettent la sortie de Mme Rouart, pénètrent dans le pavillon. Rouart est en slip dans la salle de bains, en train de se raser. Minguieux ouvre la porte et, à l'aide d'une matraque, il assomme son collègue et associé. Il lui attache les mains avec la ceinture d'une robe de chambre. Narellain, un peu hébété, le suit et le regarde en ricanant d'un air stupide.

Minguieux va à sa voiture, il en rapporte deux bidons d'essence et se met à arroser le pavillon, Rouart compris. Puis il ouvre le robint de la cuve à mazout et le liquide se répand sur le sol en béton. Soudain un bruit à l'entrée : c'est Fabienne Rouart qui rentre chez elle.

— C'est moi, chéri. Qu'est-ce que c'est que cette odeur d'essence ?

Elle n'aura jamais la réponse. Minguieux lui bondit à la gorge et l'assomme en lui martelant la tête contre le chambranle de la porte. Puis, il sort son briquet, le lance vers la flaque d'essence. L'explosion ébranle tout le quartier.

L'incendie embrase le pavillon. Minguieux a les mains brûlées au troisième degré. Même Narellain pleure dehors en regardant ses propres mains pleines de cloques. Les deux hommes sautent dans la voiture de Minguieux. Mais les voisins notent le numéro minéralogique... Quand les gendarmes se présentent deux heures plus tard chez Minguieux, il est en train de panser ses blessures avec son complice. Les époux Rouart, eux, sont morts brûlés vifs.

Pourtant quelqu'un aurait peut-être pu empêcher le drame : l'ex-Mme Minguieux. Au hasard d'une conversation téléphonique son ex-mari ne lui avait-il pas confié :

— Un de ces quatre je ferai la peau de Rouart. J'irai chez lui foutre le feu à son pavillon. Je vais lui apprendre à s'en payer des piscines.

— Oui, Thomas, bien sûr, bien sûr. Tiens-moi au courant. Bon, je te quitte, il faut que j'aille faire mes courses.

Et elle raccroche, sans y penser davantage.

Minguieux sortira dans vingt ans. La petite Rouart aura vingt-neuf ans...

L'héritière

Myrna Forbes habite un appartement dans un faubourg de Memphis, Tennessee. « Appartement » est un bien grand mot pour désigner cette chose à quatre murs qui comporte deux pièces dont la cuisine, et qui abrite à la fois Myrna, trente-cinq ans, son fils Elliot, sa fille Susan, et le souvenir de deux pères de passage.

Curieuse personne que cette Myrna. Elle a pris en marche le train des années soixante-dix, *Peace and Love*, fleurs au cœur et non-violence. Non-violence...

Où l'on va voir que la non-violence est une théorie difficilement applicable en territoire urbain, et à conception tout à fait individuelle.

Myrna est une mère sans époux, choix sur lequel ses enfants ne sont pas forcément d'accord. Elliot et Susan, environ treize et quinze ans, font les quatre cents coups dans la rue et au collège, rentrent quand ils veulent, vident le frigo et traitent leur mère comme une sœur aînée. C'est le genre : « C'est qui le dernier type que t'as ramené à la maison hier soir ? Il a une tronche d'ancien du Vietnam ! Il débarrasse le plancher à quelle heure ? » Ou encore : « Y a jamais de fric dans cette piaule ! Tu pourrais pas te faire payer au moins ? »

Excellente ambiance. Et lorsque Myrna menace sa progéniture de coups de pied quelque part, elle s'entend reprocher : « Si t'en avais gardé au moins un, de père, on serait moins fauchés ! Qu'est-ce que tu leur as fait pour qu'ils se barrent ? »

Myrna travaille néanmoins afin de nourrir cette progéniture. Elle est employée dans une grande pharmacie-drugstore de

Memphis. Des journées de presque dix heures. Le soir, sa vie privée la mène au hasard des bars et des rencontres nocturnes. En dehors de sa propre famille, Myrna a un cousin, Herbert, une cousine, Greta, et deux tantes, Rosy et Irma.

Ils ont tous réussi leur vie et leur carrière. Le cousin dirige une agence de publicité, il est célibataire, habite en ville et dispose de plus de mètres carrés au sol pour exister qu'une famille nombreuse. La cousine Greta, mariée et mère de trois enfants, occupe un luxueux appartement dans une résidence. Son époux est assureur. La tante Rosy, qui fait de la dentelle, vit de ses rentes avec la tante Irma, sa sœur. Enfin la tante Irma. Aînée de sa génération, veuve sans enfants, fortune évaluée à quelque cinq cent mille dollars, plus les biens immobiliers.

Elle a quatre-vingt-cinq ans, la tante Irma : indestructible et inflexible. Lors du dernier Noël en famille, en 1972, recevant ses neveux et nièces, elle a déclaré avec son accent inimitable qui lui vient de sa Pologne natale :

— Myrna, tu es une minable ! Tes enfants sont mal élevés, et tes amants trop encombrants ! Ne compte pas sur moi pour te léguer un dollar !

Et la tante Irma de chouchouter ostensiblement son cher neveu Herbert, si raisonnable avec sa cravate de marchand de lessive. De bichonner sa nièce préférée, Greta, dont les enfants sont si sages et le mari si fidèle.

Myrna fait désordre. Elle a les cheveux trop platinés, la bouche trop rouge, les hanches trop visibles, et le portefeuille vide.

— Pas un dollar, tu m'entends ? Et ne viens pas m'emprunter cent dollars sous prétexte de payer ton loyer ! Tu me fais honte.

Bon. Myrna a entendu plusieurs fois ce genre de discours, mais ce jour-là la tante a la malice d'ajouter :

— D'ailleurs je vais prendre mes dispositions cette année. Un testament n'a jamais fait mourir personne !

Et le regard réprobateur de la vieille dame ponctue silencieusement sa déclaration. Le sens est clair : « Myrna, ma vieille, tu es rayée du testament ! »

Or la tante Irma ne peut le deviner, mais pour Myrna, cet instant est décisif. Elle en a marre d'être traitée comme la dernière des nulles. Elle en a assez de ramer pour payer son loyer, de se faire faucher ses économies par deux adolescents agressifs qui se fichent de leur mère comme de la dernière croisade. Elle en a par-dessus la tête de ces amants d'un soir qui lui promettent monts et merveilles et la laissent tomber à l'heure des poubelles.

Elle regarde tante Irma, quatre-vingt-cinq ans, avec ses bijoux en or, son compte en banque, sa maison, son testament futur, et l'imagine explosant en mille morceaux.

— Tu me le paieras !

— Ah oui ? Avec quoi ?

Ça aussi c'est une parole de trop. « Avec tes dollars, ma vieille », répond le regard de Myrna.

Et c'est à partir de cette seconde que Myrna Forbes met au point un plan complètement dément pour hériter des milliers de dollars de tante Irma.

Faire sauter Irma à la dynamite, c'est un rêve, mais la réalité doit être plus pratique. Tante Irma décédée, l'héritage serait partagé en quatre. Les deux cousins mielleux et la tante Rosy en profiteraient aussi. Et il n'en est pas question.

Première partie du plan : il s'agit de faire disparaître, dans l'ordre, les héritiers potentiels.

Le cousin Herbert d'abord.

Le cousin prend tous les matins l'autorail pour Memphis. Le même autorail à la même heure. Le 4 février au soir, Myrna quitte le drugstore où elle travaille, les mains dans les poches. Son imperméable dissimule une arme redoutable, un flacon de nitroglycérine. Un tout petit flacon, subtilisé dans le magasin. On trouve de tout dans les drugstores et les pharmacies américains ! Une goutte de ce produit peut faire un grand trou sur le trottoir. Myrna ne prend pas le bus, elle rentre à pied, doucement, tranquillement. Pas question de sauter avec dans les transports urbains, ce n'est pas le but, elle n'a pas l'intention de mourir pauvre. Elle ne rentre pas chez elle non plus. Les enfants ont l'habitude, de toute façon, pas question non plus de cacher cette bombe miniature dans le désordre du deux-pièces. Myrna va directement se mettre en faction sur le passage de l'autorail de sept heures du matin, que le cousin Herbert prend invariablement tous les jours, avec sa cravate et son attaché-case.

Elle s'installe au bord de la voie ferrée et attend. Une longue nuit d'attente. Enfin le train s'annonce dans le brouillard matinal, et Myrna se dresse face à la micheline qui fonce vers elle. Elle lève le bras, et comme à l'exercice balance le flacon au passage des premières voitures. Le fracas de l'explosion est épouvantable, le déraillement monstrueux. Les débris métalliques volent dans tous les sens, et Myrna se relève indemne, mais débraillée et couverte de sable. Elle court sans plus attendre jusque chez elle, ouvre la radio et écoute le récit de son exploit.

Tous les passagers sont morts dans l'accident, sauf un couple et trois enfants.

Le cousin Herbert est rayé du testament.

Quelques semaines plus tard, après deuil et enterrement des victimes, Myrna se fait inviter par la cousine Greta. Sans les enfants. Elle a promis de venir seule, afin de ne pas imposer ses enfants terribles, dont le langage déstabilise leurs petits cousins.

Ce soir-là, Myrna quitte la pharmacie-drugstore, les mains dans les poches de son imperméable. Il dissimule cette fois une bombe lacrymogène. Le genre de bombe dont les femmes seules aux États-Unis font l'emplette pour assurer leur défense nocturne.

La cousine Greta accueille Myrna sur le pas de la porte, et est aussitôt aveuglée. Le mari aussi dans la foulée. Puis Greta s'attaque aux trois enfants. Et tandis que toute la famille hurle et pleure de douleur, aveuglée, elle fonce dans la cuisine, ouvre en grand les quatre brûleurs de la gazinière et file en vitesse en refermant la porte.

C'est dans la rue qu'elle entend l'explosion. La veilleuse du chauffe-eau a servi de détonateur. L'appartement est en miettes, ses occupants aussi.

Myrna se débarrasse de la bombe lacrymogène dans une poubelle et passe la soirée dans un bar.

Les deux héritiers de tante Irma ont disparu de son horizon.

Reste tante Irma, désespérée par ces deux coups du sort qui endeuillent la famille, mais toujours solide au poste. Et tante Rosy, soixante-dix neuf ans, toujours plongée dans ses dentelles. Pas question d'attendre une mort naturelle de leur part pour hériter. Qui sait si, malgré la disparition de la majorité de sa famille, tante Irma ne va pas persister dans l'idée de déshériter Myrna ? Elle est bien capable de laisser ses dollars à une association de bienfaisance quelconque, à un hôpital, voire à un asile de vieillards !

D'ailleurs, à l'enterrement des dernières victimes, la tante Irma a déclaré entre deux sanglots : « Ce sont toujours les meilleurs qui partent ! » Myrna ne fait pas partie des meilleurs. Car c'est ici que se glisse l'erreur. Elle hésite. De qui s'occuper en premier ? De Rosy et ses dentelles ou de tante Irma ?

Tante Rosy n'a pour caractéristiques que sa dentelle et ses tisanes. Difficile d'inventer une dentelle explosive. Par contre la tisane, c'est du classique. On y met ce qu'on veut. Presque quand on veut. La logique veut donc, dans l'esprit criminel de Myrna, que tante Irma disparaisse en premier. Il sera beaucoup plus simple ensuite de s'occuper de tante Rosy et de sa tisane, une fois la pauvre vieille abandonnée et solitaire, en deuil et sans défense.

Comment éliminer tante Irma ? Elle ne prend pas le train, pas question de renouveler l'explosion au gaz avec lacrymogène préventif, ce serait trop risqué. Mais tante Irma possède une belle voiture, dans un garage, dont elle se sert assez régulièrement. Elle conduit encore à son âge. Mais un accident est toujours possible ! Surtout avec une vieille dame au volant qui entretient mal sa voiture.

Étant donné que Myrna ne fait pas partie des invités attitrés de sa tante, il lui faut pour ce dernier crime sacrifier encore une soirée. Guetter l'ouverture du garage, s'y cacher, s'y laisser enfermer. La nuit entière coincée entre des étagères et de vieux pneus, ce n'est pas folichon, mais les cinq cent mille dollars de l'héritage sont réellement à portée de main. La main de Myrna, qui tâtonne sous le capot, à la recherche du bouchon de réservoir du liquide de freins. C'est fait.

Le lendemain matin, Myrna est légèrement en retard à son travail, car elle a dû attendre l'ouverture des portes du garage, et tante Irma ne se rend au supermarché que passé dix heures. Et passé midi, la police déblaie la carrosserie d'une voiture encastrée dans un mur. Tante Irma n'a pas résisté au choc.

Reste tante Rosy, héritière de ce fait des millions de sa sœur aînée. Myrna prend son temps. Il lui faut d'abord regagner la confiance du dernier membre de sa famille, qui a la même tendance à la considérer comme une fille perdue et sans dignité. Ce qu'elle est d'ailleurs. Éliminer près de deux cent cinquante personnes dans un train pour en tuer une, faire sauter un appartement avec papa-maman et trois enfants, priver une vieille dame de ses freins... c'est plus qu'indigne.

Tante Rosy boit sa tisane tous les jours à neuf heures du soir.

Mais que fait la police ? Personne ne s'est donc inquiété de ces coïncidences en chaîne ? Une famille entière disparaîtrait ainsi de la surface de la terre sans qu'un fin limier s'en mêle ? Erreur. C'est une erreur d'avoir demandé, même négligemment, au chef du rayon accessoires comment vider un réservoir automobile de son liquide de freins. Jimmy, le chef de rayon, a trouvé cela bizarre : Myrna n'a pas de voiture. Et Myrna est en deuil sans discontinuer depuis le début de l'année. Il en a donc subrepticement informé la police après l'accident de tante Irma. Et Myrna ne sait pas qu'elle est suivie depuis deux semaines par deux inspecteurs de la police criminelle de Memphis, qui la voient entrer au domicile de tante Rosy. Aux environs de neuf heures du soir.

Cette fois, ils la tiennent ! Les deux hommes galopent dans le jardin, sautent par-dessus les massifs et sonnent à la porte de tante Rosy, dernière héritière survivante.

Trop tard. Dans la tisane calmante de tante Rosy, la chère nièce avait versé assez de gouttes d'arsenic pour que tante Rosy se soit déjà écroulée dans un fauteuil, sa dentelle sur les genoux ! À quelques minutes près, les fins limiers venaient de rater la dernière survivante.

Et qui hérita de la fortune de tante Irma ? Les deux petits monstres, Elliot et Susan, qui ne pouvaient même pas remercier leur mère, en voie de disparition sur la chaise électrique.

Ça devait arriver...

On ne peut pas vraiment dire que Schmidt soit populaire dans le village de Posen, en Allemagne, non loin d'Aix-la-Chapelle et tout près de la frontière belge !

Willy Schmidt, quarante ans, a des allures de brute qui correspondent parfaitement à la réalité. Il exerce la profession de garde champêtre. Sa principale occupation est de traquer ceux qui chassent ou pêchent irrégulièrement et qui sont nombreux dans cette région boisée. Cela correspond à ses fonctions, mais il y met un incroyable acharnement, pour ne pas dire une incroyable férocité. Si on ajoute que le reste du temps, il est à boire au bistrot et qu'il s'est pris de querelle avec pratiquement tout le monde, on comprendra les sentiments qu'il inspire autour de lui...

La nuit du 1er janvier 1980, deux coups de feu claquent dans la rue principale de Posen. Les habitants sortent et découvrent un homme allongé dans la neige. C'est Willy Schmidt. Il perd son sang en abondance... Le temps d'appeler les secours, il est déjà mort... Parmi les villageois frigorifiés qui entourent le corps, c'est la même phrase qui revient sans cesse :

— Ça devait arriver !

Oui, sans doute : ça devait arriver. Mais la suite, qui aurait pu prévoir qu'elle allait arriver ?

Deux jours plus tard, par le même temps de neige, c'est l'enterrement de Willy Schmidt. Le cortège, si on peut parler de cortège, se limite à deux personnes : sa veuve, Ingrid, trente-six ans et sa fille Maria, âgée de dix ans. On pourrait s'étonner de cette indifférence, car, avec un mari pareil, la malheureuse ne devait pas avoir une vie facile, mais Ingrid Schmidt n'est pas plus aimée au village que ne l'était Willy.

Elle, c'est autre chose. Elle est de mœurs légères pour ne pas dire plus. On la soupçonne même carrément de se prostituer. Ouvrière au chômage, elle se rend fréquemment à Aix-la-Chapelle, on devine pour quelle raison. Willy lui faisait à ce sujet des scènes terribles, mais elle lui tenait tête et continuait de plus belle. Bref, le couple Schmidt était la honte de Posen et la seule réflexion qu'inspire aux villageois la vue de la veuve suivant le corbillard avec sa fille est sans aménité :

— Elle ne va pas tarder à lui trouver un remplaçant !

L'enquête commence... Les gendarmes ne font pas preuve d'une ardeur excessive. D'abord parce que la personnalité de la victime n'est guère de nature à les motiver et ensuite parce que ce ne sont pas les suspects qui manquent... Il y en a beaucoup trop, au contraire ! L'arme du crime est une carabine de chasse de modèle courant et tout le monde ou presque en possède au village.

Aussi, après quelques semaines d'investigations, les gendarmes de Posen remettent cette conclusion laconique au juge d'instruction : « Il faut admettre que la victime a été assassinée à la suite d'un acte de vengeance personnel. » Et le juge, de son côté, classe l'affaire. On pourrait la croire terminée : c'est maintenant qu'elle va commencer...

Les braves gens de Posen se rendent compte, en effet, d'une chose étrange : ils avaient eu tort en disant qu'Ingrid Schmidt n'allait pas tarder à trouver un remplaçant au défunt. Dès le lendemain de sa mort, c'est tout le contraire. Elle ne quitte plus le village. Finies les escapades à Aix-la-Chapelle, dont elle ne rentrait qu'au petit matin. Ingrid semble s'être acheté une conduite, elle a tout, en apparence, de la veuve éplorée.

En apparence, car quelques témoins ont aperçu une ombre se glisser la nuit à son domicile. Ingrid aurait-elle un galant ? C'est d'autant plus vraisemblable qu'à la réflexion, cela ne date pas d'hier. Dans les semaines qui ont précédé la mort de Willy, la femme du garde champêtre avait déjà cessé son dévergondage...

Dès lors, les choses prennent une tout autre tournure... Si Ingrid Schmidt avait un amant, un vrai, qu'elle aime et qui l'aime, avant l'assassinat de son mari, cela pourrait signifier que ce serait de ce côté qu'il faudrait chercher le coupable... Le couple illégitime décide de se débarrasser du mari détesté, en espérant qu'avec le nombre de ses ennemis, on s'égarera sur plusieurs pistes et qu'on finira par renoncer. C'est exactement ce qui s'est passé...

Mais qui pourrait être l'inconnu ? A priori, on ne voit pas bien, tous les habitants de Posen n'ayant que mépris pour la volage Ingrid. Oh, ils sont plus d'un à avoir profité de ses faveurs, mais de là à tomber amoureux d'elle et surtout à devenir meurtrier pour ses beaux yeux !

« Qui ? » À Posen, c'est la question qu'on se chuchote en prenant un verre au café ou en faisant la queue chez l'épicier. Et bientôt, un même nom revient : celui de quelqu'un qui habite bien Posen, mais qui n'est pas de Posen...

Guillaume Boynans est un tout jeune homme. Blondinet aux cheveux courts, il a des allures de Tintin et ne paraît même pas ses vingt et un ans. Tout comme le héros de bande dessinée, il est de nationalité belge ; ils sont d'ailleurs nombreux à avoir traversé comme lui la frontière toute proche pour travailler en Allemagne où les salaires sont meilleurs. Guillaume Boynans est employé au garage du village. C'est un gentil garçon et il n'y aurait rien à dire sur lui s'il n'avait plusieurs fois pris en public la défense d'Ingrid :

— Ce n'est pas vrai ! Vous n'avez pas le droit de dire des choses pareilles ! Tout ça, c'est la faute de son mari. Il faut la plaindre, au contraire...

Si on ajoute que le jeune Belge est passionné de chasse et qu'il s'était fait verbaliser par le garde champêtre défunt, on conviendra que cela fait plusieurs éléments troublants, et il est d'ailleurs surprenant que les gendarmes n'aient pas fait les mêmes constatations.

Pourtant, ces commérages ne durent pas longtemps. Trois mois après la mort de Willy Schmidt, au printemps 1980, le jeune Guillaume Boynans quitte brutalement Posen. Il rentre dans son pays pour ne plus revenir...

Neuf ans ont passé et la mort inexpliquée du garde champêtre de Posen semble bien oubliée. Dans le petit village allemand,

Ingrid Schmidt a recommencé à se livrer à ses coupables activités. C'est maintenant une femme de quarante-cinq ans, au visage marqué et aux allures plus vulgaires que jamais.

De l'autre côté de la frontière, c'est tout le contraire. Guillaume Boynans s'est métamorphosé. Il s'est marié, il a un enfant, il a pris de l'assurance et il a trouvé une place de représentant chez un concessionnaire automobile de Bruxelles. Il pense avoir échappé à son passé : il se trompe...

Début 1980, le commissaire Van Koppen, de Bruxelles, reçoit une lettre anonyme en provenance de Posen, dénonçant Guillaume Boynans pour le meurtre de Willy Schmidt. Un autre policier n'y aurait peut-être pas attaché d'importance, mais le commissaire Van Koppen est un homme méticuleux. Il vérifie auprès de ses collègues allemands et, quand il découvre l'invraisemblable légèreté de l'enquête, il convoque Guillaume Boynans.

Le commissaire a décidé de jouer sur la surprise. Il s'est bien gardé de dire au jeune homme le motif de l'entretien et lui demande de but en blanc :

— Pour quelle raison avez-vous assassiné Willy Schmidt ?

Son interlocuteur balbutie des mots inintelligibles.

— Ce ne peut être que vous. Avouez : on en tiendra compte. Votre jeunesse, le crime passionnel : c'est l'indulgence des jurés garantie...

Guillaume Boynans n'est pas de taille à résister. Il avoue... Oui, c'est bien lui qui, le 1er janvier 1980, a tué Willy Schmidt, avec son fusil de chasse. Il l'a tué parce qu'il aimait Ingrid... Il est arrêté et, un beau jour de novembre 1989, près de dix ans après les faits, il se retrouve devant la cour d'assises de Bruxelles.

Son avocat tient exactement le même discours que le commissaire. Il met en avant les aveux de Guillaume, sa jeunesse et le crime passionnel.

— Mon client avait à peine plus de vingt ans au moment des faits et sa maîtresse approchait de la quarantaine. Cette femme de mauvaise vie, débauchée notoire, lui a tourné la tête et s'est servie de lui pour se débarrasser d'un mari qu'elle haïssait. Certes, c'est lui qui a appuyé sur la détente, mais c'est elle l'initiatrice de tout. La vraie coupable, c'est elle !

Les jurés sont sensibles à ces arguments, puisqu'ils condamnent l'accusé à huit ans de prison, peine indulgente, qui le devient plus encore car, selon la loi du pays, le roi de Belgique a le droit de grâce pour les peines de prison et il en dispense Guillaume Boynans. Celui-ci est donc libre...

Cet épilogue judiciaire à retardement succédant à une enquête incroyablement bâclée n'était déjà pas banal, mais c'est maintenant que l'histoire va devenir véritablement extraordinaire... Car l'action de la justice belge a mis en marche celle de la justice allemande. De l'autre côté de la frontière, l'instruction a été rouverte, elle a abouti à l'arrestation d'Ingrid Schmidt et celle-ci passe en jugement quelques mois plus tard, début 1990.

Devant le tribunal d'Aix-la-Chapelle, l'accusée donne sa version des faits.

— Auprès de Guillaume, j'avais trouvé le bonheur. Nous nous aimions en secret. J'étais devenue une autre femme. Je voulais divorcer pour refaire ma vie avec lui. Jamais je n'aurais voulu qu'il tue mon mari. C'est lui qui a tout fait sans me le dire. Le lendemain, il est venu m'avouer son crime et m'a suppliée de ne pas le dénoncer...

Le principal témoin du procès est, bien sûr, Guillaume Boynans lui-même. Mais ce dernier tient un tout autre discours.

— Ingrid avait préparé l'assassinat dans tous les détails. Je ne voulais pas, mais tous les jours, elle revenait à la charge. C'est quand elle a menacé de me quitter que j'ai cédé. Il faut me comprendre : j'étais fou d'elle. J'étais si jeune !

L'avocat d'Ingrid Schmidt intervient alors.

— Monsieur Boynans, vous avez été gracié parce que la justice de votre pays avait estimé que c'était ma cliente la véritable coupable.

— Oui.

— Mais elle affirme, elle, qu'elle n'a rien fait et que c'est vous le meurtrier. Si le tribunal la croit et l'acquitte, cela signifie-t-il que le roi de Belgique retirera sa grâce et que vous irez en prison ?

— Je crois bien...

— De sorte que, pour vous sauver vous-même, vous êtes obligé d'accabler Ingrid Schmidt ?

— Je dis la vérité...

À l'issue des débats, le procureur réclame la prison à vie et l'avocat l'acquittement... En se retirant pour délibérer, les jurés sentent l'importance peu commune de leur décision. Ce n'est pas le sort d'une personne qui est entre leurs mains, c'est celui de deux et, quoi qu'ils fassent, cela se terminera mal pour l'un d'entre eux. S'ils croient Ingrid, ils font le malheur de Guillaume ; s'ils se laissent attendrir par Guillaume, c'est Ingrid qui paiera...

Sans doute en raison des mauvaises mœurs de la veuve, les jurés d'Aix-la-Chapelle ont choisi de croire Guillaume Boynans. Ingrid Schmidt a été condamnée à la prison à vie et Guillaume est rentré libre en Belgique, assuré de ne jamais aller derrière les barreaux.

On ne commente pas une décision de justice, c'est bien connu. Mais il est rare que les deux accusés d'un même crime aient eu des sorts aussi différents. Ingrid Schmidt a toute sa vie pour méditer sur la question.

Le roman de la momie

Ce soir-là l'ambiance est particulièrement détendue chez Lord Maxime d'Alenford, dans le quartier de Mayfair. Ce qui n'empêche pas les mauvaises langues d'aller bon train :

— Cher Maxime, que fêtons-nous exactement ce soir ?

— Ma chère Lady Solomon, nous fêtons notre prochaine expédition en Afrique. Vicky et moi partons le mois prochain pour un grand périple qui doit nous mener de Leptis Magna, en Tripolitaine, jusqu'aux sources du Nil, en traversant des parties complètement inconnues du Sahara.

— Vous partez avec Vicky ? N'est-il pas un peu jeune pour une telle équipée ?

— Il a vingt-deux ans. C'est l'âge des aventures. Moi qui en ai déjà soixante-deux, je me demande si je ne suis pas un peu vieux.

— Et s'il vous arrivait quelque chose en route ?

— Vous voulez dire s'il m'arrivait quelque chose à moi ? Vicky hériterait de tous mes biens. D'ailleurs, je vous le dis en confidence, nous avons pris toutes nos dispositions si je venais à disparaître, mes collections appartiennent d'ores et déjà à Vicky. Il vient de me les racheter intégralement. Mais cet ami adorable a eu la délicatesse de m'en laisser l'usufruit ma vie durant.

— Quelle attention charmante ! Il est vrai que vous êtes tellement... proches.

Dans le dos de Maxime d'Alenford, Lady Solomon s'empresse de rappeler à quelques autres invités que les relations entre d'Alenford et Vicky Benedict font jaser. On dit qu'ils se sont rencontrés dans les fourrés de Hyde Park et que ni l'un ni l'autre ne semblent très impatients de fonder une famille...

Dans les mois qui suivent, le Tout-Londres reçoit des nouvelles de l'expédition d'Alenford-Benedict. « Les nuits du Sahara, bien que très fraîches, sont délicieuses. Nous nous sentons plus près du Créateur et les rares tribus touarègues que nous rencontrons nous émerveillent par leur mode de vie si poétique... »

Lord d'Alenford et Vicky, petit à petit, se rapprochent du Nil. Beaucoup de leurs amis les envient d'avoir les moyens et les loisirs nécessaires pour une telle aventure. Mais un coup de tonnerre réveille le Tout-Londres : « Disparition étrange de Vicky Benedict, de l'expédition d'Alenford-Benedict, en plein désert. »

Quelques semaines plus tard Lord Maxime d'Alenford débarque à Londres, seul :

— Que s'est-il passé, Maxime ?

— C'est un mystère absolu. Nous partagions la même tente, Vicky et moi. Au matin, il n'était plus sur son lit de camp. Mais quand j'ai constaté qu'il n'était nulle part dans le bivouac, nous avons fait des recherches aux alentours. Aucune trace. Malgré tout je garde l'espoir qu'il réapparaisse un jour...

Bien que tout se soit passé au loin, Dan Flowell, un policier de Scotland Yard, se penche un moment sur le mystère. Il rend visite à Lord d'Alenford et essaie d'y voir plus clair.

— Je suppose que vous possédez des photographies de Vicky Benedict.

— Mais bien sûr. Tenez, en voici une assez bonne, dans le cadre d'argent, sur le piano. De toute manière la presse mondaine a amplement couvert le départ de notre expédition en Afrique.

Dan Flowell examine la photographie de Vicky : un jeune homme blond avec un nez en pied de marmite. On ne peut pas dire qu'il respire l'intelligence. Ni même la beauté : sa mâchoire, aux incisives très en avant, est assez disgracieuse, même pour quelqu'un qui, comme Dan Flowell, n'est pas sensible au charme masculin.

— C'est vous, Lord d'Alenford, qui héritez de toute la fortune de Vicky Benedict ?

— Hélas, c'est exact. Nous nous étions mutuellement légué tous nos biens car nous n'avons plus ni l'un ni l'autre aucune famille directe.

L'année suivante un bruit se répand dans le Tout-Londres des lettres et des arts :

— Vous connaissez la nouvelle ? D'Alenford se marie !

— Non ! À soixante-cinq ans ? Avec qui ?

— Adeline de Godfrey, vingt-six ans, l'héritière des filatures.

— Mais bien sûr, elle ressemble à Vicky Benedict comme deux gouttes d'eau. Ça facilitera les choses...

— Lady Solomon, vous êtes un monstre de médisance...

Quelques mois après le mariage en grande pompe de Lord d'Alenford et de sa jeune épouse, l'annonce d'un heureux événement met à nouveau leurs amis en émoi :

— Eh bien, dites donc, je n'y aurais jamais cru. Maxime a dû avaler de la corne de rhinocéros ! Il faut croire que cette expédition en Afrique l'a changé.

— Surtout sur le plan financier. Il paraît qu'il ne lui restait plus grand-chose.

— Et cette naissance est prévue pour quand ?

— Mi-juillet. Ce sera un « Cancer », c'est le signe le plus affectueux.

— Espérons qu'il n'aura pas la mâchoire de sa mère.

— Ne parlez pas de malheur !

En fait de malheur, on déplore assez rapidement la fin de Maxime d'Alenford, mais, étant donné son âge canonique et son style de vie — pendant de longues années assez débridé —, cette fin semble normale :

— Cette pauvre Adeline, sa veuve, reste seule pour élever son enfant !

— Heureusement pour elle, Maxime la laisse à l'abri du besoin.

Au fil des années la rubrique mondaine va donner épisodiquement des nouvelles concernant Roman d'Alenford, l'héritier inespéré de Maxime et d'Adeline : « Roman d'Alenford vient d'entrer à l'université de Cambrigde. » « Roman d'Alenford vient de partir pour un voyage de fin d'études au Proche-Orient. » Etc.

À chaque fois que Dan Flowell, le policier de Scotland Yard, prend connaissance de l'un de ces entrefilets, il ne peut s'empêcher de penser : « J'aimerais quand même bien savoir ce qu'est devenu Vicky Benedict. Voilà plus de vingt ans qu'il a disparu mystérieusement en plein désert. S'il avait fait une fugue, il aurait certainement réapparu ou donné signe de vie... »

Mais Dan Flowell, lui aussi, prend de la bouteille. Le jour arrive où Scotland Yard lui confirme qu'il est admis à faire valoir, après une longue et belle carrière, ses droits à une retraite bien méritée. Une petite fête est organisée :

— Alors, Dan, quels sont vos projets ?

— Vous savez, depuis des années j'ai envie d'aller poser quelques questions au Sphinx de Gizeh, au bord du Nil...

— Déformation professionnelle ! Décidément... S'il te raconte tout ce qu'il a vu depuis quatre mille cinq cents ans, tu vas y passer un moment !

C'est ainsi que, quelques semaines plus tard, Dan Flowell, célibataire endurci mais amateur d'art et d'histoire, s'offre le luxe tant espéré d'une croisière sur le Nil. Rentrant au Caire, il dirige ses pas vers le musée des Antiquités égyptiennes.

« Ben dis donc, quel bazar ! Ça aurait besoin d'un bon coup d'aspirateur. »

Malgré tout Dan Flowell succombe au charme des trésors étalés sous ses yeux. Il reste fasciné par les momies. Les princes des lointaines dynasties, les princesses autrefois si belles et aujourd'hui jaunes et racornies. Dan, dans un réflexe professionnel, se pose l'éternelle question : « Qui sait de quoi ils sont morts ? De maladie ? Empoisonnés ? De vieillesse ? Encore que la vieillesse, à l'époque, ça devait avoisiner les quarante ans maximum. Et cette manie d'épouser sa sœur, ces mariages consanguins, ça ne devait pas arranger les choses. »

Soudain Dan s'arrête devant une momie. Au pied du personnage couleur de banane séchée, une plaque en cuivre : « Don de l'expédition archéologique de Lord Crichton O'Maley, 1933. Prince inconnu de la cinquième dynastie. »

Dan Flowell reste un long moment devant ce prince inconnu. Puis il rentre à son hôtel très perplexe.

Le lendemain Dan Flowell se présente à la direction du musée et demande à être reçu par le directeur, Kalim Bey Saami. Celui-ci, un homme basané aux grands yeux sombres et à la moustache impressionnante, le reçoit avec curiosité :

— Que puis-je pour vous ?

— J'aimerais examiner de plus près une de vos momies. Celle du prince inconnu de la cinquième dynastie, qui a été offerte par l'expédition de Lord Crichton O'Maley.

— Et pourquoi donc ?

En définitive, Dan Flowell parvient non seulement à sortir la momie de sa vitrine mais à la faire radiographier dans un laboratoire cairote.

De retour à Londres, Flowell rend une petite visite à ses anciens collègues de Scotland Yard :

— Hartford, j'aimerais revoir le dossier de la disparition de Vicky Benedict.

— Cette vieille histoire ? Tu as une idée ?

— Oui, et j'aimerais savoir si Lord Crichton est toujours de ce monde. Si c'est le cas, il faudrait qu'il m'en dise plus sur une certaine momie dont il a fait cadeau au musée du Caire.

Lord Crichton O'Maley, malgré ses quatre-vingt-cinq ans, reçoit Dan Flowell au fond de son manoir du Kent :

— Ah, cette momie du prince inconnu de la cinquième dynastie ? Oui, je me souviens, c'est mon équipe qui l'a découverte pendant une de mes absences. Je m'étais rendu au Caire et, quand je suis revenu, ils avaient mis au jour cette dépouille accompagnée de quelques bijoux de second ordre. Je me souviens que nous avons fait une petite fête et que j'ai distribué une gratification à toute l'équipe, selon le rang de chacun, comme je le faisais à chaque découverte intéressante.

— Et vous en avez fait don au musée du Caire.

— Bien sûr, nous ne fouillons pas pour dépouiller les Égyptiens de leurs trésors et de leurs morts.

— J'ai une mauvaise nouvelle pour vous, Lord Crichton : vous vous êtes fait escroquer. Cette momie était un faux.

— Mais c'est impossible ! L'avez-vous bien examinée ?

— Examinée et radiographiée. Je peux même vous dire que votre « prince inconnu de la cinquième dynastie », s'il vivait encore, aurait exactement aujourd'hui quarante-neuf ans... Et je peux même vous révéler son nom qui n'était pas écrit en hiéroglyphes : Vicky Benedict.

Lord Crichton est stupéfait et s'inquiète surtout des répercussions que cela peut avoir sur sa réputation d'archéologue distingué.

— Mais comment avez-vous découvert la chose ?

Dan Flowell prend un air modeste :

— J'ai une mauvaise mémoire des noms mais je suis très physionomiste. Quand je suis arrivé devant le « prince inconnu », j'ai tout de suite été frappé par la denture de la momie et je me suis dit : ça me rappelle quelqu'un. J'ai déjà vu ces incisives très en avant, avec l'une d'entre elles un peu plus courte et décalée par rapport aux autres. Mais où ? Et soudain je me suis souvenu : cette momie ressemblait, autant qu'elle le pouvait, à Vicky Benedict. J'ai fait rouvrir le dossier à Scotland Yard, nous avons retrouvé les archives du dentiste de Benedict et en comparant la fiche de celui-ci avec les radiographies de la momie que j'avais fait faire au Caire, plus aucun doute n'est permis. Le prince inconnu et Vicky Benedict ne font qu'un : ils ont le même dentiste et les mêmes plombages.

Tout ça est bien beau, mais, même en examinant attentivement la momie de Benedict, cela ne dit pas de quelle manière il s'est transformé en antiquité. Le corps sorti de sa vitrine est enfin rapatrié à Londres, après bien des complications administratives et quelques bakchichs judicieusement distribués. On conclut alors que Benedict a été saigné à blanc — c'est la technique que les Égyptiens utilisent depuis des millénaires pour conserver leurs morts. Puis il a été mis à macérer dans du natron, un carbonate de sodium rempli de résines et d'huiles aromatiques, et emmailloté dans les règles de l'art. Mais qui a fait ça ?

Pour Dan Flowell une seule personne aurait pu répondre à cette question : feu Maxime d'Alenford. Mais il a rejoint depuis longtemps au royaume des morts son cher Vicky. Au fait, l'aimait-il tellement ?

Faute de mieux, l'ancien policier de Scotland Yard se rabat sur Roman d'Alenford, l'héritier de Maxime et aussi, ne l'oublions pas, de Vicky Benedict.

— Enfin, monsieur Flowell, vous ne pensez tout de même pas que mon père aurait assassiné son ami ? Et, de toute manière, comment aurait-il réussi à l'embaumer ? Vous dites qu'il a été découvert dans une tombe par Lord Crichton ?

— On a dit à Lord Crichton qu'on l'avait découvert dans une tombe... Nuance.

Roman d'Alenford réfléchit un moment.

— Je possède dans mon coffre une lettre manuscrite laissée par mon père avant de disparaître. Mais il a précisé sur l'enveloppe : « À n'ouvrir que trente ans après ma mort. »

— Nous sommes en 1959. Il est mort, si je ne m'abuse, il y a dix-huit ans. Je crois qu'il serait utile d'ouvrir cette enveloppe malgré la répugnance que vous pouvez avoir à ne pas respecter son vœu.

Roman d'Alenford se dirige vers le coffre encastré dans le mur et l'ouvre. Il en extrait une enveloppe élégante fermée par un sceau de cire verte. Sur le sceau on distingue les armes de d'Alenford : un dragon couronné qui se mord la queue.

Roman fait sauter le cachet et se met à lire. Plus il avance dans la lecture, plus il pâlit. Puis il tend la lettre à Dan Flowell :

— Tenez, lisez vous-même.

Dan déchiffre l'écriture pointue de feu Maxime d'Alenford :

« Mon cher Roman, quand tu liras cette lettre, trente ans auront passé depuis ma mort. Je souhaite sincèrement que tu sois encore là. J'aurais pu garder éternellement le silence et réaliser le crime parfait. Mais où serait le plaisir de disparaître avec un tel secret ?

« Mon cher Roman, tu es un peu l'enfant du miracle car rien ne me destinait à engendrer. Sinon la volonté de confier mon secret au seul être auquel j'attache de l'importance. Ta fortune est en fait basée sur un crime. Tu auras entendu parler de mon expédition en Afrique avec ce si cher et si stupide Vicky Benedict. C'est lors d'une étape en plein désert que j'ai décidé de l'éliminer. Je lui ai fait absorber un somnifère puis je l'ai saigné d'un bon coup de lancette à la veine jugulaire. Quand il ne fut plus qu'un cadavre exsangue, des spécialistes sont venus le chercher. Ces Égyptiens connaissaient le secret de la momification et ils ont transformé Vicky en cadavre vieux de deux mille ans. Enfin... approximativement. J'ai pu payer leurs services grâce à l'héritage de Vicky. Et les fabricants de momies ont ensuite refilé Vicky à Lord Crichton, tout heureux d'avoir découvert un " prince inconnu ". C'est ce prince inconnu qui te fait vivre aujourd'hui richement, du moins je l'espère. Ton assassin de père qui t'embrasse depuis l'au-delà. »

Quelques mois plus tard le Tout-Londres chuchotait à nouveau :

— Vous savez que Roman d'Alenford a vendu tous ses biens et qu'il s'est engagé dans les troupes coloniales ?

— Moi, on m'a dit qu'il était en Afrique, dans la Légion étrangère française...

Le surdoué

C'est le jour de la rentrée à Berkeley, la grande université californienne. Les étudiants se pressent pour le cours inaugural.

Parmi la foule des élèves, un jeune homme roux attire tous les regards. Autour de lui, on chuchote :

— Tu as vu ? C'est lui !

Et il est certain qu'on ne peut pas le confondre avec les autres. Michael Crookes a quinze ans. Plusieurs revues scientifiques lui ont consacré des articles. C'est un surdoué, peut-être un génie.

C'est d'ailleurs là tout son problème et toute son histoire.

L'enfance de Michael Crookes a été une enfance à part. À l'âge de deux ans, ses parents lui ont donné un petit alphabet avec un dessin d'animal illustrant chaque lettre. Un livre d'images pour les enfants ordinaires. Pas pour Michael. Deux jours plus tard, devant son père et sa mère éberlués, il récitait dans l'ordre la liste des lettres et des animaux.

L'instant de surprise passé, ses parents comprennent que leur enfant est ce qu'on appelle un « surdoué ». Ce sont des gens modestes. Le père est vendeur chez un concessionnaire automobile, la mère ne travaille pas. La découverte des dons de Michael bouleverse leur vie. Elle les remplit d'une fierté sans limites. Dès lors, ils ne songent qu'à une chose : pousser au maximum leur fils pour qu'il puisse aller plus loin encore.

Et ils n'ont pas à forcer le petit Michael. Au contraire, il en redemande. Il a un appétit de savoir inimaginable. Tout de suite après l'alphabet, ses parents lui font lire des livres pour enfants. Il en a vite assez, c'est trop facile pour lui. Alors ils le lancent dans la littérature : de courtes histoires d'abord, puis des ouvrages de plus en plus gros.

Mme Crookes, surtout, veille aux progrès de son enfant. Quelle joie, quelle fierté, quel orgueil de pouvoir dire aux autres mères :

— Vous savez, Michael, qui a trois ans, vient de terminer *Autant en emporte le vent*... Non, non, pas en bandes dessinées, pas dans une version condensée, le texte intégral...

À l'âge de quatre ans, Michael Crookes délaisse les romans, qui ne l'intéressent plus, pour les ouvrages techniques. De toute évidence ce sera un scientifique.

Mme Crookes est un peu déçue. Elle espérait un artiste. Elle aurait bien aimé un petit Mozart... Tant pis, ce sera un matheux. Ses parents lui achètent donc des ouvrages d'algèbre et de géométrie qu'il dévore avec une joie et une facilité déconcertantes.

À cinq ans Michael passe un test d'intelligence avec la mention « génial ». À dix ans, il écrit son premier ouvrage sur un problème de mathématiques. À partir de ce moment, il marque un intérêt tout particulier pour les ordinateurs. À l'école, il est en avance de trois classes et, en plus, il est le premier. À quatorze ans, il passe ce qui correspond chez nous au baccalauréat et au mois d'octobre suivant, il entre à l'université de Berkeley. Il a juste quinze ans...

Voilà, résumées en quelques mots, les premières années de Michael Crookes ; une vie réglée, une progression constante qui ressemble à un manuel de mathématiques bien fait.

Ses débuts à l'université se passent bien. Michael Crookes s'est inscrit aux cours d'informatique. Dans sa section, d'une centaine d'élèves, c'est lui de loin le plus brillant. Ses professeurs n'en reviennent pas. Des spécialistes viennent l'étudier. Ils sont formels. Michael Crookes est plus qu'un surdoué. Chez les surdoués, en effet, le développpement de l'intelligence se fait en avance mais s'arrête une fois atteint un niveau légèrement supérieur à la moyenne. Michael, au contraire — tous les tests le prouvent —, possède d'ores et déjà une intelligence exceptionnelle et ne s'arrêtera pas là. C'est un futur génie.

Comme les étudiants américains, Michael vit à l'université

même. Il ne rentre chez ses parents que pour les week-ends. L'année scolaire s'écoule... Nous sommes au mois de mars 1989. Et c'est alors qu'éclate une nouvelle qui ne va pas tarder à faire du bruit : Michael Crookes a disparu...

Le 19 mars 1989, son professeur d'informatique téléphone chez les Crookes.

— Allô, madame Crookes ? Michael n'est pas venu aux cours depuis trois jours. Je suis venu prendre de ses nouvelles. J'espère qu'il n'est pas gravement malade.

Au bout du fil, Mme Crookes manque de se trouver mal.

— Mais Michael nous a quittés lundi matin pour se rendre à l'université. Il allait très bien.

Une heure plus tard, l'officier de police Parker, à qui la disparition a été signalée, se présente chez le couple. Il se veut rassurant :

— Écoutez, il doit s'agir d'une fugue. Il aura rencontré une fille. Ce ne serait pas la première fois...

Mais les parents de Michael secouent la tête... Mme Crookes affirme, entre deux sanglots :

— C'est absurde, Michael ne s'intéresse pas aux filles. Non, on l'a enlevé. Je vous assure qu'on l'a enlevé...

Le lieutenant Parker n'insiste pas. Il prend congé des Crookes et mène son enquête selon les méthodes traditionnelles. Dans l'hypothèse d'une fugue amoureuse, il fait rechercher un jeune homme roux de petite taille, en compagnie d'une fille de son âge. Pensant également à une drogue-party qui aurait mal tourné, il surveille les milieux traditionnels de toxicomanes...

Une semaine passe et tous ses efforts ne donnent rien. Quand il revoit les Crookes, le lieutenant est beaucoup moins sûr de lui. Il prête une oreille plus attentive à leurs affirmations.

— Nous vous le disons depuis le début, lieutenant, c'est un enlèvement.

— Mais vous n'avez reçu aucune demande de rançon. Et d'ailleurs, vous n'êtes pas riches...

— Nous ne recevrons jamais de demande de rançon. C'est pas pour de l'argent qu'on a enlevé Michael. Ce n'est pas pour nous le rendre un jour, c'est pour le garder...

— Le garder ?

— Vous ne comprenez pas que Michael est un génie ? Peut-être le plus grand qu'aient connu les États-Unis depuis Einstein.

Alors c'est du côté d'une puissance étrangère qu'il faut chercher...

Le lieutenant Parker, abasourdi, décide d'en référer à ses supérieurs qui prennent la chose très au sérieux et mettent à sa disposition des moyens importants.

Cette fois, ce sont des dizaines de policiers qui parcourent la région de San Francisco à la recherche du jeune Michael. D'autant que la presse commence à s'intéresser à l'affaire... Les jours passent et les titres se succèdent, plus sensationnels les uns que les autres : « Le futur cerveau numéro un des États-Unis enlevé. » « Le jeune Einstein kidnappé. » Un hebdomadaire à sensation suggère même que Michael était un extraterrestre que ses congénères sont venus reprendre à bord d'une soucoupe...

La vérité va éclater le 16 avril 1989, vingt-huit jours après la disparition du jeune étudiant. Le lieutenant Parker appelle ses parents.

— Michael vient d'être retrouvé à La Nouvelle-Orléans.

— Et les ravisseurs ?

— Il n'y a pas de ravisseurs. Quand on l'a trouvé, il était seul. Malheureusement, son état n'est pas brillant. Il a fait une tentative de suicide aux barbituriques. Il est toujours dans le coma...

— Mais pourquoi ?

— Pour l'instant, on ne sait pas...

« Pourquoi ? », c'est la première question que M. et Mme Crookes posent à leur fils trois jours plus tard, à l'hôpital de La Nouvelle-Orléans où il est soigné :

— Mais pourquoi as-tu fait cela ?

Michael ne répond rien... Il n'a pas prononcé un mot depuis qu'il est sorti de l'inconscience. Son mince visage est tout pâle sur son oreiller. Il a les yeux lointains, comme s'il ressentait une douleur qu'il ne voulait pas exprimer.

La police, de son côté, a pu reconstituer son emploi du temps durant sa disparition. Il a gagné La Nouvelle-Orléans en autostop. Pendant près d'un mois il a vécu dans le quartier du port, avec une bande de clochards, échappant miraculeusement à toutes les recherches. Mais, sur les mobiles de son acte, il n'y a pas un commencement de réponse...

Michael Crookes retourne chez lui, à San Francisco. Il

s'enferme dans sa chambre et ne veut plus en sortir... Ses parents sont atterrés, les autorités universitaires aussi. Pour elles, la santé morale de leur plus brillant sujet est une préoccupation majeure. Aussi les responsables décident-ils de faire appel à un psychologue de renom.

Michael se laisse difficilement convaincre de lui rendre visite. L'entrevue a lieu dans le bureau du professeur. Il a une cinquantaine d'années, les cheveux gris, un sourire bienveillant. Il prie Michael de s'asseoir.

— Alors, tu as fait une grosse bêtise ? Mais après tout, c'est de ton âge.

— De mon âge ?

— Bien sûr, tu as quinze ans, non ? Ce que tu sais faire avec ton intelligence, je m'en fiche. Ce qui m'intéresse, c'est ce qui se passe en toi, tes problèmes personnels...

Michael regarde intensément son interlocuteur :

— Vous êtes le premier qui me dites cela. Tous les autres me parlent comme à un homme, quand ce n'est pas à un monstre.

— Ne t'occupe pas des autres. Raconte...

Michael Crookes hésite un instant et soudain, pour la première fois, il raconte sa vie, sa vraie vie, vue de l'intérieur, qui n'est rien d'autre que l'histoire d'une solitude.

Jamais il n'a pu jouer avec ses camarades. Leurs jeux n'étaient pas de son âge. Ils n'avaient pas les mêmes préoccupations. Le seul domaine où ils auraient pu être à égalité, c'étaient les sujets du programme. Mais là, il les dépassait. Michael leur donnait des complexes. Ils le jalousaient, le détestaient.

À dix ans, Michael se trouvait au milieu de garçons et de filles qui découvraient les premiers émois amoureux. Que pouvaient-ils se dire, eux et lui ?

Quand Michael eut treize ans, à son tour, il aurait bien aimé, lui aussi, avoir une aventure avec une fille de son âge. Mais il n'a pas pu ou pas su... Il avait l'impression qu'il faisait peur avec son esprit...

Et puis, il y avait ses parents. Pour eux, il a toujours été un objet de fierté, pas d'amour. Et c'était le défilé des amis, des voisins, des relations, que son père et sa mère invitaient pour le montrer, comme un animal de cirque. C'était leur incommensurable vanité d'avoir engendré l'enfant le plus intelligent des États-Unis...

Alors, il n'a pas pu. Il a tout fui : ses parents, son université. Il s'est caché, mais ce n'était pas suffisant. Il a voulu fuir la vie elle-même, d'où son geste désespéré...

Michael a terminé son récit. Il s'arrête épuisé, mais heureux d'avoir enfin parlé... Le psychologue se lève et lui donne une tape amicale sur l'épaule.

— Bien, mon garçon... Maintenant, veux-tu me faire confiance ?

Michael répond avec élan :

— Oh oui !

— Tu vas habiter seul et arrêter tes études. Il faut que tu attendes trois, quatre ans, le temps que tu deviennes un adulte. Alors, tu pourras revenir avec les autres et mener une vie normale...

Michael Crookes a suivi le conseil du psychologue. Il est rentré dans l'anonymat et on n'a plus parlé de lui... Pendant dix mois.

Le 9 février 1990, on a retrouvé son corps dans une forêt, non loin de San Francisco. Il s'était tiré une balle dans la tempe. Sa tête avait littéralement éclaté. Comme s'il avait voulu anéantir la partie de lui-même qui était responsable de tout...

Malgré les conseils du psychologue, il n'avait pas pu tenir le coup. Il n'avait pas pu résister à sa solitude...

Jusqu'au bout, Michael Crookes aura été en avance sur les autres... Même pour sa mort.

Lettres anonymes

— Manon, où étais-tu passée ? Ça fait une heure que tu devrais être rentrée.

— Et alors ? je fais ce que je veux. Tu ne crois quand même pas qu'en sortant de chez Robichon je vais me précipiter direct ici pour te préparer ta pâtée. Si tu as tellement faim, tu peux te faire des nouilles. Non mais des fois...

— N'empêche que je veux savoir ce que tu fabriques pour arriver presque tous les soirs avec une heure de retard...

— De retard sur quoi ? Sur les horaires que tu te fourres dans la tête ? Si tu veux savoir, quand je suis restée pendant plus de huit heures debout derrière un comptoir à manipuler des fleurs qui trempent dans l'eau glacée, j'ai envie de flâner un peu, de lécher les vitrines, de prendre un apéritif avec Suzanne ou Estelle.

— Suzanne ou Estelle, elles ont bon dos. Ça ne serait pas plutôt avec Edmond et ses accroche-cœurs gominés ? Un de ces jours, si je vous attrape ensemble, je vais lui démolir la devanture.

Dispute d'amoureux, dispute de jaloux. Manon Piquemale, la jolie fleuriste à l'accent chantant, vit depuis quelques années avec Benoît Ricord, un zingueur tout en muscles dont les sourcils rapprochés disent assez qu'il est du genre soupçonneux.

Les voisines, dans les discussions de palier, prédisent l'avenir : « Ces deux-là, ça finira mal. Moi qui vous parle, j'ai eu un ami... »

Vers la fin du mois de juillet, Benoît Ricord se présente au commissariat de police :

— Voilà, je vivais depuis des mois avec ma fiancée. On pensait se marier dès qu'on aurait mis un peu d'argent de côté. Et puis elle a disparu. Elle est partie un matin et le soir je l'ai attendue pour rien. Comme on s'était un peu disputés la veille, j'ai pensé qu'elle m'en voulait. Qu'elle était partie chez sa mère, histoire de me donner une leçon. J'ai passé un coup de fil à la vieille mais elle ne savait rien. Elle était même très inquiète. Qu'est-ce que vous pouvez faire ?

— Cher monsieur, strictement rien. Vous n'êtes pas son mari. Mlle Manon Piquemale est majeure et vaccinée. Elle est partie sans vous laisser son adresse. Cela arrive trente-six fois par jour. Si nous devions nous lancer sur la piste de toutes les gamines qui quittent leur bonhomme, il faudrait tripler les effectifs de la police. Au revoir.

Benoît Ricord essaie de protester :

— Mais elle est partie de son boulot sans même prévenir ses patrons. Ce n'est pas son style : elle est du genre sérieux et elle adore son travail.

Ricord fronce les sourcils tellement il cherche quelque chose de percutant à lancer pour motiver le commissaire Hougon et la police dans son entier. Mais il ne trouve rien. Il ne va certainement pas en rester là.

Le commissaire Hougon ajoute, comme pour le consoler :

— Si par hasard un élément nouveau survenait, n'hésitez pas à nous prévenir. Mais dites-vous bien que tant qu'on n'aura pas retrouvé son corps, il ne faut pas désespérer ; elle va peut-être réapparaître un beau matin, toute pimpante, avec une bonne explication. Les femmes sont comme ça. En tout cas c'est ce que je vous souhaite.

Deux semaines plus tard, le commissaire Hougon reçoit par courrier une lettre anonyme, adressée à lui personnellement :

À l'intérieur, selon le style classique, un texte composé de lettres découpées dans la presse. Collées sur une banale feuille de papier. L'enveloppe a été postée à la gare Saint-Lazare, la veille. Le texte dit :

« Manon Piquemale a été assassinée. Vous devriez chercher du côté de... » Suivent deux lettres séparées, comme des initiales : « E.Q. »

— Renaud, ouvrez-moi un dossier : disparition Manon Piquemale. On ne sait jamais.

Les jours passent et les lettres anonymes se succèdent, toujours au sujet de la disparition de Manon Piquemale. Un mercredi, le texte est légèrement différent :

« Manon Piquemale a été vue au mois de juillet, en train de se promener dans les bois de Verrières au bras d'un petit crevard. »

Mais pour l'instant, toujours rien de nouveau. À tout hasard le commissaire Hougon envoie quelqu'un poser quelques questions à Mme Piquemale, la mère de Manon.

— C'est vrai que je suis inquiète : je ne comprends pas cette façon de quitter son employeur sans prévenir. Ce n'est pas son genre. Elle n'était pas très contente de sa patronne, mais elle a toujours adoré son métier. Elle est tellement artiste. Je suis inquiète.

À quelque temps de là, deux gendarmes effectuant une ronde de routine dans le bois de Verrières découvrent des vêtements féminins à moitié pourris... Et surtout, ce qui est très inquiétant, tachés de sang. Sur la robe, une marque de teinturier avec un nom écrit à l'encre : « Piquemale. » Et dans la poche, une étiquette : « Vincent et Rose Robichon, fleuristes d'art. »

Du coup le commissaire Hougon décide de s'intéresser de plus près à Benoît Ricord :

— Les voisins affirment que vos disputes avec votre concubine étaient fréquentes. Que vous lui faisiez des scènes qui ébranlaient les cloisons. On dit que vous avez la tête près du bonnet et qu'il vous est arrivé de porter la main sur elle.

Benoît Ricord se tait soudain.

— Tout ça c'est des ragots. J'aimais Manon et je voulais l'épouser. Pourquoi j'aurais été la tuer ? Une baffe de temps en temps, rien de plus...

— Ces vêtements tachés de sang qu'on a trouvés dans le bois de Verrières, vous les reconnaissez ? Ce sont bien les siens.

— Et comment, même que c'est moi qui lui ai payé cette robe il y a deux ans pour son anniversaire.

La mère de Manon, mise en présence des vêtements, les identifie, elle aussi, avant de fondre en larmes. Le commissaire finit par se dire qu'en cherchant bien, on finira peut-être par retrouver Manon Piquemale.

— À votre avis qui a fait le coup ?

— Benoît Ricord me semble assez bien dans le rôle du coupable.

— Et ces initiales « E.Q. » sur les lettres anonymes ?

— Ça pourrait correspondre à celles d'Emond Quillant, un collègue de travail de Manon. Mais il proteste de son innocence. Il affirme qu'il n'y a jamais rien eu entre Manon et lui. D'ailleurs il lui empruntait ses vêtements pour le carnaval, vous voyez le genre. Ce n'est pas Edmond Quillant qui aurait tué Manon, il aurait eu peur de se casser un ongle.

Les policiers partent d'un rire un peu gras : pas besoin de leur faire un dessin.

Le commissaire est de plus en plus perplexe. « Résumons-nous, se dit-il. Manon Piquemale a quitté son travail le 24 juillet. Elle avait eu des mots avec sa patronne. Le lendemain, Mme Robichon s'est inquiétée et lui a envoyé un pneumatique. Il n'y a pas eu de réponse. On peut estimer que c'est dans la soirée ou dans la nuit du 24 ou dans la nuit du 24 au 25 que Manon Piquemale a cessé d'exister. »

— Ricord, qu'avez-vous fait ce soir-là ?

— J'ai passé la soirée à jouer aux cartes avec des copains. Au café du Cadran Bleu. Vous comprenez, quand j'ai vu que Manon ne rentrait pas dîner, je n'en pouvais plus d'attendre. J'ai eu besoin de me changer les idées, de voir du monde.

Vérification faite, ce n'est pas dans la soirée du 24 que les habitués du Cadran Bleu ont gardé le souvenir d'une partie de belote en compagnie de Benoît Ricord.

— Le 24, il n'y a pas eu de belote. Le café était réservé par les Michereux, le boucher et sa dame, qui mariaient leur fille.

Ricord ne peut pas non plus expliquer, suite à la perquisition effectuée au domicile des deux amants, la disparition d'un couteau à découper qui, de toute évidence, manque dans la ménagère des grands jours.

Le commissaire Hougon pousse Ricord dans ses retranchements :

— Le 25 vous avez demandé votre journée à votre patron. Pour quelle raison ?

— Je n'étais pas dans mon assiette. C'était la première fois que Manon découchait depuis que nous nous sommes mis ensemble. J'avais envie de me suicider. J'étais désespéré.

— Ne serait-ce pas plutôt que vous aviez besoin de votre journée pour dissimuler son corps après l'avoir assassinée ?

— Mais puisque je vous dis que ce n'est pas moi ! Vous devriez chercher du côté des greluchons qu'elle aimait fréquenter.

— Et comment expliquez-vous les vêtements tachés de sang ?

— Mais si j'avais assassiné Manon et si j'avais dissimulé son corps, vous pensez bien que je n'aurais pas laissé traîner ses vêtements dans les bois. Soyez un peu logique, monsieur le commissaire.

— À moins que vous n'ayez trouvé ce moyen pour essayer de diriger les soupçons sur quelqu'un d'autre.

Benoît Ricord est désormais en mauvaise posture. D'autant plus qu'en fouillant à nouveau le domicile des deux amants, la police découvre, dans une fente du plancher, un petit bout de papier et même deux : deux lettres découpées dans un journal, des lettres comme celles qu'on utilise pour confectionner les lettres anonymes. Pas de doute, Ricord est l'auteur de celles qui ont été expédiées à la police.

Il l'admet :

— Je suis certain que Manon a filé avec un greluchon et qu'il l'a assassinée. Elle avait quelques économies et je n'ai rien retrouvé dans l'endroit où elle planquait sa cagnotte.

Paroles malheureuses. Ricord, soupçonné d'être un assasin par jalousie, devient du coup un possible assassin par intérêt.

De fil en aiguille les assises s'approchent à grands pas. D'autant plus que Mme Piquemale, la maman de Manon, poussée par la police, a accepté de porter plainte contre X pour enlèvement, séquestration et assassinat.

Comme Ricord n'a pas les moyens de s'offrir les services d'un as du barreau, c'est un jeune avocat commis d'office qui se voit chargé de sauver la tête du zingueur jaloux. Mais Ricord, après l'exubérance et la virulence des premiers jours, semble frappé d'apathie. L'avocat soupire :

— Ricord, il faut que vous m'aidiez si vous voulez que nous arrivions à un résultat. Il faut que vous fassiez un effort pour vous remémorer les circonstances qui ont précédé la dernière fois où vous avez vu Manon. Sinon je nage dans le brouillard et les choses vont mal tourner.

— Écoutez, maître, vous êtes gentil, mais j'en ai marre. Si je suis là c'est entièrement de ma faute et je l'ai bien mérité. D'abord je n'aurais jamais dû m'amouracher de Manon. Mais ça ne se commande pas, cette fille me faisait bouillir. La prochaine fois... mais non, il n'y aura pas de prochaine fois. Tout m'est égal. Débrouillez-vous, croyez-moi coupable ou non, ça m'est égal. Tout ce que je demande, c'est qu'on me laisse tranquille et à Dieu vat !

La session des assises doit s'ouvrir et la presse nationale se fait largement l'écho de cette mystérieuse affaire : « Où est le corps de Manon Piquemale ? » « Benoît Ricord l'a-t-il découpée en morceaux ? »

Angoissantes questions qui font frémir le public. Ricord pourrait peut-être apporter des réponses mais il s'y refuse.

La veille de l'ouverture du procès une visiteuse se présente à la préfecture de police et demande à parler au commissaire Hougon.

— Commissaire, il y a là une jeune femme qui prétend être Manon Piquemale.

– Sans blague. Voyons un peu la tête qu'elle a.

La jeune femme qui pénètre dans le bureau du commissaire est tout à fait charmante. Le commissaire Hougon la reconnaît immédiatement d'après les photographies que Ricord et Mme Piquemale lui ont confiées.

— Vous êtes Manon Piquemale ?

— Tout à fait. D'ailleurs, tenez, voici ma carte d'identité.

— Eh bien, je suis doublement heureux de vous voir en bonne santé. Pour vous et pour Ricord. Vous savez que les choses tournaient très mal pour lui.

— C'est justement pour ça que je suis là. On peut dire que c'est un miracle. J'étais partie à Naples et c'est par hasard, lors d'une visite au consulat de France, que je suis tombée sur un journal français qui datait de quelques jours et qui annonçait en gros titres à la fois ma disparition dramatique et le fait que Benoît Ricord allait passer aux assises. Heureusement que mon fiancé, M. Raymond Langlois, est un homme de cœur. Il m'a dit immédiatement : « Chère amie, vous ne pouvez pas laisser Ricord risquer sa tête. Il faut que vous préveniez que vous êtes toujours en vie. » Nous avons pensé écrire, mais si la lettre se perdait ?... Le mieux était de sauter dans un train rapide et me voilà chez vous. Il n'est pas trop tard, j'espère.

— Pas du tout. Mais alors, que s'est-il passé ?

— Effectivement j'ai quitté Benoît le 24 juillet. J'avais des projets mais je n'ai pas jugé bon de lui en faire part. Il était terriblement jaloux et j'avais trop peur de me retrouver avec un œil au beurre noir. Comme je devais partir le lendemain avec mon nouvel ami, Raymond, qui m'emmenait avec lui en Italie, je préférais garder un visage agréable. Pour un voyage de noces, c'est quand même mieux.

— Mais pourquoi n'avoir prévenu personne ?

— Ma mère ne m'a jamais comprise. Je tiens tout de mon père : je me décide sur des coups de tête, des intuitions. Elle m'aurait sermonnée. Elle était même capable d'avertir Benoît pour qu'il me surveille. Ça n'aurait pas fait mon affaire.

— Et vos employeurs, la maison Robichon ?

— Je m'étais disputée dans la journée avec Mme Robichon et du coup je me suis dit qu'elle allait m'obliger à faire mes huit jours de préavis. Comme Raymond devait partir deux jours plus tard, j'ai préféré disparaître.

— Mais les vêtements tachés de sang ?

— Ça, il faut le demander à Benoît. Je ne comprends rien à cette histoire.

Quand Benoît Ricord, au fond de sa cellule, apprend la réapparition de Manon, il s'exclame simplement :

— La vache, elle mériterait que je lui poche un œil pour la peine !

Mais au fond, il est heureux. Il explique, quelques heures plus tard, que désespéré par la disparition soudaine de Manon, il a tout fait pour dramatiser la situation. C'est lui qui a taché la robe avec du sang de poulet. À l'époque on ne pratiquait pas les analyses sanguines modernes. Puis il a expédié les lettres anonymes.

— Vous comprenez, monsieur le commissaire, je me suis dit que si vous étiez persuadé que Manon avait été assassinée, ça allait vous motiver pour essayer de la retrouver et que vous finiriez par me dire où elle était partie...

– Mon pauvre ami, nous, ce qui nous intéresse, ce n'est pas de retrouver la victime mais de découvrir un coupable. Et vous avez bien failli payer très cher votre petite manigance.

Depuis, Manon Piquemale est devenue Mme Raymond Langlois. Ricord est toujours célibataire.

Un instant d'égarement

La tête et les épaules d'un homme d'une quarantaine d'années se penchent dangereusement à la fenêtre d'un pavillon anglais. La fenêtre n'est qu'au deuxième étage, celui d'un grenier, mais du grenier à la pelouse en bas de la maison il y a bien quinze mètres.

Élie Forster est un homme calme, même dans les pires situations. Et il se trouve dans la pire situation qu'il ait connue depuis longtemps.

Norma, sa femme, est sur le toit, en robe de chambre et en chaussons. Les yeux hors de la tête, les cheveux dans la figure, et les bras tendus devant elle comme une somnambule.

Ce n'est pas la première fois que Norma tente de se suicider. Depuis qu'elle s'est réfugiée dans l'alcool, les occasions ont été nombreuses : les roues d'une voiture, le gaz, le contenu de la pharmacie. Sa dernière tentative date de six mois. Élie l'a sauvée de justesse. Il l'a giflée, secouée jusqu'à la faire vomir, collée sous une douche glacée, bourrée de café fort ; il a réussi, tout seul, à récupérer cette vie qui fuyait lâchement. Il a lutté avec ce corps mou, ce visage bouffi d'alcool, comme un damné. Sans l'aide de personne. Et aujourd'hui encore il ne veut pas d'aide. Il veut éviter les pompiers, la police et l'hôpital psychiatrique. Il l'a toujours voulu, c'est un choix. Mais la voisine s'en moque. Elle crie :

— Au secours, il faut appeler les pompiers !

Alors il hurle à son tour :

— Foutez le camp, imbécile ! Vous allez l'effrayer !

Lentement il fait passer son corps par la lucarne, agrippe la gouttière, se hisse sur le toit et avance à genoux, comme un chat prudent.

— Ne bouge pas, Norma, assieds-toi, tu seras mieux assise; écoute-moi bien, Norma, je suis là, je viens, je viens, je t'apporte un verre, n'aie pas peur... je t'apporte un verre.

Norma est si soûle qu'elle ne maîtrise plus le tremblement de ses jambes et pleurniche comme une enfant :

— Je vais sauter, Élie... Tu ne peux rien contre ça.... Je vais sauter... Je vais sauter...

Élie n'est plus qu'à deux mètres de sa femme. Quand il l'a épousée dans les années cinquante, elle était mince, brune et ravissante dans son petit tailleur blanc. Elle voulait des tas d'enfants, et une maison avec des tuiles rouges au milieu d'un jardin.

À quarante-cinq ans, elle est déjà vieille, et le jardin est vide de leurs enfants, sauf un, Jody. Jody a onze ans, les Forster l'ont adopté tout petit. Un gamin sage, qui ne fait pas de bruit. Il regarde sa mère en silence. Le cou levé, la peur au ventre. Et il regarde aussi son père avancer, ramper pour tenter de lui sauver la vie une fois de plus.

— Norma... donne-moi la main...

C'est dangereux ce que fait Élie, car le toit est en pente, et Norma pourrait l'entraîner avec elle, volontairement ou en glissant. Quinze mètres, c'est suffisant pour mourir.

Pourtant il le fait en connaissance de cause. Il connaît Norma. Il sait qu'elle ne lui prendra pas la main, mais que ce bras tendu vers elle est seul capable de l'immobiliser. Comme un fil invisible qui la retiendrait suspendue entre la vie et la mort.

Norma est devenue cet être bizarre, toujours en représentation, provocante dans le drame comme dans l'absurde. Elle aime bien par exemple faire un numéro dans une soirée :

— Mon mari m'interdit de boire! Il a peur que je sois trop gaie, parce qu'il est trop triste! D'ailleurs je ne supporte pas l'alcool! Un petit verre et ma tête tourne, vous allez voir!

Et celui qui ne connaît pas Norma dans l'assemblée tend le verre qu'elle réclame en minaudant. Ce qui lui permet de l'avaler d'un trait et d'en siffler deux ou trois autres. À partir de là le spectacle qu'elle offre est navrant. Maquillée et coiffée, elle peut encore faire illusion en début de soirée; après quelques verres, c'est triste.

— Regardez-le! Mais regardez-le mon pauvre mari! La tête qu'il fait! Un vieux bouchon de champagne! Monsieur a tout raté ! Sa carrière, son mariage, et au lieu de divorcer il s'accroche à moi depuis des années ! Comme si j'étais capable de le rendre heureux !

C'est ça, Norma. Plus de gêne, plus de honte, se suicidant comme au théâtre.

Élie continue sa progression, le bras toujours tendu ; il est derrière elle, il lui prend la taille et la fait reculer doucement, sans cesser de lui parler, et de lui promettre un verre. Il parvient jusqu'à la lucarne du toit, il l'ouvre, assied Norma sur le bord et entreprend de la faire descendre le long de l'échelle trop raide. Il lui faut toutes ses forces, car elle est lourde, et à mi-échelle, son pied glisse. Norma tombe à la renverse sur le plancher du grenier, et les pompiers et la police arrivent presque en même temps. La voisine n'a pas résisté.

Cette fois Élie n'y peut rien. Norma part pour l'hôpital, et le bilan est moche. Pas physiquement, la chute n'a fait que l'assommer, et lui fouler une cheville. Mentalement c'est autre chose. Cure de désintoxication, internement. Élie se fait même sermonner.

— Il y a longtemps que vous auriez dû l'amener ! Non seulement elle est un danger pour elle-même, mais l'enfant, vous croyez que c'est une vie pour lui ?

— Elle n'est pas folle !

— Non, mais elle est alcoolique, gravement. Dépressive et suicidaire. Et l'enfant est également perturbé. Il pense que sa mère ne l'aime pas et qu'elle veut se suicider à cause de lui !

L'enfant, Jody. Il n'a peut-être pas tort, ce gamin. Les enfants sentent ce genre de choses. Norma s'est mise à boire très peu de temps après l'adoption du petit garçon. Il avait deux ans lorsqu'il s'est retrouvé orphelin. Il l'a appelée maman assez vite. Et assez vite Norma s'en est désintéressée. Élie croyait qu'elle allait être heureuse — un petit garçon, le bébé qu'elle n'avait pas pu avoir. Et voilà que rien n'allait. Norma est devenue agressive. Elle lui reprochait son manque d'ambition, le crédit de la maison qui les privait de vacances. Et elle s'est mise au gin. Et petit à petit Élie s'est retrouvé dans une situation de dépendance totale devant cette femme alcoolique. Toujours sur le qui-vive, à l'empêcher de boire, l'empêcher de se suicider, l'empêcher de crier, à se laisser insulter, démolir. Peu de maris auraient supporté ce qu'il a supporté. Mais avait-il raison ?

Durant trois mois Norma est en cure. Pas de visites du mari ni de l'enfant. Le médecin l'a déconseillé, et d'ailleurs elle ne le souhaite pas.

Au printemps 1964, c'est un curieux fantôme qui sort de l'hôpital. Elle a maigri de plusieurs kilos, son visage a vieilli, son regard est encore plus triste. Lorsqu'elle rentre chez elle, avec Élie, Norma n'a pas l'air convaincue d'habiter là où elle habite. Elle regarde la maison comme si elle hésitait. Et la voisine s'en mêle violemment. Ça peut être terrible les voisines dans ces cas-là :

— Alors ? Ça va mieux ? On vous a bien soignée ? Vous avez meilleure mine, dites donc. Et le petit Jody, il a dû s'ennuyer de vous ! Si vous avez besoin de quelque chose, n'hésitez pas, je suis là. Allez, bon courage ! Ça fait plaisir de vous revoir ! Bon courage, hein !

— Foutez-moi la paix !

Norma a dit cela d'une voix plate. Et Élie l'entraîne aussitôt à l'intérieur de la maison. En fait il pense comme Norma. Cette voisine est une enquiquineuse. La différence, c'est qu'elle l'a dit alors que lui le pense en silence.

Six mois vont passer, sans incident. Pas ou peu de visites chez les Forster. Jody va à l'école et ne répond pas à la voisine, qui cherche à avoir des nouvelles fraîches.

Arrive le mois d'août. Jody part en vacances dans une colonie au bord de la mer. Élie va l'accompagner en voiture. Au moment de le quitter, il dit à son fils qui n'a pas l'air enthousiaste :

— Écoute, Jody, ta mère est fatiguée, elle a encore besoin de repos, et je ne saurais pas quoi faire de toi pendant l'été.

— Tu viendras me voir le dimanche ?

— Promis.

Mais personne ne vient voir Jody le dimanche, admirer le concours de châteaux de sable et la course en sac.

Élie Forster est rentré chez lui et n'en est plus sorti depuis le 5 août.

Dix jours plus tard, il sort enfin, ferme soigneusement la porte à clé et se dirige vers un commissariat de police.

— C'est pour un meurtre. J'ai tué ma femme il y a plus d'une semaine, je n'en peux plus.

Alors, environ une heure plus tard, la voisine voit arriver un car de police et une ambulance. Élie est encadré par deux policiers. Elle n'en saura pas davantage pour l'instant.

Élie désigne une penderie :

— Elle est là.

C'est au procès que la voisine a su. Comme tout le monde. Lorsque Élie a fait sa déposition.

— Quelques semaines après sa sortie de l'hôpital elle a recommencé à boire. J'ai tenté une fois de plus de la raisonner, mais c'était pire qu'avant. Elle m'insultait, elle me lançait à la figure des arguments qu'elle tenait du médecin qui l'avait soignée : « C'est de ta faute ! Tu supportes tout ! Au fond ça t'arrange d'avoir une femme alcoolique ! Ça te permet d'exercer ton côté bon samaritain ! Demande le divorce, vas-y, laisse-moi tomber ! Normalement tu devrais en crever d'envie. Non ? Monsieur joue les esclaves ! » J'avais caché les bouteilles, et elle hurlait comme une folle. Un jour du mois de juillet où je n'en pouvais plus, je lui ai dit : « Va boire ailleurs si tu veux, mais pas ici, pas devant mon fils ! — Ton fils ? Ce n'est ni ton fils ni le mien ! Va l'élever ailleurs, espèce d'impuissant ! »

Élie a encaissé l'insulte une fois de plus, car ce n'était ni la première ni la dernière. Mais Norma s'est déchaînée. Elle voulait sa bouteille, elle a commencé à tout casser, à retourner toutes les cachettes. Et elle a fini par trouver. Alors elle s'est mise à boire dans la cuisine, en continuant sa diatribe. Élie était un lâche, un médiocre qui avait peur de tout. Des voisins, de la vie, de sa femme. Elle a même insulté le petit, en lui disant qu'il allait finir par ressembler à son faux père, et qu'il serait un lâche et un minable lui aussi.

— Le gosse était terrorisé, il est allé se coucher dans sa chambre, et j'ai dû lui donner un sirop calmant pour qu'il arrive à s'endormir. Pendant ce temps Norma hurlait dans la cuisine, elle disait qu'elle allait nous quitter. Mais elle le disait tellement souvent depuis tant d'années ! Quand je suis redescendu, elle était affalée sur la table, elle ronflait. Je l'ai regardée un long moment. Je ne pensais à rien. Et puis tout d'un coup je me suis retrouvé dans le grenier, en train de fouiller dans une vieille armoire. J'avais une carabine de chasse, et j'ai eu du mal à trouver les munitions car je ne chasse plus depuis des années. Ensuite je suis redescendu à la cuisine et j'ai tiré à bout portant. Elle était dans un tel coma qu'elle n'a pas souffert, j'en suis certain. Le petit n'a rien entendu.

« Jusque-là je n'avais rien prémédité. Je ne peux même pas dire à quel moment je me suis décidé. Ça s'est fait sans moi, comme un automatisme. Mais après le coup de feu, je me suis mis à trembler. Je ne savais plus quoi faire, c'était horrible, définitif, elle était là, couchée sur la table, je ne voulais pas que le petit la voie comme ça. J'étais réellement désemparé. J'ai fini par penser à l'enfermer quelque part. Il n'y avait que la penderie, qui était assez grande. Je l'ai mise dedans, j'ai fermé à clé, j'ai fermé aussi la porte de la chambre à clé, et je suis redescendu dans la cuisine. Je n'en ai pas bougé de toute la nuit. J'étais malade.

« Le lendemain j'ai d'abord raconté à mon fils que sa mère était retournée à l'hôpital, dans la nuit. Il n'a pas posé de questions, le pauvre gosse avait l'habitude. Puis j'ai décidé de l'envoyer en colonie de vacances. J'ai dit au centre social que sa mère était malade, ils connaissaient Norma, alors ils l'ont accepté sans difficulté, bien que le séjour soit déjà commencé. J'ai accompagné moi-même Jody par le train, jusqu'à Brighton, et je suis rentré. Je ne sais pas ce que j'attendais, j'en sais rien. J'ai attendu, c'est tout. Je ne bougeais plus de la cuisine, j'évitais de sortir dans le jardin, à cause de la voisine. Je n'avais pas le courage d'expliquer, de raconter, pourtant je savais qu'il fallait que je prévienne la police. Je savais que j'étais un meurtrier. Mais il m'a fallu du temps. »

Les témoignages des voisins ont beaucoup aidé la défense. Pour eux, c'était un saint, cet homme-là, d'avoir supporté une folle pareille aussi longtemps. Mais ont-ils toujours raison, les voisins ?

Élie Forster a été acquitté de toutes ces années d'enfer consenti.

Comme un chien

— Ça recommence !

— Cette fois, ça ne va pas se passer comme ça !

Nous sommes à Neuvel, dans la banlieue de Bruxelles. Il est huit heures du soir, ce 14 mars 1988. M. Ferrand et ses deux fils viennent d'entendre des aboiements déchirants dans le pavillon d'à côté. C'est Paul Beloy, un ivrogne notoire, qui martyrise encore son chien ! À plusieurs reprises, ils lui ont fait des remontrances, mais à présent ils vont agir, et par la force s'il le faut !

Tous trois, après avoir sonné en vain à la porte, escaladent la grille, tandis que les aboiements ont fait place à des gémissements et à des bruits de coups...

C'est très courageux, très généreux de leur part, seulement M. Ferrand et ses fils, comme tout le monde dans le quartier, ont oublié un détail.

C'est ce détail qui fait notre histoire.

Paul Beloy, employé municipal à Neuvel, a quarante ans mais il en paraît plus, comme tous les ivrognes. Il a saisi son chien Flambeau, un berger allemand de sept ans, par sa chaîne et, le soulevant de terre, le frappe avec un gros bâton. L'animal s'est mis à geindre, sans tenter de se défendre.

— Sale charogne ! T'es toujours dans mes pattes ! Prends ça !

M. Ferrand et ses fils se précipitent, lui arrachent le gourdin et libèrent l'animal martyrisé. Paul Beloy écume de rage.

— Foutez le camp ! Vous êtes chez moi !

Le père Ferrand, qui a encore le bâton à la main, l'agrippe par le cou :

— Tu vas te taire, espèce de salaud, ou je te fais ce que tu faisais à ton chien !

L'ivrogne ouvre la bouche pour dire quelque chose, mais il ne trouve pas quoi. Il reste les bras ballants, l'air ahuri. Une voix résonne dans son dos :

— C'est bien fait !

L'homme qui vient de parler est un vieil homme de haute taille aux cheveux gris hirsutes et au visage creusé. M. Ferrand s'adresse à lui d'un ton rogue :

— Vous, le père Léopold, laissez-nous tranquilles ! Allez cuver votre vin !

Sans se préoccuper de lui, les Ferrand père et fils examinent avec colère le pauvre Flambeau qui gémit doucement. Un des fils Ferrand s'écrie :

— Mais elle n'a pas mangé, cette bête !

Le vieux Léopold Beloy tape sur l'épaule du père Ferrand :

— Et moi non plus j'ai pas mangé... Et quand je râle, le gamin me tape dessus comme le chien. Tout ça, c'est à cause de l'argent. Il a peur que je retrouve l'argent qu'il m'a volé... Mais je le retrouverai quand même, parce que mon argent, c'est mon argent...

M. Ferrand se dirige, l'air menaçant, vers Paul Beloy qui s'est assis par terre, le menton sur la poitrine :

— Cette fois c'est trop ! Je vais prévenir la SPA et les gendarmes, et vous vous débrouillerez avec eux ! Et si jamais vous touchez encore une fois à cette bête, c'est moi qui m'occuperai de vous.

Il se retourne vers ses deux fils :

— Allez, venez, vous autres...

Tandis qu'ils s'éloignent, le vieux Léopold Beloy les suit d'une démarche claudicante. Il lève son doigt, comme à l'école :

— Eh ! Vous leur direz pour moi aussi aux gendarmes ?

Mais les voisins sont déjà partis. Et sa question reste sans réponse...

L'incident du chien a ému tout le quartier : Paul Beloy s'en rend vite compte. Le lendemain, il est en train de balayer les rues de Neuvel, lorsque deux ménagères qui reviennent du marché l'apostrophent :

— C'est vous le bourreau d'animaux ? Vous n'avez pas honte de martyriser comme ça votre pauvre chien ? C'est scandaleux !

Totalement surpris par cette attaque imprévue, Paul Beloy s'empresse de poursuivre son balayage en s'éloignant à grandes enjambées. Mais les deux femmes se mettent à crier dans son dos :

— Ça ne se passera pas comme ça ! On vous a à l'œil...

16 mars 1988. Il est dix-neuf heures. Un homme et une femme sonnent à la grille du pavillon de Paul et Léopold Beloy. Au bout d'un temps interminable, Paul Beloy apparaît sur le seuil et lance d'une voix épaisse :

— Qu'est-ce que c'est ?

L'homme répond d'un ton poli :

— Nous appartenons à la SPA, monsieur Beloy. Avec votre permission, nous voudrions voir votre chien.

— SPA ? Qu'est-ce que c'est que ce machin-là ? Fichez-moi le camp !

À la grille, l'homme insiste :

— Il y a eu une plainte, monsieur Beloy. Si vous refusez de nous recevoir, c'est aux gendarmes que vous aurez affaire.

Paul Beloy s'avance, l'air menaçant.

— Allez, ouste ! Du balai ! Disparaissez !

Les envoyés de la SPA sont obligés de s'incliner. En s'éloignant, la femme dit sèchement à M. Beloy :

— Vous allez avoir des ennuis. Il y a des lois qui protègent les animaux dans ce pays !

L'ivrogne ne semble pas avoir entendu. Il hausse les épaules et rentre chez lui d'un pas pesant en marmonnant :

— Non mais, c'est vrai, quoi, sans blague !

Les envoyés de la SPA n'avaient pas tort. Il y a effectivement en Belgique, tout comme en France d'ailleurs, des lois qui protègent les animaux et, trois jours plus tard, deux gendarmes sont à la grille de Paul Beloy.

Cette fois-ci, le cantonnier est bien obligé de les faire entrer. Les représentants de l'ordre pénètrent dans un jardinet innommable, qui ressemble plus à une décharge qu'autre chose, repoussent un lit-cage rouillé qui obstrue le passage et vont vers la niche.

Ils examinent le chien. Celui-ci se fait aussi petit que possible à leur approche : la queue entre les jambes, le museau aplati contre le sol, l'oreille basse... Il n'y a pas de doute, Flambeau est un chien martyr. Ce pauvre animal squelettique, visiblement mal nourri, est couvert de plaies et, de plus, tout pelé. Les gendarmes se redressent, l'air mauvais :

— Elle est battue, cette bête.

Paul Beloy ne peut pas nier.

— Ben... juste un petit peu, pour le dresser, quoi.

— Un chien, ça ne se dresse pas à coups de bâton, monsieur Beloy ! Et si vous voulez en faire un chien de garde, vous auriez intérêt à le nourrir. Je vous préviens, la prochaine fois, on vous prend l'animal et ça sera une amende, peut-être la prison...

Paul Beloy se met à bafouiller :

— Je l'ai pas fait exprès. Dans le fond, j'aime bien les bêtes.

Les gendarmes font demi-tour.

— C'est bien compris ? C'est le dernier avertissement. On vous a à l'œil, vous et votre père... Au fait, où il est celui-là ?

Paul Beloy écarte les bras en signe d'ignorance :

— Ben... Je sais pas. Il est pas là...

Les gendarmes franchissent la grille.

— Vous avez intérêt à lui faire la leçon à lui aussi quand il rentrera. Allez, bonsoir...

Paul Beloy attend qu'ils aient disparu et rentre chez lui de sa démarche traînante. Il jette un coup d'œil à droite et à gauche et, en passant devant la niche, lance un coup de pied à l'intérieur. Un gémissement sourd lui répond... Paul Beloy se met à ricaner.

— Me déranger pour un clébard... Non mais quand même !

15 mai 1988. Trois mois ont passé. M. Ferrand, le voisin des Beloy, en passant la tête par la fenêtre comme il a l'habitude de le faire chaque jour pour s'assurer de l'état du chien Flambeau, pousse un cri : la niche est vide. L'animal a disparu.

Cette fois, c'en est trop ! M. Ferrand court à la gendarmerie et leur explique ce qui se passe. Ce n'est que malheureusement trop facile à deviner : dans un accès de fureur, Paul Beloy a dû tuer l'animal et l'enterrer, ou s'en débarrasser d'une manière ou d'une autre...

Quand les gendarmes se présentent au pavillon Beloy en fin de journée, il y a un attroupement. Les propos sont particulièrement sévères à l'égard du bourreau d'animaux. Les gens du quartier sont très montés contre lui...

Paul Beloy va ouvrir. Le ton des gendarmes est autrement sévère que la première fois.

— Qu'est-ce que vous avez fait de votre chien ?

Paul Beloy, qui est visiblement ivre, réfléchit longuement avant de répondre :

— Il est parti.

— C'est faux ! Vous l'avez tué. Où est-il ?

Le cantonnier secoue la tête avec lenteur :

— Non, je l'ai pas tué. Il est parti, je vous dis.

— C'est ce qu'on va voir. On va perquisitionner.

Les représentants de l'ordre pénètrent dans le pavillon. L'intérieur est tout aussi immonde que les abords. Des bouteilles de bière jonchent le sol. Par endroits, les lattes de plancher sont enlevées. L'un des gendarmes interroge Paul.

— Pourquoi vous avez enlevé le parquet ?

— Pour me chauffer, pardi !

Les gendarmes n'insistent pas et entreprennent la fouille du rez-de-chaussée et du premier étage... Celle-ci n'ayant rien donné, ils demandent au cantonnier :

— La cave ? Où est-elle ?

Pour la première fois, Paul Beloy manifeste quelque émotion.

— Non. Il ne faut pas y aller !

— Et pourquoi, il n'y aurait pas le chien, par hasard ?

— Non, c'est pas le chien... C'est...

Le cantonnier hésite un instant.

— C'est... le vieux qu'est là-dedans...

— Le vieux ! Qu'est-ce que ça veut dire ?

Sans répondre, Paul Beloy leur désigne la porte de la cave, au fond de la cuisine... Les gendarmes se précipitent. L'un d'eux essaie d'ouvrir.

— Mais c'est fermé ! Vous l'avez séquestré !

Paul Beloy n'en mène pas large.

— Ben oui, mais il m'embêtait trop...

— Et ça fait longtemps ?

— Je ne sais pas, moi... Une dizaine de jours... Peut-être plus...

Sur l'injonction des gendarmes, il leur tend la clé... Tandis qu'à leur suite il descend les marches très raides, il répète :

— Faut comprendre... Il fouillait dans toute la maison pour reprendre son argent et, à la fin, il l'aurait retrouvé...

Les gendarmes sont arrivés en bas. Ils allument l'électricité... Léopold Beloy est allongé... Ils se penchent sur lui, comme ils s'étaient penchés sur Flambeau deux mois auparavant... Lui aussi est tout maigre et ne devait pas être nourri, lui aussi porte la trace de coups. Mais le vieil homme ne s'est pas enfui comme le chien, il est mort... De faim, de froid, de fatigue ou, tout simplement, de désespoir...

Quand les gendarmes remontent le corps de Léopold Beloy, il y a un grand silence chez les voisins qui se pressent devant le pavillon... Le vieux !... Ils l'avaient oublié. Et pourtant, c'est vrai qu'on ne le voyait plus depuis trois semaines. Mais on n'avait pensé qu'au chien...

Paul Beloy n'avait pas menti : Flambeau s'était bien échappé. Il a été recueilli quelques kilomètres plus loin et ses nouveaux maîtres lui ont donné une fin de vie heureuse...

Quant à son ancien propriétaire, poursuivi pour séquestration et homicide par imprudence, il a été condamné à cinq ans de prison... Les habitants de Neuvel, de leur côté, ont enfoui à tout jamais cette histoire dans leur mauvaise conscience. Le vieux Léopold Beloy leur avait raconté son histoire avec ses pauvres mots de vieillard alcoolique : son argent que lui avait pris son fils, les privations de nourriture, les coups... Il leur avait lancé comme il avait pu son appel au secours, mais personne n'avait fait attention ; on ne s'était intéressé qu'au sort de Flambeau...

Malheureusement pour lui, Léopold Beloy ne savait pas aboyer.

Écrit à la main

Sœur Mélanie est entrée au couvent parce qu'elle s'est crue appelée par Jésus. En fait ses parents, sa mère surtout, l'y ont un peu poussée. Ils ont déjà marié leurs quatre filles aînées et ils sont trop gênés pour doter leur petite dernière. Et puis elle n'est pas très jolie avec son pied bot. Le Seigneur s'en contentera plus facilement qu'un autre. Mais la route de sœur Mélanie, religieuse malgré elle, va croiser celle d'un abbé trop séduisant.

Au centre du tri postal de Montauban, en cette nuit d'avril 1943, des hommes s'activent, comme toutes les nuits, pour acheminer les lettres vers leurs destinataires. Philippe Vigou pousse soudain un cri étouffé :

— Ah, les salauds, tiens, encore une !

Il brandit une enveloppe, modeste. L'adresse qui y figure est inscrite d'une écriture appliquée, un peu enfantine. Elle a de toute évidence été tracée avec un stylographe et l'encre est d'un violet un peu pâle.

Au cri de Philippe Vigou, son collègue Sébastien Moureux s'approche :

— Fais voir !

Il saisit l'enveloppe et déchiffre l'adresse : « À M. l'officier commandant la Kommandantur des forces d'occupation, 43, faubourg Léon-Cladel. Montauban. Tarn-et-Garonne. »

Sébastien retourne l'enveloppe. Mais aucune adresse ne figure au dos de l'enveloppe.

— Voyons un peu ce qu'elle raconte, celle-là...

D'un doigt nerveux il ouvre l'enveloppe. C'est grave ce qu'il fait là : viol de correspondance. Mais on est en pleine guerre et les Français sont malheureusement, on le saura plus tard, des sortes de champions européens de la lettre anonyme. Sébastien commence à lire, à mi-voix :

« Monsieur,

« C'est avec beaucoup de regret que je prends ma plume pour vous signaler les activités de mauvais Français qui travaillent en secret avec les Anglais dans un réseau de terroristes, contrairement aux désirs de notre bien-aimé Maréchal, le sauveur de la France.

« Ces hommes particulièrement dangereux et armés sont les suivants :

« Philippe Vigou, actuellement employé des Postes au centre de Montauban.

« Hervé Lédouy, agriculteur de la commune d'Albias... »

Et la liste continue alignant une douzaine de noms différents.

Vigou, en entendant son nom, s'est assis. Il est pâle malgré son teint hâlé d'homme du Sud-Ouest :

— Eh ben dis donc, le saligaud, heureusement que tu as remarqué l'adresse. On peut dire que j'ai eu chaud aux fesses. En plus ce traître est drôlement bien renseigné.

Sébastien approuve et ajoute :

— Il faut vraiment renforcer la surveillance du courrier. Encore heureux que cette dénonciation n'ait pas été glissée directement dans la boîte de la Kommandantur.

— Le problème c'est que cette ordure va s'attendre à voir sa dénonciation suivie d'effet. Ce doit être quelqu'un qui me connaît bien. Peut-être un gars du réseau. Si rien ne se passe, il va certainement renouveler sa dénonciation. Si je tenais ce fumier...

Le lendemain les deux hommes, qui ont emporté la lettre, se retrouvent chez Philippe pour examiner de plus près cette sinistre pièce à conviction. Peut-être qu'un détail qui leur a échappé pourrait permettre l'identification du traître. Mais rien. Le papier est banal, quadrillé. L'écriture, enfantine mais sans fautes d'orthographe, laisse présager qu'il s'agit de quelqu'un qui a poursuivi ses études au moins jusqu'au certificat. Aucune odeur particulière sur le papier.

— Comment retrouver ce salaud ?

— Je ne vois qu'une manière mais qui risque de prendre beaucoup de temps, en admettant même qu'elle réussisse. Tout d'abord intercepter les prochaines lettres de cette pourriture et déposer des échantillons de son écriture chez Samson et chez Madeleine.

— Les libraires que nous connaissons ?

— Oui, la lettre a été postée à Villebourbon. C'est notre seule chance. Si le dénonciateur a besoin un jour d'acheter un stylo ou une plume, il y a de fortes chances pour qu'il aille chez eux.

— Et à quoi ils le reconnaîtront ?

— Nous allons leur demander, pour chaque client qui viendra acheter un stylo, de s'arranger pour obtenir une ligne d'écriture. Ils n'auront qu'à prétexter un essai.

— Eh ben, si on y arrive, on aura une veine de cocus...

— Si tu as mieux à proposer...

Dès le lendemain Samson et Madeleine, les libraires affiliés au réseau de résistance « Honneur de la France », sont mis au courant de leur mission de longue haleine. On leur confie une ligne découpée dans la lettre de dénonciation. Une ligne sans importance et pas compromettante. Les jours et les semaines passent. De temps en temps Philippe, Sébastien ou un autre du réseau PTT pousse le même cri de rage et de satisfaction :

— Encore une. Décidément, quel salaud ! Il veut notre peau. Toujours la même écriture, la même encre violette un peu pâle, le même papier quadrillé. Mais les noms diffèrent.

Un soir, on sonne chez Philippe. Il est contrarié parce qu'il est occupé avec Sébastien à confectionner des tampons de caoutchouc pour fabriquer de faux papiers. Mais il jette un regard à travers les volets :

— C'est Madeleine. Elle a l'air seule.

Une fois la porte ouverte, Madeleine, une petite bonne femme à l'air décidé, entre et annonce :

— Ça y est, nous avons réussi. Le corbeau est venu chez moi pour acheter un stylo. Comme d'habitude j'ai proposé un essai d'écriture et voilà : mis à part la couleur de l'encre et le papier c'est bien ça. Tenez, regardez, on reconnaît bien cette manière de barrer les « t » et regardez le « J » majuscule.

Les deux hommes déchiffrent l'exemplaire d'écriture que tend Madeleine. Ils sont étonnés du texte : « Jésus est ma seule joie. Mon cœur est empli de son amour. »

Drôle de texte sous la main d'un cochon de collaborateur.

— Et alors, qui c'est ce salopard ? Tu l'as identifié ?

Madeleine s'est assise et tripote son sac à main :

— Les gars, vous n'allez pas le croire. La personne qui a écrit ça... c'est une bonne sœur des Dames de Lorette.

— Hein ? Qu'est-ce que tu racontes ?

— Et je la connais. C'est sœur Mélanie, celle qui fait office d'infirmière au couvent. Une petite nonnette bien sympathique.

Du coup, Philippe et Sébastien vont chercher dans une cache secrète les enveloppes des lettres de dénonciation. Pour comparer. Pas de doute. C'est la même écriture. Tout coïncide, la hauteur, la rondeur des lettres...

— Bon, il faut qu'on lui mette la main dessus. Et le plus vite sera le mieux.

Quelques jours plus tard, deux autres résistants, arrivés de Caussade, quittent la maison de Philippe à la nuit tombée. Ils sont vêtus de longs manteaux sombres et coiffés de feutres sinistres. Les rares passants qui les aperçoivent croient reconnaître des flics en civil travaillant pour les Allemands. Les deux résistants, pour plus de précautions, sont munis de faux papiers. Ces papiers confirmeraient, en cas de besoin, leur peu reluisante identité.

— Bonjour, ma sœur, nous aimerions rencontrer sœur Mélanie.

La sœur qui vient d'apparaître à la porte de la communauté des Dames de Lorette est tellement émue qu'elle regarde à peine les papiers des deux hommes :

— Sœur Mélanie n'est pas là. Elle passe deux jours dans sa famille à Puycelci.

— À quelle adresse exactement ?

Munis du renseignement, les deux faux policiers remontent dans leur voiture et prennent la direction de Puycelci.

Ils y arrivent sans encombre et se rendent directement à la ferme des Lacaze. Là, une nouvelle déception les attend. La mère Lacaze, un peu raidie par l'émotion en identifiant ses interlocuteurs, leur dit :

— Ma fille est à vêpres. Elle a fait quelque chose ?

Les deux autres ne répondent même pas. Ils sont déjà en route vers l'église du village. Là, ils n'ont pas de mal à reconnaître sœur Mélanie, sa coiffe et son col blanc, son visage rond encore enfantin. Elle parle avec le curé sur le seuil de l'église.

— Sœur Mélanie, nous avons à vous parler en particulier.
Sœur Mélanie les suit en boitillant sous les platanes. Le curé, demeuré sur le seuil, essaie de comprendre, mais un regard des « policiers » lui fait comprendre qu'il ferait mieux de rentrer dans sa sacristie et de s'occuper de ses burettes.

— Sœur Mélanie, la Kommandantur a reçu plusieurs courriers que vous avez eu la bonne idée de lui adresser. Nous les avons trouvés très intéressants et très documentés. Mais il y a un petit problème. Si nous arrêtons les terroristes que vous nous signalez, nous ne pourrons pas les garder longtemps. Vos lettres sont anonymes. Il faudrait que vous veniez avec nous pour identifier certains d'entre eux et signer votre déposition.

Sœur Mélanie continue de sourire. Un sourire qui fait froid dans le dos à ses interlocuteurs. Elle ajoute tranquillement :

— Eh bien je vous suis. Il faut faire les choses dans les règles.

Quelques instant plus tard les deux hommes et la nonne sont dans la voiture. Ils évitent toute conversation et sœur Mélanie, qui a sorti son chapelet, en fait défiler les grains de verre entre ses doigts, le regard perdu sur l'horizon où le soleil décline.

À la nuit tombée, la voiture des policiers s'arrête devant une maison bourgeoise de la banlieue de Montauban. Un bâtiment de brique rose orné d'un perron. Tout autour un parc, des cèdres centenaires. Dès que la voiture s'arrête devant le perron, les hommes qui sont prêts à l'intérieur ouvrent la porte.

Les faux policiers introduisent sœur Mélanie dans un bureau. Au fond du bureau, gisant sur le sol, un homme geint doucement, menottes aux poignets. Son visage est couvert de sang, sa chemise déchirée.

— Ma sœur, reconnaissez-vous Armand Mestre, qui fait partie de la liste de terroristes que vous avez dénoncés ?

Sœur Mélanie s'approche. La lumière n'est pas très bonne. Elle regarde Mestre sous le nez :

— Oui, c'est lui. Je le reconnais.

— Vous êtes prête à signer cette dénonciation ?

— Absolument.

Les faux policiers aimeraient insulter sœur Mélanie, la traiter des noms les plus orduriers mais elle semble si calme, si convenable.

Armand Mestre, le résistant torturé, s'est remis sur ses pieds. Tranquillement il s'approche de la table et les trois hommes contemplent la nonnette qui se demande ce qui se passe.

— Vous êtes une collaboratrice. Vous trahissez votre pays, vous, une bonne sœur. Pourquoi ?

Sœur Mélanie les regarde avec des yeux agrandis d'étonnement.

— C'est mon secret. Ne me demandez rien.

Après de longues minutes de silence elle finit par dire à nouveau :

— C'est mon secret. Fusillez-moi si vous voulez. Je le mérite mais ne me demandez rien.

Ils ne parviendront pas à en tirer davantage jusqu'au moment où on l'enferme dans une cave épaisse sans la moindre ouverture sur l'extérieur. Elle semble soudain résignée et apathique.

— C'est pas tout ça, les gars. On ne peut pas la garder là indéfiniment. Qu'est-ce qu'on fait ? Elle a avoué. On lui tire une balle dans la tête ?

— À une bonne sœur ? Tu parles d'un truc ! Je ne m'en sens pas capable.

— Et si on demandait à un cureton de confiance ?

— Tu en vois un, toi ? Il faudrait consulter un évêque ou un cardinal...

— Tu n'as qu'à écrire au pape...

— On va poser la question au chanoine Kirch, l'Alsacien. Tu sais, celui qui a été torturé par les Allemands. Il est avec nous et en plus il n'est pas d'ici.

Dès le lendemain, Philippe Vigou, une fois terminé son travail au tri postal, sonne à la porte du chanoine Kirch. Et il lui expose le cas. L'autre se frotte le menton :

— Quel cas étrange ! Une sœur des Dames de Lorette qui dénonce des partisans. J'aimerais bien comprendre ce qui lui est passé par la tête. Je vais essayer d'en savoir plus. Revenez d'ici trois jours et je vous dirai le fond de ma pensée.

De son côté, le réseau mène son enquête. Après tout, sœur Mélanie a peut-être une excuse. Est-elle victime d'un chantage ? Agit-elle pour protéger des êtres chers ?

Pour l'instant sœur Mélanie croupit dans son cul-de-basse-fosse. Mais elle ne se plaint pas. Tout son temps est consacré à égrener son chapelet. Elle semble certaine du sort qui l'attend.

— Ça y est, les gars, je tiens la clé du mystère de sœur Mélanie.

C'est Samson, le libraire ami, qui révèle ce qu'il a appris par un membre du maquis :

— Sœur Mélanie est entrée au couvent sans vocation particulière. Malgré ses prières quotidiennes elle rêvait sans doute d'un amour plus charnel que celui de Jésus. C'est ainsi qu'elle est tombée amoureuse de l'aumônier du couvent : l'abbé Micoulet, un bel homme qui a quelques succès mondains et qui fait pâmer les bourgeoises. Micoulet, dès le début de la guerre, a pris contact avec les maquisards et il a rendu pas mal de services. Mais en même temps il a recruté sœur Mélanie, avec la bénédiction de la mère supérieure. Ça les a amenés à des déplacements communs et ce que vous pensez est arrivé.

— Ils sont devenus amant et maîtresse ?

— Ça n'est pas la première fois dans l'histoire de l'Église... Tout aurait pu continuer dans la discrétion, mais Micoulet, se sentant en confiance, s'est mis, sur l'oreiller, à raconter pas mal de choses à sœur Mélanie.

— Quel amateur ! C'est contraire aux règles les plus élémentaires.

— Et le plus grave c'est que là-haut, dans le maquis de Puységur, il a fait la connaissance d'une certaine Rolande Fouilloux qui servait d'infirmière pour rafistoler les blessés.

— Je la connais, une belle brune qui n'a pas froid aux yeux.

— Au reste non plus. Elle et Micoulet, ça a fonctionné au quart de tour. Du coup, sœur Mélanie a vu s'éloigner son bel aumônier. C'est là qu'elle a craqué et qu'elle a voulu se venger de Micoulet et de la Fouilloux et de tout le maquis. Et elle a commencé à envoyer ses lettres anonymes.

Philippe Vigou soupire :

— Et dire qu'à cause d'elle j'aurais pu me faire arrêter ! Alors, qu'est-ce qu'on en fait ?

Le chanoine Kirch donne bientôt sa réponse :

— Je ne peux vous dire de la fusiller. Mais si vous décidez de le faire, j'enverrai quelqu'un pour la confesser.

Ce qui fut fait.

Pour de vrai

Catherine sort d'un hôpital dans la grande banlieue de Genève. Elle vient d'y passer quarante-huit heures. Dix ans, Catherine, et un sacré caractère. On lui avait dit de faire attention aux voitures et de traverser dans les clous. Elle a bien traversé dans les clous, mais un chauffard s'est arrêté un peu tard. Les voitures, de nos jours, se moquent des clous comme des pâquerettes. Et si l'on n'a pas un sacré caractère, il est extrêmement difficile d'imposer une traversée, sur un passage sans feu rouge, à des automobilistes pressés.

C'est exactement ce qu'a voulu faire la petite Catherine. Une écorchure au genou, un léger traumatisme ne l'ont pas empêchée de traiter le chauffard d'enfoiré. Catherine est ce que l'on appelle une enfant du siècle, et il n'est pas bien beau, le siècle.

Ses parents sont venus la chercher. Le père, trente-cinq ans, profil aigu, œil noir et moue prétentieuse. Catherine n'a pas beaucoup de chance : son père, dans la vie, est un trafiquant de voitures volées. Elle l'ignore mais ce qu'elle sait parfaitement, c'est que des deux femmes qui accompagnent son père ce jour-là, l'une est sa mère, l'autre pas. Catherine se précipite donc dans les bras de sa maman, sans un regard pour l'autre. Et son père la réprimande vertement.

— Tu ne dis pas bonjour à Louise ?

— Je l'aime pas, celle-là.

— Catherine ! Je t'interdis de parler comme ça ! Tu veux une claque ?

Mais la situation que ces adultes lui imposent est trop compliquée pour Catherine. Elle ne peut réagir qu'avec violence et agressivité, étant donné son tempérament. De plus elle a parfaitement raison. Ses parents vivent sous le même toit, mais papa y amène régulièrement une autre femme. Ce n'est pas une situation moralement souhaitable.

— Je ne veux pas retourner à la maison avec toi et cette fille, je veux m'en aller avec maman !

— Tu feras ce qu'on te dit ! D'ailleurs ta mère n'est bonne à rien ! Elle n'est même pas capable de te surveiller ! On voit le résultat !

— C'est pas de sa faute ! C'est moi qui ai voulu traverser !

— Si, c'est de sa faute ! Et tais-toi ou je te flanque une claque !

La discussion se passant dans le hall de l'hôpital, la surveillante se permet d'intervenir.

— Monsieur, je vous en prie, votre fille est encore sous le choc.

— Vous, mêlez-vous de vos affaires !

Ni la mère, Suzanne, ni la maîtresse, Louise, n'ouvrent la bouche. Suzanne est une jeune femme effacée, assez jolie mais terne. Louise est exactement le contraire : pas très jolie mais voyante.

La bagarre a lieu entre le père et la fille. Et Catherine a dû hériter du caractère paternel ; elle profite immédiatement de la situation :

— Celui-là, il donne toujours des claques ! Je ne veux plus aller avec toi, t'as battu maman !

Cette fois la mère, honteuse, proteste un peu.

— Catherine ! Ne dis pas des choses pareilles ! Allons-nous-en...

Vexé, le père prend la gamine par la main :

— C'est ça, allons-nous-en !

Le trio infernal continue la discussion sur le parking de l'hôpital, au moment de monter en voiture.

Prise d'un courage subit, Suzanne, la mère, affronte Charles, le mari :

— Je ne veux plus de cette situation. Si tu rentres à la maison avec cette femme, je divorce !

— Divorcer, toi ? Et tu vivrais de quoi ?

— Je me débrouillerais ! Viens, Catherine !

— Ah non ! Pas question ! Tu n'emmènes pas ma fille ! Monte ! On réglera cette histoire à la maison.

Régler cette histoire, ainsi que l'entend Charles, c'est la régler à coups de claque, comme d'habitude. Un petit truand de sa catégorie ne se laisse pas marcher sur les pieds par une femme.

L'instant décisif est là, à cette seconde sur le parking. Suzanne hésite à monter en voiture, elle tient sa fille par la main, il lui suffirait de partir, il y a du monde, Charles n'oserait tout de même pas lui flanquer une raclée en public. Mais l'hôpital est loin du centre-ville. Et puis, quitter son mari et son foyer est lourd de conséquences. Suzanne ne peut pas envisager de le faire comme ça, sans une valise. Elle ne l'a pas fait avant, elle n'est pas partie le jour où il a amené cette Louise à la maison. Elle n'est pas partie quand il l'a battue, et il l'a souvent battue. Suzanne est faible, elle a préféré avaler des tranquillisants, se laisser humilier, plutôt que de prendre une décision.

Or c'est maintenant qu'il faudrait partir. Pour éviter le pire. Car Charles est dangereux. Suzanne a peur de lui, et la peur fait faire des choses stupides. Depuis qu'elle a compris la source de revenus de son mari, son métier d'escroc, Suzanne vit en permanence sous la menace du chantage. Charles sait bien qu'au moment du divorce, Suzanne pourrait révéler certaines choses, alors il ne veut pas du divorce et impose sa maîtresse au domicile conjugal. Il tient Suzanne par le simple fait qu'elle a sa mère à charge et qu'elle n'a pas de métier, pas d'argent, et pas de caractère. Si Suzanne s'en va, il le lui a dit cent fois : « Pas un radis ! Et je garde ma fille ! Retourne chez ta mère bouffer des sardines si tu en as le courage... »

Catherine, la petite fille, sait tout cela.

Alors Suzanne monte en voiture. Comme tant de femmes battues, elle ignore où trouver le courage de prendre sa vie en main. D'en faire quelque chose de propre et de normal.

Catherine, elle, sait ce qu'elle veut, sa mère. Elle la tire par la manche, elle fait tout ce qu'elle peut pour ne pas monter dans cette voiture, comme si elle connaissait la suite. Mais une enfant de dix ans n'a pas voix au chapitre, et elle se retrouve sur le siège arrière, avec cette Louise qu'elle déteste... et qui le lui rend bien.

Charles oblige sa femme d'une poigne mauvaise à monter à l'avant, à côté de lui. Il a même trouvé un nouvel argument pour l'empêcher de fuir.

— Tu es complètement dingue ! Tu te bourres de tranquillisants, c'est toi qui as failli tuer Catherine ! Tu ne sais même plus où tu mets les pieds ! Essaie un peu de divorcer, et je me charge d'expliquer ça au juge ! Je trouverai tous les témoins qu'il faut... Tu n'auras rien !

Il démarre dans une colère noire. À l'arrière, Catherine n'arrange rien. Au lieu de se tenir tranquille, elle en rajoute.

— Si maman dit que t'es un gangster, je le dirai au juge du divorce !

— Louise, mets une baffe à cette gamine !

Louise, la maîtresse en titre, ne voit que son intérêt. Cet homme l'a sortie d'un bar où elle trimait à longueur de nuit, il roule en voiture de luxe ; trafiquant ou pas, peu lui importe. Elle donne une claque à Catherine.

— Fous-nous la paix, morveuse !

Et Catherine hurle :

— Maman !

Autre instant décisif. La main de cette femme sur la joue de Catherine. Cela, la mère ne le supporte pas. Elle a tout toléré jusqu'à présent, mais ça c'est un geste de trop.

Alors la suite se déroule comme en accéléré. Suzanne agit par réflexe. Elle ouvre la boîte à gants, elle sait qu'il s'y trouve toujours un revolver, son mari a même un port d'armes en règle. Elle prend l'arme. Charles la voit faire, mais à la vitesse où il roule, il ne peut pas réagir assez rapidement. Suzanne ôte le cran d'arrêt, pointe l'arme sur la tempe de son mari, elle hésite une seconde... Louise hurle, mais trop tard, le coup est parti, les coups. Tout le chargeur.

Cette seconde d'hésitation explique certainement le coup de frein. Charles était déjà mort lorsque la voiture a heurté le trottoir. Le moteur a calé, le véhicule a fait un tête-à-queue, l'arrière s'est encastré dans une palissade. Louise hurle toujours.

Alors Suzanne se précipite dehors, arrache sa fille de l'épave et s'enfuit en courant avec elle. La rue est déserte ; il y a des immeubles à perte de vue, mais dans cette cité-dortoir où tout le monde est parti au travail, personne ne les arrête.

On ne sait pas combien de temps après l'accident, elle se retrouve dans une pharmacie, à environ un kilomètre des lieux du drame. Le pharmacien voit entrer une femme affolée, traînant une petite fille par la main, et qui lui demande en pleurant :

— Je peux téléphoner ? S'il vous plaît, c'est urgent !

— La petite est blessée ?

Catherine a un genou qui saigne, mais Suzanne ne semble pas s'en préoccuper.

— C'est pas grave, c'est rien... je veux téléphoner !

— Vous avez eu un accident ?

— Le téléphone, s'il vous plaît, je vous en prie...

Le pharmacien lui montre l'appareil, et tandis qu'il va chercher de quoi panser l'enfant, deux clients curieux attendent. Au moment où il revient, il entend la jeune femme dire au téléphone :

— Maman ? Maman, je l'ai tué ! Maman, je ne sais plus quoi faire... Mais non je ne suis pas folle ! Arrête de dire ça ! Je te dis que je l'ai tué ! Je vais en mourir, maman... je vais en mourir ! Je ne peux plus supporter cette vie !

Le pharmacien oublie le genou de Catherine et s'approche de sa mère.

— Qu'est-ce que vous dites, madame ? Qu'est-ce qu'il y a ? Où a eu lieu l'accident ? Vous avez prévenu la police ?

Suzanne tremble de tous ses membres, elle est blanche, elle a dû courir un long moment, sous l'effet du choc, et semble maintenant réaliser ce qu'elle a fait.

— Maman, Catherine est terrorisée. Qu'est-ce que je dois faire ? Qu'est-ce qu'elle va devenir ? J'ai peur...

Le pharmacien doit la soutenir et prendre lui-même l'appareil. Il entend une voix de femme crier :

– Suzanne ! Qu'est-ce que tu as fait ? Où es-tu ?

Alors il répond à sa place :

— Votre fille a eu un accident, madame, elle est ici dans une pharmacie, ne vous inquiétez pas, elle n'est pas blessée, je m'en occupe, elle vous rappellera.

Le pharmacien raccroche, assied Suzanne sur une chaise, lui tapote la joue, essaie de comprendre ce qui s'est passé, mais Suzanne est au bord du malaise et ne peut répéter qu'une chose :

— Je vais mourir, je l'ai tué...

Puis elle se ressaisit soudain :

— Catherine ? Où est ma fille ? Catherine !

Plus de Catherine. Les deux clients ne l'ont même pas vue sortir.

Lorsque le lien est fait entre le meurtre, la voiture où Charles est mort, Louise blessée, et l'irruption de Suzanne dans cette pharmacie, Catherine a bel et bien disparu. Son signalement est diffusé à cinq heures de l'après-midi le même jour. Dix ans, blonde, yeux marron, vêtue d'une robe de laine bleue, d'un gilet assorti, avec au genou une énorme éraflure qui saigne.

Et Suzanne, sa mère, est une meurtrière, doublée d'une soi-disant démente, car Louise témoigne :

— Elle est complètement folle, cette femme, elle a déjà poussé sa fille sous une voiture, on sortait de l'hôpital, vous pouvez vérifier. La gamine a dû s'enfuir à cause de ça. Elle avait peur de sa mère !

Or c'est faux évidemment, l'enfant n'avait pas peur de sa mère ; bien au contraire, elle ne voulait qu'une chose : vivre avec elle. Alors pourquoi s'est-elle enfuie ? Le choc ?

Suzanne est inculpée, incarcérée, et Catherine ne sera retrouvée que huit jours plus tard, lorsqu'un épicier en gros téléphone à la gendarmerie. Il a découvert la petite fille cachée dans un de ses entrepôts. Catherine s'y nourrissait des provisions qu'elle trouvait sur place, et dormait dans des cartons. Au propriétaire qui l'a délogée, elle a déclaré agressivement :

— Fichez-moi la paix ! Je sais pas où aller ! Mes parents sont morts.

Et lorsque la gendarmerie est venue la récupérer, elle a ainsi expliqué sa fuite :

— Je voulais voir si mon père était mort pour de vrai. Au cinéma, c'est jamais pour de vrai. Et les morts sont pas vraiment morts.

— Tu es retournée à la voiture ?

— Oui. Les gens autour ont dit qu'il était mort. Alors je suis partie. Je voulais pas que Louise m'attrape.

— Pourquoi n'es-tu pas revenue auprès de ta mère ?

— Elle a dit à mamie au téléphone qu'elle allait mourir. Et puis j'en avais marre. Après, je me suis perdue, et je savais plus où aller.

La première préoccupation de cette enfant était de savoir si son père était mort pour de vrai. Alors qu'elle l'avait vu mourir devant elle, dans des conditions affreuses. Et cela n'avait rien d'un enfantillage. Catherine voulait en être sûre, parce qu'elle avait peur qu'il revienne. Elle l'a dit, et elle a même dit pire :

— Je suis contente que maman ait tué papa pour de vrai. Elle aurait dû faire pareil à l'autre, la Louise... Celle-là, je peux pas la voir !

C'est grave à dix ans d'exprimer de telles appréciations. Grave de confondre fiction et réalité, grave d'être prise mentalement en otage par des parents, l'un trop faible, l'autre trop violent. Et grave d'apprendre la haine. Seulement la haine.

La société a souvent les enfants qu'elle mérite. Et les enfants ne la méritent pas.

Le douzième apôtre

Il y a un attroupement, ce matin du 18 avril 1989, devant le 8 de la Beethoven Strasse, une petite rue d'un quartier populaire de Francfort. Une dizaine de personnes stationnent devant la cordonnerie Wienner qui, bien qu'il soit midi, reste inexplicablement fermée. La police, prévenue par les voisins, va procéder à l'ouverture du magasin.

Comme le veut la loi, le commissaire Gregor Hermann accompagne le serrurier chargé de cette effraction légale... Le passe-partout de l'homme de l'art a vite raison de la serrure. Le rideau de fer se soulève. Chacun a plus ou moins conscience qu'il va se passer quelque chose, mais évidemment, personne n'imagine ce qui va suivre.

Le commissaire Gregor Hermann, suivi d'un agent, entre rapidement... Rien dans le magasin lui-même, qui respire la poussière et semble appartenir à un autre âge. Le commissaire Hermann pousse la porte de l'arrière-boutique et reste sur le seuil, ahuri.

Il y a de quoi! À la lueur d'une douzaine de cierges qui achèvent de se consumer, apparaît une sorte de chapelle : sur un autel, devant une fresque naïve et multicolore, représentant une Nativité, sont alignées plusieurs statues en plâtre de la Madone et des saints du paradis... Il règne, dans la pièce sans fenêtres, une tenace odeur d'encens...

Le commissaire Gregor Hermann sort de sa stupeur et se précipite vers une forme qui gémit doucement, ficelée et bâillonnée sur une chaise... C'est un petit homme chauve d'une soixantaine d'années, au physique malingre. En commençant à le détacher, le commissaire se rend compte qu'il porte, au milieu du front, une croix marquée au fer rouge.

Le cordonnier fait la grimace et se passe la main sur le front. La peau, boursouflée et rouge, indique suffisamment à quel point la marque qu'on lui a infligée doit le faire souffrir.

— Ce sont eux, les athées, l'Antéchrist ! Ils me persécutent parce qu'ils savent que je suis le Messie. Ils m'ont dit en partant qu'ils reviendraient.

— Ils reviendront ? Mais pour quoi faire ?

— Pour me crucifier, monsieur ! Ils veulent me crucifier !...

Le commissaire Gregor Hermann essaie de garder ses esprits devant cette situation et ces propos ahurissants.

— C'est une mauvaise brûlure, monsieur Wienner. Je vais vous conduire à l'hôpital. Mais avant, voulez-vous répondre à quelques questions ? Combien étaient vos agresseurs ?

— Deux.

— Vous avez vu leurs visages ?

— Non, ils étaient masqués.

— Parlez-moi de cette... chapelle. Qu'y faites-vous ?

Le petit homme chauve grimace toujours, sous l'effet de la douleur.

— Nous nous réunissons les vendredis, moi et mes disciples.

— Ils sont nombreux, vos disciples ?

— Douze, pas un de plus, pas un de moins. Douze, comme les douze apôtres.

Le commissaire Gregor Hermann change soudain de ton.

— Vous allez me suivre à l'hôpital, monsieur Wienner... Il n'est pas interdit de se prendre pour le Messie, mais je vous recommande de ne plus troubler l'ordre public...

Kurt Wienner a une expression scandalisée.

— Comment ! Mais c'est moi la victime...

— Vos liens n'étaient pas serrés, monsieur Wienner. C'est vous-même qui avez monté cette mise en scène, c'est vous qui vous êtes marqué au fer rouge. S'il y a une prochaine fois, c'est dans un autre hôpital que je vous conduirai, un hôpital psychiatrique...

Le cordonnier lève les yeux au ciel.

— Vous avez tort de ne pas me croire. Ils reviendront, je vous le dis. Ils reviendront pour me crucifier.

20 avril 1989. Quarante-huit heures ont passé depuis la bizarre affaire du cordonnier de la Beethoven Strasse... Après avoir fait conduire la prétendue victime à l'hôpital, où elle a reçu des soins légers, le commissaire Gregor Hermann a classé l'incident dans sa mémoire. Aussi accueille-t-il avec mauvaise humeur l'arrivée d'un de ses agents.

— Monsieur le commissaire, le cordonnier de la Beethoven Strasse...

— Ah non! Cela ne va pas recommencer ?

L'agent a malgré lui un ton d'effroi.

— Il est mort, monsieur le commissaire. Il... a été crucifié!

Le spectacle que découvre, un quart d'heure plus tard, le commissaire dans l'arrière-boutique de la cordonnerie est véritablement effroyable... Kurt Wienner a les deux mains clouées sur une croix faite de deux poutres assemblées et posées devant l'autel. Son crâne chauve est couronné d'épines, une baïonnette a été enfoncée dans son flanc droit... Il est mort depuis plusieurs heures déjà, sans doute pendant la nuit... Gregor Hermann se détourne de cette vision insoutenable. Il prononce à mi-voix :

— Cette fois, il n'a pas pu le faire tout seul...

21 avril 1989. Vingt-quatre heures ont de nouveau passé... Les hommes du commissaire ont fait vite... Les disciples du cordonnier de la Beethoven Strasse sont réunis dans son bureau. Ce sont des habitants du quartier, des gens simples : une boulangère, un employé de bureau, un retraité, une femme de ménage... Aucun d'eux n'a l'air surpris de ce qui s'est passé. Wienner leur avait annoncé à plusieurs reprises qu'un jour proche, il subirait le martyre du Christ pour racheter les péchés de l'humanité... Quant à la prédication de leur « Messie », elle ressemblait à toutes celles du même genre : la fin du monde est proche, il faut préparer le salut de son âme par le sacrifice et la prière...

Le rapport d'autopsie, qui vient de parvenir au commissaire Hermann, indique que Wienner avait absorbé une forte dose de somnifères. Il était donc inconscient lorsqu'il a été crucifié. C'est le coup de baïonnette qui a été fatal... Le commissaire ne pense pas vraiment à un crime. C'est sans doute sur son ordre que

Wienner a été tué. L'un de ses adeptes a eu l'affreux courage, ou plutôt l'inconscience, de lui obéir... Mais lequel ? Aucun de ceux qui sont là ne veut avouer, et le commissaire est tout prêt à les croire, car, malgré les efforts de ses policiers, ils ne sont pas au complet. Les « apôtres » du cordonnier ne sont que dix : il en manque deux...

Le commissaire Hermann interroge à la cantonade.

— Qui sont les deux autres ?

Une femme corpulente prend la parole :

— Le frère Leonard, un homme remarquable que nous admirons tous. C'était le préféré du Maître... Et le frère Wolfgang, un jeune homme très bien qui était là depuis deux mois...

Le commissaire tape du poing sur son bureau.

— Leonard comment ? Wolfgang comment ?

— Nous nous appelons par nos prénoms, jamais par nos noms...

Le commissaire Hermann a beau faire, il ne peut en apprendre davantage... C'est donc avec deux prénoms et deux vagues signalements qu'il doit poursuivre son enquête. Car il n'y a pas de doute : l'un des deux est l'assassin du cordonnier illuminé... À moins qu'ils ne soient coupables tous les deux...

C'est au milieu de l'après-midi qu'un policier entre dans le bureau du commissaire.

— Il y a là un certain Wolfgang Schneider, monsieur le commissaire. Il veut vous voir à propos du meurtre du cordonnier. Il dit que c'est important.

Et comment, c'est important ! Le commissaire fait introduire le visiteur sans attendre... Wolfgang Schneider est un homme d'une trentaine d'années, habillé de manière sportive, mais il semble sous l'effet d'une vive émotion...

— Je suis venu vous voir quand j'ai lu les journaux, monsieur le commissaire. Je connais le meurtrier du malheureux Wienner. Il s'agit d'un de ses disciples, Leonard Karstens.

Le commissaire contemple son visiteur... Bien entendu, il accuse l'autre. Mais il est tout aussi suspect lui-même.

— Et où peut-on trouver ce Leonard Karstens ?

— Je doute que vous mettiez la main sur lui. Il doit être en fuite et il est probablement loin à l'heure qu'il est.

— Mais vous-même, vous avez pris la fuite, monsieur Schneider...

Wolfgang Schneider pousse un soupir.

— C'est une longue histoire et ce n'est certainement pas celle que vous attendez. Je dois vous dire que je ne suis pas mystique. J'avais une autre raison d'entrer dans la secte de Wienner.

Le début est effectivement inattendu...

— Quelle raison ?

— Professionnelle... Je suis journaliste et j'écris un livre sur les sectes. Depuis un an, j'essaie de m'introduire dans toutes celles dont j'entends parler. Pour Wienner, j'ai eu de la chance. L'un de ses « apôtres » venait de quitter la ville. Il m'a pris aussitôt. Il avait besoin d'un douzième, si j'ose dire...

Le commissaire sourit. Il est devenu moins réservé vis-à-vis de son interlocuteur.

— Vous comprenez, monsieur le commissaire, pendant les réunions, moi je n'étais pas comme les autres, j'étais là pour observer. Et je me suis vite rendu compte que ce Leonard, lui non plus, n'était pas comme les autres. Il avait de toute évidence, comme moi, une raison particulière d'être ici. Alors j'ai décidé de faire mon enquête... Déformation professionnelle...

Le commissaire Hermann suit avec la plus grande attention les propos du journaliste.

— La semaine suivante, je suis venu avant les autres et j'ai guetté devant la boutique... Leonard est arrivé le premier, avec un paquet sous le bras. J'ai été regarder à travers un trou dans le volet : il remettait une paire de chaussures à Wienner... Cela pouvait sembler banal, mais j'ai tout de même repris la surveillance de la boutique le lendemain... Eh bien, monsieur le commissaire, une heure après l'ouverture, un homme est venu reprendre les chaussures et ce n'était pas Leonard, c'était quelqu'un d'autre ! Alors je me suis renseigné et j'ai découvert l'identité de Leonard Karstens. Il est employé dans un consulat d'un pays de l'Est...

Le commissaire Hermann fait un bond.

— Affaire d'espionnage ! Il fallait nous prévenir immédiatement !

— J'aurais certainement dû. Mais que voulez-vous, je voulais avoir un bon article, une exclusivité... La suite, vous la devinez...

Oui, le commissaire Hermann devine maintenant toute l'histoire... Leonard Karstens, espion pour le compte d'une puissance étrangère, entend parler du cordonnier et de sa secte. Il se dit qu'il peut s'agit d'une boîte aux lettres idéale. Il gagne la confiance de Kurt Wienner et lui demande, comme un petit service, de remettre de temps en temps une paire de chaussures à une certaine personne. Bien entendu, les chaussures sont truquées et contiennent un microfilm dissimulé dans le talon ou quelque chose du même genre...

Tout va bien, jusqu'au jour où Wienner, franchissant un degré de plus dans la folie, simule cette agression et se marque lui-même au fer rouge... En faisant cela, il signe son arrêt de mort. Car la police intervient, et c'est beaucoup trop dangereux pour des espions organisés. Leonard Karstens, disciple préféré du Maître, se rend donc à la boutique et convainc le cordonnier de s'immoler comme il l'a annoncé lui-même à plusieurs reprises : par la crucifixion...

Telle était sans doute la vérité, mais il faudra en rester à des suppositions. Car il n'y a pas eu de suite judiciaire à cette étrange affaire.

Leonard Karstens, sujet allemand, mais engagé comme domestique dans un consulat de Francfort, a disparu le jour de la mort de Wienner. Il a pris l'avion pour le pays de l'Est qui l'employait... Quelques mois plus tard, c'était la chute du mur de Berlin, avec tous les bouleversements que cela allait entraîner. L'histoire du cordonnier de Francfort a donc été l'une des dernières affaires d'espionnage de l'affrontement Est-Ouest. Et certainement l'une des plus extraordinaires !

Super-promotion

Ce matin-là, Paquita, une jeune mère de famille mexicaine, décide de profiter du beau temps pour aller faire quelques courses pour elle-même et son fils de huit ans, Esteban. C'est le jour du marché pour la semaine.

— Tu es prêt, Esteban ? Tu es grand à présent, il faut que tu m'aides. C'est toi l'homme de la maison. Dépêche-toi. Au Supermercado Garibaldi, ils font une journée de promotion. J'aimerais bien pouvoir en profiter un peu.

— Tu m'achèteras un crâne en sucre ?

— Encore ! Tu en as déjà eu un hier.

On est en pleine fête des Morts et tous les magasins, du pâtissier au fleuriste, exposent crânes, os et tous les accessoires indispensables à cette fête indissociable du tempérament mexicain.

— Tu sais que mercredi nous devons aller pique-niquer au cimetière sur la tombe de grand-mère. Il faut que je prépare tout.

Et Paquita, escortée d'Esteban, se met en route pour le Supermercado. Elle est un peu surprise car les abords du magasin sont noirs de monde. Des affiches colorées annoncent : « Aujourd'hui, 31 octobre, promotions sensationnelles. Grand concours de course au caddie. »

Un orchestre de mariachis, en costumes brodés et coiffés de grands sombreros, crée une ambiance chaleureuse et bon enfant devant le magasin. La foule s'engouffre dès que les portes s'ouvrent et Paquita, tenant solidement Esteban par la main, est entraînée à l'intérieur.

— Mademoiselle ! Voici votre chance ! Prenez part à la course au caddie. C'est le moment de faire vos achats sans bourse délier.

Paquita hausse les épaules et tente de se frayer un chemin loin de l'animateur.

— Mais si, maman, vas-y ! On peut gagner plein de bonnes choses.

— Voyez, mademoiselle, votre petit frère a tout compris.

— C'est mon fils, monsieur !

— C'est impossible, un grand fils comme ça ? Vous êtes bien trop jeune !

Évidemment l'animateur ne murmure pas ces fadaises dans l'oreille de Paquita. Au contraire, il les beugle dans son micro. Les haut-parleurs les répercutent dans tout le magasin. Sans que Paquita s'en rende compte, il lui colle le micro sous le nez dès qu'elle répond et elle devient le point de mire de toute la clientèle.

— Alors, jolie petite madame, je vois à vos mollets déliés que vous êtes sportive. Je vois dans vos jolis yeux noirs la flamme des championnes. Je pense que vous allez battre des records aujourd'hui. Comment s'appelle-t-il votre garçon ?

— Esteban !

— Eh bien, Esteban, tu ne serais pas content que ta maman rentre à la maison avec un caddie plein de bonnes choses ? Vous emporterez avec vous tout ce que vous pourrez mettre dans votre chariot en l'espace de trois minutes. La personne qui aura réussi, en trois minutes, à remplir son caddie avec les produits représentant la plus forte addition de la journée se verra offrir, en prime, un séjour de huit jours à Acapulco. Je dis bien : huit jours tous frais payés à Acapulco, dans un hôtel de luxe. Un magnifique séjour offert par la direction du Supermercado Garibaldi.

— Oh, maman, huit jours à Acapulco !

— Alors je vous inscris, jolie madame ? Pour offrir ces vacances de rêve à Esteban !

Avec un petit sourire et un haussement d'épaules, Paquita, d'un signe de tête, accepte de se lancer dans la course. Elle fait la grimace à Esteban :

— Oh, toi, tu te rends compte de ce que tu me fais faire ?

L'animateur annonce dans le micro :

— Et voici notre première concurrente de la journée, madame. C'est comment votre nom ?

— Paquita Obregon-Galmez.

— Mme Paquita Obregon-Galmez, qui va tenter de remplir

son caddie de tout ce qu'elle va pouvoir attraper dans le magasin en l'espace de trois minutes.

L'animateur précise :

— Esteban est votre coéquipier. Il va vous accompagner. Mais attention, vous seule avez le droit de saisir les marchandises dans les rayons. Vous êtes libre de votre parcours. Dans trois minutes, il faut que vous soyez arrivée à la caisse de sortie et on fera les comptes. Je vous rappelle que vous ne pouvez pas choisir deux fois le même article !

Paquita regrette déjà de s'être lancée dans cette aventure. À travers les vitrines du supermarché elle voit une foule impatiente qui se presse pour la regarder. Des centaines de nez s'écrasent contre les vitres. Dans le magasin, tous les clients s'immobilisent, attentifs et un peu goguenards.

— Vous êtes prête ? Tenez bien le caddie. Réfléchissez au parcours et surtout ne perdez pas de temps. Attention : dix, neuf, huit, sept, six, cinq...

La foule hurle avec l'animateur :

— ... quatre, trois, deux, un...

L'animateur fait retentir une sorte de sirène de marine qui résonne dans toute la grande surface.

Paquita s'élance, les deux mains sur la barre du chariot métallique. Elle s'efforce d'agir avec logique : « Les alcools d'abord, c'est ce qu'il y a de plus cher. » Elle fonce vers les bouteilles multicolores : une bouteille de vodka d'importation. Une bouteille de cognac français. Vite au rayon voisin, les vins : une bouteille de champagne français. Une bouteille de whisky. Il faut faire monter l'addition. « Pas de produits frais. Je ne pourrais pas les conserver assez longtemps. »

— Par ici, maman, par ici.

Esteban s'est mis dans le rôle du navigateur. Paquita file vers le rayon des produits d'importation. Foie gras français ! De jolies boîtes. Elle tend la main vers celle qui a l'air de peser un kilo. Elle hésite un peu : « Non, ça n'est pas dans mes prix ! Mais que je suis idiote, c'est gratuit. Tant pis : je ne sais pas ce que c'est, mais l'important c'est de faire monter l'addition. Il faut que je décroche ces huit jours à Acapulco ! »

Paquita, en sueur, continue à attraper tout ce qui lui semble intéressant, visant les produits étrangers. Dans une vitrine réfrigérée elle aperçoit même du caviar, mais il est hors de portée.

La foule au-dehors et dans le magasin frappe dans ses mains en cadence pour l'encourager. Tout le monde hurle sur l'air des lampions : *Paquita ! Paquita ! Vaya ! Mujer ! Olé !* Paquita, suivant les conseils d'Esteban, slalome entre les rayons, saisissant au passage des boîtes de conserve : chili, jambon américain, saucisses allemandes. À présent le rayon des produits frais : une dinde et une oie. D'un seul coup. « Tant pis, j'en donnerai une à la cousine Miranda. » Un énorme paquet de tortillas, un de tacos. L'animateur la suit pas à pas, son micro à la main :

— Dépêchons-nous, Paquita ! Plus qu'une minute.

Elle hésite. Des conserves encore : papayes, cactus sucrés. Au passage une énorme boîte de chocolats.

— Par ici, maman ! Par ici. (Esteban est rouge.) Prends des légumes !

Paquita ne traîne pas : elle entasse les boîtes de conserve. Les fromages à présent :

— Maman ! Les produits d'entretien !

Paquita fait un brusque demi-tour et repart vers les boîtes de cire vierge, les produits pour nettoyer les fours. « Qu'est-ce qui peut être le plus cher ? Tiens, les produits détachants ! »

Au-dehors les mariachis et leurs violons font monter la pression d'un cran. Don Fernando de la Cruz, le directeur du supermarché, se tient tout près de la caisse. Il a fière allure avec sa moustache cirée.

Paquita, dans un effort surhumain pour atteindre la caisse dans les délais, essaie d'attraper au passage un set de casseroles allemandes : six d'un coup. Ça ne doit compter que pour un seul article ! Elle a vu la publicité dans une revue féminine au bureau.

— Attention, maman ! Attention.

Esteban a vu arriver la catastrophe mais son cri ne peut rien empêcher. La foule pousse un hurlement presque inhumain. Dans sa dernière longueur Paquita vient d'accrocher une gigantesque pile d'œufs frais joliment disposés dans des boîtes en carton rose et bleu. Le directeur reste bouche bée en voyant toutes les boîtes d'œufs prendre un air penché, hésiter un peu et s'écraser juste devant le caddie de Paquita.

Esteban, leste comme un cabri, a fait un saut de côté mais Paquita, lancée avec son caddie rempli à ras bord, est incapable de freiner à temps. Elle glisse dans l'omelette géante, perd l'équilibre et lâche son engin métallique qui part comme une fusée vers la caisse. Le directeur voit le caddie lui foncer dessus et il a un petit geste pour protéger la partie de son individu qui se trouve justement à la mauvaise hauteur.

Mais rien n'y fait : Don Fernando de la Cruz, fauché au-dessous de la ceinture, pousse un cri étouffé et lâche le micro qu'il tenait à la main. Et d'un seul coup il bascule dans le caddie où il tombe, le nez en avant, sur les casseroles, les dindes, les avocats et même sur quelques œufs arrivés là par hasard et encore intacts.

Paquita, qui est tombée sur les fesses dans l'omelette du siècle, glisse à toute vitesse, elle aussi, vers la caisse. Elle rattrape le caddie qu'elle vient de lâcher, tout dégoulinant de jaune d'œuf, et glisse au-delà de la caisse derrière lui. L'animateur, l'œil fixé sur son chronomètre, n'a rien vu de la fin du parcours. Il hurle dans son micro :

— Stop ! Terminé.

Et il actionne à nouveau la sirène qui marque la fin du temps imparti à Paquita.

La foule hurle son enthousiasme. Ils ne se sont pas déplacés pour rien. Le directeur essaie de sortir du caddie. Paquita, couverte de jaune d'œuf, se relève, furieuse contre elle-même :

— J'espère que vous n'allez pas me demander de payer les œufs !

L'animateur, en voyant le spectacle, est pris d'un fou rire. Esteban, dans un coin, est hilare, lui aussi.

Le directeur, avec l'aide des caissières, sort du chariot et retrouve sa position verticale. Il n'a pas l'air très heureux et apostrophe l'animateur :

— Bravo pour votre idée. Trouvez-moi quelque chose de moins catastrophique pour demain.

Déjà les femmes de ménage se précipitent pour réparer les dégâts.

L'animateur fait un signe aux mariachis qui jouent de plus belle, et enchaîne :

— Après le parcours de Paquita, brillant mais un peu mouvementé, nous allons faire les comptes et voir à combien s'élève l'addition des produits qu'elle a pu mettre dans son caddie en trois minutes. Tout d'abord, un set de casseroles miracles qui n'attachent absolument pas à la cuisson : neuf cents pesos ! Une dinde et une oie : cinq cent quarante pesos !

À chaque article la foule applaudit. Le directeur essaie de

remettre un peu d'ordre dans sa tenue. Paquita aussi mais, même avec l'aide des clientes, le résultat n'est pas probant.

— Et voilà, le compte est fait : Paquita, vous avez réussi, en trois minutes, à mettre dans votre caddie pour six mille trois cent quarante-deux pesos ! Évidemment, d'ores et déjà tous ces produits sont à vous. Et, n'oublions pas : si personne avant la fermeture n'arrive à dépasser ce chiffre, c'est vous qui partirez pour huit jours de rêve à Acapulco ! Avec Esteban, votre petit garçon qui s'est vraiment montré à la hauteur de la situation. Donc j'inscris sur le tableau : Paquita Obregon-Galmez, six mille trois cent quarante-deux pesos. Qui fera mieux ?

Une voix féminine dans la foule qui applaudit l'interrompt brutalement :

— Vous avez oublié quelque chose !

— Et qu'est-ce que j'ai oublié ?

— Vous avez oublié de compter le directeur ! Lui aussi il était dans le caddie quand il est passé à la caisse !

L'animateur se met à rire :

— Ah, le directeur ne compte pas. Excusez-moi, Don Fernando. Vous comprenez ce que je veux dire !

Don Fernando acquiesce en continuant à essuyer son complet couleur jaune d'œuf.

— Si ! Si, il faut comptabiliser le directeur !

À présent, ce sont dix clientes qui réclament qu'on évalue le directeur. Les plus vieilles, riant aux larmes, sont les plus enragées :

— Une fois passé à la douche, il peut encore servir ! Comptez-le pour cinq cents pesos !

— Si vous le soldez, faites-moi signe.

L'animateur décide de prendre la situation en main :

— Mesdames, calmez-vous, Don Fernando ne peut pas faire partie de l'addition de Paquita. Ce n'est pas une marchandise.

Mais les clientes, ravies d'embarrasser Don Fernando et sa grosse moustache, ne veulent rien savoir : « Don Fernando dans l'addition ! Don Fernando dans l'addition ! » Tout le magasin, même celles qui n'ont rien vu, même celles qui sont arrivées après la fin de parcours de Paquita, se mettent à scander ce nouveau slogan : « Don Fernando dans l'addition ! » D'autres, pour la rime, chantent un autre slogan : « Don Fernando, combien de kilos ? » Les mariachis improvisent même un petit air guilleret tout à fait adapté aux circonstances. Certaines clientes se mettent à valser entre les rayons. Après tout la valse est une spécialité mexicaine fameuse dans le monde entier.

Le directeur commence à craindre le pire : non pas d'être emporté par Paquita, mais de voir ses vitrines exploser. Il monte sur l'estrade et attrape le micro des mains de l'animateur.

— Très chères clientes. Je suis heureux d'avoir, bien malgré moi, contribué à vous mettre en joie. Vous admettrez que Mme Paquita… (il jette un coup d'œil sur le tableau)… Mme Paquita Obregon-Galmez serait bien embarrassée si elle pouvait m'emporter avec elle. D'autant plus que, comme vous pouvez le constater… (il montre son annulaire)… je suis déjà marié. Et père de six enfants. (La foule éclate en applaudissements.) Je propose donc, si vous en êtes d'accord, d'accorder à Paquita, en compensation du manque à gagner que je représente… trois minutes de plus pour refaire le parcours. Et de plus, la direction offre à Paquita une robe toute neuve qu'elle ira choisir au magasin tout proche, les Galerias Preciados.

La foule exulte, les mariachis accélèrent la valse mexicaine. Don Fernando dépose un baisemain de grande classe sur la main de Paquita. Il se relève avec du jaune d'œuf sur sa moustache. Nouvelle salve d'applaudissements.

— Suivez-moi dans mon bureau !

L'animateur sent que sa carrière au Supermercado est compromise. Effectivement Don Fernando est très clair :

— Vous terminez ce soir. Je vous en ficherai du slalom dans les œufs frais ! Et toute la pile d'œufs est à votre compte. *Adiós.*

Lors de son deuxième tour de course, Paquita, qui se sent moins en jambes, ne parvient pas à emporter plus de quatre mille quatre cent vingt-trois pesos. Mais, grâce à son premier caddie de six mille trois cent quarante-deux pesos, c'est elle qui, un mois plus tard, part pour Acapulco avec Esteban.

Les journaux ont relaté sa folle aventure lorsque l'avion qui la ramenait d'Acapulco avec Esteban s'est écrasé au décollage. Il y a eu huit survivants, dont Paquita et son fils.

Prise d'otage

Un petit restaurant grec, à New York. Chez Nick. Nick est une abréviation américaine de Nicholopoulos. Depuis trois générations on y fait toujours de la cuisine grecque, et ce restaurant familial a deux particularités. On y dîne extrêmement bien, et on y paie fort cher. Ce qui justifie la clientèle, restreinte mais huppée, qui occupe une dizaine de tables.

Il est presque minuit. Nick, le patron, la soixantaine, attend derrière sa caisse que les cinq dernières tables règlent leurs additions. C'est l'heure du digestif.

La dame du vestiaire tricote dans son coin, en gardant les visons et les zibelines, car il fait dehors un temps de chien. Le service est terminé aux cuisines, le chef est parti, il ne reste plus que Sam, le plongeur, au milieu de ses piles d'assiettes.

En comptant les clients, les deux serveurs, la dame du vestiaire, Sam le plongeur et Nick, il y a là seize personnes.

Depuis un moment, Nick observe la table 7. Un couple qui a l'air de régler un compte personnel. La jeune femme est petite, mince, assez jolie, le regard exaspéré des femmes qui s'ennuient. Devant elle, l'« ennuyeur », un type au physique avantageux, qui ne cesse de parler. Manifestement il s'efforce de convaincre la jeune femme de quelque chose. De lui peut-être... Les autres clients sont bien plus âgés, des habitués pour la plupart. Soudain la jeune femme brune se lève, excédée, alors que son compagnon n'a pas encore demandé l'addition, et se dirige droit vers le vestiaire :

— Mon manteau, s'il vous plaît !

Nick l'aurait parié. Il se lève pour aller saluer la cliente et l'aider à mettre son manteau puisque l'autre, là-bas à sa table, l'air bête et furieux, ne bouge pas.

Et c'est à ce moment-là que la porte d'entrée s'ouvre et que deux hommes pénètrent dans le restaurant avec une bouffée d'air froid. Il n'est plus l'heure de servir, mais Nick n'a pas le temps de le dire. La dame du vestiaire s'effondre avec un cri bizarre, devant deux énormes pistolets. Les nouveaux arrivants, vaguement masqués de foulards sur le nez, referment la porte du restaurant, la bloquent, tirent les doubles rideaux, et l'un d'eux crie d'une voix forte :

— On ne bouge pas ! On vide ses poches, on met tout sur les tables. Je veux l'argent et les bijoux !

L'autre s'est emparé de la jeune femme brune, qu'il tient devant lui comme un bouclier.

La situation est claire, si l'on peut dire. Nick essaie immédiatement de négocier.

— Prenez la caisse, laissez les clients tranquilles !

— Ta gueule ! On la prendra ta caisse ! Les clients d'abord !

Alors Nick essaie de relever la dame du vestiaire. Marge n'est plus toute jeune, elle est tombée évanouie derrière sa petite table de service face contre terre. La pauvre femme n'a pas de chance, Nick sait qu'elle est cardiaque et qu'elle a déjà été victime d'un braquage.

— Bouge pas, toi, recule !

— Laissez-moi l'asseoir au moins !

— Ta gueule ! Pose ta graisse sur une chaise !

Bon. Nick ne bouge plus. Il pose ses quatre-vingt-dix kilos sur la chaise de la dame du vestiaire.

Évidemment il pense à sa caisse, mais surtout à sa femme et à ses enfants ; se faire tuer pour la recette d'un soir ne les consolerait pas. Nick est un calme, et il espère de toutes ses forces que les autres garderont aussi leur calme. Surtout Sam le plongeur. Sam est un ancien boxeur, et ce n'est pas un calme. Il a souffert d'une bonne quantité de KO qui lui ont laissé les idées courtes, les nerfs fragiles et une surdité importante. Il n'a sûrement rien entendu au fond de sa plonge, mais si par malheur il passait la porte de service...

L'homme qui semble diriger l'opération a une sale tête. Deux petits yeux noirs enfoncés et méchants, une cicatrice au menton et, sous le foulard, un nez que l'on devine proéminent. Comme s'il lisait dans les pensées de Nick, il se dirige justement vers cette porte de service, la pousse d'un coup de pied, entre à reculons, inspecte les lieux rapidement et ressort en disant à l'intention de son complice :

— C'est bon ! personne !

L'autre, plus jeune, silencieux et très calme, ne lâche pas son otage.

Les clients ont réalisé immédiatement ce qui se passait, et des murmures se sont élevés, quelques cris, alors le chef fait le tour des tables en baladant son arme sous le nez des femmes. Son discours est simple :

— Tout le monde vide ses poches, j'ai dit ! On ne crie pas ! Je descends le premier qui bouge !

Le calme revient aussitôt. Et chacun vide ses poches.

Les deux serveurs sont collés au mur, Nick leur a fait signe de ne pas intervenir, mais ils n'en avaient pas envie, de toute façon. Torchon contre pistolet, il n'y a pas de quoi faire le héros. Mais où est Sam ? Peut-être en train de ranger les poubelles dans l'arrière-cour, de fumer une cigarette dans la ruelle, ou de finir de vider les bouteilles en douce, comme d'habitude.

L'homme aux petits yeux noirs lit toujours dans les pensées de Nick.

— Où est le personnel de cuisine ?

— Ils sont partis, le service est terminé.

Nick a répondu très vite, en priant le ciel que ce taureau furieux de Sam ne vienne pas le contredire au mauvais moment. Car Sam est un problème ambulant. S'il se trouve nez à nez avec un truand, il y aura forcément un mort : lui. Nick sait parfaitement qu'il foncera sans réfléchir. Comme un robot déréglé. Sam ne supporte pas d'être agressé. Il fonce les poings en avant mais contre deux pistolets de ce calibre il n'a aucune chance, évidemment.

Cependant, le problème ne vient pas de Sam, pour l'instant. C'est la jeune femme brune, l'otage, qui se manifeste tout à coup. Elle avait gardé son calme jusqu'ici, coincée dans les bras du gangster, un canon sous le menton, elle n'avait rien dit. Et voilà qu'elle lance tranquillement :

— Vous ne pourriez pas vous occuper du monsieur blond

là-bas ? Celui qui est tout seul, à droite ! Je le connais ! Il va vouloir jouer les héros pour me délivrer ! C'est le genre à vous jeter une salière à la tête, ou n'importe quoi d'aussi stupide ! Empêchez-le de faire l'imbécile, je n'ai pas envie de mourir sous prétexte qu'il veut faire le malin !

Même le sale type à la cicatrice est surpris. Quant à l'autre, il relâche momentanément la pression de son arme, pour se pencher sur le visage de son otage avec curiosité. Pendant ce temps tous les clients se tournent vers le blond. Et le chef vient lui mettre son arme sous le nez, bien entendu.

— C'est toi l'imbécile ? C'est ta femme ? Tu lui plais drôlement, dis donc ! Debout, les mains en l'air ! Tourne-toi, avance ! Va te coller au mur !

L'homme blond obéit, l'atmosphère est électrique. Le chef arrache la cravate du blond sans ménagement, lui attache les poignets, le gratifie d'un coup de genou bien placé, qui le plie en deux. Puis il traîne des chaises autour de lui et les entasse, pour en faire une barrière.

— On se dépêche maintenant ! On vide les sacs à main, on vide les portefeuilles, je récolte et on s'en va !

Il fait tranquillement le tour des tables, ramasse le butin méthodiquement. Un portefeuille par homme, vérification des poches, coup d'œil aux dames, sacs renversés sur chaque table, inspection des poignets, des mains, du cou et des oreilles. Pas un bijou ne lui échappe. Il enfourne le tout dans les poches immenses d'un pardessus immense, et en moins de trois minutes, il a dévalisé tout le monde.

Nick serre les dents dans son coin. La dame du vestiaire a remué légèrement, elle n'est donc pas morte, mais elle est sûrement mal en point. Son front a heurté le comptoir, un mince filet de sang s'écoule sur la moquette. Les deux serveurs sont toujours plaqués au mur, raides comme des mannequins de vitrines. Et toujours pas de nouvelles de Sam.

Il ne reste plus que le tiroir-caisse. Il est évident que les deux hommes ne vont pas partir sans s'occuper de la caisse !

— Debout le gros !

Nick se lève, résigné, se dirige vers la caisse.

— Arrête-toi là !

L'homme à la cicatrice s'approche, méfiant. Nick ne serait pas le premier à planquer une arme dans le tiroir-caisse. En bon récidiviste, il connaît ça par cœur.

— La clé ?
— Sur l'étagère au-dessus...
Après avoir vérifié que l'étagère ne recelait pas d'arme défensive, le braqueur ouvre le tiroir-caisse, fait reculer Nick de deux mètres et prend les billets bien rangés dans les petits casiers. Il jette les chèques avec dédain et râle :
— T'as pas fait que ça comme recette tout de même ? Tu te fous de moi ?
Il est mal tombé le gangster... côté liquide. Chez Nick on paie le plus souvent par carte de crédit ou par chèque. La clientèle ne trimbale pas des paquets de dollars, mais des porte-cartes de luxe...
Nick lui désigne la machine d'un air désolé mais on l'imagine secrètement satisfait :
— C'est ça la vraie caisse... Vous pouvez vérifier.
— Ton portefeuille !
Nick donne son portefeuille, que l'autre déleste d'une centaine de dollars, l'air dégoûté. Les affaires ne sont plus ce qu'elles étaient...
— Bon, personne ne bouge. Vous, restez bien sages, on s'en va ! Mon copain va sortir le premier avec la fille. Au moindre geste, il lui tire une balle dans la tête ! C'est compris, toi là-bas ?
« Toi là-bas », c'est le blond, qui s'est un peu redressé, mais pas trop, les yeux pleins de larmes. En dehors de la dame du vestiaire dont l'état est stationnaire, il est le seul à avoir pris un mauvais coup.
— T'as compris ? Répète !
— J'ai... compris...
— Eh ben voilà, le héros... c'est bien...
C'est la fin du braquage. Le gangster à la cicatrice recule vers la porte, tandis que l'autre, traînant son otage, attend qu'il débloque le verrou. Puis il se glisse au-dehors et le chef attend, braquant toujours les clients. Quelques secondes passent, puis la voix de l'autre à l'extérieur :
— J'y suis !
On ne sait pas où, probablement dans une voiture garée devant le restaurant. L'homme à la cicatrice donne la dernière règle du jeu :
— OK, on va vous enfermer de l'extérieur. Toi là-bas, on

te laissera ta femme un peu plus loin, sur le trottoir ! Elle t'attendra peut-être...

Et il disparaît à son tour. Nick tend l'oreille. Il attend le tour de clé, mais rien ne vient. Quelques secondes, puis il dit relativement bas :

— On dirait qu'ils n'ont pas fermé...

L'homme blond se dégage aussitôt de sa barrière de chaises, tend les bras pour que quelqu'un dénoue la cravate qui lui lie les poignets.

Nick intervient :

— Minute ! Ne faites pas l'imbécile ! On ne sait pas ce qui se passe dehors...

— Ils ont ma femme ! Si vous croyez que je vais les laisser faire !

— Mais bon sang, ils n'ont tué personne... attendez...

Trop tard, l'homme blond fonce vers la porte, l'ouvre... Mais est-ce lui qui l'ouvre, ou quelqu'un d'autre qui la pousse de l'extérieur ? C'est quelqu'un d'autre. C'est Sam qui apparaît, avec son nez écrasé, ses pommettes aplaties, l'oreille qui lui manque. Et qui ne voit qu'une chose, un énergumène lui foncer dessus. Alors il l'étale d'un direct encore efficace, contemple le résultat par terre, puis gueule à son patron d'un air triomphant :

— Y en avait un troisième, patron ! Je l'ai eu, patron !

Brave Sam, injustement soupçonné de vider les bouteilles planqué dans les poubelles. Pas fou, le vieux Sam. Il a vu les deux truands pénétrer dans l'établissement, et il s'est dit : « Si je fais la bagarre, le patron sera pas content. Il ne veut pas que je me batte. Alors je ferme la porte de la cour, je vais chercher les flics au carrefour de la 42e et de Madison et je les ramène. »

Bien pensé. Les deux truands se sont fait cueillir comme des fleurs à la sortie.

— C'était pas bien ça, patron ?

À une bavure près en effet, c'était remarquable. Il ne restait qu'à ranimer la dame du vestiaire – pas trop de bobo heureusement. Et à transporter « toi là-bas » sur une civière. Un coup de pied dans le bas-ventre, un direct en pleine figure, le nez cassé, une pommette éclatée, et des dents en moins. Pas mal amoché le beau parleur.

En témoignant sur les circonstances du hold-up, la jeune femme brune a déclaré :

— Ce n'était pas mon mari ! C'était un imbécile qui voulait m'épouser, et je venais seulement de m'en rendre compte !

D'ailleurs elle ne l'avait pas attendu.

C'est rare, non, les histoires de gangsters qui finissent bien ?

Course contre la montre

27 octobre 1991, la cellule des condamnés à mort de la prison de Bridgeport, dans le Connecticut, aux États-Unis. Un homme tourne en rond depuis des jours. Le temps, pour lui, a pris une dimension différente de celle des autres êtres humains. Pour lui, c'est un compte à rebours.

Gregory Austin regarde à travers les barreaux de sa fenêtre. Dehors, on distingue la cour, des toits ; au loin, on devine les maisons de la ville. Qu'est-ce que tout cela signifie pour lui ? Sa réalité est ailleurs. Dans une pièce de la prison, toute proche, une pièce aux murs aveugles qui contient, pour seul mobilier, une chaise électrique.

Dans l'esprit de Gregory Austin, une date revient sans cesse contre laquelle butent toutes ses pensées : celle du 1er novembre. Gregory Austin, condamné pour hold-up et meurtre d'un veilleur de nuit, sait qu'il va être exécuté le 1er novembre...

Pour la centième fois, le condamné agrippe ses barreaux, puis se laisse tomber sur son lit, la tête entre les mains. Il est innocent, innocent ! Lui seul le sait, personne n'a voulu le croire. Et, dans cinq jours, peut-être, il sera trop tard. Il va mourir à vingt-deux ans !

Une autre cellule de la prison de Bridgeport, celle des femmes : depuis quelques jours, Patricia Grover donne des signes de plus en plus marqués de nervosité. Cette jeune fille de vingt et un ans n'est pas une détenue facile. Elle est nerveuse, irritable, parfois violente. C'est le type même de la désaxée. Elle a été en maison de correction jusqu'à dix-huit ans et elle a rechuté un an après sa sortie. Elle vient d'être condamnée à deux ans de réclusion pour complicité dans un vol à main armée...

Pourtant, le matin du 27 octobre 1991, elle est particulièrement agitée. Elle parcourt la pièce dans tous les sens, s'assied, se relève... À tel point que sa compagne de cellule finit par lui dire, excédée :

— T'as pas fini ? Si t'es malade, va te faire soigner...

Patricia Grover se redresse brusquement. Elle a un regard absent, elle tremble.

— Non, je suis pas malade. C'est beaucoup plus grave !

Et elle se met à tambouriner sur la porte en hurlant :

— La directrice ! Je veux voir la directrice !

Au bout d'un moment, la gardienne arrive. Une forte femme aux cheveux gris s'encadre dans la porte, un trousseau de clés à la main.

— Et qu'est-ce que vous lui voulez à la directrice ?

— Il faut que je lui parle. Un homme va être exécuté à cause de moi. Il est innocent...

La femme hausse les épaules.

— Vous êtes toutes les mêmes. Qu'est-ce que vous n'inventeriez pas pour profiter d'une petite promenade ! Allez, calmez-vous, ma petite. De toute façon, la directrice est absente. Elle sera là demain.

Et la porte se referme, tandis que Patricia s'effondre en répétant :

— Demain ? Mais y a plus que cinq jours !

28 octobre 1991. Dans la cellule des condamnés à mort, Gregory Austin compte lui aussi les jours... Encore une fois, il revit les circonstances qui ont entraîné son arrestation et sa condamnation...

Oh, bien sûr, il n'est pas blanc comme neige ! Il est ce qu'on appelle un mauvais garçon. Le jour de son arrestation, il n'avait que vingt ans et, pourtant, il avait déjà été condamné à deux ans avec sursis pour attaque à main armée dans un poste d'essence. Mais criminel, non, il ne l'a jamais été...

Le 23 juillet 1989, il se trouvait à Bridgeport avec un ami — il vaut mieux dire complice —, George Baker, lui aussi un mauvais garçon débutant. C'était la nuit. Ensemble, ils parcouraient les rues au volant d'une Cadillac noire qu'ils venaient de voler. Ils essayaient de repérer une maison inoccupée pour faire un coup. Il y en a beaucoup à Bridgeport, en été...

Et c'est la fatalité. Le lendemain, la police est venue les arrêter à leur hôtel. Un hold-up avait été commis la nuit précédente au yacht-club, on avait assassiné le veilleur de nuit. Et des témoins avaient vu précisément deux hommes s'enfuir à bord d'une Cadillac noire...

Ah, ils se sont défendus farouchement, George Baker et lui ! Ils ont clamé leur innocence. Mais tout était contre eux : leurs antécédents judiciaires, la voiture, leur présence à Bridgeport où ils n'avaient rien à faire et où ils étaient descendus sous des noms d'emprunt. Au bout d'une semaine d'enquête, ils ont été inculpés...

Pourtant, jusque-là, rien n'était perdu. On n'avait aucune preuve décisive. Ils pouvaient être acquittés. Seulement, au procès, il s'est produit deux coups de théâtre.

C'est à George que le président a posé en premier la question traditionnelle :

— Plaidez-vous coupable ou non coupable ?

Gregory Austin entend encore son complice répondre en avalant sa salive :

— Coupable, votre honneur...

Gregory est resté abasourdi devant ce revirement. Il s'est mis à crier :

— George, t'es fou ! On est innocents...

L'autre lui a répondu, sans oser le regarder :

— Je veux pas aller sur la chaise électrique, tu comprends ? Fais comme moi, Gregory...

Mais lui, il a refusé ce compromis. Il a plaidé non coupable... Pourtant, c'est le second coup qui a été le plus dur. Quand on a appelé Patricia Grover à la barre, on n'attendait rien de particulier de sa déposition. Patricia, c'était sa petite amie. En fait, elle ne l'était plus depuis quelque temps. Il l'avait délaissée pour une autre fille et elle l'avait très mal pris.

Gregory la revoit très droite, très sûre d'elle, déclarant d'une voix qui ne faiblissait pas :

— J'ai une déclaration importante à faire. Ce soir-là, j'étais dans la voiture avec les deux accusés. On s'est arrêtés au yacht-club. Ils m'ont dit d'attendre. J'ai entendu des coups de feu et ils sont revenus précipitamment avec un gros sac. On a démarré à toute allure. Ils m'ont laissée au coin d'une rue et je les ai plus revus depuis...

Après une telle accusation, les avocats n'ont rien pu faire. Les accusés ont été tous les deux reconnus coupables de meurtre. George Baker, qui avait plaidé coupable, a été condamné à la prison à perpétuité et lui a été condamné à mort...

La mort, elle est tout près de lui, à quelques pièces de sa cellule, et dans quatre jours certainement.

Le même 28 octobre 1991, Patricia Grover vient enfin d'obtenir gain de cause. Elle est introduite dans le bureau de la directrice. C'est une petite femme maigre, sèche, la cinquantaine un peu passée. Sans cesser d'essuyer ses lunettes, elle lui fait signe de s'asseoir.

D'une seule traite, Patricia raconte toute l'histoire. Elle explique pourquoi elle a fait ce faux témoignage ; pour se venger de Gregory, mais aussi parce qu'elle était à l'époque en maison de correction et que les policiers lui avaient promis qu'elle pourrait sortir très vite si elle témoignait. D'ailleurs, on l'a libérée effectivement quinze jours après... Mais maintenant, elle regrette. Elle vient de prendre conscience de son acte. Il faut tout faire pour le réparer...

Voilà... Patricia a fini. Elle a mis toute la conviction possible dans sa voix. Elle sait que si la directrice ne la croit pas, tout est perdu. La vérité restera enfermée dans cette pièce, elle retournera dans sa cellule et, dans quatre jours, Gregory Austin sera électrocuté.

La directrice n'a pas encore prononcé un mot. Elle remet ses lunettes. Elle décroche le téléphone et lui demande :

— Quel est le nom du juge d'instruction de l'affaire ?

Patricia Grover manque de crier sa joie. Elle la croit... Elle a réussi. Il y a encore une chance que Gregory soit sauvé...

Mais rien n'est joué. Le lendemain 29 octobre, à dix heures du matin, la directrice reçoit la réponse du juge d'instruction.

— J'ai étudié le cas, chère madame, et j'en ai même parlé avec le gouverneur. Il ne nous semble pas qu'il s'agisse vraiment d'un élément nouveau. Cette femme est visiblement encore amoureuse du condamné et elle essaie de le sauver par tous les moyens... Non, non, croyez-moi, sa culpabilité est certaine. D'ailleurs, son complice a avoué... Évidemment, si cette Patricia Grover apportait une preuve, ce serait différent... En attendant, l'exécution est maintenue pour le 1er novembre.

La directrice n'insiste pas. Elle appelle immédiatement Patricia. Elle la met au courant de la situation. Elle a perdu son côté rébarbatif, désagréable. Il a fait place à une énergie farouche. Patricia sent qu'elle veut sauver cet homme et qu'elle est prête à tout pour y arriver.

— Vous comprenez, le juge a besoin d'une preuve. Il faut absolument que vous en trouviez une. Cherchez... Tout dépend de vous.

— Bien sûr que j'ai une preuve ! Au tribunal, j'ai déclaré que j'étais dans la voiture avec lui. Mais cette nuit-là, j'étais avec un garçon. Il m'avait abordée dans la rue et je l'avais suivi. J'avais fait ça parce que Gregory m'avait laissé tomber, vous comprenez ? Je me souviens qu'à l'époque, il travaillait chez un photographe de Silver Street. Il y est peut-être encore...

Une demi-heure plus tard, la directrice de la prison entre d'un pas décidé dans le magasin de photographie de Silver Street. À la description que lui a faite Patricia, elle reconnaît que le vendeur est bien l'homme en question. C'est un grand homme blond, l'air affable, plutôt mou.

— Monsieur, j'ai besoin de votre aide. La vie d'un homme est en jeu... Il faut que vous témoigniez que le 23 juillet 1989, vous avez passé la nuit avec Mlle Patricia Grover.

Le jeune homme ouvre d'abord de grands yeux et puis il se raidit :

— Je ne comprends pas ce que vous voulez. Je n'ai rien à vous dire... Et puis, comment voulez-vous que je me souvienne après tout ce temps ?

Et il ouvre déjà la porte pour la congédier. Mais la directrice insiste ; elle ne le lâchera pas.

— Vous vous en souvenez parfaitement ! C'était le jour où un veilleur de nuit a été tué à Bridgeport. Vous l'avez sûrement lu dans les journaux. Et puis vous avez sûrement lu aussi le compte rendu du procès. Vous savez que Patricia Grover a déclaré être cette nuit-là avec les accusés, alors qu'elle était avec vous.

Le jeune homme pâlit. Il tripote nerveusement un crayon qui traîne sur son comptoir.

— Écoutez... Tout cela c'est du passé. Maintenant... je suis marié, j'ai des enfants... Alors il faut me comprendre...

— Non, ce n'est pas du passé, c'est du futur, un futur très très proche, un futur d'exactement soixante-douze heures ! Gregory Austin doit être exécuté dans trois jours !

Cette fois, la directrice a gagné. Le photographe baisse la tête. Il déclare d'une voix faible :

— Vous avez raison... Je suis prêt à témoigner.

Le jour même, la directrice va porter sa déclaration au juge d'instruction. Celui-ci confère toute la nuit avec le gouverneur de l'État du Connecticut.

Et le lendemain, la décision officielle est annoncée : l'exécution du condamné est remise au mois de janvier 1992. En attendant, l'enquête sur le hold-up de Bridgeport sera réouverte.

L'enquête, bien entendu, conclut à l'innocence de Gregory Austin et de son complice. Au cours du procès qui a lieu au mois de juin 1992, ils sont tous deux acquittés. Quant aux véritables coupables, ils n'ont jamais été retrouvés.

Il y a eu un second procès à la suite de cette affaire : celui de Patricia Grover pour faux témoignage et outrage à magistrat. Elle a été condamnée à un an de prison s'ajoutant à la peine qu'elle était en train de purger.

Mais, jusqu'à sa libération, Patricia s'est montrée une prisonnière modèle, toujours souriante, gaie, de bonne humeur, chantonnant sans raison dans sa cellule. En la voyant, ses compagnes de détention se répétaient sans comprendre :

— C'est incroyable, on dirait qu'elle est heureuse d'être là.

Confidences

Beverly Doolight, en ce beau matin de juin, regarde le soleil qui brille à l'extérieur de son bureau. Aujourd'hui elle décide de s'accorder un petit après-midi de congé. De toute manière son patron est en vacances. Beverly se regarde dans le miroir de son poudrier et pense : « Ma fille, tu aurais besoin d'une bonne mise en plis. »

Beverly vient de descendre de l'autobus. La température est déjà chaude. Au passage, elle salue l'épicier italien, le marchand de hot dogs et elle fait un signe de la main à Carlyn Connors, qui habite à deux blocs de chez elle. Carlyn s'approche :

— Ma petite Carlyn, pourrais-tu venir jusque chez moi pour me faire ma mise en plis ?

— Avec plaisir, madame Doolight. Cet après-midi ? Juste la mise en plis ?

— Oui, j'ai l'air d'une vraie tête de loup.

Carlyn vient d'avoir quinze ans. Mais elle a un jour proposé ses services à Beverly et celle-ci a dit : « Pourquoi pas ? » Cette première séance de coiffure, il y a quelques semaines, a donné pleine satisfaction à la cliente : « Ma petite Carlyn, tu es vraiment douée. J'espère que tu vas faire une grande carrière. C'est absolument parfait. Dorénavant c'est toi qui me feras toutes mes mises en plis. Une autre fois on essaiera un rinçage. Et peut-être aussi une décoloration. »

Un peu plus tard, quand Carlyn Connors franchit le seuil du pavillon de Beverly Doolight, elle n'est pas seule :

— Je vous présente Joe Wallandis. C'est mon boy-friend. Il était chez moi quand vous avez appelé. Ça ne vous dérange pas qu'il reste ?

— À dire vrai, je ne t'attendais pas si tôt. Je dois aller faire une petite course. Pourriez-vous revenir... disons dans une heure ?

— Sans problème. Je vais aller un moment chez Joe. À tout à l'heure, madame Doolight.

Carlyn et son petit ami s'éloignent bras dessus, bras dessous en bavardant. À dix-sept heures trente la petite coiffeuse revient. Seule. Beverly Doolight enfile un peignoir et s'installe dans le fauteuil habituel pour ses séances de coiffure.

— Si je comprends bien, c'est du sérieux entre Joe et toi ?

Carlyn rougit un peu :

— Ça se voit tant que ça ?

— À partir du moment où un garçon et une fille portent exactement la même chemise et le même pantalon, c'est un peu évident. Non ? Et quel âge a-t-il, ce Joe ?

— Dix-neuf !

— Tiens, je n'aurais pas cru. Il me fait penser à mon Michael qui n'a que quatorze ans. En tout cas, vous avez l'air de bien vous amuser tous les deux.

Dès que Beverly Doolight est hérissée de rouleaux multicolores, Carlyn l'installe sous le séchoir et s'en va chez une autre cliente.

— Je reviens dans une heure pour vous terminer et vous donner le coup de peigne final.

Vers dix-huit heures trente Carlyn apparaît à nouveau. Beverly Doolight attend assise sur le divan du salon, devant la télévision. Carlyn se met à défaire les rouleaux de sa cliente. Sans dire un seul mot. Soudain elle pousse un profond soupir :

— Madame Doolight, j'ai quelque chose à vous dire.

Beverly Doolight ne répond pas. Du coin de l'œil elle suit le feuilleton. Carlyn reste un moment silencieuse, puis elle soupire à nouveau :

— Joe m'a fait jurer de ne rien dire et ça m'ennuie de ne pas respecter mon serment, mais je suis vraiment très embêtée...

Beverly Doolight, sans quitter l'écran des yeux, lance mollement :

— Tu peux tout me dire, Carlyn...

— Bon, vous savez, après être passée chez vous, je vous avais dit que j'allais chez Joe. Chez lui il y avait son meilleur ami, Nat Wilberg. Je ne sais pas si vous vous rappelez, mais je vous ai déjà parlé de lui une fois. Il déteste ses parents. Ils ne lui laissent aucune liberté. Ils exigent qu'il soit rentré à neuf heures et demie du soir... Sinon ça chauffe.

— Ce sont des parents prudents. Peut-être un peu vieux jeu, mais enfin, ils ont des principes.

— Toujours est-il qu'aujourd'hui, Nat était complètement furibard. Il a dit que ça ne pouvait plus durer comme ça. Il dit qu'il veut en finir.

— Ah bon, et qu'est-ce qu'il a l'intention de faire, ce petit Nat ?

— Il veut tuer ses parents...

— Voyez-vous ça. Rien de moins ! Et comment ?

— Je n'en sais rien, mais il a dit qu'il allait les éliminer.

Beverly Doolight reste silencieuse. La journée est splendide, Carlyn enlève les rouleaux. Ses gestes sont doux et déjà professionnels.

— Ma petite Carlyn, il ne faut pas croire tout ce que racontent les garçons. Je suis certaine que mon Michael a dû parfois envisager de me tuer, spécialement la dernière fois que je lui ai flanqué une raclée — quand il a utilisé la baignoire pour fabriquer du plâtre.

— Je ne sais pas. En tout cas, Nat a dit que cette fois il était vraiment décidé et qu'il allait le faire.

— Et quand doit-il passer à l'action, ce petit ?

— Ce soir à neuf heures.

— Voilà qui a le mérite d'être précis. Alors, si je comprends bien, son père et sa mère seront chez eux et ils attendront bien tranquillement que leur cher enfant les massacre, non ?

Carlyn est silencieuse. De toute évidence elle regrette d'en avoir dit autant.

— Écoute, Carlyn, s'il y a quelque chose d'autre, il ne faut pas hésiter. Ça ne sortira pas d'ici. De toute manière je n'y crois pas beaucoup, mais tu as l'air tellement émue, ça me fait de la peine de te voir en train de te tracasser pour cette histoire.

— Eh bien, voilà : Nat a dit qu'il attendrait que ses parents soient couchés – ils se lèvent très tôt, et il entrera dans leur chambre avec le pic à glace de la cuisine. Quand ils seront morts, il mettra les corps dans la voiture de son père, il les emmènera jusqu'en Oklahoma et les jettera dans la rivière.

— Quelle rivière ?
— La Canadian River.
Beverly Doolight est impressionnée. Tout à coup cette histoire lui semble vraisemblable. Carlyn vient de terminer la mise en plis... Beverly se lève et éprouve le besoin de se verser un petit whisky sec. Elle a la sensation d'être dans un film d'Hitchcock.
— Carlyn, si réellement tu as entendu Nat annoncer ses projets d'assassinat, on ne peut pas rester sans rien faire. Bon, s'il ne s'agit que de vantardises d'un gamin en colère, je serai ridicule. Mais suppose que demain, dans le journal, on apprenne que les parents de Nat ont été assassinés. Quelle responsabilité ! Nous passerions le restant de nos jours à regretter de ne pas avoir bougé...
— Oui, vous avez raison, vous avez raison. Mais que voulez-vous que je fasse ? Je ne peux pas sortir dans la rue et annoncer à tout le quartier : Nat Wilberg veut assassiner ses parents ! Et j'ai juré de ne rien dire...
— Mais non, c'est moi qui vais intervenir. En tant qu'adulte je ne suis liée par aucun serment. Je vais tout simplement appeler Mme Wilberg et je vais lui faire part des propos, avouons-le, délirants de son rejeton. Elle ne sera certainement pas folle de joie, mais enfin elle saura ce qu'il faut en penser. À propos, quelle heure est-il ?
— Huit heures moins le quart.
— Bon, je vais chercher le numéro des Wilberg dans l'annuaire téléphonique. Comment dis-tu que ça s'écrit ?
— Je ne sais pas trop. W-I-L-B-E-R-G, je crois. Je ne le connais pas très bien. Il me semble qu'ils habitent dans le quartier d'Olandia.
— Bon voyons ça, Williams, Willars, Wilbens, Wilberg, voilà. Il y en a pas mal... Un, deux, trois, quatre, cinq, six : Bernard, Jack, Mike, Raymond, Robert, Tommy.
Beverly Doolight lit les adresses. Il y a quatre Wilberg qui vivent près d'Embleton, mais aucun ne vit à Olandia.
— Je vais regarder à Wilburg.
Mais, là non plus, aucun des Wilburg ne demeure à Olandia.
— Et si ça s'écrivait avec deux « l » ! Willberg.
Beverly Doolight repart sur la liste des abonnés. Rien d'intéressant.
— À moins qu'il n'y ait un « h » quelque part. Wilhberg, par exemple. Ou bien encore Whilberg... Tu es certaine qu'ils ne

s'appellent pas Wiliberg? J'en vois deux qui habitent à Olandia : John K. Wiliberg et le colonel Collin Wiliberg.

Carlyn hausse les épaules. Mme Doolight note les numéros sur un bloc et elle appelle John K. Wiliberg. Les sonneries résonnent à l'autre bout de la ligne. Pas de réponse. Personne non plus au bout du fil chez le colonel. Elle reprend alors l'annuaire et cherche s'il n'y a pas une autre possibilité. Williberg peut-être, ou Wilbert. Puis elle appelle à nouveau les deux Wiliberg d'Olandia. Toujours pas de réponse.

— Quelle heure est-il? Huit heures un quart. Qu'est-ce que je pourrais bien faire? J'appellerais bien la police. Mais qu'est-ce qui se passera si tout ça n'est qu'une vantardise de gamin? Je vais essayer avec les renseignements...

— Allô, je dois absolument joindre une famille Wilberg qui habite à Olandia. Mais je ne suis pas certaine de l'orthographe et j'ignore leur adresse. Non, je ne connais pas non plus le prénom du chef de famille. Mon Dieu, c'est horrible! C'est une question de vie ou de mort.

— Je vais voir si quelqu'un correspondrait à ça. Veuillez patienter...

Mais au bout de quelques minutes la préposée aux renseignements s'avoue impuissante :

— Il nous faudrait beaucoup plus de précisions. Désolée, je ne peux rien faire de plus.

Il est neuf heures moins le quart.

— J'ai une idée. Nous allons appeler chez Joe, ton petit ami. Ses parents doivent connaître le numéro des Wilberg.

Carlyn approuve silencieusement. Beverly Doolight lui tend le téléphone. Au bout du fil c'est le père de Joe qui répond :

— Joe est sorti. Je ne sais pas exactement où il va ni à quelle heure il pense rentrer...

— Excusez-moi, connaîtriez-vous le numéro de Nat Wilberg, son copain?

— Aucune idée. C'est pour quoi?

— Oh rien, j'avais besoin de lui demander un renseignement. Merci.

Carlyn raccroche. Ses yeux sont pleins de larmes. Beverly Doolight fait les cent pas dans son salon. Elle lance pour elle-même :

— Mais enfin, on doit bien connaître des amis des Wilberg. M. Wilberg a bien une profession!

Carlyn semble se réveiller :
— Oh oui ! Il travaille au collège de Holy Spirit.
— Mais enfin, pourquoi ne l'as-tu pas dit plus tôt ?
— Je ne sais pas. Ça ne m'est pas venu à l'esprit.
— Je connais Scot Mabbis, le principal du collège de Holy Spirit, je l'appelle tout de suite.
Beverly connaît le numéro par cœur.
— Scot, c'est Beverly Doolight. Je t'appelle pour avoir le numéro des Wilberg. M. Wilberg travaille au collège. C'est très urgent.
— Non, nous n'avons pas de M. Wilberg dans le personnel du collège. Est-ce qu'il ne s'agirait pas de Francis Finney, le prof d'histoire ? C'est le second mari d'Irene Wilberg, qui est veuve depuis douze ans ; c'est le beau-père du jeune Nat Wilberg. Quel est le problème ?
— Le jeune Nat s'est vanté devant des amis de vouloir assassiner ses parents ce soir. À neuf heures précises. Et il a même indiqué avec quelle arme et ce qu'il comptait faire pour se débarrasser des corps... C'est horrible.
Scot Mabbis reste un moment sans voix.
— Attends, je cherche leur numéro. Quelle histoire ! Ah, le voilà : WAR 9-0754.
— Merci, je les appelle tout de suite. Je te tiens au courant.
Son doigt tremble en composant le numéro : W.A.R.9.0.7.5.4.
La sonnerie retentit chez les Finney. Beverly Doolight laisse sonner, sonner, sonner. Pas de réponse. Les yeux fixés sur la pendule du salon, elle insiste pendant plus de cinq minutes. Toujours pas de réponse.
— Ce n'est pas normal. Il est certainement arrivé quelque chose...
Quelques minutes plus tard Beverly renouvelle son appel. Toujours personne. Il est bientôt près de dix heures.
— Bon, il n'y a plus qu'à appeler la police.
— Ici, sergent Donnely, à votre service.
— Excusez-moi de vous déranger. Ma question peut vous sembler ridicule mais... pourriez-vous me dire si l'on vous a signalé un meurtre qui aurait eu lieu ce soir à Olandia ?
Beverly Doolight entend un déclic sur la ligne. Soudain une autre voix masculine est au bout du fil :

— Ici le lieutenant Zimmerman. Quel est votre problème, madame ?

— Pourriez-vous me dire si l'on vous a signalé un meurtre ce soir à Olandia ?

— Pourquoi voulez-vous savoir ça, s'il vous plaît ?

Beverly Doolight sent soudain la sueur dégouliner le long de son dos. En quelques phrases rapides elle raconte toute l'histoire de Carlyn. Elle termine en disant :

— ... Je suppose que je suis trop impressionnable et que tout est en ordre, lieutenant ?

— Malheureusement, j'ai bien peur que vous ne nous ayez appelé trop tard. M. Finney est décédé et son épouse est à l'hôpital dans un état critique : elle a reçu trois coups de pic à glace dans le dos...

Le lendemain Nat Wilberg est arrêté à bord de la voiture de ses parents. Il est avec son copain et complice de dix-neuf ans : Joe Wallandis, le petit ami de Carlyn.

La mère coupable

Ce 19 septembre 1974 ont lieu au village de Puzzo, près de Florence, les fiançailles d'Alberto Nervi avec Claudia Campino. Elle, c'est la fille du notaire de Puzzo, qui est également le maire. Mais lui appartient à une famille plus importante encore : les Nervi sont les plus gros cultivateurs de la région.

La fête a lieu, bien sûr, à la ferme Nervi. Une centaine de personnes sont réunies autour d'immenses tréteaux qui forment une table en fer à cheval. Au centre, les fiancés... Alberto, vingt-quatre ans, est le dernier enfant de la famille ; ses deux sœurs sont déjà mariées depuis quelques années. C'est le seul garçon et c'est lui qui reprendra un jour l'immense exploitation... Une responsabilité qui peut sembler lourde quand on le regarde de près. Il a l'air fragile ; il est pâlichon pour un jeune homme de la campagne et pas très costaud non plus.

Claudia Campino, vingt-deux ans, contraste avec son fiancé. Elle est bien bâtie, ce qui ne l'empêche pas d'avoir beaucoup de charme, avec son visage aux boucles brunes. Si Alberto Nervi se contente d'un sourire vague, elle, elle rit de toutes ses dents et on l'entend d'un bout à l'autre de l'interminable table...

Vera Nervi, la mère du fiancé, est juste à côté du jeune couple. Elle aussi semble radieuse. Depuis la mort de son mari, il y a plus de dix ans, c'est elle la maîtresse du domaine. Cinquante ans, imposante, mais restée belle femme, elle dirige l'exploitation plus énergiquement encore que ne l'avait fait son défunt mari...

Vera Nervi se lève et frappe son verre avec son couteau.

— Faites silence ! J'ai préparé un petit discours...

D'un bout à l'autre de la table, les convives sont souriants et attentifs. Les plus éloignés prêtent l'oreille; tous attendent... Vera Nervi s'est tue... L'attente se prolonge... C'est sans doute l'émotion. Quoi de plus compréhensible?

Et pourtant non! Vera Nervi ne prononcera jamais son petit discours. Elle pousse subitement un cri tandis qu'elle porte les mains à sa gorge et tombe à la renverse.

C'est la panique. Tout le monde se précipite au milieu des cris... Heureusement, le médecin de Puzzo avait été convié à la fête. Il examine la maîtresse des lieux, qui est allongée, respirant difficilement... Il se relève, après avoir procédé à une brève auscultation.

— Ce n'est rien, rien du tout. Rassurez-vous...

Mais le docteur se trompe, même si son diagnostic n'est pas erroné. Ce qui vient d'arriver à Vera Nervi est loin d'être « rien du tout ».

13 mars 1975. Six mois ont passé et Alberto Nervi et Claudia Campino sont toujours fiancés. La date de leur mariage n'est pas encore fixée. Après avoir longtemps attendu, la jeune fille n'y tient plus. Elle décide de dire à son compagnon ce qu'elle a sur le cœur.

— Alberto, quand nous marions-nous?

— Tu sais bien que tant que maman sera malade, on ne pourra rien faire.

— Ta mère n'est pas malade!

— Si, elle l'est!

— Ah bon? Qu'est-ce qu'elle a?

— On ne le sait pas et c'est cela qui m'inquiète...

— Vera n'a rien du tout!

— Et les douleurs qui la prennent n'importe où, aux champs, en plein milieu du repas, en pleine nuit, tu ne vas pas prétendre que ce n'est rien?

— Ce n'est pas moi qui le prétends, ce sont les médecins. Qu'est-ce qu'ils ont dit les grands professeurs de Florence qu'elle a été voir? Qu'elle avait un cancer comme elle nous le répète cent fois par jour?

— Ils n'ont rien trouvé pour l'instant...

— Ils n'ont pas « rien trouvé pour l'instant », ils ont trouvé qu'elle n'avait rien! Alberto, ta mère n'a rien!

— Alors, tout est de la comédie?

— En un sens, oui...

— Si c'est comme cela, je préfère m'en aller!

— Mais oui! Va la rejoindre, elle ne demande que cela! Mais réfléchis un petit peu, mon pauvre Alberto, ne serait-ce qu'une seule fois dans ta vie! Pourquoi la mystérieuse maladie de ta mère a-t-elle commencé en plein milieu de notre repas de fiançailles?

— Tu es odieuse!

— Non. Je suis lucide. Tu es son petit dernier, son seul garçon. Depuis la mort de ton père, tu es le seul homme à la maison. Elle n'acceptera jamais que tu la quittes pour une autre femme, c'est-à-dire pour moi!

Alberto Nervi a perdu l'air absent qu'il a d'habitude. Ses yeux bleus sont devenus terriblement durs.

— Ce sont des calomnies, des mensonges! Maman t'adore! Elle a toujours souhaité notre mariage. Elle me l'a dit encore hier : « Claudia est une fille merveilleuse. Mon plus grand bonheur serait que tu l'épouses... »

La voix d'Alberto s'étrangle brusquement.

— Et elle a ajouté : « J'espère être encore là pour vous bénir... » Alors, tu vois?

— Je vois que c'est très grave... Fais attention Alberto; je ne pourrai pas tout faire à ta place. C'est de toi que doit venir la décision...

Alberto ne répond rien. Il abandonne brusquement Claudia et retourne à la ferme...

Six mois ont encore passé. Nous sommes en septembre 1975... Et l'état de santé de Vera Nervi ne s'est pas amélioré, bien au contraire. Elle a maigri et son teint est devenu pâle à faire peur. Depuis quelque temps même, elle laisse complètement aller le domaine et ne quitte pratiquement plus sa chambre.

À la ferme Nervi, on en a vu défiler des médecins! Il en est venu de partout : de Florence, de Milan, de Rome et même de l'étranger. Il y a eu des généralistes, des spécialistes, des professeurs, des chercheurs dans toutes les disciplines et malgré cela, ils ont été unanimes : Vera Nervi n'avait rien, absolument rien! Elle était même d'une solidité à toute épreuve, bâtie pour vivre cent ans...

Et, en s'en allant, ils ont presque tous conclu :

— C'est un neurologue que vous devriez consulter, madame. Vous êtes dans un état dépressif...

Pendant tout ce temps, Alberto était là, qui ne la quittait pas... C'était lui qui la soignait, qui lui préparait ses potions aussi nombreuses qu'inutiles... À plusieurs reprises, Claudia a essayé de lui faire entendre raison, mais elle a fini par renoncer, à ne plus venir à la ferme, restant chez ses parents, en espérant on ne sait trop quoi, un miracle peut-être...

— Approche, mon petit...

Vera Nervi, allongée au fond de son lit, dans la pénombre, est à peine visible. Elle se dresse sur les coudes.

— Alberto, écoute-moi. C'est très important. Hier, je suis sortie...

— Mais dans ton état, c'est de la folie !

— Il le fallait, Alberto... J'ai pris la voiture et j'ai été à San Michele voir la Malfanta...

— La Malfanta !

— Il fallait que je sache, puisque tout le monde, même les médecins, me cache la vérité. Elle, la Malfanta, je savais qu'elle me dirait tout, quoi qu'il arrive...

Alberto est devenu aussi pâle que sa mère... La Malfanta, qui habite le village voisin, est une vieille femme qui vit seule au milieu de ses chats et de ses chiens. Même en 1975, les habitants de la région n'ont aucun doute à son sujet : c'est une sorcière, c'est leur sorcière et ils vont parfois la consulter, dans les cas graves uniquement, car elle a la réputation d'être dangereuse...

— Qu'est-ce qu'elle t'a dit, la Malfanta ?

— Rien. Elle ne m'a posé aucune question. Elle m'a fait asseoir et elle a sorti ses tarots... Elle m'a dit que la première carte que je tirerais serait la réponse... Et j'ai tiré...

Vera Nervi a l'air épouvanté. Elle saisit le poignet de son fils.

— J'ai tiré la Mort !

Il y a un moment de silence et elle ajoute :

— Alberto, je ne veux pas souffrir. Il faut que tu fasses le nécessaire.

C'est de nouveau le silence... Vera Nervi reprend :

— J'ai sorti le fusil. Il est dans l'armoire...

Peu après, Alberto Nervi arrive, hors d'haleine, chez les parents de Claudia et il tombe nez à nez avec la jeune fille. En le voyant, elle a un sursaut joyeux. Mais sa gaieté disparaît aussitôt... Alberto fait peur à voir. Il est livide, hagard, il tremble de tout son corps.

— Il le fallait, Claudia ! Il le fallait...

— Il fallait quoi ? Qu'est-ce que tu as fait ?

— J'ai fait comme elle me l'a dit... J'ai pris le fusil... Il le fallait, sans quoi, elle aurait trop souffert...

Et, en phrases hachées, Alberto Nervi explique à sa fiancée dans quelles circonstances dramatiques il a tué sa mère à la demande de celle-ci... À mesure qu'il parle, le visage de Claudia se décompose... Quand il s'est enfin tu, elle prend la parole d'une voix blanche :

— Elle est allée jusqu'au bout. Elle a voulu nous perdre, même au prix de sa vie...

Alberto Nervi a cessé de trembler. Il s'est assis sur une chaise et reste prostré. Il ne semble pas entendre Claudia, qui, de son côté, semble parler pour elle-même.

— Vera a fait de toi un assassin... C'est un suicide qu'elle a voulu, mais par ton intermédiaire. Ainsi, elle a obtenu pour elle la mort et pour toi la prison... La prison, cela veut dire que nous allons être séparés pour des années. C'était cela qu'elle voulait, exactement cela...

Alberto reste silencieux... Claudia redresse vivement la tête.

— Mais cela ne se passera pas ainsi ! Non, tu n'iras pas en prison. Tu n'étais pas responsable. Tu iras dans un asile. Tu seras soigné, je t'aiderai et tu guériras !

Claudia Campino ne s'était pas trompée. Arrêté le jour même, Alberto Nervi a été examiné par les psychiatres qui ont rendu un verdict sans ambiguïté : être immature, profondément dépendant de sa mère, qui était elle-même sans aucun doute déséquilibrée, Alberto Nervi devait être considéré comme irresponsable. Le ministère public a fait appel, mais le résultat de la contre-expertise a été le même : le prévenu était en état de démence au moment des faits... Faut-il ajouter que l'autopsie de Vera Nervi, qui avait été pratiquée entre-temps, a démontré qu'elle n'avait aucune maladie ?

Quoi qu'il en soit, Alberto Nervi est conduit peu après, non à la prison, mais dans un asile psychiatrique ultra-moderne, dirigé par un médecin renommé, le professeur Viviani. Pendant un an, il soigne Alberto à l'aide de médicaments appropriés et, au bout de ce délai, il s'entretient avec Claudia Campino qui n'avait pas cessé de venir voir son fiancé.

— Je crois qu'il faut se décider, mademoiselle. Il ne servirait à rien d'attendre.

— Vous allez le libérer ?

— Oui... Ici, il ne se passe rien et il ne se passera jamais rien de mal pour lui. Il est dans un autre monde que celui où s'est déroulé son drame. Son état ne s'aggravera pas, mais il ne s'arrangera pas non plus. Le seul moment décisif, c'est lorsqu'il retournera là-bas...

— Vous n'avez pas peur que cela se passe mal ?

— Si. Mais il faut prendre le risque. Et pour cela, il faut que vous soyez là... Vous allez revenir avec lui à Puzzo.

— Et... comment faudra-t-il que je sois ?

— Normale, naturelle, comme avant...

Alberto Nervi et Claudia Campino sont rentrés ensemble à Puzzo, le 16 septembre 1976, Claudia a quitté son fiancé le soir à la porte de la ferme Nervi. Le lendemain, 17 septembre, des pêcheurs repêchaient le corps d'Alberto dans les flots de l'Arno... Il avait choisi. Vera Nervi avait été la plus forte...

À retardement

L'explosion a soufflé la cage d'escalier et la véranda, ébranlant toute la villa. Une fumée âcre s'est répandue au rez-de-chaussée. Il est minuit vingt, et Mme Miller hurle de terreur en s'accrochant à la rampe.

Ce qui vient d'arriver dans la maison tranquille des Miller, c'est une bombe, soigneusement enveloppée dans un paquet-cadeau un 21 décembre 1960. Une bombe dont les effets après explosion sont à retardement.

Ce 21 décembre, il y a du brouillard dans la banlieue de Londres. La villa des Miller est située dans un quartier calme et cossu. Après une soirée charmante les invités ont quitté la maison dans un joyeux désordre aux environs de minuit. Charles Miller et son épouse Trudy leur ont dit au revoir sur le perron. Elle en robe du soir, quelques bijoux, l'allure d'une femme sans drame et sans souci, approchant de la cinquantaine. Lui en smoking, grand, cheveux grisonnants, un peu plus âgé, l'air d'un Cary Grant qui aurait oublié d'avoir du charme.

Ils sont rentrés dans la maison en frissonnant, et tandis que Mme Miller montait dans leur chambre au premier étage, son mari est allé dans son bureau du rez-de-chaussée. Deux domestiques s'affairaient à vider les cendriers et ranger les verres.

Mme Miller a demandé du premier étage en enfilant un peignoir :

— Charles ? Qu'est-ce que vous faites ? Vous montez vous coucher ?

Charles n'a pas répondu, mais le domestique a dit en passant :

— Monsieur est dans son bureau, madame, il regarde son courrier.

— Du courrier, Wilson ? À cette heure ?

— C'est un paquet, madame, un coursier l'a apporté vers midi, monsieur n'a pas eu le temps de l'ouvrir avant la réception.

— Merci, Wilson, bonne nuit.

Il est alors minuit vingt, la bombe explose, la fumée se répand, et Mme Miller hurle :

— Charles !

Elle se précipite dans le bureau en toussant, en criant, et ne distingue rien dans la pièce envahie de poussière. La porte-fenêtre est ouverte sur le jardin, les vitres soufflées. Au-dehors elle aperçoit l'ombre de Charles dont les vêtements flambent. Il court en tenant les mains en l'air comme s'il portait deux torches à bout de bras.

Lorsque sa femme le rejoint, il est dans l'eau du bassin, le visage tordu de souffrance, les yeux fous. Il contemple ses deux mains brûlées, noircies, où sont restés collés des débris bizarres.

Gravement atteint au visage, au torse et aux bras, Charles Miller est transporté dans un hôpital de Londres. Il a eu de la chance. La bombe était petite, mais terriblement efficace, il aurait pu mourir. Ce qui l'a sauvé c'est la manière dont il a ouvert le paquet. Il explique aux experts de Scotland Yard ce qui s'est passé. En entrant dans son bureau, il a vu le paquet enveloppé dans du papier brun ficelé, et recouvert d'étiquettes de bouteilles de vin. Il a cru à un cadeau de fournisseur, des bouteilles de vin français ou d'alcool, comme on en échange durant les fêtes. Au lieu d'aller s'asseoir normalement dans son fauteuil et d'attirer le paquet vers lui, sous son nez, pour l'ouvrir, il s'est penché de l'autre côté du bureau, a tendu les bras, la main gauche maintenant le paquet, la droite tirant sur la ficelle. Toute la largeur de la table était entre lui et la bombe. Il se trouvait ainsi à une certaine distance, distance qui lui a sauvé la vie.

Charles Miller n'est donc pas mort à l'instant où quelqu'un voulait qu'il le soit. Le paquet était à son nom, avec la mention « personnel » ; le domestique, qui l'a reçu des mains d'un coursier, ne se souvient pas de grand-chose.

— Un jeune à vélomoteur, à la grille, m'a tendu le colis en disant : « Miller, c'est ici ? » Et il est reparti aussitôt. Son moteur tournait – comme tous les livreurs payés à la course, ils prennent à peine le temps de vérifier le destinataire. Depuis quelques jours nous avons reçu quelques colis du même genre, et je n'ai pas fait particulièrement attention à celui-là. Comme monsieur, j'ai pensé qu'il s'agissait de vin.

Une bombe artisanale capable de tuer un homme de près, avec un mécanisme de précision qui devait se déclencher dès qu'on tirerait sur la ficelle. L'analyse des débris n'apprend rien de spécial aux enquêteurs qu'ils puissent relier à d'autres tentatives de ce genre. La longue liste des suppositions commence. M. Miller a-t-il des ennemis, soit politiques, soit professionnels, quelqu'un qui lui en veuille dans son entourage familial ? Y a-t-il un jaloux ? Mme Miller a-t-elle un amant ? A-t-il fait partie d'un jury de procès ? A-t-il fait la guerre ? A-t-il des dettes ? Qui sont ses amis politiques et religieux ? Bref, a-t-il bousculé un chat dans la rue, refusé une aumône à quelqu'un, écrasé le pied d'un quidam ? Car rien dans la vie de Charles Miller n'indique une piste. Le personnel de son usine est passé au crible ; les domestiques, les relations, les partenaires en affaires, son notaire, son banquier, son médecin répondent aux enquêteurs, jusqu'au barman de son club de Londres, où il va, comme tout bon Anglais de la bonne société, se détendre ou traiter quelques affaires.

Après deux mois de soins, Charles Miller a retrouvé un visage à peu près normal, mais ses mains demeurent fragiles et il doit porter des gants en permanence. Il reprend ses activités professionnelles, mais quelque chose le ronge. La peur. L'angoisse bien connue du rescapé d'un attentat. Il craint tout. Un bruit, une silhouette inconnue. Monter dans sa voiture et tourner la clé de contact. Ouvrir une porte même, ou monter dans un ascenseur. Et il ne craint pas uniquement pour lui, mais pour sa femme et ses deux fils. Il garde un contact permanent avec un inspecteur de Scotland Yard, un dénommé Fulley, qui a dirigé l'enquête et qui a fait surveiller longtemps le domicile des Miller. Mais Fulley doit rendre son rapport négatif et lever le siège en mars 1961. L'enquête est abandonnée provisoirement. On ne peut pas surveiller toute sa vie Charles Miller, sa maison, son usine, ses déplacements professionnels ou privés, et fouiller toute personne étrangère qui se présente chez lui.

Folley résume ainsi la situation :

— Ma conclusion est que je n'ai pas de conclusion. Il y a quelque part un fou isolé qui vous en veut, quelqu'un dont le mobile doit être si mince, voire complètement étranger à vous, que nous n'avons guère de chances de le découvrir, à moins qu'il ne recommence. Ici ou ailleurs. Mais il y a fort à parier qu'il ne le fera pas. Son coup a raté, il va laisser tomber, ou estimer au contraire qu'il vous a suffisamment puni. Bien entendu vous nous signalerez tout ce qui vous paraîtra anormal, mais essayez de dormir tranquille, monsieur Miller. Il ne recommencera pas de la même manière en tout cas. Un individu isolé n'utilise pas deux fois la même technique.

Dormir tranquille, c'est impossible. Charles Miller le pourrait peut-être s'il avait identifié la menace, soupçonné une piste, et pris des dispositions en conséquence. Hélas, il n'a rien. Aucune indication ni sur le mobile ni sur l'agression. L'attentat qui l'a visé personnellement semble tout à fait gratuit. Et c'est effrayant. Complètement déstabilisé, Charles Miller demande un port d'armes, engage des gardes du corps et fait installer des systèmes de sécurité partout où il passe.

Ce syndrome est maintenant bien connu hélas, et l'on sait que chaque rescapé d'un attentat a besoin d'un soutien psychologique. Mais à l'époque, on était moins averti de ce genre de choses. Charles Miller vit avec son idée fixe, obsessionnelle, de danger permanent. Le temps passe et son entourage en souffre presque autant que lui.

— Trudy ! Je vous ai demandé cent fois de rentrer avant dix-huit heures !

— Charles, j'étais chez le coiffeur... vous savez ce que c'est...

— Je vous supplie de respecter la discipline. Et ne sortez pas seule.

— Dans la rue en plein jour ?

— On peut tirer sur vous d'une voiture, on peut vous kidnapper, vous torturer, me demander une rançon, tout est possible.

— Charles, ne pensez plus à cette bombe. C'était un fou.

— Un fou qui connaissait mon adresse !

— Nous avons déménagé ! Il y a des verrous et des alarmes partout, des chiens dans le jardin, un garde à la porte, il fouille même le facteur ! Que voulez-vous de plus ?

— J'ai remis cette semaine à l'inspecteur Fulley une liste de deux cent quatre-vingts noms... on va bien voir.

— Encore ? Quels noms, Charles ? Qui soupçonnez-vous cette fois ?

— La liste est confidentielle, c'est à la police de faire son travail.

— Charles, il y a plus d'un an maintenant, il est ridicule d'envoyer sans arrêt de nouvelles listes, la police ne peut rien de plus, on vous l'a dit cent fois !

— Notre sécurité est en jeu — il s'agit de ma vie, de la vôtre et de celle des enfants !

— Vous devriez voir un médecin, accepter de prendre du repos.

— Ne me parlez pas de médecin, je ne suis pas fou, moi ! Je ne vais pas aller dans une clinique pendant que l'autre est en liberté !

Charles Miller vérifie matin et soir l'enregistreur de sa ligne téléphonique. Se rend malade parce que ses fils vont passer une semaine aux sports d'hiver et refusent d'accepter la protection d'un détective. Il commence à s'en prendre à sa femme qui tente de le raisonner :

— Vous n'allez tout de même pas enfermer tout le monde !

— Si vous ne craignez rien pour vous, c'est peut-être que vous savez quelque chose ? C'est donc moi et moi seul qu'on veut tuer ?

— Calmez-vous, Charles, vous devenez insultant ! Vous perdez votre temps et votre vie. Faites-vous soigner ! Une cure de sommeil devient nécessaire, vous ne dormez plus !

— Si je dois mourir, je ne veux pas mourir en dormant.

Que faire pour lui s'il refuse toute aide extérieure ? Il ne mange presque plus, ne dort pas, soupçonne tout le monde, dans sa profession comme dans sa famille. Dans la rue, il se comporte comme un homme traqué, rase les murs et dévisage les passants. Sa voiture est blindée. Il loue les services d'une agence de protection et change de chauffeur toutes les semaines. Plus personne ne vient les voir dans sa nouvelle maison, véritable forteresse où il est impossible d'entrer ou de sortir sans demander l'ouverture des portes.

Charles Miller ne travaille plus. Ses deux fils ont repris son affaire, il était temps, le personnel ne supportait plus les interrogatoires qu'il avait décidé de mener lui-même sur leur vie privée. Il mène une vie de prisonnier dans son bunker, ne se nourrit plus que de conserves — quand il se nourrit... —, perd ses cheveux, devient gris et décharné. Et les années passent : 1962,

1963, dans un délire de persécution qui s'aggrave. Bientôt la famille parle de le faire interner, sur les conseils du médecin de famille. Non seulement il se ruine en systèmes de surveillance, gardes du corps et détectives, mais il s'est maintenant enfermé dans sa chambre, où il note chaque détail de sa vie passée, à la recherche de qui veut le tuer et pourquoi.

Mme Miller a quelque scrupule à demander l'internement. Elle espère tout de même que la police va tomber un jour sur un indice qui rendrait son mari à une vie plus normale. Mais elle se trompe, le médecin semble formel :

— Même si on lui montrait le coupable, le mal est fait. Il n'y croirait pas, ou en inventerait un autre ; croyez-moi, il devient dangereux pour lui-même et pour vous. Rien ne peut le sécuriser, c'est à la psychiatrie de le prendre en charge.

Trudy Miller promet d'y réfléchir.

Dehors le brouillard, la nuit. À l'intérieur de la maison-blockhaus de Charles Miller, peu de lumières, il a peur qu'on ne les voie de l'extérieur. Les rideaux calfeutrent les fenêtres, ornées de grilles. Charles est assis dans le salon, caressant machinalement un énorme berger allemand qui le suit partout et gronde à la moindre consigne de sa part. Mme Miller regarde la télévision, non loin de lui. Le dialogue est rompu, ils ne se parlent plus. Ce soir, Charles a l'air plus atteint physiquement que d'habitude. Pourtant il a accepté de quitter la chambre et de s'asseoir là.

Mais la télévision parle de l'assassinat du président Kennedy et passe inlassablement les mêmes images. Charles n'a pas fait de commentaires, mais lorsque Mme Miller, inquiète de ce spectacle pour lui, a voulu tourner le bouton, il a refusé :

— Laissez ! Encore des fous, vous voyez que la mort est partout... partout...

Soudain il se lève, le chien aussi.

— Je vais au garage, Trudy.

— À cette heure ? Le gardien l'a fermé.

— Je vais vérifier.

Mme Miller n'insiste pas et laisse faire. Qu'elle formule la moindre objection et il va devenir immédiatement agressif. Il faut qu'il inspecte les portes, tous les coins et les recoins, comme un automate. Il ne parle même plus de sa peur, ou de la bombe. Une mécanique d'angoisse le maintient à la vie par un fil.

Sa femme le regarde partir, maigre, voûté dans sa robe de

chambre, un vieillard... le chien sur ses talons. Sur l'écran ce soir-là, la voiture du président Kennedy fait son dernier parcours.

Un coup de feu claque soudain, si fort que Mme Miller sursaute et crie :

— Charles !

Elle court à travers la maison, jusqu'à la porte intérieure d'accès au garage. Le chien l'arrête en grondant, les crocs luisants. Impossible d'avancer sans qu'il attaque.

Charles est à terre entre deux voitures, il tient encore le revolver dans sa main droite, la moitié du visage emportée par la balle.

Plus de vingt années après le suicide de Charles Miller, sa famille ne savait toujours pas qui était à l'origine de l'attentat. L'invisible assassin avait tout de même réussi son coup, sans châtiment, ce n'est même pas lui qui a tué, c'est Charles qui l'a fait pour lui. Pourquoi ce soir-là ? Sans autre explication ?

L'image du drame de Dallas ? Possible. Une image peut servir de déclencheur sur un esprit faible ou malade. On ne s'en méfie pas assez, aurait dit Charles le paranoïaque.

Table

Les Amants diaboliques

L'Empreinte de la bête
50 histoires où l'animal a le premier rôle

Je me vengerai
40 rancunes mortelles

Survivront-ils ?
45 suspenses où la vie se joue à pile ou face

Sans laisser d'adresse
Enquêtes sur des disparitions et des réapparitions extraordinaires

Destins sur ordonnance
40 histoires où la médecine va du meilleur au pire

Crimes dans la soie
30 histoires de milliardaires assassins

Ils ont osé
40 exploits incroyables

Complots
Quand ils s'entendent pour tuer

Mort ou vif
Les chasses à l'homme les plus extraordinaires

26 dossiers qui défient la raison

La Terrible Vérité
26 grandes énigmes de l'histoire enfin résolues

Sur le fil du rasoir
Quand la science traque le crime

Kidnappings
25 rendez-vous avec l'angoisse

Ils ont marché sur la tête
450 faits divers inouïs, impayables et désopilants

Instinct mortel
70 histoires vraies

www.pierre-bellemare.com

Composition et impression
CPI Firmin-Didot, en janvier 2012
Éditions Albin Michel
22, rue Huyghens, 75014 Paris
www.albin-michel.fr

ISBN : 978-2-226-23870-2
N° d'édition : 10552/08– N° d'impression : 106942
Dépôt légal : février 2012
Imprimé en France.